AXEL HÄCKER

Genossenschaftliche Zukunftsperspektiven in marktwirtschaftlich geprägten Industriegesellschaften

**Schriften zum Genossenschaftswesen
und zur Öffentlichen Wirtschaft**

Herausgegeben von
Prof. Dr. W. W. Engelhardt, Köln und Prof. Dr. Th. Thiemeyer, Bochum

Band 27

Genossenschaftliche Zukunftsperspektiven in marktwirtschaftlich geprägten Industriegesellschaften

Von

Dr. Axel Häcker

Duncker & Humblot · Berlin

CIP-Titelaufnahme der Deutschen Bibliothek

Häcker, Axel:
Genossenschaftliche Zukunftsperspektiven in
marktwirtschaftlich geprägten Industriegesellschaften / von
Axel Häcker. — Berlin: Duncker u. Humblot, 1990
  (Schriften zum Genossenschaftswesen und zur Öffentlichen Wirtschaft;
  Bd. 27)
  Zugl.: Köln, Univ., Diss., 1988
  ISBN 3-428-06729-0
NE: GT

Alle Rechte vorbehalten
© 1990 Duncker & Humblot GmbH, Berlin 41
Satz: Hagedornsatz, Berlin 46
Druck: Berliner Buchdruckerei Union GmbH, Berlin 61
Printed in Germany

ISSN 0720-6925
ISBN 3-428-06729-0

Vorwort

In Anbetracht zahlreicher Angleichungen genossenschaftlicher Strukturen an ihre verkehrswirtschaftlich oder zentralverwaltungswirtschaftlich geprägte Umwelt und auch wegen der bald bevorstehenden Jahrtausendwende interessieren sich Genossenschaftswissenschaftler seit einiger Zeit für die Zukunftsaussichten der Kooperativen. Von den Beiträgen, die auf diesem Gebiet angesichts von partiellem Markt- oder Staatsversagen mit aller gebotenen Vorsicht erste wissenschaftliche Erkenntnisse zu vermitteln versuchen, seien zwei genannt: Jürgen Zerche, Zukunftsprobleme der Genossenschaften, ZfgG, Bd. 37, 1987, S. 194-203; Holger Bonus, Genossenschaften im Jahr 2000, Münster 1987.

Die hiermit der Öffentlichkeit vorgelegte Kölner wirtschafts- und sozialwissenschaftliche Dissertation von Herrn Diplom-Volkswirt Dr. Axel Häcker knüpft an diese und andere Arbeiten an, verfolgt aber bei ebenfalls vorsichtiger Vorgehensweise grundlegendere und umfassendere Forschungsziele. Die Studie behandelt am Beispiel der Bundesrepublik Deutschland dominierend marktwirtschaftlich geprägte Industriegesellschaften hoher Entwicklungsstufe, also keine Planwirtschaften und auch nicht verkehrswirtschaftlich gestaltete Entwicklungsländer.

In ihrem Grundlagenteil geht die Arbeit von Herrn Dr. Häcker auf zahlreiche wissenschaftstheoretische und andere Basisprobleme der Zukunftsforschung ein. Der Autor befaßt sich dabei nicht nur mit positiven Interpretationen der Prognostik, Zukunftsplanung und Utopistik, sondern nimmt auch die Kritik an der Futurologie im gebotenen Umfang auf und würdigt sie.

In dem folgenden Teil der Arbeit werden zahlreiche gesellschaftliche Entwicklungstendenzen in ihren möglichen Auswirkungen auf die Genossenschaften erörtert. Dr. Häcker stellt dabei die Veränderungen sozio-kultureller Art im Raume der Demographie und des „Wertewandels" den Entwicklungen politischer, technologischer und gesamtwirtschaftlicher Art voran, obwohl sicherlich auch die Zuerstbehandlung der technologischen bzw. technischen Fortschritte denkbar gewesen wäre.

Der dritte und längste Teil der Dissertation, der zahlreiche neue Erkenntnisse bietet, ist der sinn- und organisationsmorphologischen Einzelanalyse der künftigen genossenschaftlichen Entwicklungschancen gewidmet. Die Ausführungen sind zweckmäßig nach den Bereichen der Bankgenossenschaften, Konsumgenossenschaften, gewerblichen und ländlichen Warengenossenschaften, Wohnungsbaugenossenschaften, Dienstleistungsgenossenschaften und Produktivgenossenschaften gegliedert.

W. W. Engelhardt

Inhaltsverzeichnis

Abbildungsverzeichnis 15

Abkürzungsverzeichnis 16

Hinweise zur Zitierweise 16

1.	Grundlagen der genossenschaftlichen Zukunftsforschung	17
1.1.	Genossenschaften	17
1.1.1.	Begriffserläuterungen	17
1.1.2.	Grundlegende Genossenschaftsarten	20
1.1.3.	Neue genossenschaftliche Arbeits- und Lebensformen im Rahmen alternativer Bewegungen	21
1.2.	Zukunftsforschung	26
1.2.1.	Die Frage der Notwendigkeit einer Zukunftsforschung in der heutigen Zeit	26
1.2.2.	Entwicklungsgeschichte und unterschiedliche Richtungen in der Zukunftsforschung	28
1.2.3.	Arten und Methoden der Zukunftsforschung	30
1.2.3.1.	Vorbemerkungen	30
1.2.3.2.	Die Prognostik	31
1.2.3.3.	Die Zukunftsplanung	34
1.2.3.4.	Die Utopien	36
1.2.4.	Die Wissenschaftlichkeit der Zukunftsforschung	37
1.2.5.	Die Problematik und Kritik der Zukunftsforschung	39

Inhaltsverzeichnis

1.3.	Möglichkeiten der genossenschaftlichen Zukunftsforschung und Zukunftsgestaltung	40
1.3.1.	Genossenschaftliche Ideen als Utopien und Konzeptionen	40
1.3.2.	Zukunftsforschung als systematische Befragung von Genossenschaftsexperten	43
1.3.3.	Partizipation der Genossenschaftsmitglieder an der genossenschaftlichen Zukunftsforschung	43
1.3.4.	Zukunftsforschung im Hinblick auf die komplexen Zusammenhänge und Wechselwirkungen zwischen den Genossenschaften und ihrer Umwelt	45
2.	Gesellschaftliche Entwicklungstendenzen mit ihren möglichen Auswirkungen auf die Genossenschaften	49
2.1.	Industriegesellschaften im Umwandlungsprozeß zu postindustriellen Gesellschaften	49
2.2.	Analyse einzelner gesellschaftlicher Subsysteme	54
2.2.1.	Sozio-kulturelle Veränderungen	54
2.2.1.1.	Demographische Entwicklungsprognosen	54
2.2.1.2.	Wertwandel	57
2.2.1.3.	Auswirkungen sozio-kultureller Veränderungen auf Genossenschaften	61
2.2.2.	Politische Veränderungen	62
2.2.2.1.	Politische Einfluß- und Risikofaktoren	62
2.2.2.2.	Auswirkungen politischer Entwicklungen auf Genossenschaften	65
2.2.3.	Technologische Veränderungen	66
2.2.3.1.	Schlüssel- bzw. Basistechnologien für die künftige gesellschaftliche Entwicklung	66
2.2.3.1.1.	Vorbemerkungen	66
2.2.3.1.2.	Informations- und Kommunikationstechnologien	67
2.2.3.1.3.	Biotechnologien	73

Inhaltsverzeichnis 9

2.2.3.1.3.1.	Anwendungsmöglichkeiten der Biotechnologien	73
2.2.3.1.3.2.	Relevanz der Biotechnologien für landwirtschaftliche Genossenschaften	75
2.2.3.2.	Hoffnungen und Ängste bezüglich technologischer Veränderungen	76
2.2.3.3.	Die Umweltverträglichkeit der künftigen technologischen Veränderungen	77
2.2.3.4.	Strukturelle Arbeitslosigkeit als gesamtgesellschaftliche Anpassungsproblematik	79
2.2.3.5.	Auswirkungen von technologischen Veränderungen auf Genossenschaften	83
2.2.4.	Gesamtwirtschaftliche Strukturveränderungen	84
2.2.4.1.	Stufen- und sektortheoretische Forschungsansätze	84
2.2.4.2.	Die Entwicklung der sektoralen Beschäftigtenstruktur	89
2.2.4.3.	Die Entwicklung der sektoralen Produktionsstruktur	91
2.2.4.4.	Mögliche Auswirkungen gesamtwirtschaftlicher Entwicklungstrends auf Genossenschaften	94
3.	Analyse der künftigen genossenschaftlichen Entwicklungsmöglichkeiten	97
3.1.	Unterschiedliche genossenschaftliche Entwicklungsrichtungen	97
3.1.1.	Entwicklungsperspektiven unterschiedlicher genossenschaftlicher Strukturtypen	97
3.1.1.1.	Vorbemerkungen zu Strukturtypen	97
3.1.1.2.	Dülfers Strukturtypen der Kooperative	98
3.1.1.2.1.	Das „Organwirtschaftliche Kooperativ"	98
3.1.1.2.2.	Das „Marktbeziehungs-Kooperativ"	99
3.1.1.2.3.	Das „Integrierte Kooperativ"	101
3.1.1.3.	Strukturelle Besonderheiten der Produktivgenossenschaften	102
3.1.2.	Entwicklungsperspektiven unterschiedlicher genossenschaftlicher Widmungstypen	105

3.1.2.1.	Der Zusammenhang zwischen den genossenschaftlichen Widmungstypen und widmungsbedingten Entwicklungsrichtungen	105
3.1.2.2.	Widmungsbedingte genossenschaftliche Entwicklungsrichtungen	108
3.1.2.2.1.	Die erwerbswirtschaftliche Entwicklungsrichtung	108
3.1.2.2.2.	Die im engeren Sinne gemeinwirtschaftliche Entwicklungsrichtung	109
3.1.2.2.3.	Förderungswirtschaftliche Entwicklungsrichtungen	111
3.1.2.2.3.1.	Der klassisch-förderungswirtschaftliche Entwicklungstyp	111
3.1.2.2.3.2.	Der alternativ-förderungswirtschaftliche Entwicklungstyp	112
3.1.2.3.	Abbildungen zu widmungsbedingten genossenschaftlichen Entwicklungsrichtungen	113
3.2.	Genossenschaftliche Entwicklungsperspektiven in unterschiedlichen Wirtschaftsbereichen	116
3.2.1.	Förderungsgenossenschaften in unterschiedlichen Wirtschaftszweigen	116
3.2.1.1.	Genossenschaftsbanken	116
3.2.1.1.1.	Entwicklungsperspektiven im Bankgewerbe	116
3.2.1.1.1.1.	Auswirkungen technologischer Veränderungen auf Genossenschaftsbanken	116
3.2.1.1.1.2.	Wettbewerbsbedingungen im bankwirtschaftlichen Dienstleistungssektor	121
3.2.1.1.2.	Unterschiedliche Entwicklungsrichtungen bei Genossenschaftsbanken	122
3.2.1.1.2.1.	Die erwerbswirtschaftliche Entwicklungsrichtung	122
3.2.1.1.2.2.	Die gemeinwirtschaftliche Entwicklungsrichtung	123
3.2.1.1.2.3.	Förderungswirtschaftliche Entwicklungsrichtungen	124
3.2.1.1.2.3.1.	Der klassisch-förderungswirtschaftliche Entwicklungstyp	124
3.2.1.1.2.3.2.	Der alternativ-förderungswirtschaftliche Entwicklungstyp	127
3.2.1.2.	Konsumgenossenschaften	132
3.2.1.2.1.	Entwicklungsperspektiven im Warenhandel	132

Inhaltsverzeichnis

3.2.1.2.1.1.	Technologische Veränderungen und ihre Auswirkungen auf den Warenhandel	132
3.2.1.2.1.2.	Wettbewerbssituation der Konsumgenossenschaften	138
3.2.1.2.2.	Unterschiedliche Entwicklungsrichtungen bei Konsumgenossenschaften	140
3.2.1.2.2.1.	Die erwerbswirtschaftliche Entwicklungsrichtung	140
3.2.1.2.2.2.	Die gemeinwirtschaftliche Entwicklungsrichtung	141
3.2.1.2.2.3.	Förderungswirtschaftliche Entwicklungsrichtungen	142
3.2.1.2.2.3.1.	Der klassisch-förderungswirtschaftliche Entwicklungstyp	142
3.2.1.2.2.3.2.	Der alternativ-förderungswirtschaftliche Entwicklungstyp	145
3.2.1.3.	Gewerbliche und landwirtschaftliche Warengenossenschaften	147
3.2.1.3.1.	Entwicklungsperspektiven von mittelständischen Wirtschaftsunternehmen	147
3.2.1.3.1.1.	Entwicklungsperspektiven im mittelständischen Einzelhandel	147
3.2.1.3.1.2.	Entwicklungsperspektiven im Handwerk	149
3.2.1.3.1.3.	Entwicklungsperspektiven in der Landwirtschaft	151
3.2.1.3.2.	Unterschiedliche Entwicklungsrichtungen bei gewerblichen und landwirtschaftlichen Warengenossenschaften	155
3.2.1.3.2.1.	Die erwerbswirtschaftliche Entwicklungsrichtung	155
3.2.1.3.2.2.	Förderungswirtschaftliche Entwicklungsrichtungen	156
3.2.1.3.2.2.1.	Der klassisch-förderungswirtschaftliche Entwicklungstyp	156
3.2.1.3.2.2.2.	Der alternativ-förderungswirtschaftliche Entwicklungstyp	158
3.2.1.4.	Wohnungsbaugenossenschaften	160
3.2.1.4.1.	Entwicklungstendenzen auf den Wohnungsmärkten und Auswirkungen auf die Wohnungsbaugenossenschaften	160
3.2.1.4.2.	Unterschiedliche Entwicklungsrichtungen bei Wohnungsbaugenossenschaften	164
3.2.1.4.2.1.	Die erwerbswirtschaftliche Entwicklungsrichtung	164
3.2.1.4.2.2.	Die gemeinwirtschaftliche Entwicklungsrichtung	166
3.2.1.4.2.3.	Förderungswirtschaftliche Entwicklungsrichtungen	169
3.2.1.4.2.3.1.	Der klassisch-förderungswirtschaftliche Entwicklungstyp	169

3.2.1.4.2.3.2.	Der alternativ-förderungswirtschaftliche Entwicklungstyp	172
3.2.1.5.	Spezialisierte Dienstleistungsgenossenschaften in unterschiedlichen Wirtschaftszweigen	173
3.2.1.5.1.	Die wachsende Anzahl und zunehmende Bedeutung solcher Dienstleistungsgenossenschaften	173
3.2.1.5.2.	Unterschiedliche Arten spezialisierter Dienstleistungsgenossenschaften	175
3.2.1.5.2.1.	Genossenschaften zur Erstellung produktionsbezogener Dienstleistungen	175
3.2.1.5.2.2.	Genossenschaften als Kooperationsform von privaten Haushalten	176
3.2.2.	Produktivgenossenschaften in unterschiedlichen Wirtschaftsbereichen	179
3.2.2.1.	Die erwerbswirtschaftliche Entwicklungsrichtung	179
3.2.2.2.	Die gemeinwirtschaftliche Entwicklungsrichtung	180
3.2.2.3.	Förderungswirtschaftliche Entwicklungsrichtungen	182
3.2.2.3.1.	Der klassisch-förderungswirtschaftliche Entwicklungstyp	182
3.2.2.3.1.1.	In der Landwirtschaft	182
3.2.2.3.1.2.	In der nichtlandwirtschaftlichen Sachgüterproduktion und im Dienstleistungsbereich	184
3.2.2.3.2.	Der alternativ-förderungswirtschaftliche Entwicklungstyp	186
3.2.2.3.2.1.	In der Landwirtschaft	186
3.2.2.3.2.2.	In der nichtlandwirtschaftlichen Sachgüterproduktion und im Dienstleistungsbereich	187
3.3.	Das Spektrum genossenschaftlicher Zukunftsperspektiven als Ergebnis von Wechselwirkungen zwischen Genossenschaften und ihrer Umwelt	189
3.3.1.	Wirtschaftliche Funktionsunfähigkeit von Genossenschaften im Wettbewerb mit anderen Unternehmensformen?	189
3.3.2.	Trennung der Genossenschaften von der übrigen Gesellschaft im Rahmen genossenschaftlicher Autarkiebestrebungen?	190
3.3.3.	Umgestaltung von marktwirtschaftlich geprägten Industriegesellschaften durch Genossenschaften?	191

	Inhaltsverzeichnis	13

3.3.4.	Weitere erwerbswirtschaftliche Transformation von Genossenschaften?	192
3.3.5.	Ausbau genossenschaftlicher Verbundsysteme als eigenständige und leistungsfähige Unternehmensformen?	193
4.	Mögliche Auswirkungen genossenschaftlicher Tätigkeit auf die gesellschaftliche Umwelt	195
4.1.	Impulse aufgrund innovativer oder anderer vorbildlicher Leistungen	195
4.2.	Zielgerichtete Unterstützung der gesamtgesellschaftlichen Entwicklung, einzelner gesellschaftlicher Bevölkerungsgruppen und von Einzelpersonen	196
4.3.	Beteiligung weiter Teile der Bevölkerung am volkswirtschaftlichen Produktivvermögen	197
4.4.	Die internationale Perspektive der Genossenschaften	199
4.5.	Anwendungsmöglichkeiten von Genossenschaften bei Markt- oder Staatsversagen	200

Literaturverzeichnis 204

Abbildungsverzeichnis

Abb. I: Grundlegende Arten der Mitgliederförderung bei Genossenschaften .. 113

Abb. II: Genossenschaftliche Entwicklungsrichtungen und direkte Mitgliederförderung 114

Abb. III: Genossenschaftliche Entwicklungsrichtungen und indirekte Mitgliederförderung 115

Abkürzungsverzeichnis

WiSt	= Wirtschaftswissenschaftliches Studium
WISU	= Das Wirtschaftsstudium
ZfgG	= Zeitschrift für das gesamte Genossenschaftswesen
ZfgKr	= Zeitschrift für das gesamte Kreditwesen
ZögU	= Zeitschrift für öffentliche und gemeinwirtschaftliche Unternehmen

Hinweise zur Zitierweise

Jeweils im Anschluß an die Verfasserangabe erfolgt in Klammern ein Kurztitel bzw. ein Stichwort. Im Literaturverzeichnis wird die Verfasserangabe vollständig zitiert und auch das jeweilige Stichwort hinzugefügt. Für die Reihenfolge mehrerer Literaturstellen eines Verfassers im Literaturverzeichnis ist das Erscheinungsjahr ausschlaggebend — bei gleichem Erscheinungsjahr entscheidet der erste Buchstabe des Stichwortes in alphabetischer Reihenfolge.

Beispiel: Der Kurztitel im Text —

„Werner W. Engelhardt, (Ideengeschichte), S."

— wird im Literaturverzeichnis vollständig zitiert als —

„*Engelhardt*, Werner W.: *(Ideengeschichte)* — Grundzüge einer allgemeinen Ideengeschichte des Genossenschaftswesens (Einführung in die Genossenschafts- und Kooperationslehre auf geschichtlicher Basis), Darmstadt 1985."

1. Grundlagen der genossenschaftlichen Zukunftsforschung

1.1. Genossenschaften

1.1.1. Begriffserläuterungen

Angesichts der großen Vielfalt genossenschaftlicher Erscheinungsformen ist es nicht verwunderlich, daß eine Fülle unterschiedlicher Genossenschaftsdefinitionen existiert.[1] Im Hinblick auf die große Anzahl von einzelnen Versuchen, das wirtschaftliche und soziale Gebilde bzw. Gefüge „Genossenschaft" durch Begriffsbestimmungen konkret zu erfassen, sei an dieser Stelle nur auf die Genossenschaftsdefinitionen einiger bekannter deutscher Genossenschaftsforscher und auf von ihnen für wesentlich gehaltene Begriffselemente der „Genossenschaft" hingewiesen:

Im Vordergrund der Genossenschaftsdefinition von Georg Draheim steht die „genossenschaftliche Doppelnatur" als einer Personenvereinigung und zugleich als eines Wirtschaftsbetriebs.[2] Das zentrale Begriffselement der Genossenschaftsdefinition von Reinhold Henzler bildet hingegen der „Grundauftrag zur Mitgliederförderung", wobei dieser Grundauftrag auch als das genossenschaftliche Förderungsprinzip bezeichnet wird.[3]

Als besonders charakteristisch für Genossenschaften betrachtet statt dessen Rolf Eschenburg das Identitätsprinzip in den unterschiedlichen Ausprägungen einer Identität zwischen Mitgliedern und Kunden, zwischen Mitgliedern und Lieferanten oder zwischen Mitgliedern und Mitarbeitern der jeweiligen Genossenschaften.[4] Allerdings zeigt die genossenschaftliche Praxis, daß angesichts der weitverbreiteten Nichtmitgliedergeschäfte von Förderungsgenossenschaften oder der häufigen Transformationserscheinungen von Produktivgenossenschaften das Identitätsprinzip oft nur annäherungsweise realisiert wird.

Durch vier Merkmale kennzeichnet Eberhard Dülfer den von ihm für die betriebswirtschaftliche Analyse der Kooperation gewählten Ausdruck und Begriff „Kooperativ": die Personengruppe, die gruppenmäßige Selbsthilfe, den Organbetrieb und den Förderungs-Verbund.[5] Abgesehen von den vorher bereits

---

[1] Vgl. Werner W. Engelhardt, (Ideengeschichte), S. 9 ff.; Theo Thiemeyer, (Idee), S. 61 f.

[2] Vgl. Georg Draheim, (Unternehmungstyp), S. 16.

[3] Vgl. Reinhold Henzler, (Betriebswirtschaft), S. 26.

[4] Vgl. Rolf Eschenburg, (Ökonomische Theorie), S. 12 ff.

[5] Vgl. Eberhard Dülfer, (Betriebswirtschaftslehre), S. 24.

erwähnten genossenschaftlichen Begriffselementen — Personenvereinigung, Wirtschaftsbetrieb und Förderungsprinzip[6] — wird also darüber hinaus von Dülfer sowohl auf das für Genossenschaften charakteristische gruppenmäßige Selbsthilfeprinzip als auch auf das Verbundkriterium hingewiesen: Die Förderung der Mitglieder erfolgt im Rahmen eines Verbundes zwischen den Mitgliederwirtschaften und dem Genossenschaftsbetrieb, wobei die Effizienz eines solchen Förderungs-Verbundes, insbesondere durch die Einbeziehung von Sekundärgenossenschaften in das gesamte Verbundsystem, zusätzlich gesteigert werden kann.[7]

In vielen Genossenschaftsdefinitionen wird auf den demokratischen Charakter dieser Unternehmensform hingewiesen. Das „genossenschaftliche Demokratieprinzip" besagt, daß das Stimmrecht in der Genossenschaft an die Person des Mitglieds und nicht an die Höhe der jeweiligen Kapitalbeteiligung gebunden ist.[8] Der auch heute noch verbreitete Grundsatz, jedem Genossenschaftsmitglied genau eine Stimme einzuräumen, stellt ein wesentliches Unterscheidungsmerkmal zu erwerbswirtschaftlichen Unternehmen dar. Weniger deutlich tritt dieses Unterscheidungsmerkmal im Falle eines beschränkten Mehrstimmrechts in Erscheinung, wie es in der Bundesrepublik Deutschland heutzutage manche Genossenschaften ihren besonders qualifizierten Mitgliedern aufgrund wirtschaftlicher Erwägungen ermöglichen.

Bei Genossenschaftsdefinitionen, welche die vorher erwähnten genossenschaftlichen Begriffselemente beinhalten, kann generell zwischen dem juristischen Genossenschaftsbegriff (z. B. Genossenschaften im Sinne des geltenden deutschen Genossenschaftsrechts) und dem ökonomischen Genossenschaftsbegriff (Genossenschaften im wirtschaftlichen Sinne) unterschieden werden.[9] „Als Genossenschaften im wirtschaftlichen Sinne sollen" — nach einer Definition von Gerhard Weisser — „frei gebildete Gruppenwirtschaften gelten, für die zutrifft, daß sie entweder für die Haushalte bzw. für die Unternehmen (‚Betriebe') ihrer Mitglieder unter Aufrechterhaltung der Selbständigkeit der Mitglieder-Haushalte bzw. -Unternehmen hauswirtschaftliche bzw. betriebswirtschaftliche Funktionen übernehmen, welche die Mitglieder nicht je für sich allein wahrnehmen wollen oder können (hilfswirtschaftliche Genossenschaften), oder den Mitgliedern als Grundlage ihrer wirtschaftlichen Existenz durch gemeinsame Beschaffung der Mittel ihres Lebensunterhalts dienen (Vollgenossenschaften)."[10]

Auf eine weitergehende, also über die Trennung zwischen Genossenschaften im wirtschaftlichen Sinne und Genossenschaften im Sinne des Rechts hinausrei-

---

[6] Vgl. auch Erik Boettcher, (Marktwirtschaft), S. 1 ff.
[7] Vgl. Eberhard Dülfer, (Betriebswirtschaftslehre), S. 24 ff.
[8] Vgl. Rainer Vierheller, (Demokratie), S. 34 ff.; Reinhard Schultz u. Jürgen Zerche, (Genossenschaftslehre), S. 15.
[9] Vgl. Erik Boettcher, (Marktwirtschaft), S. 6.
[10] Gerhard Weisser, (Reformdiskussion), S. 204.

1.1. Genossenschaften

chende, Differenzierungsmöglichkeit von Kooperationsformen weist Werner W. Engelhardt hin, indem er zusätzlich zwischen „genossenschaftsähnlichen Formen der Kooperation" und „genossenschaftsunähnlichen Formen der Kooperation" unterscheidet.[11] Während zu den genossenschaftsunähnlichen Kooperationsformen insbesondere Kartelle und transformierte Genossenschaften zählen, handelt es sich demgegenüber bei den genossenschaftsähnlichen Kooperationsformen beispielsweise um die vielfältigen Selbsthilfegruppen im Sozial- und Gesundheitsbereich.[12]

Juristische Genossenschaftsdefinitionen beziehen sich auf die jeweiligen Normen des Genossenschaftsrechts. Eine solche Definition stellt innerhalb einer Rechtsordnung eine detaillierte und von anderen Unternehmensformen relativ klar abgrenzbare genossenschaftliche Begriffsbestimmung dar. Über den Rahmen einer staatlichen Rechtsordnung hinaus, also auf internationaler Ebene, mangelt es allerdings bisher an einer Vereinheitlichung unterschiedlicher nationaler Rechtsnormen. Es existiert somit eine beträchtliche Anzahl, zumindest im Detail voneinander abweichender, Gesetzesbestimmungen.[13]

Der ökonomische Genossenschaftsbegriff versucht das wirtschaftliche und soziale Gebilde bzw. Gefüge „Genossenschaft" zu erfassen, unabhängig davon, in welcher der möglichen Rechtsformen es sich konstituiert. Kriterien des ökonomischen Genossenschaftsbegriffs sind vor allem die vorher erwähnten genossenschaftlichen Begriffselemente, wie insbesondere die Personengruppe, der Wirtschaftsbetrieb, das Förderungsprinzip, der Förderungs-Verbund, das gruppenmäßige Selbsthilfeprinzip, das Demokratieprinzip und das Identitätsprinzip.[14] Für die Mehrzahl der Genossenschaften ist zugleich der juristische und der ökonomische Genossenschaftsbegriff relevant. Abgesehen davon existieren sowohl viele Fälle, in denen dem juristischen Genossenschaftsbegriff entsprechende Genossenschaften gegen bestimmte der vorher erwähnten Prinzipien verstoßen, als auch zahlreiche andere Fälle, in denen Genossenschaften derartige Prinzipien befolgen, aus praktischen Erwägungen heraus jedoch nichtgenossenschaftliche Rechtsformen wählen. Beispielsweise kann es der Fall sein, daß der wesentliche Grund für die Wahl einer nichtgenossenschaftlichen Rechtsform darin besteht, die nach dem deutschen Genossenschaftsrecht obligatorische Pflichtprüfung durch den zuständigen Prüfungsverband zu vermeiden. Vergleicht man vor diesem Hintergrund die beiden unterschiedlichen Genossenschaftsbegriffe, so kann man feststellen, daß der ökonomische Genossenschaftsbegriff dem heterogenen Untersuchungsobjekt „Genossenschaft" in seinen vielfältigen Ausprägungen am ehesten gerecht wird.

---

[11] Vgl. Werner W. Engelhardt, (Ideengeschichte), S. 12 ff.
[12] Vgl. Werner W. Engelhardt, (Ideengeschichte), S. 14 ff.
[13] Vgl. Hans-H. Münkner, (Rechtsverfassung), S. 88 ff.
[14] Vgl. Mario Patera, (Prinzipien), S. 38 ff.

Für die Fragestellung nach den genossenschaftlichen Zukunftsperspektiven in marktwirtschaftlich geprägten Industriegesellschaften erscheint vor allem die Verwendung des ökonomischen Genossenschaftsbegriffs aus mehreren Gründen naheliegend.[15] Denn der Grundgedanke der nachfolgenden Untersuchung lautet ja nicht: Zukunftsperspektiven der genossenschaftlichen Rechtsform, sondern Zukunftsperspektiven des Wirtschafts- und Sozialgebildes bzw. Gefüges „Genossenschaft" zu erforschen, gleichgültig in welcher der zur Verfügung stehenden Rechtsformen es sich konstituiert. Nur so können auch die Randbereiche bisheriger genossenschaftlicher Entwicklung und genossenschaftswissenschaftlicher Forschung, wie beispielsweise der äußerst heterogene Bereich genossenschaftsähnlicher Kooperationsformen, insbesondere „neue Formen der Selbsthilfe und Selbstverwaltung" betreffend,[16] in ihrer ganzen Breite in die Untersuchung miteinbezogen werden. In der Bundesrepublik Deutschland wählt, im Gegensatz beispielsweise zur Schweiz[17] oder manchen anderen Staaten, nur ein Teil solcher Gründungen die genossenschaftliche Rechtsform.[18] Vor diesem Hintergrund unterschiedlicher juristischer Rahmenbedingungen in einzelnen Ländern bietet, bei einer internationalen Betrachtung zum gegenwärtigen Zeitpunkt, vor allem der ökonomische Genossenschaftsbegriff eine sinnvolle definitorische Grundlage.

1.1.2. Grundlegende Genossenschaftsarten

Sowohl aufgrund voneinander abweichender Struktur- und Funktionsmerkmale[19] als auch hinsichtlich einer verschiedenartigen Ausprägung des Identitätsprinzips[20] und nicht zuletzt im Hinblick auf einen, für die Mitglieder, unterschiedlichen Grad „der existenzsichernden sozialpolitischen Bedeutung von Genossenschaften"[21] lassen sich zwei grundlegend verschiedene Genossenschaftsarten unterscheiden: die Förderungsgenossenschaften und die Produktivgenossenschaften.

Im Fall der Förderungsgenossenschaften übertragen eigenständig wirtschaftende Mitgliederbetriebe oder Mitgliederhaushalte einzelne Betriebs- bzw. Haushaltsfunktionen auf einen gemeinsamen Geschäftsbetrieb (Genossenschaftsbetrieb), beispielsweise Beschaffungs- oder Absatzfunktionen, die da-

---

[15] So wendet z. B. Oswald Hahn in einer Abhandlung über die „neue Genossenschaftsbewegung" den „ökonomischen" Genossenschaftsbegriff an — siehe dazu Oswald Hahn, (Ideen), S. 113.

[16] Theo Thiemeyer, (Privatwirtschaft), S. 87.

[17] Vgl. Pius Schürmann, (Finanzierungsprobleme), S. 65.

[18] Vgl. Burghard Flieger, (Plädoyer), S. 254 ff.

[19] Vgl. Eberhard Dülfer,(Betriebswirtschaftslehre), S. 98 ff.; vgl. auch Erik Boettcher, (Marktwirtschaft), S. 23 ff.

[20] Vgl. Rolf Eschenburg, (Ökonomische Theorie), S. 11.

[21] Werner W. Engelhardt, (Ideengeschichte), S. 17.

durch wirtschaftlich rationeller wahrgenommen werden können.[22] Die vielfältigen Förderungsgenossenschaften lassen sich im Hinblick auf diese unterschiedlichen Marktfunktionen in zwei große Gruppen unterteilen: die Beschaffungsgenossenschaften und die Absatzgenossenschaften.[23] Während es sich bei Absatzgenossenschaften um einen förderungswirtschaftlichen Zusammenschluß selbständiger Unternehmen handelt, können demgegenüber Beschaffungsgenossenschaften sowohl unternehmensbezogen, zum Beispiel als Einkaufsgenossenschaften selbständiger Einzelhändler, als auch haushaltsbezogen, beispielsweise als Konsumgenossenschaften, konzipiert werden. Trotz vielfältiger Mischformen, zu denen insbesondere die Genossenschaftsbanken gehören, lassen sich im Hinblick auf ihre Mitgliedergruppen unternehmensbezogene und haushaltsbezogene Förderungsgenossenschaften unterscheiden.

Demgegenüber handelt es sich bei Produktivgenossenschaften um Gruppenunternehmen, „an denen die Genossenschaftsmitglieder durch Aufbringung von Kapitalbeträgen und durch demokratisch geordnete Mitwirkung an den Dispositionen beteiligt sind, in deren Betrieben sie aber auch alle ausführende Arbeit verrichten, deren Resultate die wirtschaftlichen Fundamente für ihre gemeinsame Selbständigkeit und zum Teil auch für gemeinschaftliches Gruppenleben in zugehörigen Haushaltungen schaffen."[24] Neben wirtschaftlichen Zielsetzungen sind auch außerökonomische Zielvorstellungen der Produktivgenossenschaftsmitglieder bedeutsam, insbesondere das Streben nach Selbständigkeit und Unabhängigkeit im Wirtschaftsleben oder der Wunsch nach einem ausgeprägten Gemeinschafts- und Zusammengehörigkeitsgefühl in der Gruppe.[25]

Für die Zwecke dieser Untersuchung ist auch die Unterscheidung von Primär- und Sekundärgenossenschaften bedeutsam. Während die Mitgliedergruppe einer Primärgenossenschaft zumindest überwiegend aus natürlichen Personen besteht, handelt es sich bei den Mitgliedern einer Sekundärgenossenschaft vorrangig um juristische Personen, beispielsweise um einzelne Primärgenossenschaften. Sekundärgenossenschaften stellen als „Zentralgenossenschaften" Förderungsinstitutionen für die im Rahmen einer genossenschaftlichen Verbundorganisation mit ihnen kooperierenden Primärgenossenschaften dar.

1.1.3. Neue genossenschaftliche Arbeits- und Lebensformen im Rahmen alternativer Bewegungen

In der zweiten Hälfte dieses Jahrhunderts und insbesondere seit dem Ende der sechziger Jahre sind in den meisten hochindustrialisierten Wohlstandsgesellschaften Protestbewegungen entstanden, wie beispielsweise die Studenten-, die

---

[22] Vgl. Gerhard Weisser, (Reformdiskussion), S. 204.
[23] Vgl. Erik Boettcher, (Marktwirtschaft), S. 30.
[24] Werner W. Engelhardt, (Produktivgenossenschaften), S. 32.
[25] Vgl. Werner W. Engelhardt, (Produktivgenossenschaften), S. 32f.

Hippie-, die Ökologie-, die Friedens- oder die Frauenbewegung, welche jeweils einzelne Teile der Bevölkerung erfassen und sich sowohl hinsichtlich ihrer Bestandsdauer als auch im Hinblick auf gesellschaftsverändernde Auswirkungen deutlich voneinander unterscheiden.[26] Betrachtet man diese heterogenen innergesellschaftlichen Strömungen im Zeitverlauf, so wird deutlich, daß an die Stelle der zunächst vorherrschenden Protest- und Verweigerungsbewegungen in zunehmendem Maße kritisch-konstruktive Bewegungen getreten sind mit dem Ziel, neue Formen der Arbeitsorganisation und des großfamiliären Zusammenlebens zu entwickeln.[27] Solche überwiegend konstruktiven Ansätze der Gesellschaftskritik werden im allgemeinen unter dem Sammelbegriff „Alternativbewegungen" zusammengefaßt, wobei die Beurteilung, ob etwas „alternativ" ist, bisher in stärkerem Maße auf subjektiven Einschätzungen als auf allgemein akzeptierten Kriterien beruht.[28] Bei den Alternativbewegungen handelt es sich dementsprechend um recht vielfältige Erscheinungen, welche sowohl in unterschiedlichem Maße Veränderungen des individuellen Lebensstils als auch eine praktische Erprobung neuer Arbeits- und Lebensformen mittels kultureller, sozialer oder wirtschaftlicher Projekte erstreben.[29]

In der Literatur finden sich unterschiedliche Gliederungsansätze für das breite Spektrum solcher Selbsthilfe-Projekte: Eine Volkswirtschaft wie die bundesdeutsche, in der Selbsthilfeaktivitäten weit verbreitet sind, wird häufig als „Dualwirtschaft"[30] bezeichnet, wobei der Begriff Dualwirtschaft in diesem Zusammenhang verstanden werden kann als „Aufbau und Instandhaltung eines informellen Wirtschaftsbereichs innerhalb moderner, hochentwickelter Industriegesellschaften."[31]

Als Nahtstelle und Grenzbereich zwischen dem informellen Selbsthilfesektor und dem formellen, d.h. institutionalisierten Wirtschaftssektor marktwirtschaftlicher Prägung sieht Joseph Huber die Alternativprojekte, wobei er professionelle Projekte, welche den Mitgliedern als überwiegende Erwerbsquelle dienen, duale Projekte, die nur teilweise Erwerbscharakter haben, und Freizeitprojekte unterscheidet.[32]

Klaus Gretschmann gliedert die Gesamtwirtschaft in zwei unterschiedliche Teilbereiche: einerseits die „offizielle Wirtschaft", wozu er sowohl sämtliche

---

[26] Vgl. Walter Hollstein, (Gegengesellschaft), S. 9ff.; Albert Engelhardt, (Bundesrepublik), S. 111ff.; Ortwin Renn, (Alternative Bewegung), S. 13ff.

[27] Vgl. Wolfgang Beywl, Hartmut Brombach und Matthias Engelbert, (Alternative Betriebe), S. 15; Helmut Willke, (Kommunebewegung), S. 156ff.

[28] Vgl. Henrik Kreutz, (Alternative), S. 11ff.; zur ausländischen Kritik der deutschen Alternativbewegungen siehe z.B. Brigitte Sauzay, (Die Deutschen), S. 169ff.

[29] Vgl. Helmut Willke, (Kommunebewegung), S. 156ff.; Brigitte Sauzay, (Die Deutschen), S. 165ff.

[30] Vgl. Joseph Huber, (Alternativbewegung), S. 36 u. S. 102ff.

[31] Joseph Huber, (Anders arbeiten), S. 17.

[32] Vgl. Joseph Huber, (Alternativbewegung), S. 40ff.

1.1. Genossenschaften

Wirtschaftsaktivitäten auf organisierten Märkten als auch die Wirtschaftstätigkeit im öffentlichen Bereich zählt; andererseits die „Schattenwirtschaft", welche er in einen erwerbswirtschaftlichen und in einen selbstversorgungs- und bedarfswirtschaftlichen Schattenwirtschaftssektor weiter aufgliedert.[33] Klaus Gretschmann ordnet also in diesem Gliederungsschema Alternativprojekte grundsätzlich der Schattenwirtschaft zu. Den Begriff „Schattenwirtschaft" versteht er „als eine Ansammlung von Wirtschaftsformen, die im Schatten der institutionalisierten Wirtschaftssektoren Markt und Staat, jener dominierenden Ökonomie, stehen, überdeckt und in ihrer Bedeutung bewußt kleingehalten."[34]

Da viele alternative Betriebe auf Märkten tätig sind und ihre Aktivitäten der Besteuerung unterliegen, vertreten demgegenüber Wolfgang Beywl, Hartmut Brombach und Matthias Engelbert die Ansicht, daß es problematisch sei, die heterogene Gruppe der alternativen Projekte insgesamt der Schattenwirtschaft zuzuordnen. Deshalb differenzieren Wolfgang Beywl und die anderen genannten Autoren in ihrer Studie über alternative Betriebe in Nordrhein-Westfalen zwischen einem alternativ-ökonomischen Sektor und einem selbstversorgungs- und bedarfswirtschaftlichen Schattenwirtschaftssektor.[35] Unter dem Begriff „Schattenwirtschaft" verstehen die Autoren sämtliche nichtöffentlichen und nicht steuerlich erfaßten Wirtschaftsaktivitäten.[36] Deutlich trennt auch Marlene Kück die selbstverwalteten Betriebe von der Schattenwirtschaft, indem sie betont: „Die wirtschaftlichen Aktivitäten der selbstverwalteten Betriebe werden vom Sozialprodukt erfaßt, sie liegen nicht außerhalb des marktwirtschaftlichen oder staatlichen Sektors."[37]

Eine andere Differenzierungsmöglichkeit findet sich in einer Studie des Instituts für Arbeitsmarkt- und Berufsforschung der Bundesanstalt für Arbeit von Henrik Kreutz, welcher aufgrund des Selbstverständnisses von Projektmitgliedern zwischen überwiegend ökonomisch orientierten Projekten und solchen Projekten, bei denen die sozial- bzw. gesellschaftspolitische Orientierung im Vordergrund steht, unterscheidet.[38]

Christoph Badelt nennt drei „Idealtypen der Selbstorganisation": den Selbsthilfetyp (Selbstversorgung mit einem kollektiven Gut), den Mutual-Help-Typ (individuelle Leistungserstellung verbunden mit nicht-monetärem Tausch) und den Altruistischen Typ (Hilfs- und Unterstützungsleistungen für Dritte).[39]

---

[33] Vgl. Klaus Gretschmann, (Alternativökonomie), S. 17.
[34] Klaus Gretschmann, (Alternativökonomie), S. 18.
[35] Vgl. Wolfgang Beywl, Hartmut Brombach u. Matthias Engelbert, (Alternative Betriebe), S. 20f.
[36] Vgl. Wolfgang Beywl, Hartmut Brombach u. Matthias Engelbert, (Alternative Betriebe), S. 20.
[37] Marlene Kück, (Professionalisierung), S. 180.
[38] Vgl. Henrik Kreutz, (Alternative), S. 43f.
[39] Vgl. Christoph Badelt, (Selbstorganisation), S. 34ff.

Um die Alternativprojekte möglichst vollständig erfassen zu können, erwähnt Hans E. Maier darüber hinaus einen vierten Idealtypus, nämlich die Erbringung von Leistungen am Markt gegen Bezahlung.[40] Nach Ansicht von Maier, der zurecht darauf hinweist, daß in der Realität nicht Idealtypen, sondern vielfältige Mischformen existieren, sei dieser Typus insbesondere für alternative Produktionskollektive charakteristisch.[41]

In ähnlicher Weise wählt auch Marlene Kück die „Marktbezogenheit" als Abgrenzungskriterium, um insbesondere zwischen einem, auf den Markt ausgerichteten, „alternativ-ökonomischen Sektor" und einem „alternativen Sozialdienstleistungssektor" zu unterscheiden.[42]

Beywl, Brombach und Engelbert nennen in ihrer Studie fünf Kriterien, durch die sie alternativ-ökonomische Projekte charakterisieren und zugleich von anderen Sozialgebilden abgrenzen:[43] „1. Identitätsprinzip, 2. Demokratieprinzip, 3. Gruppenprinzip, 4. Modellhaftigkeit, 5. Lebensunterhalts-Orientierung."[44]

Ein großer Teil der alternativen Projekte betrifft genossenschaftliche oder zumindest genossenschaftsähnliche Formen der Kooperation: Förderungsgenossenschaftlichen Charakter haben beispielsweise Nahrungsmittel-Kooperativen (Food-Cooperatives), Wohngemeinschaften bzw. Wohnungsgenossenschaften, alternative Bankgründungen oder Verkaufsgenossenschaften selbständiger Handwerker. Um Produktivgenossenschaften im wirtschaftlichen Sinne handelt es sich bei dem überwiegenden Teil alternativer Produktions- und Dienstleistungsbetriebe. Genossenschaftsähnliche Kooperationsformen existieren insbesondere als informelle Vorstufen möglicher späterer Genossenschaften oder als Selbsthilfegruppen ohne wirtschaftlichen Tätigkeitsbereich, beispielsweise im Sozial- und Gesundheitsbereich.[45]

Bei der Betrachtung alternativer Genossenschaften stellt sich die Frage, inwiefern sich solche alternativen Projekte von den herkömmlichen Genossenschaften unterscheiden. Hierbei handelt es sich um eine Fragestellung, deren Beantwortung durch die offenkundige Vielfalt sowohl herkömmlicher als auch alternativer Genossenschaftsgebilde deutlich erschwert wird. Nicht zuletzt deshalb kann an dieser Stelle nur auf einige generelle Unterschiede hingewiesen werden, ohne einen Anspruch auf Vollständigkeit erheben zu wollen. Darüber hinaus besteht vielfach eine Diskrepanz zwischen Anspruch und Wirklichkeit,

---

[40] Vgl. Hans E. Maier, (Selbsthilfe), S. 169 ff.
[41] Vgl. Hans E. Maier, (Selbsthilfe), S. 170.
[42] Vgl. Marlene Kück, (Alternativökonomie), S. 37 ff.
[43] Wolfgang Beywl, Hartmut Brombach u. Matthias Engelbert, (Alternative Betriebe), S. 23 ff.
[44] Wolfgang Beywl, Hartmut Brombach u. Matthias Engelbert, (Alternative Betriebe), S. 26.
[45] Vgl. Werner W. Engelhardt, (Ideengeschichte), S. 14.

1.1. Genossenschaften

so daß es bei weitgesteckten alternativen Zielvorstellungen häufig an einer praktischen Realisierung mangelt, bislang jedenfalls.[46]

In der Studie von Beywl, Brombach und Engelbert über „alternative Betriebe in Nordrhein-Westfalen" findet sich eine ausführliche Auflistung alternativökonomischer Zielvorstellungen. Genannt werden: „— Selbstverwirklichung und Autonomie, — basisdemokratische, antihierarchische Entscheidungsstrukturen, — Aufhebung der geschlechtsspezifischen Arbeitsteilung, — gleiche/bedürfnisgerechte Entlohnung, — Aufhebung der Trennung von Hand- und Kopfarbeit, — flexible Arbeitszeiten und Rotation der Arbeiten, — Kooperation statt Konkurrenz mit anderen Alternativbetrieben der gleichen Branche... — ökologisch vertretbare Produktion (Senkung des Energiebedarfs, Vermeidung von Umweltverschmutzung) — dezentrale Produktion auf lokale Märkte orientiert, — kleine Produktionseinheiten (autonome Gruppen in größeren Betrieben) — arbeitsintensives, handwerkliches Arbeiten anstatt kapitalintensiver und zentralisierter Produktion, — Herstellung eines kommunikativen Zusammenhangs zwischen Produzenten und Konsumenten anstatt anonymer Tauschverhältnisse."[47]

Marlene Kück zählt insbesondere folgende Ziele zu den Besonderheiten alternativer Betriebe: die Selbstverwaltung als das Bemühen um demokratische Entscheidungs- und Partizipationsstrukturen, die Produktion gesellschaftlich sinnvoller Güter und die Kostendeckungsmaxime, welche jedoch notwendige Gewinne zur Selbstfinanzierung nicht ausschließt.[48]

Bei der Analyse der hier genannten Zielvorstellungen[49] alternativer Genossenschaften wird deutlich, daß einerseits augenscheinliche Parallelen, andererseits jedoch auch gravierende Unterschiede zu den frühen industriezeitlichen Genossenschaften bestehen. Anknüpfend an die Frühformen industriezeitlicher Genossenschaften suchen viele heutige alternative Genossenschaften z. B. nach dezentral strukturierten, überschaubaren Betriebs- und Gemeinschaftsformen, in denen demokratische Mitwirkungsmöglichkeiten und eine außerökonomische Mitgliederförderung hohe Bedeutung besitzen.[50]

Eine Rückbesinnung auf die genossenschaftliche Gründerzeit des 19. Jahrhunderts reicht jedoch nicht aus als Erklärung für die Zielvorstellungen heutiger alternativer Genossenschaften. Denn ebenso bedeutsam sind in diesem Zusammenhang ideelle Einflüsse aus innergesellschaftlichen Prozessen der Gegenwart

---

[46] Vgl. Joseph Huber, (Selbstorganisierte Projekte), S. 117 ff.

[47] Wolfgang Beywl, Hartmut Brombach u. Matthias Engelbert, (Alternative Betriebe), S. 22 f.

[48] Vgl. Marlene Kück, (Professionalisierung), S. 181.

[49] Siehe zu den Zielen alternativer Projekte z. B. auch Joseph Huber, (Selbstorganisierte Projekte), S. 117 f.; Christian Leipert, (Erfolgsmessung), S. 54 f.; Marlene Kück, (Alternativökonomie), S. 38 ff.

[50] Vgl. Lesebuch für Biogenossenschaftler, (Körner-Kongreß), S. I/1 ff.

bzw. der jüngsten Vergangenheit,[51] die sich anhand mancher Zielsetzungen alternativer Projekte — beispielsweise der ökologischen Ziele — nachweisen lassen. Helmut Willke hat darauf hingewiesen, daß enge Verbindungslinien zwischen der derzeitigen Kommunebewegung und der Frauen-, Friedens- und Ökologiebewegung bestehen.[52] „Wenn es sich bewahrheiten sollte, daß diese drei Bewegungen", wie Helmut Willke betont, „die Schlüsselfragen des ausgehenden 20. Jahrhunderts eigensinnig aufgreifen, sich längerfristig ihre Dynamik erhalten können, dann dürfte die energetische Fundierung dieser Bewegung in einer breiten und selbsttragenden Kommunebewegung ein wichtiger Faktor sein."[53]

1.2. Zukunftsforschung

1.2.1. Die Frage der Notwendigkeit einer Zukunftsforschung in der heutigen Zeit

Im Unterschied zum Tier besitzt der Mensch das Bewußtsein, daß es einen Zeitablauf und damit das zeitliche Phänomen der „Zukunft" gibt.[54] Allerdings reicht die Beschäftigung mit der Zukunft, das heißt insbesondere die Möglichkeit, ungewisse Ereignisse sowie Entwicklungen der Zukunft bereits im voraus erkennen zu können, an die Grenzen menschlicher Erkenntnisfähigkeit heran. Sie übt vielleicht gerade deshalb auf den Menschen eine große Faszination aus.

Hingewiesen sei in diesem Zusammenhang auf die Unterscheidung zwischen „denkmöglich" und „realmöglich", wie man sie u. a. bei Ernst Bloch findet: „. . . denkmöglich ist alles, was überhaupt als in Beziehung stehend gedacht werden kann. Ja selbst Beziehungen, deren Glieder sich nicht nur absurd, sondern völlig disparat zueinander verhalten, jedoch als disparate immer noch eine formal notierbare Beziehung darstellen, nämlich eben eine disparate, gehören zum Denkmöglichen."[55] „. . . jedes Mögliche jenseits des bloß Denkmöglichen bedeutet eine Offenheit infolge eines noch nicht vollständig zureichenden, also mehr oder minder unzureichend vorliegenden Bedingungsgrunds. Indem nur einige, jedoch nicht alle Bedingungsgründe vorliegen, läßt sich von dem dergestalt Möglichen noch nicht auf das Wirkliche schließen. . ."[56] „Folgen hat das Mögliche aber nur, indem es nicht bloß als formal zulässig oder auch als objektiv vermutbar oder selbst als objektgemäß offen vorkommt, sondern indem es im Wirklichen selber eine zukunfttragende Bestimmtheit ist. Es gibt

---

[51] Vgl. Walter Hollstein u. Boris Penth, (Alternativ-Projekte), S. 14 ff.; vgl. auch Ulrike Kolb u. Jutta Stössinger, (Salto vitale), S. 10 ff.

[52] Vgl. Helmut Willke, (Kommunebewegung), S. 156 ff.

[53] Helmut Willke, (Kommunebewegung), S. 159.

[54] Vgl. Gerhart Bruckmann, (Langfristprognostik), S. 12.

[55] Ernst Bloch, (Hoffnung), S. 259.

[56] Ernst Bloch, (Hoffnung), S. 260.

derart real-partielle Bedingtheit des Objekts, die in diesem selber seine reale Möglichkeit darstellt. So ist Mensch die reale Möglichkeit alles dessen, was in seiner Geschichte aus ihm geworden ist und vor allem mit ungesperrtem Fortschritt noch werden kann."[57]

In früheren Epochen der Menschheitsgeschichte vollzogen sich gesellschaftliche Veränderungen zumeist sehr langsam. Sie erforderten oft viele Generationen, bevor sie die gesellschaftlichen Verhältnisse ihrer Zeit nachhaltig beeinflußten, wie beispielsweise in der menschlichen Kulturgeschichte der sehr langsam verlaufende Übergang vom nomadisierenden Jäger zum seßhaften Bauern.[58] Demgegenüber ist in neuerer Zeit, zumindest seit dem Ausgang des Mittelalters und insbesondere seit der beginnenden Industrialisierung, deutlich eine Beschleunigung gesellschaftlicher Veränderungsprozesse spürbar. In engem Zusammenhang steht diese Entwicklung mit der Zunahme des menschlichen Wissens, worauf unter anderem die große Anzahl technischer Erfindungen und nicht zuletzt die Fülle wissenschaftlicher Fachpublikationen in der heutigen Zeit hindeuten.[59]

Veränderungen erfahren in diesem Zusammenhang alle gesellschaftlichen Subsysteme, denn beispielsweise stehen technischer und wirtschaftlicher Wandel in engem Zusammenhang mit den politischen Strukturveränderungen sowie dem Wandel von Normen im kulturellen Bereich.[60] Der heutige Mensch lebt in einer ganz besonders evolutorisch/dynamischen Epoche,[61] so daß er zur Zeit seiner Jugend — selbst wenn seine Fähigkeiten dann schon voll entwickelt wären — noch längst nicht absehen könnte, in welch einer gesellschaftlichen Umweltsituation er sein Alter verbringen wird, also in welchem Umfang im Laufe seines Lebens von ihm Anpassungen an Umweltveränderungen erwartet werden. In einer derartigen Epoche wächst verständlicherweise das Interesse daran, die Richtung und das Ausmaß der möglichen künftigen gesellschaftlichen Veränderungen frühzeitig zu erkennen, um ungünstige Entwicklungen rechtzeitig abwenden und eigene Zukunftsziele weitgehend verwirklichen zu können, woraus schließlich eine systematische mehr oder weniger wissenschaftliche Erforschung der Zukunft hervorgeht.[62]

---

[57] Ernst Bloch, (Hoffnung), S. 271.
[58] Vgl. Frederic Vester, (Neuland), S. 464.
[59] Vgl. Peter Atteslander, (Grenzen), S. 109.
[60] Vgl. Frederic Vester, (Neuland), S. 464.
[61] Vgl. Kommission „Zukunftsperspektiven gesellschaftlicher Entwicklungen", (Bericht), S. 27.
[62] Vgl. Gerhart Bruckmann, (Langfristprognostik), S. 13.

1.2.2. Entwicklungsgeschichte und unterschiedliche Richtungen in der Zukunftsforschung

Über den Zeitpunkt in der Geschichte, welchen man als den Beginn der wissenschaftlichen Zukunftsforschung bezeichnen kann, bestehen in der Literatur keine übereinstimmenden Ansichten. Es ergibt sich sogar die Frage, ob es überhaupt möglich ist, einen eindeutigen Anfangspunkt wissenschaftlicher Zukunftsforschungen zu bestimmen.[63]

Betrachtet man die Entwicklung der Zukunftsforschung in den letzten vierzig Jahren und beschränkt man diese Betrachtung zudem auf den Bezugsrahmen der industrialisierten, marktwirtschaftlich geprägten Staaten, so ergeben sich folgende Zusammenhänge zwischen den gesamtgesellschaftlichen Entwicklungen in diesem Zeitraum und den Aktivitäten auf dem Gebiet der Zukunftsforschung: Die großen und weitverzweigten Organisationen, insbesondere die multinationalen Konzerne und die öffentlichen Verwaltungen, erfordern in besonderem Maße umfangreiche und langfristige Zukunftsplanungen. Derartige Planungen sind nur sinnvoll auf der Grundlage bedingter[64] Prognosen, wodurch sich die ungewissen Zukunftsentwicklungen im Rahmen vorgegebener Planungsumfelder im voraus einschätzen lassen. Deshalb erscheint es keineswegs überraschend, daß insbesondere innerhalb der Industrie und der öffentlichen Verwaltung in den Vereinigten Staaten von Nordamerika bereits in den vierziger und fünfziger Jahren dieses Jahrhunderts damit begonnen wurde, auf mathematischen Verfahren beruhende Prognosemethoden zu entwickeln und anzuwenden.[65]

Überaus günstig haben sich für die Weiterentwicklung der Zukunftsforschung und insbesondere für ihre praktische Anwendung die Fortschritte auf dem Gebiet der elektronischen Datenverarbeitung ausgewirkt. Mit Hilfe der Computertechnik sind Zukunftsforscher heutzutage in der Lage, ein umfangreiches Datenmaterial in die jeweiligen Untersuchungen einzubeziehen, die Rechengeschwindigkeit beträchtlich zu erhöhen und auch die Lösung von komplexen Modellstrukturen zu bewerkstelligen.

In den siebziger Jahren dieses Jahrhunderts erfolgte auf dem Gebiet der Zukunftsforschung insofern eine erwähnenswerte Zäsur, als jetzt die überwiegend optimistische Grundstimmung bzw. Zukunftssicht der fünfziger und sechziger Jahre an Bedeutung verlor. Gleichzeitig drangen pessimistische Stimmen in die Öffentlichkeit, welche durch ihre wachstumskritischen Zukunftsprognosen eine große öffentliche Diskussion entfachten. Den Ausgangspunkt dieser Diskussion bildete die im Jahre 1972 für den Club of Rome erstellte Studie eines Forscherteams am Massachusetts Institute of Technology.[66] Unter

---

[63] Vgl. Rolf Schwendter, (Zeitgeschichte — Band 2), S. 212f.
[64] Vgl. Karl R. Popper, (Historizismus), S. 101.
[65] Vgl. Ossip K. Flechtheim, (Zukunft), S. 14.

1.2. Zukunftsforschung

dem Titel „Die Grenzen des Wachstums"[67] belebte diese Studie die Zukunftsforschungen der folgenden Jahre außerordentlich und löste eine große Anzahl daran anschließender Forschungsarbeiten aus. Während Wachstumsbefürworter unter den Zukunftsforschern bestrebt waren, die teilweise drastischen Ergebnisse der vorher erwähnten Studie zu widerlegen, bemühten sich die Vertreter des Club of Rome, offenkundige Schwächen dieser ersten Studie in ihren späteren Forschungsarbeiten zu vermeiden.[68]

Diese Spaltung der Zukunftsforschung in unterschiedliche Forschungsrichtungen wurde in starkem Maße durch die veränderten gesamtgesellschaftlichen Rahmenbedingungen beeinflußt, welche zumindest zeitweise zu pessimistischen Zukunftserwartungen und einer deutlichen Verunsicherung in vielen Teilen der Bevölkerung geführt haben. Hier ist vor allem an die Schockwirkung der abrupten Ölpreissteigerung des Jahres 1973 zu erinnern.[69] Zwar erscheint dieser Schock in den hochindustrialisierten Staaten bereits seit einigen Jahren weitgehend überwunden zu sein, jedoch mangelt es angesichts der begrenzten Erdölvorkommen und der Kernenergieproblematik bisher an einer sowohl zuverlässigen als auch von allen Teilen der Bevölkerung akzeptierten langfristigen Energiegrundlage.

Besorgniserregend sind ebenso die hohen Schadstoffbelastungen der Umwelt, das noch zunehmende Entwicklungsgefälle zwischen unterschiedlichen Regionen der Erde und die relativ hohe Arbeitslosigkeit auch in vielen Industrieländern, die sich den vertrauten traditionellen wirtschaftspolitischen Steuerungsmöglichkeiten weitgehend zu entziehen scheint. Die drastische Höhe der Kreditverbindlichkeiten vieler Entwicklungsländer belastet zudem die Weltwirtschaft und birgt ohne geeignete internationale Lösungsschritte die Gefahr einer Weltwirtschaftskrise in sich.

Alle diese hier nur kurz erwähnten Problemfelder beeinflussen naturgemäß auch die Zukunftsforschungen. Allerdings werden derartige Problembereiche von den einzelnen Forschern bzw. Forschungsgruppen sehr unterschiedlich beurteilt und bewertet, so daß die Schlußfolgerungen und Forschungsergebnisse beträchtlich voneinander abweichen können. Dementsprechend existieren sehr unterschiedliche Richtungen innerhalb der Zukunftsforschung, die nicht zuletzt in ihren Ausprägungen auch weltanschaulich bedingt sind.

Ossip K. Flechtheim nennt in diesem Zusammenhang die in industrialisierten Marktwirtschaften stark vertretene „technokratisch-neokonservativ orientierte Richtung", die „soziale Prognostik" der Zentralverwaltungswirtschaften und

---

[66] Vgl. Walt W. Rostow, (from here to there), S. 7 ff.

[67] Vgl. Dennis Meadows, Donella Meadows, Erich Zahn u. a., (Wachstumsgrenzen), S. 11 ff.

[68] Vgl. z. B.: Christopher Freeman, (Computer Malthusianius), S. 3 ff.; Georg Picht, (Bedingungen), S. 45 ff.; Gerhart Bruckmann, (Langfristprognostik), S. 18.

[69] Vgl. Walt W. Rostow, (from here to there), S. 7.

die „kritische Futurologie" als eine Art „Dritter Weg" zwischen einem „positivistischen Szientifismus" und einem „dogmatischen Materialismus".[70]

Bezogen auf die marktwirtschaftlich geprägten Industriegesellschaften unterscheidet Bart van Steenbergen in ähnlicher Weise zwischen einer „Establishment-Futurologie" und einer „kritischen Futurologie" als zwei grundlegend verschiedenen Forschungsrichtungen.[71] Während sich die erste Gruppe durch eine enge Verbindung zu etablierten Institutionen innerhalb der Gesellschaft kennzeichnen läßt und zumindest teilweise durch Aufträge oder finanzielle Unterstützung seitens derartiger Institutionen gefördert wird, nimmt die zweite Gruppe von Zukunftsforschern hinsichtlich der gesellschaftlichen Verhältnisse überwiegend eine kritische Haltung ein.[72]

1.2.3. Arten und Methoden der Zukunftsforschung

1.2.3.1. Vorbemerkungen

Im Hinblick auf die Zukunftsforschung unterscheidet Robert Jungk zwischen drei Arten der Imagination: der logischen, der kritischen und der schöpferischen Imagination.[73] Im ersten Fall wird vorwiegend mit Hilfe der Logik versucht, Zukunftsforschung zu betreiben. Die kritische Imagination geht von der Gegenwart aus und trachtet danach, bereits existierende Entwicklungstrends entweder zu verstärken oder abzuschwächen. Die schöpferische Imagination ist demgegenüber bestrebt, Zukunftsbilder gedanklich zu entwerfen, wobei sie sich weitgehend von der Gegenwart entfernt und neue Lösungswege beschreitet.[74]

Ossip K. Flechtheim unterscheidet drei Arten der Zukunftsforschung: eine Zukunftsforschung mittels Prognosen und Projektionen, eine Wissenschaft der Zukunftsplanungen bzw. -programmierungen und schließlich eine philosophische Zukunftsforschung durch Entwicklung von Utopien.[75]

In ähnlicher Weise sieht auch Georg Picht drei mögliche Formen, die Zukunft zu antizipieren: die Prognose, die Planung und die Utopie.[76] Nach Ansicht von Picht sind Prognosen als Ergebnisse analytischer Verfahren in der Lage, auf zukünftige Ereignisse oder Entwicklungen hinzuweisen, bilden Planungen Systeme von zukunftsbezogenen Handlungsanweisungen und stellen Utopien idealtypische Modelle dar, wobei Picht „die kritische Utopie als die rationale Zielprojektion verantwortlichen Handelns" bezeichnet.[77]

---

[70] Vgl. Ossip K. Flechtheim, (Zukunft), S. 21.
[71] Vgl. Bart van Steenbergen, (Futurologie), S. 228 ff.
[72] Vgl. Peter H. Mettler, (Zukunftsforschung), S. 79 ff.
[73] Vgl. Robert Jungk, (Zukunftsforschung), S. 292.
[74] Vgl. Robert Jungk, (Zukunftsforschung), S. 292 ff.
[75] Vgl. Ossip K. Flechtheim, (Warum Futurologie?), S. 4.
[76] Vgl. Georg Picht, (Bedingungen), S. 47 ff.

1.2.3.2. Die Prognostik

Realwissenschaftliche Theorien lassen sich im Anschluß an Hans Albert und Karl R. Popper als Systeme von nomologischen Hypothesen verstehen.[78] Die konkrete Definition von Hans Albert lautet: „Unter einer Theorie ist üblicherweise eine Menge (System) durch Ableitbarkeitsbeziehungen miteinander verbundener nomologischer Hypothesen zu verstehen, die im Grenzfall aus der Menge aller Folgerungen aus einer nomologischen Hypothese (wozu ja diese Hypothese selbst auch gehört) bestehen kann."[79] Die wesentlichen Bestandteile realwissenschaftlicher Theorien haben somit „den Charakter von nomologischen Hypothesen, also allgemeinen empirisch gehaltvollen Aussagen über die Struktur der Realität, die infolgedessen an Hand der Tatsachen nachgeprüft werden können."[80] Lassen sich Hypothesen trotz kritischer Prüfungen aufgrund von Erfahrungen und Logik nicht falsifizieren, so bedeutet dieses nicht einen dauerhaften, sondern nur einen vorübergehenden Gültigkeitsanspruch, da sie vielleicht irgendwann in der Zukunft einer neueren Prüfung nicht mehr standhalten.[81]

Die Ableitung von Prognosen zählt zu den bedeutsamen Anwendungsmöglichkeiten von Theorien.[82] „Die Möglichkeit des prognostischen Gebrauchs einer realwissenschaftlichen Theorie beruht" — wie Hans Albert betont — „darauf, daß eine solche Theorie auf Grund ihres nomologischen Charakters gewisse logisch mögliche Vorgänge für alle Raum-Zeit-Gebiete ausschließt und dadurch den Spielraum des tatsächlich möglichen Geschehens einengt."[83] Je höher der Informationsgehalt einer Theorie ist, desto besser eignet sie sich zu Prognosen, da aussagekräftigere Theorien das Spektrum der „real-möglichen" Zukunftsentwicklung stärker einschränken.[84]

Im Bereich der Sozialwissenschaften mangelt es zumeist an der theoretischen Fundierung von Prognosen.[85] Dort werden oft sogenannte „Projektionen" entwickelt, die auf ad-hoc-Hypothesen basieren — „z. B. die theoretisch nicht fundierte Hypothese, daß gewisse Quasi-Invarianzen (Trends usw.) aufrechterhalten bleiben, die sich bisher feststellen ließen."[86]

---

[77] Georg Picht, (Bedingungen), S. 48.
[78] Vgl. Hans Albert, (Theoriebildung), S. 63; Karl R. Popper, (Historizismus), S. 103 ff.
[79] Hans Albert, (Theoriebildung), S. 27.
[80] Hans Albert, (Theoriebildung), S. 23.
[81] Vgl. Karl R. Popper, (Historizismus), S. 69 u. S. 103 ff.; Hans Albert, (Theoriebildung), S. 6 ff., S. 17 u. S. 53 ff.
[82] Vgl. Karl R. Popper, (Historizismus), S. 103 ff.; Hans Albert, (Theoriebildung), S. 61.
[83] Hans Albert, (Theoriebildung), S. 61.
[84] Vgl. Karl R. Popper, (Historizismus), S. 109; Hans Albert, (Theoriebildung), S. 61.
[85] Vgl. Karl R. Popper, (Historizismus), S. 11 ff.; Hans Albert, (Theoriebildung), S. 62 f.
[86] Hans Albert, (Theoriebildung), S. 63.

32   1. Grundlagen der genossenschaftlichen Zukunftsforschung

Bei der häufig verwendeten Methode der Trendextrapolation werden Vergangenheitsentwicklungen, die sich in Gestalt von Zeitreihen bis zur Gegenwart aufzeigen lassen, logisch in die Zukunft hinein verlängert.[87] Wie Gerhart Bruckmann im Hinblick auf die Frage, ob Vergangenheitserfahrungen eine sinnvolle Grundlage für Zukunftsprognosen darstellen können, betont, spiegeln Zeitreihen aus der Vergangenheit „nicht nur das Ergebnis der Einwirkung aller Einflußgrößen und deren Struktur, sondern auch die zeitliche Veränderung dieser Einwirkungen und der Struktur wieder; eine Trendextrapolation ist also dann (und solange) zulässig, als Grund zur Annahme besteht, daß diese Veränderungen in etwa gleicher Weise wie bisher weiter gehen werden. In diesem Sinne überträgt die Trendextrapolation die Erfahrungswerte der Vergangenheit nicht statisch, sondern dynamisch; sie extrapoliert nicht den Zustand, sondern den Wandel und sie wird nur problematisch, wenn eine Änderung der Art des Wandels erwartet werden muß."[88]

Karl R. Popper weist darauf hin, daß sich Trends und Gesetze deutlich voneinander unterscheiden: „Ein Satz, der die Existenz eines Trends zu einer bestimmten Zeit und an einem bestimmten Ort aussagt, wäre also ein singulärer historischer Satz und kein universales Gesetz. Die praktische Bedeutung dieser logischen Situation ist beträchtlich: wir können zwar Gesetze, nicht aber die bloße Existenz von Trends zur Grundlage wissenschaftlicher Prognosen machen."[89] Popper unterscheidet zwischen technologischen Prognosen und Prophezeiungen als zwei unterschiedlichen Prognosearten, welche er beide als praktisch wertvoll bezeichnet.[90] „Die typischen Experimentalwissenschaften sind in der Lage, technologische Prognosen zu geben, während diejenigen Disziplinen, in denen vorwiegend nichtexperimentelle Beobachtungen verwendet werden, Prophezeiungen hervorbringen."[91]

Insgesamt existiert inzwischen eine große Anzahl unterschiedlicher Prognosemethoden und Prognosetechniken,[92] die sich nach systematischen Gesichtspunkten zu einzelnen Gruppen zusammenfassen lassen.[93] Erich Jantsch hat bereits in den sechziger Jahren dieses Jahrhunderts ein recht umfangreiches und auch heute noch aktuelles Gliederungskonzept entwickelt, wobei er die unterschiedlichen Methoden in vier Gruppen einteilt:[94]

---

[87] Vgl. Gerhart Bruckmann, (Trendextrapolation), S. 45 ff.; vgl. auch Ernst Gehmacher, (Prognostik), S. 24 ff.

[88] Gerhart Bruckmann, (Trendextrapolation), S. 47.

[89] Karl R. Popper, (Historizismus), S. 91.

[90] Vgl. Karl R. Popper, (Historizismus), S. 35.

[91] Karl R. Popper, (Historizismus), S. 35.

[92] Angesichts der großen Anzahl unterschiedlicher Prognosemethoden kann an dieser Stelle keine dezidierte Betrachtung einzelner Prognosemethoden erfolgen.

[93] Vgl. Ossip K. Flechtheim, (Zukunft), S. 124 ff.

[94] Vgl. Erich Jantsch, (Forecasting), S. 113 ff.

(1) Intuitive Methoden: Auf Erfahrungen und Phantasie beruhende Sachaussagen werden zu Prognosen weiterentwickelt, beispielsweise das Brainstorming oder die Delphi-Methode.[95]

(2) Explorative Methoden: Diese Methoden versuchen, ausgehend von der Gegenwart und dem Gegenwartswissen, systematisch künftige Entwicklungsmöglichkeiten aufzuzeigen, zum Beispiel durch Zeitreihen- und Trendextrapolationen, Morphologie-Studien, Szenarios, Strukturanalysen, Input-Output-Analysen oder Diffusionsanalysen.[96]

(3) Projektive oder normative Methoden: Bei diesen Methoden werden zunächst künftige Ziele gesetzt und daran anschließend erfolgt die Suche nach den günstigsten Handlungsweisen, um diese Ziele zu erreichen. Denkbare Methoden sind beispielsweise die Netzplantechnik, Optimierungsverfahren oder Entscheidungsmodelle.[97]

(4) Rekursiv- oder Rückkopplungs-Methoden: Diese Methoden basieren auf den Erkenntnissen der Kybernetik und versuchen Rückkopplungseffekte in die Betrachtungen miteinzubeziehen, wie beispielsweise im Rahmen von Integrierten-Management-Informationssystemen oder Früherkennungssystemen.[98]

Diese Gliederung soll allerdings nicht den Eindruck vermitteln, daß die unterschiedlichen Methoden und Methodengruppen strikt voneinander getrennt angewendet würden. Vielfach führt erst eine Kombination unterschiedlicher Methoden zu sinnvollen Ergebnissen. Erwähnenswert erscheint in diesem Zusammenhang, wie es Gerhart Bruckmann im Anschluß an Harold A. Linstone fordert, „eine kybernetische Wechselbeziehung zwischen normativen und explorativen Prognosen: eine Formulierung von Zielvorstellungen, gefolgt von einem Versuch, auf explorativem Weg diese Zielvorstellung zu erreichen, erforderlichenfalls eine Anpassung der Ziele, eine Anpassung der zu ergreifenden Maßnahmen usw., bis die gewünschte Übereinstimmung erreicht ist."[99] Während früher in der Zukunftsforschung die Prognose einzelner, isolierter Entwicklungsverläufe breiten Raum einnahm, setzt sich heutzutage mehr und mehr die Überzeugung durch, daß Einzelentwicklungen durch komplexe Wirkungszusammenhänge miteinander verbunden sind und daß deshalb auch im Rahmen der Prognostik eine Erforschung komplexer Systemzusammenhänge sinnvoll erscheint.[100]

---

[95] Vgl. Ossip K. Flechtheim, (Zukunft), S. 127 ff.; Erich Jantsch, (Forecasting), S. 115 u. S. 133 ff.

[96] Vgl. Ossip K. Flechtheim, (Zukunft), S. 127 u. S. 130 ff.; Erich Jantsch, (Forecasting), S. 15, S. 115 f. u. S. 143 ff.

[97] Vgl. Ossip K. Flechtheim, (Zukunft), S. 127; Erich Jantsch, (Forecasting), S. 15, S. 116 f. u. S. 211 ff.

[98] Vgl. Ossip K. Flechtheim, (Zukunft), S. 127; Erich Jantsch, (Forecasting), S. 118 u. S. 241 ff.

[99] Gerhart Bruckmann, (Langfristprognostik), S. 19 f.

[100] Vgl. Gerhart Bruckmann, (Langfristprognostik), S. 9 ff.

1.2.3.3. Die Zukunftsplanung

Die Bedeutung der Zukunftsplanung hat sich überall auf der Welt in der jüngsten Vergangenheit beträchtlich erhöht. Dies ist der Fall, obgleich sich in den einzelnen Ländern, insbesondere aufgrund unterschiedlicher politischer und wirtschaftlicher Systeme, Zukunftsplanungen sowohl hinsichtlich der Zielsetzung als auch im Hinblick auf ihre Durchführung unterscheiden.[101] Eine ausführliche Definition der Zukunftsplanung stammt beispielsweise von Joachim Häusler, der den Begriff wie folgt bestimmt: „Planung ist systematisches und methodisches Vorausdenken zur Beschreibung des angestrebten Verhaltens eines Systems in der Zukunft. Das System soll durch Vorgabe von Zielen (Zielplanung, strategische Planung der Ziele eines Systems), Strategien des Mitteleinsatzes (strategische Planung), durch Schaffung von Strukturen (Strukturplanung) sowie durch Steuerung des Mitteleinsatzes (operationale Planung, Komponentenplanung) im voraus festgelegt werden."[102]

Rolf E. Vente hat darauf hingewiesen, daß zwischen Utopismus und Planung eine Verbindung besteht, sofern man zum Beispiel Planung als reale Utopie oder als schöpferisches, utopisches Entwerfen charakterisiert.[103] Ebenso existiert zwischen der Zukunftsplanung und der Zukunftsprognostik ein enger Zusammenhang sowie eine zunehmende Integration. Dieses gilt insbesondere hinsichtlich der projektiven bzw. normativen Methoden der technologischen Vorausschau.[104] Hinsichtlich des deutlichen Zusammenhangs zwischen Planung und Prognostik betont Rolf E. Vente: „Die Beschreibung der gegenwärtigen Verhältnisse, also die Diagnose, und die Abschätzung zukünftiger Entwicklungen, die Prognose, sind notwendige Bestandteile des Planungsprozesses."[105] „Bevor also Entscheidungs- und Implikationsmodelle konstruiert werden können, muß die Analyse nicht nur eine Beschreibung der gegenwärtigen Verhältnisse, sondern auch der zukünftigen, also Vorausschätzungen versuchen."[106]

An dieser Stelle sei auf die Morphologie als eine Methode der Zukunftsforschung hingewiesen, weil diese Methode geeignet ist, eine Verbindung zwischen der explorativen Zukunftsforschung und der Zukunftsplanung herzustellen. Die vorausgehenden explorativen Schritte der morphologischen Methode können dabei die Grundlage für eine Zukunftsgestaltung bilden.[107]

---

[101] Vgl. Ossip K. Flechtheim, (Zukunft), S. 192 ff.

[102] Joachim Häusler, (Planung), S. 44 f.; siehe dazu auch Rolf E. Vente, (Planung wozu?), S. 17 ff.

[103] Vgl. Rolf E. Vente, (Planung wozu?), S. 115 ff.; Ossip K. Flechtheim, (Zukunft), S. 167.

[104] Vgl. Erich Jantsch, (Forecasting), S. 83 ff.

[105] Rolf E. Vente, (Planung wozu?), S. 53.

[106] Rolf E. Vente, (Planung wozu?), S. 58.

[107] Vgl. Paul Dubach, (Methode), S. 112 ff. u. insb. S. 124; Ernst Gehmacher, (Prognostik), S. 50 ff.

1.2. Zukunftsforschung

„Morphologie", ein aus griechischen Wortbestandteilen gebildeter Ausdruck, bedeutet wörtlich übersetzt „Gestaltlehre".[108] Nach Ansicht von Günter Ropohl handelt es sich um „eine Klassifikationsmethode, die dazu dient, eine Menge komplexer, existierender oder möglicher Gegenstände mehrdimensional, d. h. gleichzeitig nach mehreren Merkmalen zu gliedern."[109] Eine weitergehende Definition stammt von Werner W. Engelhardt, der betont: „Durch Gattungsbildung und Klassifizierung einerseits und Typisierung in verschiedenen Formen andererseits lassen sich" Objektbereiche, beispielsweise Einzelwirtschaften, mittels der Morphologie unterschiedlich zusammenfassen und zergliedern.[110]

Explorative Schritte der Morphologie sind im allgemeinen:

1. die systematische Gliederung eines ganzen Objektbereiches oder Problemfeldes in Merkmale und unterschiedliche Ausprägungen dieser Merkmale, beispielsweise durch Entwicklung von Merkmalskatalogen bzw. durch eine morphologische Matrix,[111] um „die verwirrende Vielfalt der Einzelerscheinungen dadurch transparent zu machen, daß man sie einem Ordnungsraster unterwirft"[112]

2. die daran anschließende Analyse von Kombinationsmöglichkeiten der unterschiedlichen Gliederungselemente,[113] wobei beispielsweise eine Typenbildung erfolgen kann, indem Merkmalsausprägungen kombiniert werden.[114]

Als darauf aufbauende zukunftsgestaltende Schritte sind im allgemeinen denkbar:

1. eine Bewertung der Kombinationsmöglichkeiten entsprechend vorher festgestellter Nutzen- oder Zielvorstellungen, beispielsweise im Rahmen demokratischer Abstimmungsverfahren[115]

2. die daran anschließende Realisierung der am höchsten bewerteten Kombinationsmöglichkeit im Rahmen von Zukunftsplanungen.[116]

---

[108] Vgl. Heinz Haller, (Typus), S. 57; Günter Ropohl, (Grundlagen — Teil 1), S. 495.
[109] Günter Ropohl, (Grundlagen — Teil 2), S. 545 f.
[110] Werner W. Engelhardt, (Typologie), S. 29; siehe auch Werner W. Engelhardt, (Stellung), S. 54 ff.; Werner W. Engelhardt, (Unternehmungstypen), Sp. 1778-1781.
[111] Vgl. Peter Schwarz, (Morphologie), S. 9 f.
[112] Günter Ropohl, (Grundlagen — Teil 2), S. 542.
[113] Vgl. Paul Dubach, (Methode), S. 114 ff.
[114] Vgl. Heinz Haller, (Typus), S. 13 ff.; Peter Schwarz, (Morphologie), S. 10.
[115] Vgl. Paul Dubach, (Methode), S. 115 u. S. 123 f.
[116] Vgl. Paul Dubach, (Methode), S. 116.

1.2.3.4. Die Utopien

Nach Ansicht von Ossip K. Flechtheim sollte sich die Erforschung der Zukunft nicht auf Prognose und Planung beschränken, sondern darüber hinaus Elemente der Kritik und Vision enthalten, welche er als „zukunftsorientierte Philosophie" bezeichnet.[117] Hinzuweisen ist in diesem Zusammenhang auch auf Karl Mannheim, der bereits betont hat: „Eben deshalb, weil die konkrete Bestimmung des Utopischen stets von einer bestimmten Seinsstufe her erfolgt, ist es möglich, daß die Utopien von heute zu den Wirklichkeiten von morgen werden können."[118] Ernst Bloch sieht in der utopischen Funktion die Antizipation des Real-Möglichen, „wonach sich die so bestimmte Phantasie der utopischen Funktion von bloßer Phantasterei eben dadurch unterscheidet, daß nur erstere ein Noch-Nicht-Sein erwartbarer Art für sich hat, das heißt, nicht in einem Leer-Möglichen herumspielt und abirrt, sondern ein Real-Mögliches psychisch vorausnimmt."[119] „Der Berührungspunkt zwischen Traum und Leben, ohne den der Traum nur abstrakte Utopie, das Leben aber nur Trivialität abgibt, ist gegeben in der auf die Füße gestellten utopischen Kapazität, die mit dem Real-Möglichen verbunden ist."[120]

Betrachtet man die Vielzahl der in der Literatur vorgestellten Utopien aus unterschiedlichen Zeitepochen, so findet man beispielsweise sowohl in Thomas Morus „Utopia"[121] aus dem Jahre 1516 als auch in Ernest Callenbachs „Ökotopia"[122] aus dem Jahre 1975 eine Kombination kritischer und konstruktiver Aspekte der Fortschrittsorientierung.[123] Hingegen warnen zum Beispiel George Orwell in „1984"[124] oder Aldous Huxley in „Brave New World"[125] gegenutopisch vor problematischen Zukunftsentwicklungen.[126]

Insgesamt handelt es sich bei Utopien nach einer Definition von Werner W. Engelhardt um „Ansätze sinnorientierten menschlichen Handelns, in denen aus individueller Anschauung heraus Gestaltungen unterschiedlichster Art begonnen bzw. versucht werden.[127]" Engelhardt unterscheidet in diesem Zusammenhang zwischen den folgenden Utopiearten:

---

[117] Vgl. Ossip K. Flechtheim, (Zukunft), S. 202.
[118] Karl Mannheim, (Ideologie/Utopie), S. 177.
[119] Ernst Bloch, (Hoffnung), S. 164.
[120] Ernst Bloch, (Hoffnung), S. 165.
[121] Vgl. Hans Jürgen Krysmanski, (Utopische Methode), S. 23; Helmut Faust, (Genossenschaftsbewegung), S. 40; Werner Hugger, (Basisszenarien), S. 55 ff.
[122] Vgl. Ernest Callenbach, (Ökotopia), S. 5 ff.
[123] Vgl. Arnulf Weuster, (Theorie), S. 27.
[124] Vgl. George Orwell, (1984), S. 5 ff.
[125] Vgl. Aldous Huxley, (Welt), S. 17 ff.
[126] Vgl. Hans Jürgen Krysmanski, (Utopische Methode), S. 97 u. S. 104; Arnulf Weuster, (Theorie), S. 27.
[127] Werner W. Engelhardt, (Politische Ökonomie), S. 201.

„1. Leitbilder und Weltbilder individueller Selbsthilfe...",
„2. Weltbilder und Leitbilder privater Fremdhilfe...",
„3. Ganzheitliche Utopien rein subjektiver Selbsthilfe...",
„4. Weltbilder und Leitbilder der Gemeinschaft...",
„5. Leitbilder und Weltbilder gemeinsamer Selbsthilfe...",
„6. Weltbilder und Leitbilder staatlicher Fremdhilfe...",
„7. Weltbilder und Leitbilder primär staatlicher Versorgung..."[128]

Durch Konkretisierung von Zielen, Grundsätzen und Mitteln unter Beachtung logischer und empirischer Gesichtspunkte können aus Utopien bzw. Ideen Konzeptionen entwickelt werden,[129] welche die Grundlage für konkrete Zukunftsplanungen bilden. Im Hinblick auf mögliche Qualitätsanforderungen, die an Konzeptionen gestellt werden, sind in diesem Zusammenhang insbesondere die Kriterien „Rationalität" und „Realisierbarkeit" zu nennen.[130] Konzeptionen, die sich nicht einer kritischen Prüfung stellen, also sich weder modifizieren noch korrigieren lassen[131] und zudem einen Endgültigkeitsanspruch[132] erheben, können als Ideologien bezeichnet werden.[133]

1.2.4. Die Wissenschaftlichkeit der Zukunftsforschung

Die Frage der Wissenschaftlichkeit der Zukunftsforschung — insbesondere im Hinblick auf einzelne Teilbereiche und Forschungsmethoden — wird in der Literatur sehr unterschiedlich beurteilt. Weitgehende Übereinstimmung herrscht allerdings dahingehend, daß es sich bei der Astrologie und dem Wahrsagen um kaum mit gegenwärtigen wissenschaftlichen Maßstäben meß- und erklärbare Phänomene der Zukunftsvorhersage, Zukunftsdeutung und Zukunftsinterpretation handelt.

Ausführlich hat sich Ossip K. Flechtheim mit der Fragestellung beschäftigt, ob und in welchem Fall Zukunftsforschung als wissenschaftlich bezeichnet werden kann.[134] Er prägte im Jahre 1943 in den Vereinigten Staaten von Nordamerika den Terminus „Futurologie", der wörtlich ins Deutsche übersetzt „Zukunftswissenschaft" bedeutet, durch Kombination eines lateinischen und

---

[128] Werner W. Engelhardt, (Ideengeschichte), S. 116f.

[129] Vgl. Lothar F. Neumann, (Stabilitätsziel), S. 95ff.; Werner W. Engelhardt, (Utopien/Konzeptionen), S. 1ff.; Arnulf Weuster, (Theorie), S. 30ff.

[130] Vgl. Theodor Pütz, (Konzeption), S. 15f.; vgl. auch Arnulf Weuster, (Theorie), S. 32.

[131] Vgl. Werner W. Engelhardt, (Sozialpolitische Konzeptionen), S. 172; vgl. auch Arnulf Weuster, (Theorie), S. 32.

[132] Vgl. Eduard Heimann, (Soziale Ideologien), S. 338.

[133] Vgl. Karl Mannheim, (Ideologie/Utopie), S. 169ff.; Werner W. Engelhardt, (Ideologien), S. 108ff.

[134] Vgl. Ossip K. Flechtheim, (Zukunft), S. 233ff.

eines griechischen Sprachelementes.¹³⁵ Betrand de Jouvenel lehnt es demgegenüber ab, von der Zukunftsforschung als einer Wissenschaft zu sprechen. Er wendet sich gegen den Ausdruck „Futurologie", da dieser Terminus, seiner Ansicht nach, die Illusion hervorrufen könne, es ließen sich nahezu sichere Vorhersagen darüber machen, was in der Zukunft geschehen werde.¹³⁶ Er betrachtet die Zukunftsforschung statt dessen als eine Kunst, die darin bestehen könne, wahrscheinliche künftige Entwicklungen zu ermitteln oder doch ein breites Spektrum unterschiedlicher Zukunftsmöglichkeiten vorauszusehen und aufzuzeigen.¹³⁷

Allerdings betrachtet auch Flechtheim die Futurologie nicht als eine Wissenschaft, welche deterministische Aussagen oder unwiderlegbare Vorhersagen erbringen kann. Statt dessen betont er den Wahrscheinlichkeitscharakter der Aussagen und verweist darauf, daß auch in den Sozialwissenschaften Wahrscheinlichkeitsaussagen eine hohe Bedeutung besitzen.¹³⁸ Die Kontroverse hinsichtlich der Wissenschaftlichkeit dieses Forschungszweiges beruhe im wesentlichen auf unterschiedlichen Wissenschaftsbegriffen der beiden Autoren.¹³⁹ Als wenig ergiebig wird diese kontroverse Diskussion u.a. von Gerhart Bruckmann¹⁴⁰ und Rolf Schwendter¹⁴¹ beurteilt.

Karl R. Popper und Hans Albert weisen, wie bereits oben erläutert, auf die notwendige theoretische Fundierung wissenschaftlicher Prognosen hin. Beide Autoren verkennen nicht die praktische Bedeutung von Vorhersagen auch auf solchen Gebieten, in denen es an einer ausreichenden theoretischen Grundlage mangelt. Als notwendig erscheint es ihnen allerdings, theoretisch fundierte bedingte Prognosen von theoretisch nicht fundierten Projektionen und unbedingten Prophezeiungen zu unterscheiden. Aufgrund der fehlenden theoretischen Grundlage halten die zuletztgenannten Arten der Vorhersage strengen wissenschaftstheoretischen Anforderungen nicht stand.¹⁴²

Abschließend sei in diesem Zusammenhang auch auf die schon 1965 getroffene Aussage von Robert Jungk hingewiesen, der Zukunftsforschung dann als wissenschaftlich bezeichnet hat, wenn sie bereit ist, „sich selbst in Frage zu stellen, ihre eigenen Grenzen zu erkennen und nur noch Hypothesen über künftige Entwicklungen vorzuschlagen, statt eherne Gesetze zu postulieren."¹⁴³

---

¹³⁵ Vgl. Rolf Schwendter, (Zeitgeschichte — Band 2), S. 212; Ossip K. Flechtheim, (Zukunft), S. 13.

¹³⁶ Vgl. Bertrand de Jouvenel, (Vorausschau), S. 31 ff.

¹³⁷ Vgl. Bertrand de Jouvenel, (Vorausschau), S. 30 ff.

¹³⁸ Vgl. Ossip K. Flechtheim, (Zukunft), S. 246.

¹³⁹ Vgl. Bart van Steenbergen, (Futurologie), S. 225 f.; Ossip K. Flechtheim, (Zukunft), S. 246.

¹⁴⁰ Vgl. Gerhart Bruckmann, (Langfristprognostik), S. 16.

¹⁴¹ Vgl. Rolf Schwendter, (Zeitgeschichte — Band 2), S. 216.

¹⁴² Vgl. Karl R. Popper, (Historizismus), S. 34 ff. u. S. 94 ff.; Hans Albert, (Theoriebildung), S. 61 ff.

1.2.5. Die Problematik und Kritik der Zukunftsforschung

Eine wesentliche Problematik der Zukunftsforschung besteht zweifellos darin, daß es im Hinblick auf eine Erforschung künftiger gesellschaftlicher Entwicklungen an einer ausreichenden theoretischen Grundlage mangelt.[144] Denn es existiert bisher noch keine allgemein akzeptierte Theorie der gesamtgesellschaftlichen Entwicklung und es fehlen Kenntnisse über die komplexen innergesellschaftlichen Zusammenhänge.[145]

Der teilweise von Futurologen erhobene Anspruch, die Zukunftsforschung könne unbedingte objektive Aussagen machen, hält der Kritik nicht stand. Denn „ganz gleich, wie sehr sich der einzelne auch um Objektivität bemühen mag — Prognosen werden immer von subjektiven Wertvorstellungen und Einstellungen beeinflußt."[146] Solche Wertvorstellungen können nicht nur bewußt, sondern insbesondere auch unbewußt, beispielsweise aufgrund von Umgebungseinflüssen, in die Arbeiten des Zukunftsforschers eingehen. Auch „seine Datenquellen haben (oft unbemerkt) Einfluß auf Form und Präsentation eines komplexen Zusammenhangs, in den zwangsläufig und unlösbar Wertvorstellungen verwoben sind."[147]

Vor diesem Hintergrund erscheint es auch verständlich, daß die Zukunftsforscher bzw. Forschungsgruppen häufig deutlich voneinander abweichende Aussagen und Ergebnisse hervorbringen. Die Vielfalt der existierenden futurologischen Literatur mit ihren oft konträren Aussagen und der sich darin manifestierende Pluralismus innerhalb der Zukunftsforschung können allerdings durchaus positiv bewertet werden. Durch sie wird dem breiten Spektrum der in der Realität möglichen Zukunftsentwicklung zumindest ansatzweise entsprochen.

Eine Veröffentlichung von Ergebnissen der Zukunftsforschung kann im übrigen sehr unterschiedliche Auswirkungen haben. Man spricht vom Phänomen der „self-defeating-prophecy" (selbstzerstörende Prognose), wenn eine Prognose oder auch eine Gegenutopie Reaktionen auslöst, welche das erwartete Prognoseergebnis verhindern. Im gegensätzlichen Fall spricht man vom Phänomen der „self-fulfilling-prophecy" (selbsterfüllende Prognose), sofern eine Prognose oder eine Fortschrittsutopie Handlungen auslöst, die das erwartete Prognoseergebnis verstärken oder sogar erst ermöglichen.[148]

---

[143] Robert Jungk, (Wissenschaft), S. 13.
[144] Vgl. Karl R. Popper, (Historizismus), S. 1 ff.; Hans Albert, (Theoriebildung), S. 62 ff.
[145] Vgl. Gerhart Bruckmann, (Langfristprognostik), S. 17.
[146] Christopher Freeman, (Computer Malthusianismus), S. 7.
[147] Christopher Freeman, (Computer Malthusianismus), S. 7.
[148] Vgl. Karl R. Popper, (Historizismus), S. 11 ff.; Hans Albert, (Theoriebildung), S. 65 f.; Gerhart Bruckmann, (Langfristprognostik), S. 18.

Da Ergebnisse von Zukunftsforschungen bereits in der Gegenwart Handlungen beeinflussen und Reaktionen hervorrufen können — indem sie beispielsweise frühere Zukunftsplanungen revidieren oder im anderen Fall bestimmte, im Einklang mit den Zukunftsprognosen stehende Handlungsweisen bekräftigen — ist es naheliegend, daß die Zukunftsforschung auch dazu benutzt werden kann, politische oder ökonomische Interessen zu unterstützen. Dieser Satz gilt für sehr unterschiedliche gesellschaftspolitische Zielrichtungen, denn Zukunftsforschungen können, je nachdem zu welchen Ergebnissen sie gelangen, gesellschaftsstabilisierenden oder gesellschaftsverändernden Zielsetzungen dienen. Eine kritische Betrachtung der Zukunftsforschung erfordert deshalb, derartige Zusammenhänge zu analysieren und aufzuzeigen. Hierbei erscheint es wichtig, auch Umwelt- bzw. Rahmenbedingungen zu berücksichtigen, welche zur Entstehung der Forschungsergebnisse beitragen. Dies gilt beispielsweise für Bindungen der Zukunftsforscher an politische oder ökonomische Organisationen, wobei zu beachten ist, daß ideelle Bindungen gegebenenfalls auch durch finanzielle Förderungsmaßnahmen verstärkt werden.[149]

Kritik an der Zukunftsforschung richtet sich häufig ausschließlich gegen bestimmte Forschungsrichtungen, worauf beispielsweise Peter H. Mettler hinweist: „Kritik am Positivismus versucht, reine Verlängerungen oder scheinbare Humanisierungen des STATUS QUO, die sich hinter dem verwissenschaftlichten zukunftsforscherischen Jargon verbergen, zu entschleiern, wobei meist eine Kritik am profitorientierten und kapitaldominierten politischen und wirtschaftlichen System des ‚Westens' vorausgeht. Die Kritik am ‚Holismus' (hauptsächlich Marxismus) versucht andererseits, all jene umfassenderen Ansätze als mit einer verborgenen Geschichtsmetaphysik, einem geschichtlich-gesellschaftlichen Subjekt und mit einem Glauben an vorherbestimmte Zukünfte belastet zu entlarven."[150]

1.3. Möglichkeiten der genossenschaftlichen Zukunftsforschung und Zukunftsgestaltung

1.3.1. Genossenschaftliche Ideen als Utopien und Konzeptionen

Die genossenschaftliche Ideengeschichte weist eine große Anzahl von weltanschaulich sowie politisch unterschiedlichen Utopien und Konzeptionen auf.[151] Die Grundlage hierfür bilden schöpferische Leistungen von genossenschaftlichen Wegbereitern und Pionieren,[152] wobei es sich um die älteste Form genossenschaftlicher Zukunftsgestaltung handelt.

---

[149] Vgl. Bart van Steenbergen, (Futurologie), S. 237f.
[150] Peter H. Mettler, (Zukunftsforschung), S. 17.
[151] Vgl. Werner W. Engelhardt, (Ideengeschichte), S. 148; Helmut Faust, (Genossenschaftsbewegung), S. 17ff.
[152] Vgl. Werner W. Engelhardt, (Ideengeschichte), S. 146ff.

1.3. Möglichkeiten der genossenschaftlichen Zukunftsforschung

Hinsichtlich der Relevanz von Utopien für die Entstehung und Entwicklung von Genossenschaften bezeichnet Werner W. Engelhardt fünf der oben erwähnten[153] sieben unterschiedlichen Utopiearten als charakteristisch für Genossenschaften.[154] Es handelt sich um „Weltbilder und Leitbilder privater Fremdhilfe...", „Weltbilder und Leitbilder der Gemeinschaft...", „Leitbilder und Weltbilder gemeinsamer Selbsthilfe...", „Weltbilder und Leitbilder staatlicher Fremdhilfe..." und „Weltbilder und Leitbilder primär staatlicher Versorgung...[155] Im Hinblick auf Genossenschaften in marktwirtschaftlich geprägten Industriegesellschaften sind insbesondere „Leitbilder und Weltbilder gemeinsamer Selbsthilfe" von Bedeutung. Darüber hinaus ist im Rahmen der Alternativbewegungen auch eine neue Aktualität für „Weltbilder und Leitbilder der Gemeinschaft" feststellbar.[156]

Von den zahlreichen utopischen Genossenschaftsentwürfen sei an dieser Stelle nur auf einige Beispiele hingewiesen: Aus der genossenschaftlichen Ideengeschichte sind insbesondere die Namen Robert Owen (1771-1858) und Charles Fourier (1772-1837) zu erwähnen, die voneinander getrennt Gedankenmodelle für großangelegte Gemeinschaftssiedlungen (Siedlungsgenossenschaften) entwarfen.[157] Während Robert Owen durch praktische Siedlungsexperimente, insbesondere mit der Gemeinschaftssiedlung „New Harmony", ständig bemüht war, seine Ideen zu realisieren, blieb Charles Fourier jeglicher Versuch einer praktischen Verwirklichung aus finanziellen Gründen zeitlebens versagt.[158] Als glücklos erwies sich allerdings auch Robert Owen bei seinem Experiment „New Harmony", da die Umsetzung seiner Ideen in die Realität an der häufig zu beobachtenden Kluft zwischen Anspruch und Wirklichkeit scheiterte.[159] Dennoch haben die Ideen von Robert Owen und Charles Fourier, ebenso wie viele andere weniger bekannte utopische Genossenschaftsentwürfe, die späteren genossenschaftlichen Entwicklungen beeinflußt, indem sie insbesondere Genossenschaftspioniere zu ihrer Gründungstätigkeit inspirierten.[160] Als ein Beispiel aus der jüngeren Vergangenheit sei in diesem Zusammenhang auf die „Twin Oaks Community" und einige andere alternative Lebensgemeinschaften in den Vereinigten Staaten hingewiesen. Diese Kooperativen haben sich

---

[153] Siehe dazu Gliederungspunkt: 1.2.3.4. Die Utopien.
[154] Vgl. Werner W. Engelhardt, (Ideengeschichte), S. 116 f.
[155] Werner W. Engelhardt, (Ideengeschichte), S. 116 f.
[156] Vgl. Werner W. Engelhardt, (Ideengeschichte), S. 127 ff.
[157] Vgl. Markus Elsässer, (Robert Owen), S. 157 ff.; Helmut Faust, (Genossenschaftsbewegung), S. 73 ff. u. S. 135 ff.; Rolf Schwendter, (Geschichte — Band 1), S. 106 ff.; Hans Jürgen Krysmanski, (Utopische Methode), S. 24.
[158] Vgl. Helmut Faust, (Genossenschaftsbewegung), S. 79 ff. u. S. 139 f.
[159] Vgl. Peter R. Hofstätter, (Gruppendynamik), S. 131; Markus Elsässer, (Robert Owen), S. 164 f.; Helmut Faust, (Genossenschaftsbewegung), S. 82 ff.
[160] Vgl. z. B. Rolf Schwendter, (Geschichte — Band 1), S. 108 f.; Helmut Faust, (Genossenschaftsbewegung), S. 88 ff. u. S. 140 ff.; Markus Elsässer, (Robert Owen), S. 172 f.

zumindest in ihrer Gründungsphase an Prinzipien orientiert, die in „Walden Two", dem utopischen Zukunftsroman des amerikanischen Pädagogikprofessors B. F. Skinner, dargelegt worden sind.[161]

Während genossenschaftliche Utopien zumeist versuchen, mehr oder minder losgelöst von der Wirklichkeit neue Lösungsansätze aufzuzeigen, sind demgegenüber ausformulierte genossenschaftliche Konzeptionen im allgemeinen wesentlich stärker an der Realität ausgerichtet. Konzeptionen bringen als realitätsnahe Zukunftsentwürfe und Gestaltungsmuster vorhandene utopische Zielvorstellungen mit den bestehenden gesellschaftlichen Gegebenheiten derart in Einklang, daß daraufhin konkrete Zukunftsplanungen und Handlungsschritte erfolgen können. Die bekanntesten Genossenschaftskonzeptionen im deutschen Sprachraum wurden im 19. Jahrhundert von Hermann Schulze-Delitzsch (1808-1883) für den gewerblichen Mittelstand und von Friedrich Wilhelm Raiffeisen (1818-1888) als auch von Wilhelm Haas (1839-1913) für die Landwirtschaft entwickelt.[162] Für diese genossenschaftlichen Konzeptionen ist charakteristisch, daß sie im Zusammenhang sowohl mit den gesellschaftlichen Verhältnissen der damaligen Zeit als auch mit den Veränderungen dieser gesellschaftlichen Umweltbedingungen im Zeitverlauf schrittweise aufgrund praktischer Erfahrungen und realitätsbezogener Lernprozesse der Genossenschaftspioniere entstanden sind.[163] Die Namen Schulze-Delitzsch, Raiffeisen und Haas sollen dabei an dieser Stelle nur stellvertretend für die Vielzahl der weniger bekannten Genossenschaftspioniere stehen, welche aufgrund ihrer kreativen und organisatorischen Fähigkeiten ebenfalls in wesentlichem Maße zur Ausbreitung und Vielfalt der Genossenschaften beigetragen haben.[164]

Neue Ideen, d. h. Utopien und Konzeptionen, können unter anderem soziale Bewegungen innerhalb der Gesellschaft auslösen und sind kaum im voraus prognostizierbar.[165] Auf die besondere zukunftsgestaltende Bedeutung neuer Ideen wird im Rahmen der Idealfaktorenhypothese Engelhardts hingewiesen.[166] Laut Arnulf Weuster besagt diese Hypothese, „daß technische und soziale Änderungen auch durch autonome geistig-psychisch-sprachliche Gegebenheiten eingeleitet und beeinflußt werden. So, wie eine technische Neuerung eines

---

[161] Vgl. B. F. Skinner, (Futurum Zwei), S. 5 ff.; Werner Hugger, (Basisszenarien), S. 57 ff.; Horst von Gizycki, (Gemeinschaftsexperiment), S. 17 ff.; Susanne Akemeier, Harald Glätzer, Rolf Goetz u.a., (Utopie), S. 24 ff.; The Teachers (Hrsg.), (World Directory), S. 193 u. S. 285.

[162] Vgl. z. B. Hermann Schulze-Delitzsch, (Gesetzgebung), S. 1 ff.; Beate Finis, (Beweggründe), S. 122 ff.

[163] Vgl. Julius Otto Müller, (Voraussetzungen), S. 80; Helmut Faust, (Genossenschaftsbewegung), S. 193 ff. u. S. 323 ff.

[164] Vgl. Werner W. Engelhardt, (Ideengeschichte), S. 146 f.

[165] Vgl. Dorothee von Brentano, (Aspekte), S. 18 f.

[166] Vgl. Werner W. Engelhardt, (Sozialpolitische Konzeptionen), S. 171; Arnulf Weuster, (Theorie), S. 35 ff.; Werner W. Engelhardt, (Kooperationsanalyse), S. 288 u. S. 300.

oder mehrerer Erfinder und Förderer bedarf, so stehen auch am Anfang einer sozialen Änderung einzelne Utopisten, welche ihre Gedankenkeime bis zur ersten, einfachen Praktizierbarkeit entwickeln und eventuell in die Realität umsetzen."[167] Betrachtet man die gesellschaftlichen Entwicklungsprozesse insgesamt, so wird deutlich, daß es sich um äußerst komplexe Wechselwirkungen handelt, wobei sowohl die gesellschaftlichen Verhältnisse neue Ideen hervorbringen als auch neue Ideen gesellschaftliche Veränderungen bewirken können.

1.3.2. Zukunftsforschung als systematische Befragung von Genossenschaftsexperten

Bei einer Expertenbefragung handelt es sich um den Versuch einer Einschätzung von möglichen Zukunftsentwicklungen, basierend auf dem Sachwissen von Genossenschaftsexperten. Dabei ist im Fall der Genossenschaften primär an eine Befragung von Genossenschaftswissenschaftlern oder Genossenschaftspraktikern zu denken.

Sinnvolle und brauchbare Ergebnisse sind von einer derartigen Befragung in der Regel nur dann zu erwarten, wenn das Sachwissen einer großen und möglichst repräsentativen Anzahl von Genossenschaftsexperten herangezogen wird. Nur so läßt sich der „subjektive Faktor" einer jeden einzelnen Zukunftseinschätzung möglichst gering halten und zugleich ein akzeptabler statistischer Mittelwert der Befragungsergebnisse ermitteln.

Im Hinblick auf mögliche Befragungsmethoden sei an dieser Stelle beispielsweise auf die in den Vereinigten Staaten von Nordamerika entwickelte und dort in den sechziger Jahren erstmals angewandte Delphi-Methode hingewiesen, die einen weitgehend schematisierten Ablauf von Expertenbefragungen ermöglicht.[168] Die Besonderheiten dieser Methode sind eine schriftliche Durchführung der Befragung in mehreren Phasen mit zwischenzeitlichen Ergebnisrückkopplungen und Korrekturmöglichkeiten für die insgesamt anonym bleibenden Befragungsteilnehmer.[169]

1.3.3. Partizipation der Genossenschaftsmitglieder an der genossenschaftlichen Zukunftsforschung

Im allgemeinen lassen sich zwei Arten der mitgliederbezogenen genossenschaftlichen Zukunftsforschung unterscheiden: die Mitgliederbefragung und die Mitglieder-Zukunftswerkstatt.

---

[167] Arnulf Weuster, (Theorie), S. 35.
[168] Vgl. Horst Geschka, (Delphi), S. 27ff.; vgl. auch Ernst Gehmacher, (Prognostik), S. 61ff.
[169] Vgl. Horst Geschka, (Delphi), S. 32.

Mit Hilfe einer Mitgliederbefragung können Wünsche und Ziele von Genossenschaftsmitgliedern ermittelt werden. Diese Merkmale unterscheiden eine Mitgliederbefragung weitgehend von der vorher erwähnten Expertenbefragung, wo auf Fachwissen basierende Zukunftserwartungen im Mittelpunkt stehen. Allerdings ist — wie bereits angedeutet wurde — zu bedenken, daß auch Expertenmeinungen nie frei von subjektiven Wünschen und Zielvorstellungen geäußert werden. Mitgliederbefragungen eignen sich als Grundlage für die genossenschaftliche Zukunftsplanung durch das genossenschaftliche Management speziell in Großgenossenschaften und genossenschaftlichen Verbundorganisationen. Durch eine mitgliederbezogene Zukunftsgestaltung kann der Gefahr einer Entfremdung zwischen Managementzielen und Mitgliederinteressen weitgehend vorgebeugt werden.

Während Mitgliederbefragungen also eher ein Instrument für Großgenossenschaften, Genossenschaftsverbände und genossenschaftliche Verbundsysteme darstellen — um den genossenschaftlichen Förderungsauftrag entsprechend den Mitgliederwünschen auch dort wahrnehmen zu können, wo angesichts der Gruppengröße ein direkter Mitgliederkontakt erschwert worden ist — bieten sich demgegenüber in kleinen Mitgliedergruppen die Vorteile der direkten Demokratie an. Indem die betroffenen Genossenschaftsmitglieder oder eine Gruppe von Genossenschaftsgründern im Rahmen gruppeninterner Diskussionsprozesse nach möglichen Lösungswegen suchen, wird Zukunftsforschung in einer grundlegend demokratischen Weise praktiziert. Anwendung finden kann hierbei die Methode der Zukunftswerkstatt.[170] Diese Methode wurde insbesondere von Robert Jungk entwickelt, der ihre Zielsetzung wie folgt beschreibt: „Ziel der Arbeit in Zukunftswerkstätten ist, jeden interessierten Bürger in die Entscheidungsfindung miteinzubeziehen, die sonst nur Politikern, Experten und Planern vorbehalten ist."[171]

Der typische zeitliche Ablauf einer Zukunftswerkstatt gliedert sich in vier aufeinanderfolgende Phasen: die Vorbereitungs-, die Kritik-, die Phantasie- und die Verwirklichungsphase. Die Vorbereitungsphase dient sämtlichen vorbereitenden Maßnahmen, wie u.a. der Themenfestlegung, der Ortswahl und der Arbeitsmaterialbeschaffung. In der Kritikphase können die Teilnehmer im Rahmen des vorher festgelegten Themas individuelle Kritik äußern, diese schriftlich festhalten und später ordnen. Während der daran anschließenden Phantasiephase stellen die Teilnehmer diesen Kritikpunkten eigene Ideen, Wünsche und Vorstellungen gegenüber — interessante Ideen lassen sich in dieser Phase im Rahmen kleiner Arbeitsgruppen zu utopischen Entwürfen weiterentwickeln. In der abschließenden Verwirklichungsphase werden diese Entwürfe mit den Bedingungen der gesellschaftlichen Realität (Machtverhältnisse, Gesetze, usw.) konfrontiert — das heißt, es werden Verwirklichungschancen kritisch

---

[170] Vgl. Robert Jungk u. Norbert R. Müllert, (Zukunftswerkstätten), S. 20 ff. u. S. 188 ff.; vgl. auch z. B. Zukunftswerkstatt Saar e. V., (Selbstdarstellung), S. 68 ff.

[171] Robert Jungk u. Norbert R. Müllert, (Zukunftswerkstätten), S. 20.

analysiert, Hindernisse aufgezeigt und schließlich realitätsbezogene Pläne entwickelt.[172]

1.3.4. Zukunftsforschung im Hinblick auf die komplexen Zusammenhänge und Wechselwirkungen zwischen den Genossenschaften und ihrer Umwelt

Die Berücksichtigung der Zusammenhänge und insbesondere der Wechselwirkungen zwischen Genossenschaften und der sie umgebenden Gesellschaft gewinnen in der Genossenschaftsforschung zunehmend an Bedeutung. In besonderem Maße zeigen die systemtheoretischen Analysen von Genossenschaften,[173] wie wir sie unter anderem bei Eberhard Dülfer,[174] Philipp Herder-Dorneich[175] und Jürgen Zerche[176] finden, daß es sich bei Kooperativen im allgemeinen nicht um nach außen völlig abgeschlossene Einzelgebilde, sondern um gesellschaftliche Subsysteme handelt, welche mit ihrer gesamten Umwelt durch vielfältige Wechselwirkungen in Verbindung stehen. „Aus systemtheoretischer Sicht stellt die Genossenschaft" — nach einer Definition von Jürgen Zerche — „ein äußerst komplexes, durch menschliche Gestaltungshandlungen bewußt geschaffenes ‚offenes' System dar, welches aus einer Vielzahl von miteinander in Beziehung stehenden Elementen besteht, die zu Subsystemen zusammengefaßt sind. Elemente dieses Systems sind hier dann u.a. Mitglieder, Aufsichtsrat, Vorstand und Mitarbeiter als interne Koalitionsteilnehmer sowie Kunden, Lieferanten, Verbände und die übrige Öffentlichkeit als externe Koalitionsteilnehmer."[177] In diesem Zusammenhang ist auch der Forschungsansatz von Peter Schwarz zu nennen, der im Anschluß an neuere Veröffentlichungen bei Organisationen zwischen einer Transaktionsumwelt und einer diese Transaktionsumwelt überlagernden gesellschaftlichen Umwelt unterscheidet.[178]

Im Rahmen der Forschungsrichtung „Neue Politische Ökonomie" wird der Gesamtbereich von Wirtschaft und Gesellschaft betrachtet, wobei insbesondere die Analyse der Vielzahl von unterschiedlichen „Nicht-Markt-Systemen", wie beispielsweise politische Systeme, Verbände oder Bürokratie, erfolgt.[179] Erik

---

[172] Vgl. Robert Jungk u. Norbert R. Müllert, (Zukunftswerkstätten), S. 21.

[173] Vgl. Peter Vogt, (Genossenschaften), S. 23 ff.

[174] Vgl. Eberhard Dülfer, (Betriebswirtschaftslehre), S. 32 ff. und S. 319 ff.; siehe dazu auch Kapitel 3.1.1.

[175] Vgl. Philipp Herder-Dorneich, (Kooperationsbegriffe), S. 141 ff.; Philipp Herder-Dorneich, (Systemtheorie), S. 4 ff.; Philipp Herder-Dorneich, (Steuerung), S. 193 ff.

[176] Vgl. Jürgen Zerche, (Entscheidungs- und Systemtheorie), S. 74 ff.; Reinhard Schultz u. Jürgen Zerche, (Genossenschaftslehre), S. 130 ff.; Jürgen Zerche, (Genossenschaftsforschung), S. 117 ff.

[177] Jürgen Zerche, (Entscheidungs- und Systemtheorie), S. 77.

[178] Vgl. Peter Schwarz, (Morphologie), S. 16 ff.

[179] Siehe dazu z.B. Philipp Herder-Dorneich, (Sozialstaat) S. 17 ff.; Peter Bernholz, (Grundlagen — Bd. 1-3), S. 1 ff.; Philipp Herder-Dorneich, (Steuerung), S. 11 ff.; siehe

Boettcher definiert „Kooperation bzw. Zusammenarbeit" als „das bewußte Handeln von Wirtschaftseinheiten (natürlichen und juristischen Personen) auf einen gemeinsamen Zweck hin, wobei die Einzelaktivitäten der Beteiligten durch Verhandlung und Abmachungen koordiniert werden."[180] Er betrachtet „Marktwirtschaft", „Planwirtschaft" und „Kooperation" als drei eigenständige Koordinationsmechanismen.[181]

Nach Ansicht von Philipp Herder-Dorneich sind „‚Marktwirtschaft' und ‚Demokratie' und dann eben auch ‚Genossenschaft' bereits kombinierte Systeme, die sich aus elementaren Mechanismen wie Märkten, Wahlen, Gruppenverhandlungen u.a. bausteinartig zusammensetzen. Elementar ist ein sozialer Mechanismus dann, wenn er nicht mehr weiter in funktionierende Mechanismen aufgespalten werden kann."[182] Genossenschaften, die in dieser systemtheoretischen Betrachtung aus den beiden Aggregaten „Funktionäre" und „Genossenschaftsmitglieder" bestehen, lassen sich durch eine zwischen den beiden Aggregaten erfolgende Parallelschaltung der drei elementaren Mechanismen „Markt", „Wahl" und „Beitritt/Austritt" charakterisieren.[183] Dieses Systemmodell, das auf einer Parallelkombination basiert, verdeutlicht, daß derartige Mechanismen weitgehend in der Lage sind, sich gegenseitig zu ergänzen. Es kann beispielsweise eine verminderte Steuerungsfunktion des Mechanismus „Wahl" durch Intensivierung der übrigen Mechanismen kompensiert werden.[184] „Erst durch die Betrachtung der Kombinationen" — wie Philipp Herder-Dorneich betont — „wird die hohe Leistungsfähigkeit genossenschaftlicher Willensbildung verständlich, während eine isolierte Betrachtung der einzelnen Mechanismen jeweils für sich eine eher schwache Funktionsfähigkeit zeigen würde."[185]

Gesellschaftsbezogene genossenschaftliche Zukunftsforschung erfordert die Betrachtung von Zusammenhängen zwischen den Genossenschaften und ihrer gesamten Umwelt im Zeitverlauf. Die Berücksichtigung der zeitlichen Dimension ist erforderlich, um in dem zugrundegelegten Zeitraum Veränderungen, Entwicklungstendenzen, Entwicklungstrends, Analogien oder andere Entwicklungserscheinungen analysieren und gegebenenfalls daraus Schlußfolgerungen, Lehren oder Prognosen für künftige Entwicklungen ableiten zu können.[186]

---

auch die Beiträge in Erik Boettcher, Philipp Herder-Dorneich u. Karl-Ernst Schenk (Hrsg.), (Jahrbuch).

[180] Erik Boettcher, (Kooperation), S. 22.
[181] Vgl. Erik Boettcher, (Kooperation), S. 1 ff.
[182] Philipp Herder-Dorneich, (Systemtheorie), S. 6.
[183] Vgl. Philipp Herder-Dorneich, (Systemtheorie), S. 6 ff.; Philipp Herder-Dorneich, (Kooperationsbegriffe), S. 141 ff.; Philipp Herder-Dorneich, (Steuerung), S. 193 ff.
[184] Vgl. Philipp Herder-Dorneich, (Systemtheorie), S. 7; Philipp Herder-Dorneich, (Kooperationsbegriffe), S. 141 ff.; Philipp Herder-Dorneich, (Steuerung), S. 193 ff.
[185] Philipp Herder-Dorneich, (Kooperationsbegriffe), S. 154.
[186] Vgl. Jürgen Zerche, (Zukunftsprobleme), S. 194 ff.

1.3. Möglichkeiten der genossenschaftlichen Zukunftsforschung

Prognosen lassen sich indessen immer nur unter dem grundsätzlichen Vorbehalt formulieren, daß nicht künftig aus gegenwärtiger Sicht unvorhersehbare gravierende Veränderungen oder Entwicklungssprünge auftreten, wie beispielsweise Kriege, Naturkatastrophen oder politische Systemwechsel.[187]

Durch systematische Untersuchungen von gesellschaftlichen Entwicklungsprozessen der Vergangenheit lassen sich Entwicklungsmuster, wie zum Beispiel gesellschaftliche Entwicklungsstadien oder Entwicklungszyklen, aufzeigen. Dabei haben sich auch Verbindungslinien zwischen derartigen Mustern und genossenschaftlichen Entwicklungsprozessen ergeben. In diesem Sinne hat Werner W. Engelhardt das Entwicklungsstadien-Schema von Walt W. Rostow[188] für die Erklärung genossenschaftlicher Entwicklungsprozesse herangezogen und auf genossenschaftliche Funktionsveränderungen im Verlauf des marktwirtschaftlichen Industrialisierungsprozesses aufmerksam gemacht.[189] Es handelt sich hierbei um eine Untersuchung, die ausgehend von der theoretischen Analyse historischer Zusammenhänge bis hin zu der Fragestellung führt, worin mögliche künftige genossenschaftliche Aufgaben bestehen können.[190] Der gleiche Autor weist auch auf die Bedeutung von Genossenschaften als konjunkturelle Stabilisierungsfaktoren hin.[191] Zusammenhänge zwischen langfristigen Konjunkturschwankungen und genossenschaftlichen Entwicklungsprozessen wurden insbesondere von Rolf Schwendter aufgrund von historischen Analysen gesellschaftlicher Entwicklungszyklen aufgezeigt:[192] Er gelangt zu dem Ergebnis, daß genossenschaftliche Selbsthilfeaktivitäten in den Abschwungphasen langfristiger Konjunkturzyklen besonders ausgeprägt in Erscheinung treten, während in den langfristigen wirtschaftlichen Aufschwungphasen generell eher die Interessenvertretung mit Hilfe von Gewerkschaften an Bedeutung gewinnt. In diesen Perioden treten darüber hinaus bei Genossenschaften sowohl Integrationsprozesse als auch erwerbswirtschaftlich orientierte Transformationserscheinungen sehr häufig auf.

Im Rahmen der nachfolgenden Teile dieser Arbeit wird der Versuch unternommen, künftige genossenschaftliche Entwicklungsmöglichkeiten in Wechselwirkung mit der gesellschaftlichen Umwelt zu betrachten. Dabei wird davon ausgegangen, daß sich vorhandene gesellschaftliche Entwicklungsprognosen und Entwicklungstendenzen anhand von Literaturquellen hinsichtlich möglicher künftiger Auswirkungen auf die Genossenschaften analysieren lassen. Die offenkundige Vielfalt der Genossenschaften ist allerdings nicht nur eine Reaktion auf unterschiedliche gesellschaftliche Umweltbedingungen, son-

---

[187] Vgl. Karl R. Popper, (Historizismus), S. 91 ff.
[188] Vgl. Walt W. Rostow, (Economic Growth), S. 4 ff.
[189] Vgl. Werner W. Engelhardt, (Funktionswandel), S. 9 ff.
[190] Vgl. Werner W. Engelhardt, (Aufgabenwandel), S. 236 ff. u. insb. S. 253 ff.
[191] Vgl. Werner W. Engelhardt, (Stabilisierungsfaktor), S. 23 f.
[192] Vgl. Rolf Schwendter, (Geschichte — Band 1), S. 62; Rolf Schwendter, (Zeitgeschichte — Band 2), S. 126 ff.

dern auch Ausdruck verschiedenartiger genossenschaftlicher Zielsysteme und — wie bereits mehrfach angedeutet wurde — letztlich unterschiedlicher Utopien. Die resultierende Vielfalt erschwert generelle Zukunftsaussagen und erfordert zumindest die Bildung mehrerer genossenschaftlicher Entwicklungstypen, um differierende Entwicklungsrichtungen und ihre Perspektiven aufzeigen zu können. Abschließend sollen realmögliche Auswirkungen künftiger genossenschaftlicher Tätigkeit auf die gesellschaftliche Umwelt erörtert werden.

Es wurde bereits im Kapitel über die Problematik der Zukunftsforschung darauf hingewiesen, daß subjektive Wertvorstellungen bewußt oder unbewußt die Arbeiten des Zukunftsforschers beeinflussen. Der Verfasser ist bemüht, weitestgehend erfahrungswissenschaftlich, formal-logisch oder empirisch-logisch zu argumentieren.[193] Falls in einzelnen Fällen statt dessen normative Aussagen erfolgen, sei im Anschluß an Werner W. Engelhardt betont, daß der Verfasser „nicht ‚Normen' als allgemeine Werturteile, sondern lediglich subjektive Primärwertungen bzw. persönliche Bekenntnisse beabsichtigt, für die keine allgemeine Geltung in Anspruch genommen wird."[194]

---

[193] Vgl. Werner W. Engelhardt, (Genossenschaften), S. 8.
[194] Werner W. Engelhardt, (Genossenschaften), S. 8.

2. Gesellschaftliche Entwicklungstendenzen mit ihren möglichen Auswirkungen auf die Genossenschaften

2.1 Industriegesellschaften im Umwandlungsprozeß zu postindustriellen Gesellschaften

Gesellschaften sind keine statischen, sondern äußerst komplexe dynamische Gebilde bzw. Gefüge, welche im Zeitverlauf deutlichen Wandlungen unterworfen sind. Bereits ein Blick in die Geschichte zeigt, in welch starkem Maße sich gesellschaftliche Strukturen seit den Anfängen der Menschheit verändert haben. Um unterschiedliche Gesellschaftsstrukturen vergleichen zu können, ist es notwendig, nach geeigneten Vergleichsmerkmalen zu suchen. Hierzu dienen beispielsweise Merkmale der Berufsstruktur, des Entwicklungsstands der Technik, der Familienstruktur oder der Verbreitung des Wissens. Aufgrund unterschiedlicher Ausprägungen derartiger oder anderer Merkmale lassen sich einzelne gesellschaftliche Struktur- oder Entwicklungstypen unterscheiden.

Daniel Bell differenziert zwischen der vorindustriellen, der industriellen und der nachindustriellen Gesellschaft.[1] Wie der Autor betont, handelt es sich bei dem Begriff „nachindustrielle Gesellschaft" um „einen Wandel der Sozialstruktur, also einer gesellschaftlichen Einzeldimension, nicht der gesellschaftlichen Gesamtkonfiguration."[2] Bei Bell ist die „vorindustrielle" Gesellschaft durch die zentrale Bedeutung der Landwirtschaft und durch das Vorherrschen traditionsgeprägter Verhaltensweisen charakterisiert. Für die „industrielle" Gesellschaft sind die Sachgüterproduktion und die damit im Zusammenhang stehenden Tätigkeiten kennzeichnend. Die „nachindustrielle" Gesellschaft wird, nach Ansicht des Autors, dadurch geprägt, daß Dienstleistungen, Dienstleistungsberufe, das theoretische Wissen und die Informationstechnologien überragende Bedeutung erlangen.[3]

Es erscheint sinnvoll, den zuletzt genannten Entwicklungstyp im folgenden genauer zu betrachten. Der aus Veränderungen der Gesellschaft abgeleitete „Idealtypus", den Bell „nachindustrielle Gesellschaft" nennt, enthält im wesentlichen drei Komponenten: In wirtschaftlicher Hinsicht erfolgt ein Bedeutungsverlust der Sachgüterproduktion zugunsten der Dienstleistungserstellung. Hinsichtlich der technologischen Entwicklung ist an die zentrale Rolle neuer Industrien zu denken. In soziologischer Hinsicht ergibt sich ein verändertes

---

[1] Vgl. Daniell Bell, (Gesellschaft), S. 112 ff.

[2] Daniel Bell, (Gesellschaft), S. 374.

[3] Vgl. Daniel Bell, (Gesellschaft), S. 116 ff; vgl. auch Herman Kahn u. Anthony J. Wiener, (Voraussagen), S. 175 ff.

Schichtungsprinzip und treten neue überwiegend technisch ausgerichtete Eliten hervor.[4]

Allerdings wird, nach Ansicht von Bell, durch diese Strukturveränderungen nicht die politische und kulturelle Entwicklung von Gesellschaften determiniert.[5] Der Autor erwartet vielmehr, daß sich die einzelnen Gesellschaften eigenständig auf kulturellem und politischem Gebiet entwickeln.[6] Nach seinem gesellschaftlichen Entwicklungsschema sind somit sowohl marktwirtschaftliche als auch zentralverwaltungswirtschaftliche nachindustrielle Gesellschaften denkbar.[7]

Zu dieser These ist kritisch zu bemerken, daß sich marktwirtschaftlich und zentralverwaltungswirtschaftlich geprägte Gesellschaften bekanntlich beträchtlich voneinander unterscheiden, insbesondere durch die verschiedenartigen Produktions-, Verteilungs- und Konsumstrukturen. Nach Ansicht von Alan Gartner und Frank Riessman übersieht das Entwicklungsschema von Bell die Bedeutung, „die die unterschiedliche Art und Weise hat, in der die Produktion organisiert ist, und die sich daraus ergebenden Konsequenzen."[8] Während in Bells Schema der nachindustriellen Gesellschaft wissenschaftliche und technische Dienstleistungsberufe überragende Bedeutung erlangen, betonen Gartner und Riessman im Hinblick auf eine derartige Gesellschaft den zunehmenden Einfluß der Konsumenten[9] und den Bedeutungszuwachs personenbezogener Dienstleistungstätigkeiten, insbesondere im Bildungswesen, im Freizeitbereich, im Gesundheitswesen und im sozialen Bereich.[10]

Kritisch kann gegenüber dem Typus einer Dienstleistungsgesellschaft, wie ihn Gartner und Riessman vertreten, eingewandt werden, daß hierbei konsumorientierte und personenbezogene Dienstleistungen stark in den Vordergrund gestellt werden, während gleichzeitig die Bedeutung von produktionsorientierten Dienstleistungen, die insbesondere von Jonathan Gershuny aufgezeigt worden ist,[11] weitgehend unberücksichtigt bleibt. Zwar hat der Einfluß von Konsumenten in den entwickelten industrialisierten Marktwirtschaften durch die Entstehung von Verbraucherverbänden zugenommen. Jedoch sind die Möglichkeiten bisher und voraussichtlich auch künftig eng begrenzt, die heterogenen Konsumenteninteressen auf einen gemeinsamen Nenner zu bringen.[12] Demgegenüber könnten erst Konsumentenorganisationen, die in der Lage wären, global eine

---

[4] Vgl. Daniel Bell, (Gesellschaft), S. 374.
[5] Vgl. Daniel Bell, (Gesellschaft), S. 30 u. S. 120.
[6] Vgl. Daniel Bell, (Gesellschaft), S. 14 u. S. 120.
[7] Vgl. Daniel Bell, (Gesellschaft), S. 11 f.
[8] Alan Gartner u. Frank Riessmann, (Konsument), S. 45.
[9] Vgl. Alan Gartner u. Frank Riessman, (Konsument), S. 15 ff u. S. 20 f.
[10] Vgl. Alan Gartner u. Frank Riessman, (Konsument), S. 15, S. 28 u. S. 46 ff.
[11] Vgl. Jonathan Gershuny, (Ökonomie), S. 111 ff.
[12] Vgl. Gerhard Scherhorn, (Verbraucherinteresse), S. 108 ff u. insb. S. 120.

wirksame Marktmacht auszuüben, zu einem der charakteristischen Elemente der Dienstleistungsgesellschaft im Sinne von Gartner und Riessman werden.

Bernhard Badura stellt in seinen Betrachtungen zu diesem Thema sowohl gegenüber Bell als auch gegenüber Gartner und Riessman die kritische Frage, „ob hier nicht partielle Entwicklungen fortgeschrieben und damit zugleich in ihrer Bedeutung überschätzt werden, die während der 60er Jahre in den USA eine wachsende Bedeutung gewannen, aus heutiger Sicht indessen sowohl von den Beteiligten wie auch von den Betroffenen sehr viel nüchterner und in ihren gesellschaftlichen Folgen sehr viel bescheidener eingeschätzt werden."[13]

Ein charakteristisches Kennzeichen sämtlicher hochentwickelter Gesellschaften ist die „strukturelle Differenzierung" gesellschaftlicher Institutionen[14] sowie die fortschreitende berufliche und tätigkeitsbezogene Spezialisierung, die es dem Einzelnen zwar ermöglicht, auf ganz speziellen Wissensgebieten die Rolle eines Experten zu erlangen, aber im Hinblick auf das in der gesamten Gesellschaft vorhandene Wissenspotential und die immer komplexer werdenden gesellschaftlichen Zusammenhänge einen Gesamtüberblick zunehmend erschwert.[15] Für Bell zählt in diesem Zusammenhang die führende Rolle von Experten und Wissenschaftlern zu den charakteristischen Elementen der nachindustriellen Gesellschaft.[16] Auf die damit verbundene Problematik einer weitgehenden Expertenherrschaft, die sich in Gestalt einer offenen oder vielfach versteckten „Entmündigung" der betroffenen Bürger äußern kann, weisen unter anderem Autoren wie Ivan Illich, Herbert Marcuse oder John McKnight hin.[17]

In sämtlichen hochentwickelten Gesellschaften erlangen Prozesse der Informationsgewinnung, Informationsverarbeitung, Informationsspeicherung und Informationsübermittlung zunehmende Bedeutung.[18] Handelt es sich bei dem Ausdruck „Information" um eine Bestandsgröße, so kann man diesen Ausdruck als „gespeichertes Wissen" charakterisieren. Hingegen läßt sich mit dem Ausdruck „Information" als Stromgröße „die Transmission irgendwelcher Zeichen von einer Quelle, d.h. dem Sender zu einem durch ein Wissensdefizit ausgezeichneten Empfänger,"[19] bezeichnen.

Im Zuge der gesellschaftlichen Entwicklung der letzten Jahrzehnte ist ein deutlicher Anstieg des Wissensstandes und des gesamten Informationsvolumens der Gesellschaftsmitglieder zu verzeichnen. Dabei konnten unter anderem die Beschäftigten in Tätigkeitsbereichen der Informationsproduktion, -verarbei-

---

[13] Bernhard Badura, (Theorie), S. 329.
[14] Vgl. Daniel Bell, (Gesellschaft), S. 177f.
[15] Vgl. Johano Strasser u. Klaus Traube, (Fortschritt), S. 112ff, S. 118ff u. S. 127.
[16] Vgl. Daniel Bell, (Gesellschaft), S. 257ff.
[17] Vgl. Ivan Illich, (Expertenherrschaft), S. 7ff; Jeffrey D. Straussman, (Beratung), S. 207; John McKnight, (Professionelle Dienstleistung), S. 37ff.
[18] Vgl. Ingo Schmoranz (Hrsg.), (Informationssektor), S. 141ff.
[19] Ingo Schmoranz (Hrsg.), (Informationssektor), S. 17.

tung und -übermittlung ihren Anteil an den Gesamtbeschäftigtenzahlen in der Vergangenheit wesentlich erhöhen.[20] Ob sich dieser Trend auch in der Zukunft fortsetzen wird, ist abhängig insbesondere von der weiteren Entwicklung der Endnachfrage nach Informationsdienstleistungen, aber auch von den weiteren technologischen Entwicklungen auf diesem Gebiet.[21]

Durch eine hohe Nachfrage nach Informationsdienstleistungen werden voraussichtlich auch künftig sowohl der Bildungs- und Wissenschaftsbereich als auch der gesellschaftliche Kommunikations- und Unterhaltungssektor Wachstumsimpulse erhalten.[22] Darüber hinaus steigt der Bedarf an Informationsdienstleistungen insbesondere auch durch den Umstand, wie deutlich ein Mangel an Informationen empfunden wird. Beispielsweise kann ein solcher Mangel durch fehlende Markttransparenz oder aufgrund fehlender Fachkenntnisse vor dem Hintergrund der Unüberschaubarkeit des ständig zunehmenden Informationsangebotes bedingt sein. Daraus resultiert ein steigender Bedarf an speziellen Beratungsdienstleistungen oder eine zusätzliche Nachfrage nach Versicherungsdienstleistungen, um Risikofaktoren angesichts des empfundenen Informationsmangels zu verringern.[23] Die wachsende Bedeutung von Informationsdienstleistungen beruht somit im wesentlichen Maße auf der Tatsache, daß aufgrund steigender Komplexität und abnehmender Transparenz des sich ständig ausdehnenden Informationsvolumens der Gesellschaftsmitglieder neue Nachfrage nach zusätzlichen Informationsdienstleistungen induziert wird.[24] Es handelt sich dabei geradezu um einen sich selbst beschleunigenden Entwicklungsprozeß.

Generell wächst die Anzahl und die Bedeutung von Dienstleistungsunternehmen, die sich speziell mit der Informationssammlung, Informationsspeicherung, Informationsauswertung und kundenbezogenen Informationsbereitstellung befassen. Zu diesen Unternehmen zählen unter anderem Datenbanken, Informationsdienste, Informationszentralen und Marktforschungsinstitute.[25] Dieser Trend wird in starkem Maße durch technologische Weiterentwicklungen begünstigt, insbesondere durch die enormen Leistungssteigerungen auf den Gebieten der Informationsverarbeitung, Informationsspeicherung und Informationsübertragung. Grundlegende technologische Neuerungen, die in nahezu alle Lebensbereiche vordringen — wie zum Beispiel in der Vergangenheit sowohl die Elektrifizierung als auch die Motorisierung, in der Gegenwart die Informationstechnologien und in der Zukunft vermutlich die Biotechnologien betreffend — können zumindest längerfristig die gesellschaftliche Entwicklung in starkem Maße beeinflussen.

---

[20] Vgl. Ingo Schmoranz (Hrsg.), (Informationssektor), S. 45 ff u. S. 141 ff.
[21] Vgl. Ingo Schmoranz (Hrsg.), (Informationssektor), S. 187 f.
[22] Vgl. Ingo Schmoranz (Hrsg.), (Informationssektor), S. 188.
[23] Vgl. Ingo Schmoranz (Hrsg.), (Informationssektor), S. 65.
[24] Vgl. Toshio Kitagawa, (Information Systems), S. 38 ff.
[25] Vgl. Franz Decker, (Dienstleistungsökonomie), S. 178 ff.

2.1. Industriegesellschaften im Umwandlungsprozeß 53

Im Hinblick auf die Kennzeichnung eines neuen gesellschaftlichen Entwicklungstyps, der an die Industriegesellschaft anschließt, muß an dieser Stelle betont werden, daß die Begriffsinhalte der unterschiedlichen Termini „Informationsgesellschaft", „Dienstleistungsgesellschaft" und „Freizeitgesellschaft" sich teilweise überschneiden und ergänzen. Dies ist der Fall, weil sie lediglich unterschiedliche Teilaspekte einer möglichen „nachindustriellen Gesellschaft" hervorheben, wobei wohl am ehesten eine Kombination aus Informations-, Dienstleistungs- und Freizeitgesellschaft die künftige nachindustrielle Gesellschaft charakterisieren könnte. Der überwiegende Teil der Tätigkeiten im Informationssektor hat zweifellos zugleich Dienstleistungscharakter. Eine postindustrielle Gesellschaft wird deshalb voraussichtlich zugleich einen hohen gesellschaftlichen Wissens- und Informationsstand als auch einen großen Umfang von produktions- und konsumorientierten Dienstleistungsaktivitäten aufweisen. Die Versorgung mit Dienstleistungen kann im Rahmen von erwerbswirtschaftlichen Dienstleistungsunternehmen, im öffentlichen Bereich oder mittels gemeinschaftsnaher Kooperationsformen erfolgen. Es besteht auch ein langfristiger Trend zur Ausdehnung der Freizeit und damit konform zur Verringerung der durchschnittlichen Arbeitszeit, so daß zukünftig die Fragen der Freizeitaktivitäten und der Freizeitgestaltung wahrscheinlich noch bedeutsamer werden als sie es heute bereits sind.[26]

Insgesamt gesehen sind auch viele Einzelmerkmale längst nicht hinreichend, um eine postindustrielle Gesellschaft in ihrem komplexen Gesamtzusammenhang auch nur annähernd zu charakterisieren. Die künftige Entwicklung von Gesamtsystemen läßt sich aufgrund ihrer Komplexität überhaupt kaum realistisch prognostizieren. Eine Vielzahl von zu beachtenden unterschiedlichen Variablen mit vielfältigen Interdependenzen erschwert eine derartige Aussage außerordentlich, zumal politische und kulturelle Entwicklungen oft unvorhersehbare Überraschungen bieten.[27] Deshalb stellen insbesondere historizistische Betrachtungsweisen — die im wesentlichen auf historischen Analogien basieren und Entwicklungsabläufen nahezu entwicklungsgesetzlichen Charakter verleihen — keine geeignete Grundlage dar, um gesamtgesellschaftliche Entwicklungen für die Zukunft zu prognostizieren.[28]

Gegenwärtig befinden sich die hochentwickelten industrialisierten Gesellschaften in einem Umwandlungsprozeß zu postindustriellen Gesellschaften. Diese Prozesse werden in wesentlichem Maße bedingt durch eine technologische Innovations- und Umbruchphase, in deren Verlauf sich die gesellschaftlichen Strukturen mit hoher Wahrscheinlichkeit deutlich verändern werden.[29] Die gegenwärtige Umbruchphase zeichnet sich insbesondere dadurch aus, daß der

---

[26] Vgl. Herman Kahn u. Michael Redepenning, (Zukunft Deutschlands), S. 62.
[27] Vgl. Lucian Kern, (Einleitung), S. 17.
[28] Vgl. Karl R. Popper, (Historizismus), S. 5ff; Lucian Kern, (Einleitung), S. 20f.
[29] Vgl. Carl Böhret, (Alternative Zukunftsperspektiven), S. 25ff; Daniel Bell, (Kultur/Technologie), S. 9ff; Toad R. La Porte u. Claire Abrams, (Kalifornien), S. 97ff.

direkte menschliche Arbeitseinsatz in weiten Teilen der Sachgüterproduktion und auch in Teilbereichen der Dienstleistungserstellung aufgrund der fortschreitenden Automatisierung durch Anwendung von Robotern und Computern ersetzt wird. Eine Entwicklung dieser Art erfordert weitreichende wirtschaftliche und soziale Anpassungsprozesse. Sie verändert nicht nur die Berufsstruktur, sondern insbesondere auch die innergesellschaftlichen Verteilungs- und Machtstrukturen zwischen den Produktionsfaktoren Arbeit und Kapital. Darüber hinaus erfolgen in hochentwickelten Industriegesellschaften sowohl Verschiebungen der gesamtgesellschaftlichen Nachfragestruktur als auch sozio-kulturelle und politische Veränderungen. Die einzelnen gesellschaftlichen Subsysteme beeinflussen sich gegenseitig, stehen also insgesamt in starker Wechselwirkung miteinander. Erst der Verlauf und das Ergebnis dieser noch nicht absehbaren komplexen Entwicklungsprozesse werden das Bild der zukünftigen Gesellschaft prägen.

Angesichts der gesamtgesellschaftlichen Komplexität[30] erscheint es sinnvoll, einige gesellschaftliche Subsysteme — wie insbesondere den sozio-kulturellen, den politischen, den technologischen und den wirtschaftlichen Bereich — näher zu betrachten. Diese Analyse erfolgt im Hinblick auf langfristige innergesellschaftliche Entwicklungstrends und die daraus resultierenden möglichen Auswirkungen auf die Genossenschaften.

2.2. Analyse einzelner gesellschaftlicher Subsysteme

2.2.1. Sozio-kulturelle Veränderungen

2.2.1.1. Demographische Entwicklungsprognosen

Während in den meisten Entwicklungsländern auch in den kommenden Jahren noch mit einer steigenden Bevölkerungszahl gerechnet werden muß, zeichnet sich für die absehbare Zukunft in den Industriestaaten eine andere Entwicklung ab.[31]

Gegenwärtig ist die Bevölkerungszahl in den meisten Industriegesellschaften relativ konstant, und teilweie findet sogar ein Bevölkerungsrückgang statt.[32] Das Bevölkerungsmodell von Pestel/Bauerschmidt/Gottwald und anderen prognostiziert für die Bundesrepublik Deutschland einen Rückgang der gesam-

---

[30] Da es bislang an einer allseits akzeptierten Theorie der gesamtgesellschaftlichen Entwicklung mangelt, soll die Reihenfolge, in der die gesellschaftlichen Subsysteme im folgenden betrachtet werden, nicht auf einen gesamtgesellschaftlichen Wirkungszusammenhang hindeuten, sondern ist vom Verfasser nur aus Zweckmäßigkeitserwägungen so gewählt worden.

[31] Vgl. Lester R. Brown, (Bevölkerung), S. 14ff.

[32] Vgl. Kommission „Zukunftsperspektiven gesellschaftlicher Entwicklungen", (Bericht), S. 95; Bruno Tietz, (Optionen), S. 190ff.

ten Wohnbevölkerung im Zeitraum von 1975 bis zur Jahrtausendwende und schätzt, daß sich die Wohnbevölkerung von 61,7 Millionen im Jahr 1975 auf ca. 56,4 Millionen Menschen im Jahr 2000 verringern wird.[33]

Die Autoren weisen darauf hin, daß ohne die relativ hohe Geburtenrate der ausländischen Wohnbevölkerung der Rückgang der Gesamtbevölkerung im Bundesgebiet noch deutlicher wäre. Dabei wird sich laut dieser Prognose der ausländische Bevölkerungsanteil, trotz zunehmender Aus- und Rückwanderungen, von 4,1 Millionen Menschen im Jahr 1975 auf ca. 5,7 Millionen Menschen im Jahr 2000 erhöhen.[34] Zu einem ähnlichen Ergebnis gelangt auch eine Prognose der Prognos AG aus dem Jahre 1985, die im Auftrag des Instituts für Arbeitsmarkt und Berufsforschung der Bundesanstalt für Arbeit erstellt wurde. Nach dieser Aussage ist im Jahre 2000 ein ausländischer Bevölkerungsanteil von mindestens 4,7 und höchstens 6,1 Millionen Menschen zu erwarten. Hingegen wird die Gesamtbevölkerung im Bundesgebiet zum gleichen Zeitpunkt mit Werten zwischen ca. 59,1 und 60,5 Millionen Menschen etwas höher vorausgeschätzt.[35]

Die soziale Integration ausländischer Mitbürger wird zu einer bedeutsamen Zukunftsaufgabe für nahezu alle hochentwickelten marktwirtschaftlich geprägten Industriegesellschaften, um die innere Stabilität dieser Gesellschaft langfristig zu erhalten. Die Lösung dieser Aufgabe setzt voraus, daß sich die Bevölkerungsmehrheit gegenüber einer tief verwurzelten kulturellen Eigenständigkeit einzelner Bevölkerungsgruppen tolerant verhält. Ungünstig auf die Ausländerintegration wirkt sich gegenwärtig die hohe Arbeitslosigkeit aus. Da ausländische Arbeitnehmer besonders stark von Arbeitslosigkeit betroffen sind, gehören sie neben Jugendlichen, Behinderten, Ungelernten, älteren Arbeitnehmern und Frauen zu den „Problemgruppen" des Arbeitsmarktes.[36]

Eine grundlegende Änderung der Arbeitsmarktsituation in der Bundesrepublik Deutschland ist zumindest in den nächsten Jahren nach Ansicht des Präsidenten der Bundesanstalt für Arbeit, Heinrich Franke, nicht zu erwarten: „Unter den gegebenen Bedingungen betrachtet — das heißt Wirtschaftswachstum um die zwei Prozent, Zunahme der Arbeitsproduktivität auch um zwei Prozent —, muß man bis weit in die neunziger Jahre hinein mit über zwei Millionen Arbeitslosen rechnen."[37] Obwohl in der Bundesrepublik bereits gegenwärtig die Gesamtbevölkerungszahl sinkt, wird die Erwerbsbevölkerung hierzulande voraussichtlich erst im Laufe der 90er Jahre deutlich zurückgehen und für den Fall einer Konstanz der übrigen Arbeitsmarktbedingungen

---

[33] Vgl. Eduard Pestel, Rolf Bauerschmidt, Michael Gottwaldt u.a., (Deutschland-Modell), S. 37.
[34] Vgl. Eduard Pestel, Rolf Bauerschmidt, Michael Gottwaldt u.a., (Deutschland-Modell), S. 37f, S. 40 u. S. 44.
[35] Vgl. Christoph von Rothkirch, Inge Weidig u.a., (Arbeitslandschaft), S. 3.
[36] Vgl. Hubert Girkens, (Ursachen), S. 32ff.
[37] Heinrich Franke, (Interview), S. 122.

frühestens in der zweiten Hälfte der 90er Jahre zu demographisch bedingten Entlastungswirkungen am Arbeitsmarkt führen.[38]

Die zeitliche Verschiebung zwischen dem Rückgang der Bevölkerung einerseits und dem Rückgang der Erwerbsbevölkerung andererseits läßt sich durch die Tatsache begründen, daß erst nach etwa fünfzehn bis zwanzig Jahren die zahlenmäßig schwachen Geburtsjahrgänge ins erwerbsfähige Alter kommen. Diese zahlenmäßig schwachen Jahrgänge reichen nicht aus, um die Anzahl der dann jährlich aus dem Erwerbsleben ausscheidenden Personen auszugleichen. Sofern allerdings gleichzeitig die Erwerbsquote — also der Anteil der Erwerbstätigen an der Gesamtbevölkerung — ansteigt, werden die demographischen Effekte zumindest teilweise kompensiert und der Rückgang der Erwerbsbevölkerung vermindert. Eine solche Entwicklung dürfte eintreten, falls bisher nicht erwerbstätige Bevölkerungsgruppen — wie zum Beispiel Hausfrauen — künftig verstärkt eine Erwerbsbeschäftigung anstreben.[39] Die zukünftige Entwicklung der Erwerbsquote läßt sich freilich nur sehr unvollkommen prognostizieren, da sie durch vielfältige Einzelfaktoren beeinflußt wird, insbesondere durch die Haushalts- und Familienstruktur, durch gesellschaftliche Normen und durch die Arbeitszeitregelungen der Beschäftigungsangebote.

Die Altersstruktur der Bevölkerung in der Bundesrepublik Deutschland weist im Zeitverlauf deutliche Veränderungen auf und wird insbesondere durch Wellenbewegungen in der Geburtenzahl geprägt.[40] Zahlenmäßig relativ starke Geburtenjahrgänge in den 50er und 60er Jahren haben sich in den 70er und 80er Jahren nicht fortgesetzt. Die dadurch entstandene Wellenbewegung in der Altersstruktur erfordert insbesondere vom Arbeitsmarkt, vom Ausbildungssystem und von den Sozialversicherungssystemen eine hohe Anpassungsleistung und führt zu zahlreichen Anpassungsproblemen.[41] In dieser Hinsicht sind gegenwärtig in Teilbereichen des Schulsystems nach dem Durchlauf geburtenstarker Jahrgänge bereits Entspannungstendenzen bei der Kapazitätsauslastung spürbar. Für den Arbeitsmarkt wird ein Rückgang der Lehrstellenbewerber in den 90er Jahren erwartet. Die Sozialversicherungssysteme werden erst dann die Last dieser geburtenstarken Jahrgänge zu tragen haben, wenn diese in das Rentenalter kommen.

Nicht nur die Tatsache, daß eine solche Bevölkerungswelle in einigen Jahrzehnten mit großer Wahrscheinlichkeit auf die Rentenversicherungsträger zurollt, sondern auch die voraussichtlich langfristigen Veränderungen der

---

[38] Vgl. Günter Buttler u. Bernd Hof, (Bevölkerung), S. 125 ff; Dieter Mertens u. Jürgen Kühl, (Arbeitsmarktentwicklung), S. 20f; Heinrich Franke, (Interview), S. 123.

[39] Vgl. Kommission „Zukunftsperspektiven gesellschaftlicher Entwicklungen", (Bericht), S. 97.

[40] Vgl. Eduard Pestel, Rolf Bauerschmidt, Michael Gottwaldt u.a., (Deutschland-Modell), S. 40ff; Philipp Herder-Dorneich, (Ordnungspolitik), S. 62ff.

[41] Vgl. Eduard Pestel, Rolf Bauerschmidt, Michael Gottwaldt u.a., (Deutschland-Modell), S. 44.

Altersstruktur aufgrund relativ niedriger Geburtenzahlen werden die Sozialversicherungsträger schon sehr bald zu Reformen der Sozialversicherungssysteme zwingen.[42] Denn das heutige Finanzierungssystem der Rentenversicherung erscheint, angesichts einer sich vermindernden Anzahl von Beitragszahlern und einer gleichzeitig sich vergrößernden Anzahl von Rentenempfängern dringend erneuerungsbedürftig. Darüber hinaus erhöht sich in den Industriegesellschaften die durchschnittliche Lebenserwartung der Bevölkerung. Es ist auch deshalb damit zu rechnen, daß die finanzielle Inanspruchnahme von Renten- und Krankenversicherung durch die zahlenmäßig stark vertretenen älteren Jahrgänge ansteigt. Eine derartig veränderte Altersstruktur äußert sich nicht zuletzt in einem altersspezifischen Konsumverhalten und beeinflußt von hier aus die gesamtwirtschaftliche Nachfragestruktur.

In politischer Hinsicht sind ebenfalls Auswirkungen möglich. Zum Beispiel erscheint es denkbar, daß statt Experimentierfreude und Reformeifer traditionsgeprägte und wertkonservative Elemente in der Politik an Bedeutung gewinnen. In diesem Fall dienen notwendige Reformen eher der Zielsetzung, das bisher Erreichte und die bestehenden Verhältnisse zu bewahren.

2.2.1.2. Wertwandel

Wie bereits erwähnt, zeichnet sich innerhalb marktwirtschaftlich geprägter Industriegesellschaften teilweise ein Wandel von Normen und Wertvorstellungen ab,[43] der die individuellen Zielvorstellungen vieler Menschen beeinflußt. Unter einem „Wert" versteht Robert Reichardt „einen in einer bestimmten Population wirksamen Modus der Bevorzugung oder der Zurücksetzung von Objekten oder von sozialen Zuständen, der in der Motivationsstruktur der Einzelindividuen verankert werden kann, dessen Inhalt einen hohen Grad von Allgemeinheit (Generalisierung) aufweist und mindestens potentiell auch bei einer größeren Population wirksam werden könnte."[44]

Ronald Inglehart vertritt die Ansicht: „Die Werte der westlichen Gesellschaften scheinen sich von einer beinahe ausschließlichen Betonung der materiellen und physischen Sicherheit in Richtung auf eine höhere Bewertung von immateriellen Aspekten des Lebens verlagert zu haben."[45] Auf einen derartigen Zusammenhang in Gestalt einer Bedürfnishierarchie weist insbesondere Abraham H. Maslow hin. Er zeigt auf, daß Menschen im allgemeinen dann die

---

[42] Siehe dazu Philipp Herder-Dorneich, (Ordnungspolitik), S. 66 ff; Renate Merklein, (Sozialstaat), S. 27 ff.

[43] Vgl. Kommission „Zukunftsperspektiven gesellschaftlicher Entwicklungen", (Bericht), S. 38 ff; Michael Bartelt, (Wandel), S. 73 ff; Werner Hugger, (Basisszenarien), S. 122 ff.

[44] Robert Reichardt, (Wertstrukturen), S. 24.

[45] Ronald Inglehart, (Wertwandel), S. 279; siehe dazu auch Herman Kahn u. Michael Redepenning, (Zukunft Deutschlands), S. 66 f.

Bedürfnisse auf der nächsthöheren Stufe dieser Hierarchie zu befriedigen versuchen, wenn sie bereits eine ausreichende Befriedigung der Bedürfnisse der darunterliegenden Stufe erreicht haben.[46] Ausgehend von unten nennt Maslow folgende Ebenen der Bedürfnishierarchie: (1) existenzsichernde physiologische Bedürfnisse, (2) Bedürfnisse nach Schutz und Sicherheit, (3) Bedürfnisse nach Liebe und Zugehörigkeit, (4) Bedürfnisse nach Ansehen und Geltung, (5) das Bedürfnis nach Selbstverwirklichung, (6) Wünsche zu wissen und zu verstehen, (7) ästhetische Bedürfnisse.[47] Gerhard Scherhorn faßt die Stufen (5) bis (7), bei denen ihm die Bildung einer eindeutigen Rangfolge nicht möglich erscheint, zu einer höchsten Stufe der Bedürfnishierarchie zusammen — gekennzeichnet u. a. durch die Begriffe Selbstverwirklichung, Selbsterfüllung und Selbsterweiterung.[48] Maslows Bedürfnishierarchie verdeutlicht bei aller Kritik, die diese Lehre inzwischen erfahren hat, zweifellos anschaulich den generellen Zusammenhang zwischen einzelnen Bedürfniskategorien. Unterschiedliche individuelle Präferenzen vermag dieses Klassifikationsschema hingegen nicht ausreichend zu berücksichtigen. Nicht nur der Wunsch, materielle Dinge zu besitzen, ist individuell sehr unterschiedlich ausgeprägt. Auch immaterielle Bedürfnisse, wie beispielsweise das Streben nach längerer Freizeit oder das Interesse an sozialem bzw. kulturellem Engagement, differieren unter Umständen beträchtlich.

Innerhalb von Wohlstandsgesellschaften kann das Ziel individueller Selbstverwirklichung, wie Untersuchungen zeigen, als eine heutzutage stark verbreitete Lebensorientierung angesehen werden.[49] Auf mögliche Auswirkungen dieser Entwicklung weist Gerhard Scherhorn hin: „Je höher man in der Hierarchie der Bedürfnisse aufsteigt," so argumentiert er, „desto deutlicher prägt sich aus, daß die eigentliche Bedürfnisbefriedigung hier in einer Tätigkeit besteht und daß Konsumgüter die Funktion haben, befriedigende Tätigkeiten zu vermitteln. Dazu aber sind private und öffentliche Dienstleistungen mindestens ebenso wichtig und zum Teil sogar wichtiger als private Sachgüter. Insbesondere ist die Befriedigung höherer Bedürfnisse in zunehmendem Maße auf Kollektivgüter angewiesen: auf Bildungseinrichtungen und Freizeitzentren beispielsweise."[50]

Hochentwickelte marktwirtschaftlich geprägte Industriegesellschaften lassen sich allerdings nicht nur durch eine weit verbreitete Prosperität, sondern insgesamt eher durch eine zwiespältige Situation kennzeichnen. Einerseits sind

---

[46] Vgl. Abraham H. Maslow, (Motivation), S. 80 ff; Abraham H. Maslow, (Theory), S. 17 ff; Dieter Louis (Ökonomische Kooperation), S. 70 ff; Herman Kahn u. Michael Redepenning, (Zukunft Deutschlands), S. 66; Werner Hugger, (Basisszenarien), S. 100 ff; Gerhard Scherhorn, (Verbraucherinteresse), S. 9 ff.

[47] Abraham H. Maslow, (Motivation), S. 80 ff.

[48] Vgl. Gerhard Scherhorn, (Verbraucherinteresse), S. 11 f u. S. 29.

[49] Vgl. Kommission „Zukunftsperspektiven gesellschaftlicher Entwicklungen", (Bericht), S. 32 ff.

[50] Gerhard Scherhorn, (Verbraucherinteresse), S. 22.

2.2. Analyse einzelner gesellschaftlicher Subsysteme

sie geprägt durch den hohen Grad vorhandener materieller Bedürfnisbefriedigung bei weiten Teilen der Bevölkerung, andererseits existieren viele gesellschaftliche Randgruppen und eine gegenwärtig bedeutsam große Anzahl von Menschen ohne gesicherte Beschäftigungsverhältnisse. Vor diesem Hintergrund betont Franz Lehner: „Bei den von Inglehart festgestellten Veränderungen handelt es sich um Einstellungsänderungen in Anpassung an Prosperität und Sicherheit, die zwar interessant sind, aber bezüglich ihres politischen Gewichtes und ihrer Konsequenzen keineswegs die grundlegende Bedeutung aufweisen, die Inglehart ihnen zuspricht."[51] Es sei, laut Lehner, viel eher zu erwarten, „daß materielle und nicht-materielle Interessen latent konkurrieren, sodaß ihr relatives Gewicht in Anpassung an situative Bedingungen variiert."[52] Nach Ansicht von Helmut Klages und Peter Kmieciak liegen im Hinblick auf den empirischen Nachweis von Wertstrukturen „bisher nur wenige hochqualitative Informationen vor, welche Ergebnisse für einzelne Bevölkerungsgruppen und für verschiedene Wertbereiche ausweisen."[53]

Neben den post-materialistisch[54] geprägten Strömungen gibt es gegenwärtig auch deutliche Anzeichen einer Wiederbelebung traditioneller und konservativer Wertvorstellungen, die sich teilweise mit den bislang erörterten überschneiden. Ein prägnantes Beispiel für ein Wiederaufbrechen materialistischer Orientierungen ist die, insbesondere in den Vereinigten Staaten von Nordamerika auftretende, Bewegung der „Young Urban Professionals". Es handelt sich hierbei um junge Leute, die ausgesprochen stark an materiellen Werten und am eigenen ökonomischen Erfolg orientiert sind.[55] Dieses Beispiel steht für viele. Die Struktur der gesamtwirtschaftlichen Nachfrage zeigt, daß Luxuskonsum auch innerhalb von Wohlstandsgesellschaften nach wie vor einen hohen Stellenwert besitzt.[56]

Im Unterschied zur Bevölkerungsentwicklung läßt sich die Entwicklungsrichtung des Wertwandels in hochentwickelten Industriegesellschaften aufgrund der vorher erläuterten unterschiedlichen Entwicklungstendenzen nicht für die Zukunft prognostizieren. Selbst bedingte Prognosen werden vor allem deshalb nicht möglich sein, weil sich Wechselwirkungen mit künftigen politischen, wirtschaftlichen und technologischen Veränderungen im voraus nur sehr begrenzt abschätzen lassen. In industrialisierten Marktwirtschaften dürfte freilich die Wahrscheinlichkeit groß sein, daß in der Zukunft sehr verschiedenartige Lebensstile innerhalb pluralistischer Gesellschaften nebeneinander bestehen werden. Daher dürfte sich die heutige Koexistenz unterschiedlicher Lebensformen voraussichtlich künftig weiter fortsetzen und noch verstärken.[57]

---

[51] Franz Lehner, (Realität), S. 322.
[52] Franz Lehner, (Realität), S. 325.
[53] Helmut Klages u. Peter Kmieciak, (Einführung), S. 15.
[54] Vgl. Ronald Inglehart, (Wertwandel), S. 279 ff.
[55] Vgl. Jürgen Leinemann, (Serie: Amerika), S. 186 ff.
[56] Vgl. O. V., (Artikel: Luxus), S. 230 ff.

Abschließend soll an dieser Stelle der Wertwandel eines Teils der Bevölkerung ausführlicher betrachtet werden, da er für die Entstehung alternativer Kooperationsformen bedeutsam erscheint. Zu den Ursachen der geänderten Wertvorstellungen zählen insbesondere Krisenerscheinungen in hochentwickelten Industriegesellschaften,[58] von denen hier nur einige Aspekte genannt seien. Helmut Willke weist unter anderem auf die gesellschaftlichen Bereiche Ökologie und Rüstung hin.[59] Nach Ansicht von Klaus Gretschmann handelt es sich um die „Krise eines Staates, einer Gesellschaft, einer Ökonomie, die sich dadurch auszeichnet, daß Fragen nach der Sinnhaftigkeit von Arbeit nicht beantwortet und Arbeitsplätze nicht zur Verfügung gestellt werden können."[60] Als problematische Erscheinungen lassen sich ferner „Ökonomismustendenzen" erwähnen.[61] Unter dem Begriff „Ökonomismus" kann man im Anschluß an Werner W. Engelhardt eine Betrachtungs- und Handlungsweise verstehen, „nach der alle Erscheinungsformen gesellschaftlichen Lebens ausschließlich vom Standpunkt des Gewinns, der Produktivität, der Größe des Sozialprodukts und des Konsums beurteilt werden bzw. angeblich zu beurteilen sind."[62] Auch angesichts der Gefahren derartiger Entwicklungen findet bei Teilen der Bevölkerung ein Umdenkungsprozeß statt.

Eine solche Umorientierung ist unter anderem ausgerichtet auf eine Einschränkung materieller Komsumbedürfnisse, auf einen schonenderen Umgang mit unersetzlichen irdischen Ressourcen, auf Maßnahmen gegen die bislang ungehemmt fortschreitende Umweltverschmutzung, aber auch auf einen Rüstungsabbau und eine intensivere Unterstützung der Entwicklungsländer, ohne diese gleichzeitig zur Übernahme vorgegebener Entwicklungsmuster zu verpflichten. Der sich in diesem Zusammenhang bei Teilen der Bevölkerung äußernde Wertwandel wurde von Erich Fromm beschrieben als eine Abkehr von der „Haben-Orientierung" und als eine Hinwendung zur „Sein-Orientierung" mehr oder weniger vieler Menschen.[63] Wesentliche Bestandteile einer solchen Umorientierung sind sowohl die Veränderung der individuellen Lebensstile als auch die zunehmende Kooperation in freigewählten Gemeinschaftsformen.[64]

---

[57] Vgl. Kommission „Zukunftsperspektiven gesellschaftlicher Entwicklungen", (Bericht), S. 72 f.

[58] Vgl. Gerd Vonderach, (Neue Selbständige), S. 163.

[59] Vgl. Helmut Willke, (Kommunebewegung), S. 159.

[60] Klaus Gretschmann, (Alternativökonomie), S. 6.

[61] Vgl. Gerhard Weisser, (Ökonomismus), S. 10 ff; Werner W. Engelhardt, (Ökonomisierung), S. 13 ff u. S. 61 ff; Hans Peter Widmaier, (Sozialpolitik), S. 38 ff; Werner W. Engelhardt, (Auswirkungen), S. 10 ff u. S. 41 ff.

[62] Werner W. Engelhardt, (Ökonomisierung), S. 15.

[63] Vgl. Erich Fromm, (Haben/Sein), S. 13 ff.

[64] Vgl. Michael Bartelt, Helga Gripp, Kurt Kaiser u.a., (Überlegungen), S. 15 ff; Carl Böhret, (Alternative Zukunftsperspektiven), S. 20 ff; Werner Hugger, (Basisszenarien), S. 84 ff., S. 90 ff u. S. 132 ff; Fritjof Capra, (Wendezeit), S. 10 ff; Werner W. Engelhardt, (Auswirkungen), S. 42.

Im Zuge dieser Entwicklung gewinnen genossenschaftliche bzw. genossenschaftsähnliche Kooperationsmodelle neue Aktualität.

2.2.1.3. Auswirkungen sozio-kultureller Veränderungen auf Genossenschaften

Anhand der oben erwähnten demographischen Entwicklungsprognosen und aufgrund der Erörterungen über den gesellschaftlichen Wertwandel lassen sich für die Genossenschaften industrialisierter Marktwirtschaften im wesentlichen folgende Schlußfolgerungen ziehen:

Die voraussichtlich langfristig stagnierende oder sogar zurückgehende Bevölkerungszahl kann sich auch auf die künftige Mitgliederzahl der Genossenschaften auswirken. Allerdings ist ein gravierender Mitgliederrückgang aus demographischen Gründen kaum zu befürchten. Zumal es denkbar erscheint, daß künftig viele neue Genossenschaftsmitglieder aus zahlenmäßig wachsenden Bevölkerungsgruppen stammen. Beispielsweise bietet die Mitgliedschaft in Genossenschaften für die zunehmende Anzahl ausländischer Mitbürger sinnvolle Partizipationsmöglichkeiten.

Die Veränderung der Altersstruktur, das heißt der zu erwartende deutlich höhere Anteil älterer Menschen an der Gesamtbevölkerung, wird zweifellos auch die Genossenschaften beeinflussen. Vieles deutet darauf hin, daß künftig in wachsender Zahl speziell von älteren Menschen genossenschaftliche bzw. genossenschaftsähnliche Kooperationsformen, wie unter anderem Wohn- und Einkaufsgemeinschaften, gegründet werden. Es ist ferner damit zu rechnen, daß sich die gewandelte Altersstruktur bereits bestehender Genossenschaften auf die konkrete Ausgestaltung der Mitgliederförderung auswirkt. Betrachtet man Wohnungsbaugenossenschaften, so ist hinsichtlich von Gemeinschaftseinrichtungen oder Veranstaltungsprogrammen festzustellen, daß sich beispielsweise die Förderungsziele von Familien mit kleinen Kindern und die Förderungswünsche älterer Menschen oft gravierend unterscheiden. Für die Genossenschaften wird es künftig nicht nur darauf ankommen, die Bedürfnisse unterschiedlicher Altersgruppen miteinander zu vereinbaren, sondern auch die speziellen Ansprüche der wachsenden Anzahl älterer Menschen verstärkt zu berücksichtigen.

Angesichts ihrer „Doppelnatur" als Wirtschaftsbetrieb und Sozialgebilde befinden sich Genossenschaften, von Ausnahmen abgesehen, zumeist in enger Wechselwirkung mit ihrer gesellschaftlichen Umwelt. Deshalb ist es leicht ersichtlich, daß der Wandel von Normen und Wertvorstellungen bei Einzelpersonen und insbesondere bei Bevölkerungsgruppen die Genossenschaften unter bestimmten Bedingungen beeinflussen kann. Dies gilt in erster Linie dann, wenn geänderte individuelle Zielvorstellungen der Genossenschaftsmitglieder und des genossenschaftlichen Managements im Rahmen der genossenschaftlichen Willensbildung zu konkreten Entscheidungen führen. Man denke außerdem daran, daß Genossenschaften durch ihre vielfältigen Transaktionsbeziehungen, beispielsweise zu Marktkontrahenten, mit Normen und Wertvorstellungen von außen in Berührung kommen und diese ganz oder teilweise übernehmen können.

Die Erörterungen über den Wertwandel haben gezeigt, daß wahrscheinlich künftig innerhalb der Bevölkerung marktwirtschaftlich geprägter Industriegesellschaften mit generell unterschiedlichen Wertvorstellungen zu rechnen ist. Folgt man dieser Einschätzung und überträgt sie auf die Genossenschaften, so läßt sich eine Vielfalt real existierender Kooperationsformen mit teilweise andersartigen Wertorientierungen erwarten. Wenn man die heutigen Genossenschaften betrachtet, so wird bereits deutlich, daß voneinander abweichende Wertvorstellungen bei einzelnen Genossenschaften bzw. gesamten Genossenschaftsgruppen feststellbar sind. Derartige Unterschiede bestehen zumeist zwischen Genossenschaften, die sich schon seit Jahrzehnten fest innerhalb der Martkwirtschaft etabliert haben, und solchen neuen Kooperationsformen, die in enger Verbindung mit gesellschaftskritischen sozialen Bewegungen in den vergangenen Jahren gegründet worden sind.

Analysiert man den gesellschaftlichen Standort von Genossenschaften und genossenschaftsähnlichen Kooperationsformen, so läßt sich trotz der Vielfalt auf folgende Differenzierungsmöglichkeit hinweisen:[65] Erstens bekennt sich gegenwärtig ein großer Teil der Genossenschaften dazu, ein Teil der Privatwirtschaft zu sein. Zweitens gibt es Genossenschaften, die überwiegend gemeinwirtschaftliche Ziele verfolgen. Drittens existiert eine zunehmende Anzahl von Genossenschaften und genossenschaftsähnlichen Kooperationsformen, deren Mitglieder — im oben erwähnten Sinne — alternative Wertvorstellungen besitzen. Die letzteren betrachten sich selbst eher als Bestandteil eines „dritten Wirtschaftssektors", der zwischen privater und öffentlicher Wirtschaft seinen Standort findet.

2.2.2. Politische Veränderungen

2.2.2.1. Politische Einfluß- und Risikofaktoren

Zukünftige politische Entwicklungen sind, insbesondere in langfristiger Hinsicht, ebenfalls nur sehr begrenzt prognostizierbar. Diese Tatsache ist für die gesamte Zukunftsforschung um so schwerwiegender, als überraschende politische Entwicklungsprozesse die Gesellschaft — oder zumindest einzelne ihrer Teilbereiche — unter Umständen stark beeinflussen können.[66]

---

[65] Über die Zuordnung der Genossenschaften zur Privatwirtschaft, zur Gemeinwirtschaft oder zu einem „dritten Sektor" herrscht in der Genossenschaftswissenschaft und -praxis keine Einigkeit: vgl. dazu u. a. Wirtschafts- und Sozialausschuß der Europäischen Gemeinschaften/Generalsekretariat (Hrsg.), (Verbände), S. 29; Erik Boettcher, (Standort), S. 27 ff; Theo Thiemeyer, (Idee), S. 49 ff.

[66] Siehe dazu auch die Bemerkungen über die Idealfaktorenhypothese in Kapitel 1.3.1.

Die flächenmäßige Ausdehnung und die Bevölkerungszahl der entwickelten marktwirtschaftlich geprägten demokratischen Industriestaaten umfaßt nur einen relativ kleinen Anteil an der Gesamtfläche und Gesamtbevölkerung aller Staaten der Erde. Der Anteil der Industrieländer an der irdischen Gesamtbevölkerung dürfte sich durch die, wie oben erläutert, stark voneinander abweichenden Geburtenraten in Industrie- und Entwicklungsländern in Zukunft sogar noch weiter verringern.[67] Im Hinblick auf die Altersstruktur der Bevölkerung in den Industriestaaten werden künftig die älteren Jahrgänge zahlenmäßig dominieren und diesen Gesellschaften wahrscheinlich eher einen statischen Charakter verleihen. Demgegenüber ist in den meisten Entwicklungsländern noch auf Jahrzehnte hinaus mit einem relativ großen Anteil junger Menschen an der Bevölkerung zu rechnen.[68]

Die Interdependenzen zwischen Industrie- und Entwicklungsländern lassen sich anhand von sog. „Weltmodellen" analysieren, welche die Erde als ein zusammenhängendes, hochkomplexes System betrachten.[69] Mesarovic und Pestel gelangten in ihrem regional-differenzierten Weltmodell aus dem Jahre 1974 unter anderem zu dem Ergebnis, daß sich ohne eine Veränderung der bestehenden Konzeptionen der Entwicklungspolitik und deren Praktizierungsmodi die Kluft zwischen Industrie- und Entwicklungsländern bedenklich vergrößern werde.[70] Die Autoren der Studie „Global 2000" aus dem Jahre 1980 konstatieren, daß eine grundsätzliche Trendwende in dieser Hinsicht bisher noch nicht absehbar sei.[71] Zu einem ähnlichen Ergebnis gelangt auch Franz Nuscheler in einer neueren entwicklungspolitischen Veröffentlichung aus dem Jahre 1987. Er weist unter anderem auf das sich weiter vergrößernde Nord-Süd-Gefälle und die wachsende absolute Armut in vielen Entwicklungsländern hin.[72]

Die Autoren der Studie „Global 2000" prognostizieren unter anderem für den Zeitraum von 1975 bis zum Jahre 2000 eine Erhöhung des Bruttosozialprodukts pro Kopf der Bevölkerung von 4325 auf 8485 Dollar in Industriestaaten und von 382 auf 587 Dollar in Entwicklungsländern, gemessen im Dollarwert des Jahres 1975.[73] Beide Studien enthalten neben derartigen globalen Entwicklungsprognosen, welche das enorme Entwicklungsgefälle zwischen Industrie- und Entwicklungsländern aufzeigen, auch differenzierte Analysen einzelner Regionen. Dadurch werden die beträchtlichen Unterschiede hinsichtlich der Einkommens- und Vermögensverteilung innerhalb der beiden Ländergruppen sowie die

---

[67] Vgl. Global 2000, (Bericht), S. 42 u. S. 154f; Franz Nuscheler, (Entwicklungspolitik), S. 78ff.
[68] Vgl. Global 2000, (Bericht), S. 43.
[69] Vgl. Mihailo Mesarovic u. Eduard Pestel, (Menschheit), S. 27ff.
[70] Vgl. Mihailo Mesarovic u. Eduard Pestel, (Menschheit), S. 59ff.
[71] Vgl. Global 2000, (Bericht), S. 25ff.
[72] Vgl. Franz Nuscheler, (Entwicklungspolitik), S. 30ff u. S. 38f.
[73] Vgl. Global 2000, (Bericht), S. 49; siehe als Gegenposition zu „Global 2000" z.B. Herman Kahn u. Michael Redepenning, (Zukunft Deutschlands), S. 55f.

wichtige Unterscheidung zwischen rohstoffreichen und rohstoffarmen Entwicklungsländern berücksichtigt.[74]

Trotz ihres relativ geringen Anteils an der Weltbevölkerung verbrauchen die marktwirtschaftlich geprägten Industriegesellschaften zur Sicherung ihres hohen Lebensstandards einen relativ großen Anteil der irdischen Rohstoffreserven. Eine plötzliche und unerwartete Verknappung wichtiger Ressourcen, wie sie beispielsweise durch die Ölpreissteigerungen in den siebziger Jahren aufgezeigt wurde, kann rohstoffarme Industriestaaten auch künftig vor enorme Anpassungsprobleme stellen. Diese Schwierigkeiten lassen sich im alllgemeinen immer erst mittel- bis langfristig durch Substitutionsprozesse beheben.

Besorgniserregend sind gegenwärtig angesichts der daraus möglicherweise resultierenden weltwirtschaftlichen Erschütterungen in der Zukunft die hohen Kreditverpflichtungen und die desolaten wirtschaftlichen Verhältnisse in vielen Entwicklungsländern.[75] Ohne wirksame Schritte zur Verbesserung der wirtschaftlichen Situation in vielen Entwicklungsländern und bei einem weiter zunehmenden Wohlstandsgefälle zwischen Industrie- und Entwicklungsländern bestehen Konfliktgefahren, die sich im Extremfall sogar zu einem überregionalen Nord-Süd-Konflikt ausweiten können.[76]

Nicht minder problematisch für die Zukunft der Menschheit sind weiterhin auch die Gefahren eines globalen Ost-West-Konfliktes aufgrund der Konkurrenzsituation unterschiedlicher politischer und wirtschaftlicher Systeme. Zu denken ist dabei im wesentlichen an den ökonomischen und militärischen Wettlauf zwischen marktwirtschaftlich und zentralverwaltungswirtschaftlich geprägten Industriestaaten.[77] Gegenwärtig vollziehen sich in unterschiedlicher Weise sowohl in der Sowjetunion als auch in der Volksrepublik China deutliche innergesellschaftliche Wandlungsprozesse.[78] Die Entwicklungschancen und auch die systembedingten Grenzen der Reformbestrebungen lassen sich zum jetzigen Zeitpunkt noch längst nicht absehen. Ebenso läßt sich auch die Frage noch nicht beantworten, in welcher Weise sich wirksame Reformen oder gegebenenfalls auch das Scheitern einer anfänglichen Reformeuphorie in der Sowjetunion bzw. in der Volksrepublik China auf die marktwirtschaftlich geprägten Industriestaaten auswirken?

---

[74] Vgl. Mihailo Mesarovic u. Eduard Pestel, (Menschheit), S. 24 ff; Global 2000, (Bericht), S. 25 ff.

[75] Vgl. z. B.: O. V., (Dokumentation: Dritte Welt), S. 10; O. V., (Artikel: Schuldner-Rebellion), S. 93 ff; Franz Nuscheler, (Entwicklungspolitik), S. 35 u. S. 131 ff.

[76] Vgl. Bericht der Nord-Süd-Kommission — (Hrsg.), (Brandt-Report), S. 335 ff; Werner Hugger, (Basisszenarien), S. 35 f; Franz Nuscheler, (Entwicklungspolitik), S. 57 ff.

[77] Siehe dazu z. B. Herman Kahn u. Anthony J. Wiener, (Voraussagen), S. 353 ff.

[78] Siehe dazu z. B. Erhard Louven, (Reform), S. 100 ff; Hans-Hermann Höhmann, (Veränderungen), S. 108 ff; Jiri Kosta, (Wirtschaftssysteme), S. 233; Theodor Bergmann, (Leistungen), S. 156 ff.

2.2.2.2. Auswirkungen politischer Entwicklungen auf Genossenschaften

Die künftigen weltpolitischen Entwicklungen dürften auch die Genossenschaften beeinflussen. Es erscheint deshalb notwendig zu sein, im Rahmen einer Zukunftsbetrachtung von Genossenschaften zumindest auf einige weltpolitisch bedingte Risikofaktoren aufmerksam zu machen. Aufgrund der Komplexität internationaler Zusammenhänge sind allerdings realistische Zukunftsprognosen für Genossenschaften nicht möglich.

Innerhalb eines jeden Staates bestehen vielfältige politische Einflüsse, die auch künftig von großer Bedeutung für Genossenschaften sein werden. Während in manchen Ländern Genossenschaften von seiten des Staates ebenso wie alle anderen Unternehmensformen — also quasi neutral — behandelt werden, erfreuen sie sich in anderen Ländern einer bewußten Unterstützung durch öffentliche Institutionen. Dies gilt beispielsweise für Produktivgenossenschaften und äußert sich in unterschiedlichen Förderungsmaßnahmen. Genannt davon seien steuerliche Vergünstigungen, eine gezielte öffentliche Nachfrage nach genossenschaftlichen Produkten, die Bereitstellung öffentlicher Kredite und Hilfe bzw. Beratung bei der Genossenschaftsgründung.[79] Darüber hinaus können die einzelnen Staaten durch Genossenschaftsgesetze geeignete Rahmenbedingungen schaffen, um die Gründung von Genossenschaften zu erleichtern und die Attraktivität dieser Gefüge zu erhöhen.[80]

Ein deutlicher politischer Einfluß besteht im Falle „öffentlicher Bindungen" von Genossenschaften.[81] In diesem Zusammenhang handelt es sich entweder um freiwillige Selbstbindungen oder um gesetzliche Verpflichtungen (Offizialisierungen) von Genossenschaften.[82] Das Ziel derartiger Selbstbindungen oder Offizialisierungen besteht darin, die Erbringung bestimmter öffentlicher Leistungen sicherzustellen. Dafür dürfen als Gegenleistungen des Staates häufig Vergünstigungen in Anspruch genommen werden, zum Beispiel Befreiungen von der Steuerpflicht.

Wie Theo Thiemeyer betont, ist es nicht ausgeschlossen, daß die mit der „öffentlichen Bindung" verfolgten Ziele den Zielsetzungen gemeinwirtschaftlicher Unternehmen weitgehend entsprechen.[83] Allerdings betrachtet er es im Unterschied zu anderen Autoren als nicht sinnvoll, öffentlich gebundene Unternehmen generell in den Bereich der Gemeinwirtschaft einzubeziehen:

---

[79] Vgl. Jenny Thornley, (Workers Co-operatives), S. 30ff, S. 131ff, S. 151ff u. S. 165f; Robert Oakeshott, (The Case), S. 121ff u. S. 145ff.

[80] Vgl. Burghard Flieger, (Plädoyer), S. 267ff.

[81] Vgl. Gert von Eynern, (Unternehmen), S. 1ff; Werner W. Engelhardt, (Bindung), S. 378ff; Theo Thiemeyer, (Ordnungsprinzip), S. 214ff; Theo Thiemeyer, (Privatwirtschaft), S. 85.

[82] Vgl. Theodor Bergmann, (Funktionen), S. 44ff; Klaus Kluthe, (Staat), S. 43; Werner W. Engelhardt, (Bindung), S. 361ff.

[83] Vgl. Theo Thiemeyer, (Ordnungsprinzip), S. 216.

„Stellt man bei der Bestimmung von Gemeinwirtschaftlichkeit auf den Sinn, die Aufgabe, das Ziel oder den Zweck der Unternehmen ab, so sind ‚öffentlich gebundene Unternehmen' nicht eigentlich gemeinwirtschaftliche Unternehmen: Ihr privatwirtschaftliches Ziel bleibt — wenn auch mit Einschränkungen — erhalten."[84] „Es ist eine Frage der wirtschaftspolitischen Wirksamkeit und eine Frage der politischen Opportunität, ob man zur Verwirklichung bestimmter öffentlicher Aufgaben sich des Instrumentes ‚gemeinwirtschaftliches Unternehmen' oder des Instruments der öffentlichen Bindung privatwirtschaftlicher Unternehmen durch Gesetz, durch Konzessionsverträge oder durch ‚Auflagen' bei der Vergabe von öffentlichen Krediten oder anderer Formen der ‚Bindung' bedient."[85]

Voraussichtlich wird auch künftig die öffentliche Bindung von Genossenschaften oder anderen Unternehmen in solchen Wirtschaftsbranchen von Marktwirtschaften bedeutsam sein, in denen die Wirtschaftspolitik in starkem Umfang in das Marktgeschehen eingreift, wie beispielsweise auf den Wohnungs- und Agrarmärkten.[86] Denkbar erscheint es, daß Staaten künftig nur noch denjenigen Genossenschaften Vergünstigungen gewähren, die besondere soziale Leistungen erbringen, zum Beispiel sich im Hinblick auf die Wohnungsversorgung in besonderem Maße sozialen Problemgruppen widmen oder im Agrarbereich ihre wesentliche Aufgabe in der Unterstützung bäuerlicher Klein- und Mittelbetriebe sehen.

2.2.3. Technologische Veränderungen

2.2.3.1. Schlüssel- bzw. Basistechnologien für die künftige gesellschaftliche Entwicklung

2.2.3.1.1. Vorbemerkungen

Bei Schlüssel- bzw. Basistechnologien[87] handelt es sich um solche Technologiebereiche, die die Grundlage für zahlreiche weitere technische Neuerungen darstellen.[88] Basistechnologien besitzen dementsprechend einen großen Einfluß auf die volkswirtschaftliche Entwicklung, welcher sich insbesondere in Auswirkungen auf die langfristigen konjunkturellen Zyklen äußert.[89] In dieser Hinsicht werden in der Wirtschaftsgeschichtsschreibung als Zeiten expansiver ökonomischer Aktivität unter anderem der Dampfmaschinenbau, der Eisenbahnbau, die

---

[84] Theo Thiemeyer, (Wirtschaftslehre), S. 34.
[85] Theo Thiemeyer, (Ordnungsprinzip) S. 216.
[86] Vgl. Klaus Kluthe, (Staat), S. 226f u. S. 229.
[87] Die Begriffe „Technik" und „Technologie" werden im folgenden synonym verwendet — vgl. dazu z. B. Fritz Steimle, (Zukunft), S. 39.
[88] Vgl. Hans Rumpf, Helmut Rempp u. Manfred Wiesinger, (Technologische Entwicklung), S. 41 ff.
[89] Vgl. Christopher Freeman, (Innovation), S. 19 ff; Joseph Huber, (Ökologie), S. 16 ff.

2.2. Analyse einzelner gesellschaftlicher Subsysteme

Elektrifizierung und die Motorisierung erwähnt,⁹⁰ da es sich bei ihnen jeweils um fundamentale technologische bzw. technische Neuerungen mit einem weitreichenden Anwendungspotential handelte.

Es ist sehr wahrscheinlich, daß auch in der Zukunft derartige Schlüssel- oder Basistechnologien das Wirtschaftsgeschehen in großem Maße beeinflussen werden.⁹¹ Wie bereits erwähnt, zeichnen sich gegenwärtig äußerst gravierende technologische Veränderungen für die nähere Zukunft sowohl auf den Gebieten der Informations- und Kommunikationstechnologien als auch im Bereich der Biotechnologien ab.⁹² Im folgenden wird deshalb auf diese beiden Technologiebereiche ausführlicher eingegangen, obgleich die Liste der Zukunftstechnologien sich heute als weitaus umfangreicher darstellen läßt. Die Landesregierung von Nordrhein-Westfalen bezeichnet beispielsweise folgende Technologiefelder als besonders bedeutsam für dieses Bundesland: „Umwelttechnologien, Energietechnologien, Mikroelektronik, Meß- und Regeltechnik, Informations- und Kommunikationstechnologien, Biotechnologien, Humanisierungstechnologien und Werkstofftechnologien."⁹³

2.2.3.1.2. Informations- und Kommunikationstechnologien

Das weite Feld der Informations- und Kommunikationstechnologien umfaßt sämtliche technologischen Einzelgebiete, die sich mit der Speicherung, der Verarbeitung und dem Austausch bzw. Transport von Informationen beschäftigen.⁹⁴ Da die Möglichkeiten des menschlichen Gehirns zur Verarbeitung und Speicherung von Informationen begrenzt sind und da auch der Umfang des direkten Informationsaustausches zwischen Personen in räumlicher sowie in zeitlicher Hinsicht an enge Grenzen gebunden ist, besteht ein großer Bedarf an technischen Hilfsmitteln, um ein ständig zunehmendes Informationsvolumen bewältigen zu können. Der zunehmende Bedarf stellt sicherlich nur einen der möglichen Gründe für die enorme Ausdehnung dieser Technologiebereiche dar. Es ist nicht ausgeschlossen, daß die technologische Weiterentwicklung auch in Gestalt eines sich selbst beschleunigenden Prozesses vonstatten geht.

Ein kurzer Blick in die Geschichte zeigt, daß sich zumindest seit der Erfindung des Buchdrucks zunächst das Papier zum wichtigsten Medium für die Informationsspeicherung und für den Informationsaustausch entwickelt hatte.⁹⁵ Betrachtet man die Entwicklungslinien der Informations- und Kommunikationstechnologien bis in die Gegenwart und ihre mögliche Weiterentwicklung in der

---

⁹⁰ Vgl. Rolf Schwendter, (Geschichte — Band 1), S. 56ff.
⁹¹ Vgl. Dieter Otten, (Technik), S. 20ff; Bernd Meyer, (Bankautomation), S. 118ff.
⁹² Vgl. Joseph Huber, (Ökologie), S. 48ff u. S. 76ff.
⁹³ Johannes Rau, (Nordrhein-Westfalen), S. 25.
⁹⁴ Vgl. Klaus Haefner, (Computer), S. 392 u. S. 395.
⁹⁵ Vgl. Roland Gööck, (Erfindungen), S. 40ff.

Zukunft, so wird deutlich, daß nunmehr die Elektronik das Papier in vieler Hinsicht ergänzt und teilweise bereits ersetzt hat.[96]

Sowohl innerhalb der Unternehmen als auch in den privaten Haushalten führen informationstechnologische Neuerungen zu gravierenden Veränderungen, die fast alle Arbeits- und Lebensbereiche erfassen. An dieser Stelle kann nur ein kurzer Überblick über grundlegende Entwicklungstendenzen der Informations- und Kommunikationstechnologien gegeben werden.[97] Festzustellen ist dabei zunächst, daß aufgrund von technologischen Weiterentwicklungen auch in Zukunft mit einer noch weitergehenden Verbesserung des Preis-Leistungs-Verhältnisses der informations- und kommunikationstechnologischen Produkte zu rechnen ist, wodurch die Verbreitung dieser Technologien gefördert und der Übergang zu neuen Anwendungsgebieten voraussichtlich weiter fortschreiten wird.[98]

Eine solche Entwicklung zeichnet sich insbesondere bei den Herstellungskosten und dem Leistungsvermögen der Computer-Hardware aufgrund von Weiterentwicklungen der Mikroelektronik deutlich ab. Bereits heutzutage werden beispielsweise sog. „Mikroprozessoren" als Steuerungselemente in eine Vielzahl von Produkten integriert.[99] Durch den zunehmenden Einsatz von „Multi-Prozessor-Systemen" läßt sich eine höhere Verarbeitungsgeschwindigkeit erreichen. Für derartige Systeme ist kennzeichnend, daß der Verarbeitungsprozeß nicht durch einen einzelnen Prozessor ausgeführt wird, sondern gleichzeitig eine große Anzahl von Prozessoren am Verarbeitungsprozeß beteiligt sind.[100]

Als sehr wahrscheinlich erscheinen für die Zukunft weitere Verbesserungen der „Ein- und Ausgabesysteme" von Datenverarbeitungsanlagen. In diesem Zusammenhang ist nicht nur an leistungsfähigere Bildschirme, Drucker und Eingabetastaturen zu denken, sondern kann auch mit Fortschritten bei Computersystemen auf dem Gebiet der direkten Spracheingabe und Sprachausgabe gerechnet werden.[101] Beim Vorhandensein großer Speicherkapazitäten ist es künftig denkbar, daß zur externen Steuerung von Prozessoren statt detaillierter Programmiersprachen in zunehmendem Maße höherentwickelte benutzerfreundliche Programmiersprachen angewendet werden. Diese können es ermöglichen, „dem Rechner unmittelbar mitzuteilen, welche Aufgabe gelöst werden soll, ohne daß im Detail spezifiziert werden muß, wie sie gelöst werden soll."[102]

---

[96] Vgl. Wolfgang Lauber, (Technologien), S. 35.
[97] Siehe dazu ausführlicher z. B. Klaus Haefner, (Computer), S. 23 ff u. insb. S. 116 ff.
[98] Vgl. Europäisches Gewerkschaftsinstitut: (Mikroelektronik), S. 3 u. S. 58; Klaus Haefner, (Computer), S. 119 u. S. 124 f.
[99] Vgl. Jürgen Friedrich, Friedrich Wicke, Walter Wicke u. a., (Computereinsatz), S. 37; vgl. auch Europäisches Gewerkschaftsinstitut, (Mikroelektronik), S. 80 ff.
[100] Vgl. Klaus Haefner, (Computer), S. 120 f.
[101] Vgl. Walter Conrad, (Chips), S. 114 ff; Klaus Haefner, (Computer), S. 122 f; Armin Ziegler, (Annahmen), S. 134 u. S. 136.

2.2. Analyse einzelner gesellschaftlicher Subsysteme

Die Verbindung von Optik und Mikroelektronik kann sich nach der Einschätzung vieler Fachleute für die Weiterentwicklung der Informations- und Kommunikationstechnologien sehr nutzbringend auswirken. In diesem Sinne betont zum Beispiel Armin Ziegler: „Laser, Glasfaserkabel, optische Speichertechnik, optoelektronische Schaltungen und absehbar auch der optoelektronische Computer sind Marksteine des neuen Technologiezeitalters."[103] Während optische Speichermedien, die Lasertechnik und auch die Informationsübertragung mittels Glasfasertechnik in unterschiedlichem Ausmaß bereits gegenwärtig praktisch angewendet werden, ist mit der kommerziellen Nutzung optoelektronischer Computer wahrscheinlich erst in langfristiger Perspektive zu rechnen.[104] Das letztere gilt auch für die Nutzung biochemischer Prozesse im Rahmen der Computertechnik, welches eines fernen Tages zur Entwicklung von sog. „Bio-Computern" führen könnte.[105]

Ein Schwerpunkt der weltweiten Forschungen auf dem Gebiet der Informationstechnologien besteht zur Zeit in der Entwicklung bzw. Weiterentwicklung einer fünften Computergeneration, der sog. „künstlichen Intelligenz".[106] Notwendig dafür sind Prozessoren, die über unmittelbare Zugriffsmöglichkeiten auf ein umfangreiches gespeichertes Informationsvolumen verfügen, wobei durch eine Anordnung der Informationen in „assoziativen Speichern" und durch assoziative Verknüpfungen der Informationen im Rahmen des Verarbeitungsprozesses erst die Bearbeitung problembezogener, komplexer Aufgabenstellungen ermöglicht wird.[107]

Als ein Teilbereich der „künstlichen Intelligenz" haben bereits heutzutage sog. „Expertensysteme" praktische Bedeutung erlangt. Derartige Systeme speichern das aktuell vorhandene Expertenwissen einzelner Wissensgebiete, um es mit Hilfe von sinnvollen Anwendungs- und Verknüpfungsregeln zur Lösung komplexer Aufgabenstellungen nutzbar zu machen. Mit deutlichen Verbesserungen und Erweiterungen von „Expertensystemen" kann im Hinblick auf die Zukunft gerechnet werden.[108]

Die praktische Anwendung der „künstlichen Intelligenz" dürfte, nach Ansicht von Dieter Otten, künftig sehr bedeutsam sein: „Von künstlicher Intelligenz gelenkte Roboter in computerintegrierter Automation können ganze Fabriken oder Fabriksysteme produzieren und benötigen nur ein Minimum an Ingenieurarbeit und Managementtätigkeit."[109] Eine Studie der Organisation für

---

[102] Klaus Haefner, (Computer), S. 123.
[103] Armin Ziegler, (Annahmen), S. 139.
[104] Vgl. Armin Ziegler, (Annahmen), S. 140.
[105] Vgl. Stratis Karamanolis, (Mikroelektronik), S. 84f.
[106] Vgl. Hubert L. Dreyfus, (Künstliche Intelligenz), S. 239ff u. S. 245ff; Neill Graham, (Denken), S. 9ff.
[107] Vgl. Klaus Haefner, (Computer), S. 121, S. 125 u. insb. S. 402.
[108] Vgl. Armin Ziegler, (Annahmen), S. 131 u. S. 137.
[109] Dieter Otten, (Technik), S. 21.

wirtschaftliche Zusammenarbeit und Entwicklung (OECD) prognostizierte bereits vor einigen Jahren für sämtliche Industrieländer deutliche Wachstumsraten des Industrierobotereinsatzes.[110] Im Verhältnis zur Gesamtzahl der kommerziell genutzten Industrieroboter steigt der Anteil derjenigen Roboter, die zu komplizierten Tätigkeiten, wie beispielsweise Montagearbeiten, eingesetzt werden.[111] Insbesondere diese Tätigkeiten stellen hohe Ansprüche an die Steuerung und Sensorik der Industrieroboter. Weitere Verbesserungen der sensorischen Fähigkeiten sind auch künftig zu erwarten und dürften die Einsatzmöglichkeiten und die Leistungsfähigkeit von Industrierobotern noch beträchtlich erhöhen können.[112]

Allerdings ist der fortschreitende Industrierobotereinsatz nur ein Anzeichen für die Tatsache, daß Computer bei der Sachgüterherstellung und in Teilbereichen des Dienstleistungssektors zunehmende Verbreitung erlangen.[113] Gegenwärtig in der Umgangssprache häufig verwendete Abkürzungen — wie beispielsweise CAD (computer-aided-design), CAM (computer-aided-manufactoring), CAP (computer-aided-planning) und CIM (computer-integrated-manufactoring) — deuten darauf hin, daß die Informationstechnologien sowohl für Konstruktions- und Entwicklungstätigkeiten als auch für die industrielle Fertigungsplanung und -steuerung bereits heutzutage große Bedeutung besitzen.

Die Entwicklung der industriellen Produktion weist generell in die Richtung, einzelne automatisierte Produktionsteilbereiche zu integrieren und dadurch gesamte Fertigungsprozesse prozeßgesteuert automatisch durchzuführen.[114] Ausgehend von einzelnen computerunterstützten Teilbereichen — wie „CAD", „CAM" und „CAP" — erfolgt somit in zunehmendem Maße der Übergang zur gesamtbetrieblichen Integration des Computereinsatzes, der sich mit der Abkürzung „CIM" umschreiben läßt.[115] Es handelt sich um „vollautomatische, zentral computergesteuerte Produktionsanlagen mit hoher Umstellungsflexibilität, automatisiertem Zwischentransport und in den Produktionsprozeß integrierten Meß- und Prüfvorgängen mit Fehlerregulierung."[116] Durch den außerordentlich hohen Kapitaleinsatz und Planungsaufwand, den derartige Produktionsstätten erfordern, werden die praktischen Realisierungschancen

---

[110] Vgl. Organisation for Economic Co-operation and Development — O.E.C.D. (Hrsg.), (Industrial Robots), S. 52 u. S. 82.

[111] Vgl. Bundesminister für Forschung und Technologie (Hrsg.), (Handhabungssysteme), S. 105 ff.

[112] Vgl. Armin Ziegler, (Annahmen), S. 130 u. S. 141.

[113] Vgl. Organisation for Economic Co-operation and Development — O.E.C.D. (Hrsg.), (Information), S. 22 ff.

[114] Vgl. Jürgen Friedrich, Friedrich Wicke, Walter Wicke u.a., (Computereinsatz), S. 132 ff.

[115] Vgl. Ulrich v. Alemann u. Heribert Schatz, (Technikgestaltung), S. 139.

[116] Armin Ziegler, (Annahmen), S. 128.

2.2. Analyse einzelner gesellschaftlicher Subsysteme 71

zumindest in naher Zukunft wahrscheinlich zahlenmäßig und auch auf einzelne Produktionsbranchen begrenzt bleiben.[117]

Die Weiterentwicklung der Informationsübertragungstechnik ist geprägt von den Bemühungen, die vielfältigen informationstechnischen Geräte bzw. Systeme zum Informationsaustausch miteinander zu verbinden und darüber hinaus dezentrale informationstechnische Netzwerke zu bilden.[118] Solche Netzwerke werden heutzutage bereits vielfach in Unternehmen und innerhalb der öffentlichen Verwaltung realisiert, indem einzelne Arbeitsplätze durch Datenendstationen (Terminals) mit Computern oder auch mehrere Computer miteinander im Informationsaustausch stehen.[119] Sinnvoll erscheint die vollständige informationstechnologische Verknüpfung des Produktions- und Bürobereiches von Unternehmen. Denn „unternehmensweit sind alle Vorgänge in eine für den Zentralcomputer (oder Hierarchien von Computern) verständliche Protokollsprache übertragbar, so daß Verwaltungs-, Vertriebs- und Produktionsvorgänge automatisch aufeinander abgestimmt und weitgehend selbsttätig gesteuert werden können. Expertensysteme übernehmen einen Teil der dafür notwendigen Entscheidungen."[120]

Es ist zu erwarten, daß sich die Dezentralisierung der Informationstechnologie auch künftig weiter fortsetzen wird. Bereits heutzutage dringt diese Technologie mehr und mehr an die einzelnen Arbeitsplätze vor, sowohl in Gestalt universeller Bildschirm-Terminals als auch im Rahmen spezialisierter Datenendstationen, wie beispielsweise den Kassenterminals im Einzelhandel.[121] Der dezentrale Einsatz der Informationstechnologie führt dazu, daß Arbeitsplätze mit Computer-Terminals nicht nur innerhalb der Betriebe, sondern in voraussichtlich zunehmender Anzahl auch in den Haushalten bzw. auf Nachbarschaftsebene entstehen. Hierbei handelt es sich um neue Formen der Heimarbeit.[122]

In der Zukunft ist mit einem verstärkten Aufbau von überbetrieblichen informationstechnischen Netzwerken zu rechnen, welche nicht nur Verbindungen zwischen Unternehmen herstellen, sondern auch in zunehmendem Maße private Haushalte mit in den Informationsaustausch einbeziehen. Dies wird gegenwärtig bereits im Rahmen von „Bildschirmtext-Systemen" versucht — beispielsweise in Gestalt des „Minitel-Systems" in Frankreich oder des „Btx-Systems" in der Bundesrepublik Deutschland.[123] Angesichts der voraussichtlich

---

[117] Vgl. Armin Ziegler, (Annahmen), S. 128.
[118] Vgl. Klaus Haefner, (Computer), S. 123 u. S. 125.
[119] Vgl. Jürgen Friedrich, Friedrich Wicke, Walter Wicke u.a., (Computereinsatz), S. 43; vgl. auch Wolfgang Lauber, (Technologien), S. 32.
[120] Armin Ziegler, (Annahmen), S. 129.
[121] Vgl. Jürgen Friedrich, Friedrich Wicke, Walter Wicke u.a., (Computereinsatz), S. 196.
[122] Vgl. Peter Wedde, (Telearbeit), S. 19ff; Wolfgang Schubert, (Heimarbeit), S. 15ff.
[123] Vgl. Klaus Haefner, (Computer), S. 127ff.

weiteren Verbreitung von Computersystemen in privaten Haushalten ist künftig verstärkt eine Vernetzung zwischen Computersystemen und externen Informationsanbietern zu erwarten, da sich die Anwendungsmöglichkeiten privat genutzter Computer durch den Anschluß an Zentralcomputer oder Datenbanken beträchtlich erhöhen lassen.[124]

Weitere absehbare Fortschritte in der Informations-Übertragungstechnik beruhen auf der vollständigen Digitalisierung der Informationsübermittlung und der zunehmenden Anwendung der Satellitenkommunikation. Begonnen wird auch bereits mit dem Übergang von Kupfer-Koaxial-Kabelnetzen zu Glasfasernetzen, welche vergleichsweise wesentlich mehr digitalisierte Informationen innerhalb kürzerer Zeit übertragen können.[125] In diesem Fall werden sich auch die Voraussetzungen für Video- und Computerkonferenzen weiter verbessern, wobei in wesentlich größerem Umfang als heutzutage Konferenzteilnehmer über Bildschirme miteinander konferieren können und demzufolge kostspielige Dienstreisen vermeiden.[126]

Ein wesentlicher Entwicklungsschritt der Informations-Übertragungstechnik besteht darin, die einzelnen Kommunikationsarten — wie unter anderem Bild, Sprache und Text — in einem einheitlichen Informationstransportsystem zusammenzufassen. „Im Oktober 1984 hat das internationale Normungsgremium für Fernmeldetechnik CCITT in Genf Normen (speziell für die Schnittstellen) des Integrated Digital Services Network (ISDN) verabschiedet. Das macht die weltweite Integration von Sprach-, Text- und Bildübermittlung über kompatible Systeme möglich und zeitlich absehbar."[127]

Diese Systeme sollen es den einzelnen Teilnehmern ermöglichen, untereinander mittels eines integrierten Kommunikationsnetzes in Verbindung zu treten.[128] In diese Richtung gehen Forschungs- und Entwicklungsvorhaben der Deutschen Bundespost, bei denen es sich um den Aufbau eines integrierten Glasfaser-Breitbandnetzes mit der Systembezeichnung „Bigfon" (Breitband Integriertes Glasfaser Orts-Netz) handelt.[129] In langfristiger Perspektive wird dadurch wahrscheinlich eine vollständige Infrastruktur zum Austausch von Informationen entstehen, welche deutlich die Kommunikationsmöglichkeiten des heutigen Telefonnetzes übertrifft. Ebenso bedeutsam für die Leistungsfähigkeit einer Volkswirtschaft, wie es heutzutage eine ausgebaute Eisenbahn- und Straßenverkehrsinfrastruktur ist, wird in der Zukunft voraussichtlich eine vollentwickelte informationstechnologische Infrastruktur sein.[130] Routinerei-

---

[124] Vgl. Klaus Haefner, (Computer), S. 127.

[125] Vgl. Europäisches Gewerkschaftsinstitut, (Mikroelektronik), S. 66f; Klaus Haefner, (Computer), S. 386ff.

[126] Vgl. Jürgen Friedrich, Friedrich Wicke, Walter Wicke u.a., (Computereinsatz), S. 201.

[127] Armin Ziegler, (Annahmen), S. 138.

[128] Vgl. Klaus Haefner, (Computer), S. 124.

[129] Vgl. Klaus Haefner, (Computer), S. 124 u. S. 388.

2.2. Analyse einzelner gesellschaftlicher Subsysteme

sen können dadurch weitgehend vermieden und die Straßenverkehrsinfrastruktur kann unter Gesichtspunkten des Umweltschutzes entlastet werden. Bislang ungelöste Probleme dürfte allerdings der Datenschutz aufwerfen.

Der weitere Ausbau der informationstechnologischen Infrastruktur begünstigt die Verbreitung von neuen Formen der Heimarbeit,[131] die oben bereits kurz erwähnt wurden. Es existieren gegenwärtig sehr differierende Prognosen hinsichtlich der künftig zu erwartenden Anzahl von elektronischen Heimarbeitsplätzen, was auf die große Prognoseunsicherheit in diesem Bereich hindeutet.[132] Ohne deshalb auf die Prognosen näher einzugehen, sei an dieser Stelle auf die Organisationsform des Nachbarschaftsbüros hingewiesen als eine vielleicht zunehmend bedeutsam werdende Kooperationsform von Heimarbeitern.[133] Durch die Integration von wohnungsnahen Nachbarschaftsbüros mit Kindertagesstätten könnten sich insbesondere für Mütter und Väter neue Perspektiven ergeben, Erwerbsarbeit und Kindererziehung miteinander zu vereinbaren.[134] Es ist denkbar, daß die Einrichtung und Betreibung von Nachbarschaftsbüros entweder durch die Arbeitgeber, durch öffentliche Institutionen oder durch die Heimarbeiter erfolgt.[135] Im zuletzt genannten Fall handelt es sich um Selbsthilfemaßnahmen der Heimarbeiter in Gestalt genossenschaftlicher oder genossenschaftsähnlicher Kooperationsformen.[136]

2.2.3.1.3. Biotechnologien

2.2.3.1.3.1 Anwendungsmöglichkeiten der Biotechnologien

Während die Informations- und Kommunikationstechnologien durch ihr vielfältiges Anwendungspotential bereits heutzutage nahezu sämtliche Genossenschaften beeinflussen, werden die Auswirkungen der Biotechnologien zumindest in naher Zukunft im wesentlichen nur bestimmte Genossenschaftszweige betreffen. Deshalb sollen, nach einigen einführenden Bemerkungen, im folgenden Anwendungsmöglichkeiten der Biotechnologien ausschließlich im Bereich Landwirtschaft und Ernährung betrachtet werden. Die auf diesen Gebieten tätigen zahlreichen Genossenschaften dürften künftig in zunehmendem Maße mit biotechnologischen Weiterentwicklungen konfrontiert werden.

Als Biotechnologien bezeichnet man alle Produktionsverfahren, die auf der Anwendung biologischer Prozesse basieren.[137] Biologische Systeme, wie bei-

---

[130] Vgl. Joseph Huber, (Ökologie), S. 67 ff.
[131] Vgl. Wolfgang Schubert, (Heimarbeit), S. 43 ff.
[132] Vgl. Wolfgang Schubert, (Heimarbeit), S. 15 ff; Peter Wedde, (Telearbeit), S. 26.
[133] Vgl. Wolfgang Schubert, (Heimarbeit), S. 47 f u. S. 77 ff.
[134] Vgl. Wolfgang Schubert, (Heimarbeit), S. 79 f.
[135] Vgl. Peter Wedde, (Telearbeit), S. 21; Wolfgang Schubert, (Heimarbeit), S. 79 ff.
[136] Vgl. Wolfgang Schubert, (Heimarbeit), S. 80.
[137] Vgl. N. Binder, (Biotechnologie), S. 9.

spielsweise Mikroorganismen, lassen sich im Rahmen biotechnologischer Verfahren nutzen, um unter anderem Nahrungsprodukte (insbesondere Eiweißstoffe), pharmazeutische Substanzen, aber auch Rohstoffe zu produzieren.[138] Zum großen Bereich der Biotechnologien zählen auch die aus ethischen und sicherheitstechnischen Gründen stark umstrittenen gentechnologischen Methoden. Mit Hilfe der Gentechnologie können durch Verknüpfung und Übertragung von Erbmaterial gezielt Organismen zu bestimmten Produktionsvorgängen programmiert werden.[139] Angesichts der weiter fortschreitenden Forschungen kann die Anwendung von Biotechnologien in der Zukunft insbesondere in der Medizin und Pharmazie, im Umweltschutz, in der Rohstoff- und Energiegewinnung, nicht zuletzt naheliegend in der Landwirtschaft und Ernährungsindustrie Bedeutung erlangen.[140]

Im Hinblick auf die zuletzt erwähnten Wirtschaftszweige ist zunächst an die Möglichkeiten zu denken, mit Hilfe biotechnologischer Methoden Futter- und Nahrungsmittel auf industriellem Wege zu produzieren.[141] Gesteuerte und überwachte biotechnologische Produktionsverfahren[142] verfolgen dabei im wesentlichen zunächst das Ziel, durch den Einsatz von Mikroorganismen — unter anderem als Hefe, Pilze oder Algen — Rohbiomasse oder höherwertige Produkte, wie zum Beispiel mikrobielle Proteine, herzustellen. Im Gegensatz zur Rohbiomasse, die zumeist als Tierfutter oder Zusatzstoff zur Tierfütterung Verwendung findet, besteht bei den eben erwähnten höherwertigen Produkten aber auch die Möglichkeit, daß diese als Bestandteile in Nahrungsmittel eingehen und damit direkt der menschlichen Ernährung dienen.[143] Inwieweit künstliche Nahrungsmittel für die Ernährung des Menschen künftig tatsächlich eine Rolle spielen werden, ist gegenwärtig noch höchst ungewiß und von vielen ungeklärten Faktoren abhängig. Zu nennen sind sowohl die Preisrelation zwischen herkömmlichen Nahrungsmitteln und vergleichbaren biotechnologischen Produkten als auch die Frage, ob gesundheitliche Risiken weitestgehend auszuschließen sind und eine Akzeptanz durch die Verbraucher langfristig erreichbar erscheint.[144] Angesichts der enormen Agrarüberschüsse in den marktwirtschaftlichen Industrieländern sind viele Menschen heutzutage der Ansicht, daß kein Bedarf an biotechnologischen Nahrungsbestandteilen bestehe.

---

[138] Vgl. Susan Thompson, (Biotechnology), S. 515; N. Binder, (Biotechnologie), S. 9 ff.
[139] Vgl. D. Blohm u. W. Goebel, (Gentechnologie), S. 227 ff.
[140] Vgl. Susan Thompson, (Biotechnology), S. 520 ff; N. Binder, (Biotechnologie), S. 11 u. S. 14.
[141] Vgl. P. Präve, W. Sittig u. U. Faust, (Biotechnische Gewinnung), S. 18 ff.
[142] Vgl. H. Sahm, (Mikrobielle Umsetzung), S. 202.
[143] Vgl. P. Präve, W. Sittig u. U. Faust, (Biotechnische Gewinnung), S. 31.
[144] Vgl. W. Kübler u. E. Schulz, (Bewertung), S. 37 ff; P. Präve, W. Sittig u. U. Faust, (Biotechnische Gewinnung), S. 20 ff.

Die biotechnologischen Forschungen sind nicht nur darauf ausgerichtet, die landwirtschaftliche Produktionsweise durch neuartige Produktionsverfahren partiell zu ersetzen. Sie sind auch bestrebt, die Leistungsfähigkeit der landwirtschaftlichen Produktion zu verbessern, insbesondere im Rahmen der Züchtungsforschung. Eine ähnliche Zielsetzung verfolgen auch Versuche auf dem Gebiet der bakteriellen Stickstoffixierung. Dabei wird angestrebt, Pflanzen durch Symbiose mit Mikroorganismen (Leguminosensymbiose) die Nutzung des Stickstoffs in der Atmosphäre zu ermöglichen und dadurch auf eine kostenträchtige sowie umweltbelastende Stickstoffdüngung in der Landwirtschaft verzichten zu können, ohne Ertragsverluste befürchten zu müssen.[145] Da die industrielle Produktion von Stickstoffdünger einen hohen Energieaufwand erfordert,[146] wäre eine Einschränkung dieser Produktion angesichts eines daraus resultierenden sparsameren Energieverbrauchs erwägenswert. Zur Förderung der Landwirtschaft und des Umweltschutzes dienen darüber hinaus biotechnologische Forschungen, welche das Ziel verfolgen, weiter verbesserte biologische Schädlingsbekämpfungsmittel zu entwickeln. Beispielsweise bietet sich auf diesem Gebiet der zielgerichtete Einsatz von Pheromonen als chemische Kommunikations- oder Botenstoffe an.[147]

2.2.3.1.3.2. Relevanz der Biotechnologien für landwirtschaftliche Genossenschaften

Derartige Entwicklungen auf dem Gebiet der Biotechnologien dürften in langfristiger Zukunftsperspektive für landwirtschaftliche Genossenschaften nahezu überall auf der Welt große Bedeutung erlangen. Die führende Rolle bei den biotechnologischen Forschungen spielen gegenwärtig und wahrscheinlich auch in Zukunft große Unternehmen der chemischen Industrie, die überwiegend multinational strukturiert sind. Da diese Unternehmen durch den Einsatz der Biotechnologien verstärkt direkt in den Bereich der landwirtschaftlichen Produktion vordringen bzw. diesen Bereich stark beeinflussen, entsteht für die Genossenschaften in Gestalt der chemischen Industrie zunehmend ein Konkurrenzfaktor. Eine derartige Konkurrenzsituation existiert teilweise bereits heutzutage, wenn man beispielsweise an die Verhältnisse auf dem niederländischen Saatgutmarkt denkt. Dort konnten Unternehmen der chemischen Industrie viele kleine Saatgutfirmen übernehmen und nahezu eine marktbeherrschende Stellung erringen.[148] Diese Entwicklungstendenzen veranlassen zur Zeit die niederländischen Genossenschaften zu Gegenmaßnahmen, „indem sie selbst nun mehr Geld für die Forschung auf dem Sektor Biotechnologie ausgeben, denn vor allem von dieser Technik sind neue Impulse für die Entwicklung auf dem Saatgutbereich zu erwarten."[149]

---

[145] Vgl. W. Heumann u. A. Pühler, (Stickstoffixierung), S. 232 ff.
[146] Vgl. W. Heumann u. A. Pühler, (Stickstoffixierung), S. 232.
[147] Vgl. H. J. Bestmann, (Pheromone), S. 128 ff.
[148] Vgl. O. V., (Artikel: Hollands Genossenschaften), S. 21.

Die Anwendung biotechnologischer Verfahren gewinnt nicht nur auf dem Gebiet der Saatgutproduktion, sondern in verstärktem Maße auch in der Tierzucht an Bedeutung. Der Handel mit Tier-Embryonen ist längst nicht mehr nur Theorie — er wird bereits praktiziert.[150] Solange der Gesetzgeber derartige Handelsformen erlaubt, hängt es weitgehend von den Förderungswünschen der Genossenschaftsmitglieder ab, ob sich Genossenschaften daran beteiligen oder diese Tätigkeitsfelder ihren erwerbswirtschaftlichen Konkurrenten überlassen. Generell läßt sich feststellen, daß für die praktische Bedeutung der Biotechnologien im wesentlichen folgende Faktoren relevant sind: die gesetzlichen Rahmenbedingungen, das ökonomische Preis-Leistungsverhältnis und nicht zuletzt die Akzeptanz innerhalb der Bevölkerung. Sofern diese Faktoren die Weiterentwicklung der Biotechnologie begünstigen, werden biotechnologische Produkte höchstwahrscheinlich in zunehmendem Maße Eingang in die Sortimente landwirtschaftlicher Genossenschaften finden.

2.2.3.2. Hoffnungen und Ängste bezüglich technologischer Veränderungen

Die zukünftigen technologischen Möglichkeiten des Menschen haben seit langem die Phantasie vieler Schriftsteller bewegt und sowohl zu einer großen Anzahl von fortschrittsgläubigen Technik-Utopien als auch zu vielen angstgeleiteten Gegen-Utopien geführt. In beiden Utopiearten spiegeln sich auf eindrucksvolle Weise Hoffnungen und Gefahren technologischer Entwicklungen. Dies gilt beispielsweise für die Zukunftsentwürfe von George Orwell, der schon vor einigen Jahrzehnten die Gefahren einer weit entwickelten Informations- und Kommunikationstechnologie verdeutlichte, bei ihm auf Anwendungen in einem autoritären Staat beschränkt.[151] Es gilt ebenso für Aldous Huxley, der bereits vor fünf Jahrzehnten die Problematik einer im Hinblick auf die Züchtung künstlicher Menschen übertriebenen Biotechnologie schilderte.[152] Demgegenüber zählen zu den Autoren fortschrittsgläubiger Technik-Utopien unter anderem Hans Dominik, Carl Grunert, Bernhard Kellermann, Kurd Lasswitz und nicht zuletzt Jules Verne.[153]

Weiterentwicklungen auf dem Gebiet der Informations- und Kommunikationstechnologien können einerseits den Menschen von vielen mühevollen und zeitraubenden Tätigkeiten entlasten. Sie können andererseits aber auch dazu dienen, hochkomplexe Waffensysteme zu entwickeln, welche die Gegenwart und Zukunft der Menschen mit Ängsten und Befürchtungen belasten.[154] Biotechnologische Methoden sind vielleicht in der Lage, dazu beizutragen, daß eines Tages

---

[149] O. V., (Artikel: Hollands Genossenschaften), S. 21.
[150] Vgl. O. V., (Artikel: Handel mit Embryonen), S. 50.
[151] Vgl. George Orwell, (1984), S. 5ff.
[152] Vgl. Aldous Huxley, (Welt), S. 17ff.
[153] Vgl. Hans Jürgen Krysmanski, (Utopische Methode), S. 35ff, S. 83ff u. S. 110.
[154] Vgl. z. B. Joseph Weizenbaum, (Angst), S. 28ff; Hartmut Volk, (Technik), S. 36f.

das Problem der Unterernährung in allen Teilen der Welt überwunden werden kann. Weitgehend unabsehbare Risiken und ernst zu nehmende Bedenken bestehen demgegenüber hinsichtlich mancher biotechnologischer Methoden in gesundheitlicher und ethischer Hinsicht.[155] Diese Reihe von positiven Argumenten und Gegenargumenten ließe sich fortsetzen. Sie zeigt, wie eng auf dem Gebiet der technologischen Weiterentwicklungen sowohl hoffnungsvolle als auch bedenkliche Aspekte beieinanderliegen.

Vor diesem Hintergrund wird deutlich, welch große Bedeutung die weitreichende Erforschung der Auswirkungen technologischer Veränderungen besitzt. Es ist zu erwarten, daß die Ergebnisse von Technikfolgenabschätzungen[156] künftig in zunehmendem Maße die politischen Entscheidungsprozesse beeinflussen werden.

2.2.3.3. Die Umweltverträglichkeit der künftigen technologischen Veränderungen

Seit den Anfängen der Menschheitsgeschichte dienen technische Errungenschaften dem Menschen als Werkzeuge, um seine Umwelt zur eigenen Weiterentwicklung zu nutzen und zu verändern. Dieses äußert sich bisher unter anderem in der planmäßigen Umgestaltung von Naturlandschaften in land- bzw. forstwirtschaftlich geprägte Kulturlandschaften, in der beträchtlichen Ausdehnung des menschlichen Siedlungsraumes mit der dazu notwendigen Verkehrsinfrastruktur und im Verbrauch irdischer Rohstoffvorkommen zur industriellen Produktion. Durch die einseitige Bevorzugung oder Unterdrückung bestimmter Pflanzen- und Tierarten, durch den Verbrauch nicht regenerierbarer Ressourcen und durch die Belastung der natürlichen Umwelt mit vielen künstlich produzierten Fremdstoffen, die nur relativ langfristig abbaubar sind, greift die Menschheit in starkem Maße in ökologische Kreisläufe ein.[157] Gleichzeitig ist aber auch das menschliche Leben von der Funktionsfähigkeit solcher natürlichen Kreisläufe abhängig.

Die Problematik dieser Prozesse besteht nun vor allem darin, daß trotz dieser Abhängigkeit und ohne die komplexen Systemzusammenhänge ausreichend zu kennen, in zunehmendem Maße derartige Eingriffe erfolgen. Während geringe Schadstoffbelastungen aufgrund von natürlichen Selbstreinigungsmechanismen anscheinend problemlos abgebaut werden können, besteht die Gefahr, daß die sich kumulierenden Auswirkungen einzelner Umweltbelastungen irgendwann diese Selbstregulierungsmechanismen überfordern[158] und daß die negativen Langzeitwirkungen, die gegenwärtig im einzelnen noch nicht abzuse-

---

[155] Vgl. z. B. O. V., (Artikel: Gentechnik), S. 270 ff.
[156] Vgl. Carl Böhret, (Technology Assessment), S. 79 ff.
[157] Vgl. Frederic Vester, (Neuland), S. 19 ff.
[158] Vgl. Frederic Vester, (Neuland), S. 35.

hen sind, spätere Generationen möglicherweise vor ernste Probleme stellen werden. Beispielsweise könnten daraus globale Klimaveränderungen, atomare Katastrophen oder verstärkt auftretende Mutationen bei Lebewesen resultieren.

Aufgrund dieser Zukunftsproblematik ist es nicht nur verständlich, sondern auch dringend erforderlich, daß Umweltschutzbemühungen für alle Staaten zu einer wichtigen Zukunftsaufgabe werden. Von diesen Umweltproblemen her besteht künftig ein großer Bedarf an leistungsfähigen Umweltschutztechnologien.[159] Angesichts des fortschreitenden Verbrauchs irdischer Rohstoffreserven sind technologische Weiterentwicklungen zu erwarten:[160] um die bisherigen Recycling- oder Substitutionsmöglichkeiten zu verbessern, um den Ressourcenverbrauch zu vermindern und um noch nicht zugängliche Rohstoffvorkommen, beispielsweise auf dem Meeresboden, zu erschließen. Wo angesichts solcher Projekte die Grenzen technologischer Problemlösungsfähigkeiten liegen, bleibt vorerst eine offene Frage.

Der Gesichtspunkt der Umweltverträglichkeit wird wahrscheinlich künftig eines der wesentlichen Kriterien zur Bewertung technologischer Veränderungen darstellen. Vor diesem Hintergrund ist es denkbar, daß mittlere Technologien[161] auch in industriell hochentwickelten Ländern künftig eine zunehmende Bedeutung erlangen. Wie oben erläutert, beinhaltet der Wertwandel bei Teilen der Bevölkerung auch den Wunsch, eine vereinfachte und vermenschlichte Technik zu entwerfen und anzuwenden.[162] Insbesondere die Weiterentwicklung der dezentral einsatzfähigen Mikroelektronik kann eine geeignete Grundlage für mittlere Technologiekonzepte darstellen.[163] In diesem Sinne äußert sich beispielsweise Dieter Otten, indem er betont: „Alles, was heute in großen Bürokratien und Betrieben angeboten oder geleistet wird, kann in Zukunft von kleinen Anbietern ebensogut, wenn nicht besser, weil flexibler, angeboten werden. Insbesondere in der Informationsverarbeitung und im Dienstleistungssektor, im Handel und Verkehr schafft diese Entwicklung neue Existenzchancen, die von Millionen Arbeitskräften selbständig genutzt werden könnten."[164]

---

[159] Vgl. Ralf-Dieter Brunowsky u. Lutz Wicke, (Öko-Plan), S. 13 ff.

[160] Vgl. Robert Gerwin, (Energieperspektive), S. 62 ff; Elisabeth Mann Borgese, (Weltmeere), S. 40 ff; Kommission „Zukunftsperspektiven gesellschaftlicher Entwicklungen", (Bericht), S. 98 ff.

[161] Vgl. Ernst Friedrich Schumacher, (small is beautiful), S. 133 ff; Amory B. Lovins, (Sanfte Energie), S. 29 ff; Klaus M. Meyer-Abich, (Energieeinsparung), S. 23 ff.

[162] Vgl. Werner W. Engelhardt, (Auswirkungen), S. 42.

[163] Vgl. Dieter Otten, (Technik), S. 20 ff; siehe auch die Beiträge im Sammelband von Klaus M. Meyer-Abich und Ulrich Steger (Hrsg.), (Mikroelektronik).

[164] Dieter Otten, (Technik), S. 22 f.

2.2.3.4. Strukturelle Arbeitslosigkeit als gesamtgesellschaftliche Anpassungsproblematik

Der Arbeitsmarkt wird von technologischen Veränderungen im allgemeinen besonders deutlich beeinflußt, wobei sich qualitative und quantitative Aspekte unterscheiden lassen. Die Anwendung vieler technologischer Neuerungen, wie zum Beispiel der Einsatz von Industrierobotern, führt auf dem Wege von Prozeß- bzw. Verfahrensinnovationen zu einer Erhöhung der Arbeitsproduktivität und im Hinblick auf den menschlichen Arbeitseinsatz sowohl zu einer Veränderung von Arbeitsinhalten[165] als auch in vielen bisherigen Tätigkeitsbereichen zu einer völligen Substitution von Arbeit durch den Technologieeinsatz.[166] Ein anderer Effekt von technologischen Veränderungen besteht darin, daß sie neue Produkte hervorbringen helfen und als Produktinnovationen Nachfrageimpulse auslösen,[167] wie beispielsweise die Nachfrage nach neuen Computersystemen von Unternehmen und Haushalten. Eine kaufkräftige Nachfrage kann bei den Produzenten Erweiterungsinvestitionen und auch einen Bedarf an zusätzlichen Arbeitskräften bewirken.

Für den Arbeitsmarkt besteht die Problematik dieser gegensätzlichen Effekte darin, daß sie sich nur teilweise kompensieren. Selbst wenn sich in quantitativer Hinsicht die Anzahl der Arbeitskräfte, die aufgrund von Rationalisierungsinvestitionen entlassen werden, mit der Anzahl der Arbeitnehmer, die angesichts von Erweiterungsinvestitionen zusätzlich gesucht werden, weitgehend ausgleicht — was in der Praxis kaum der Fall ist — bestehen darüber hinaus in qualitativer Hinsicht, also hinsichtlich der berufsfachlichen Anforderungen an die Arbeitnehmer, deutliche Gegensätze zwischen dem Angebot und der Nachfrage auf dem Arbeitsmarkt. Denn die technologischen Entwicklungen beeinflussen, wie bereits erwähnt, auch die Arbeitsinhalte und Berufsqualifikationen, so daß ein weitgehender Ausgleich von Angebot und Nachfrage auf den Arbeitsmärkten nur im Rahmen von Qualifizierungsmaßnahmen unter Berücksichtigung eines „time-lags", also allenfalls langfristig, erreicht werden kann. Vor derartigen Anpassungsproblemen stehen gegenwärtig sämtliche Industriegesellschaften, und sie werden voraussichtlich noch über Jahre hinaus damit konfrontiert sein.[168]

---

[165] Vgl. Herbert Giersch, (Weltwirtschaft), S. 33 ff; Europäisches Gewerkschaftsinstitut, (Mikroelektronik), S. 129; Wolfgang Lauber, (Technologien), S. 35 f.

[166] Vgl. Europäisches Gewerkschaftsinstitut, (Mikroelektronik), S. 102 ff; Jürgen Friedrich, Friedrich Wicke, Walter Wicke u. a., (Computereinsatz), S. 59 ff.

[167] Vgl. Herbert Giersch, (Weltwirtschaft), S. 33 ff; Europäisches Gewerkschaftsinstitut, (Mikroelektronik), S. 87 ff; Kommission „Zukunftsperspektiven gesellschaftlicher Entwicklungen", (Bericht), S. 82; Christoph von Rothkirch, Inge Weidig u. a., (Arbeitslandschaft), S. 14 f.

[168] Vgl. Ralf Dahrendorf, (Arbeitsgesellschaft), S. 44; Ralf Dahrendorf, (Alternativen), S. 44.

Insbesondere die voraussichtlichen Weiterentwicklungen im Bereich der Computer- und Roboteranwendung lassen auch für die kommenden Jahre einen Anstieg der Arbeitsproduktivität erwarten.[169] Gesamtwirtschaftlich betrachtet besteht dabei langfristig die Möglichkeit, daß sowohl die demographischen Entwicklungen als auch die Steigerung des Wirtschaftswachstums diejenigen Effekte kompensieren können, welche aufgrund einer Erhöhung der gesamtwirtschaftlichen Arbeitsproduktivität auf den Arbeitsmärkten entstehen.[170]

Während sich die künftige Bevölkerungsentwicklung relativ verläßlich prognostizieren läßt (siehe oben), sind langfristige Wachstumsprognosen aufgrund der vielfältigen Einflüsse mit einem hohen Grad an Unsicherheit behaftet. Die Möglichkeiten des künftigen Wirtschaftswachstums werden im allgemeinen von den Arbeitgeberverbänden günstiger als von den Gewerkschaften beurteilt.[171] Angesichts eines bei weiten Teilen der Bevölkerung bereits vorhandenen hohen Standards materieller Bedarfsdeckung, wie er gegenwärtig für marktwirtschaftlich geprägte Industriegesellschaften typisch ist, bestehen heutzutage begründete Zweifel hinsichtlich der langfristigen Realisierbarkeit eines jährlichen Wirtschaftswachstums von etwa 3,5% oder mehr, welches in der Lage wäre, die gegenwärtige Arbeitslosigkeit wirksam zu verringern.[172]

Die langfristigen Realisierungsmöglichkeiten eines hohen Wirtschaftswachstums werden auch davon abhängen, inwieweit es gelingt, Wachstumsziele mit Umweltschutzgesichtspunkten zu vereinbaren. Sowohl der Schweizer NAWU-Report („Neue Analysen für Wachstum und Umwelt")[173] als auch der von Ralf-Dieter Brunowsky und Lutz Wicke entworfene „Öko-Plan"[174] stellen unterschiedliche Versuche dar, wachstums-, umweltschutz- und beschäftigungspolitische Aspekte nutzbringend miteinander zu kombinieren. Zwar existieren differierende Prognosen über Beschäftigungseffekte im Rahmen des Umweltschutzes. Jedoch kann wohl davon ausgegangen werden, daß es sich hierbei auf lange Sicht um eine expandierende Wirtschaftsbranche handelt, die nicht nur zusätzliche Arbeitsplätze im Inland, sondern auch Exportchancen auf dem Weltmarkt bietet.

Als ein Hauptmittel zur Verminderung der Arbeitslosigkeit stehen seit einigen Jahren Veränderungen der Arbeitszeitstrukturen im Mittelpunkt öffentlicher Diskussionen. Derartige Veränderungen können auf sehr unterschiedliche Weise erfolgen, beispielsweise als Verkürzung von Lebens-, Jahres- und

---

[169] Vgl. Christoph von Rothkirch, Inge Weidig u.a., (Arbeitslandschaft), S. 15ff.

[170] Vgl. Michel Godet u. Olivier Ruyssen, (Europa), S. 97ff; vgl. auch Elmar Altvater, Kurt Hübner u. Michael Stanger, (Politikstrategien), S. 12ff.

[171] Vgl. Peter Hampe, (Arbeitszeitverkürzung), S. 5.

[172] Vgl. Dieter Mertens u. Jürgen Kühl, (Arbeitsmarktentwicklung), S. 19; Johano Strasser u. Klaus Traube, (Fortschritt), S. 99.

[173] Vgl. Christoph Binswanger, Werner Geissberger u. Theo Ginsburg — (Hrsg.), (NAWU-Report), S. 117ff.

[174] Vgl. Ralf-Dieter Brunowsky u. Lutz Wicke, (Öko-Plan), S. 157ff.

2.2. Analyse einzelner gesellschaftlicher Subsysteme

Wochenarbeitszeiten, in Gestalt zusätzlicher Teilzeitarbeit oder als sonstige Möglichkeiten der Flexibilisierung von Arbeitszeiten.[175] Ob ein positiver Beschäftigungseffekt durch Arbeitszeitverkürzungen eintritt, ist im wesentlichen abhängig von den jeweiligen Anpassungsreaktionen der Arbeitgeber und Arbeitnehmer.[176] So sind beispielsweise bereits eine Zunahme der Überstundenarbeit oder eine beträchtliche Intensitätssteigerung der Arbeit als Anpassungsreaktionen auf eine Arbeitszeitverkürzung in der Lage, den erwarteten beschäftigungspolitischen Erfolg deutlich zu verringern.[177]

Um positive Beschäftigungseffekte mit Hilfe einer Arbeitszeitverkürzung zu erreichen, ist es notwendig, daß die konkrete Ausgestaltung von Arbeitszeitregelungen mögliche kompensierende Anpassungsreaktionen der beteiligten Gruppen verhindert oder zumindest vermindert.[178] Dieses gilt auch im Hinblick auf die Faktorpreisrelation zwischen den Produktionsfaktoren Arbeit und Kapital. Je höher nämlich die tatsächliche zusätzliche Kostenbelastung für die Arbeitgeber durch eine Arbeitszeitverkürzung ist, desto eher werden beispielsweise Produktionsverlagerungen ins Ausland oder insbesondere Rationalisierungsinvestitionen erfolgen, welche die menschliche Arbeitskraft ersetzen.[179]

Für die Unternehmen kann sich eine dauerhafte Belastung durch eine Arbeitszeitverkürzung ergeben, falls eine Beschränkung der möglichen Nutzungszeit des betrieblichen Sachkapitals analog zur Verkürzung der Arbeitszeit der Beschäftigten erfolgt.[180] Deshalb erscheint im Rahmen einer Arbeitszeitverkürzung eine Trennung von individuellen Arbeitszeiten und Betriebszeiten — also eine Arbeitszeitflexibilisierung im engeren Sinne der Wörter — aus Sicht der Arbeitgeber besonders wichtig, da sich in Zeiten ausgelasteter Produktionskapazitäten das Betriebskapital durch eine Ausdehnung der betrieblichen Nutzungszeit effizienter einsetzen läßt.[181] Darüber hinaus ermöglicht eine flexible Gestaltung der Arbeitszeiten für Unternehmen eine bessere Anpassungsfähigkeit an periodische Nachfrageschwankungen.[182]

Gegenwärtig wird eine besonders weitgehende zeitliche und räumliche Flexibilisierung des Arbeitseinsatzes mittels Heimarbeits-Computerterminals erprobt.[183] Für die Arbeitnehmer kann die Heimarbeit nicht nur Vorteile,

---

[175] Vgl. Dieter Mertens, (Befragungen), S. 207; Bernhard Teriet, (Teilzeitarbeit), S. 62 ff.

[176] Vgl. Gerhard Seicht, (Arbeitszeitverkürzung), S. 47 ff; Heinz P. Galler u. Gert Wagner, (Arbeitsangebot), S. 329 ff.

[177] Vgl. Gerhard Seicht, (Arbeitszeitverkürzung), S. 47 ff.

[178] Vgl. Heinz P. Galler u. Gert Wagner, (Arbeitsangebot), S. 336.

[179] Vgl. Philipp Herder-Dorneich, Günter Buttler, Helmut Klages u. a., (Flexibilisierung), S. 16 ff; Peter Hampe, (Arbeitszeitverkürzung), S. 12.

[180] Vgl. Peter A. Görres, (Unterschied), S. 83 ff.

[181] Vgl. Peter Hampe, (Arbeitszeitverkürzung), S. 12.

[182] Vgl. Philipp Herder-Dorneich, Günter Buttler, Helmut Klages u. a., (Flexibilisierung), S. 35.

beispielsweise die Fahrtkostenersparnis, sondern auch gravierende Nachteile bringen.[184] Zu den möglichen Nachteilen zählen sowohl der Wegfall sozialer Kontakte am Arbeitsplatz als auch die mangelnde arbeits- und sozialrechtliche Absicherung.[185] Durch Nachbarschaftsbüros, auf die oben bereits hingewiesen wurde,[186] lassen sich Nachteile der Heimarbeit für die Arbeitnehmer begrenzen.[187] Dem Mangel an sozialen Kontakten zu anderen Arbeitnehmern kann dadurch entgegengewirkt werden. Erforderlich sind allerdings zudem wirksame arbeits- und sozialrechtliche Schutzmaßnahmen sowohl für Heimarbeiter als auch für Teilzeitarbeitskräfte.[188] Ohne eine derartige Absicherung sehen die Gewerkschaften angesichts der hohen Arbeitslosigkeit die Gefahr, daß die Arbeitgeber aufgrund ihrer Machtposition auf dem Arbeitsmarkt ihre Zielvorstellungen zum Nachteil der Heimarbeiter oder Teilzeitbeschäftigten durchsetzen.[189]

Gesellschaftspolitisch erscheint die Arbeitszeitflexibilisierung nur dann sinnvoll, wenn sie sowohl die jeweiligen betrieblichen Erfordernisse als auch die individuellen Arbeitszeitpräferenzen der Beschäftigten berücksichtigt und in dieser Hinsicht zu akzeptablen Kompromissen für beide Seiten führt. „Eine flexible Arbeitszeitgestaltung, die auf die Wünsche der Arbeitenden eingeht, wird in besonderem Maße die Effizenz des Arbeitseinsatzes durch steigende Arbeitszufriedenheit und verringerte Fehlzeiten erhöhen."[190]

Die Arbeitslosigkeit beeinflußt generell nicht nur die Betroffenen und ihre Familien mit den dadurch bedingten materiellen und psychischen Belastungen. Sie beeinflußt auch die Sozialversicherungssysteme, die öffentlichen Haushalte[191] und nicht zuletzt den sozialen Konsens innerhalb der Gesellschaft. Denn eine lang andauernde hohe Arbeitslosigkeit mit einem großen Anteil schwer vermittelbarer Personen kann zu einer sozial bedenklichen Zweiteilung der Gesellschaft führen, wobei die eine Bevölkerungsgruppe langfristig von den positiven Auswirkungen eines Arbeitsplatzbesitzes, wie insbesondere dem leistungsbezogenen Erwerbseinkommen, der beruflichen Selbstverwirklichung und dem beruflichen Status, ausgeschlossen bleibt. Ebenso bedenklich wie eine solche Zweiteilung wäre auch eine Dreiteilung der Erwerbsbevölkerung in eine

---

[183] Vgl. Bernhard Teriet, (Arbeitszeitverteilung), S. 13.

[184] Vgl. die ausführliche Darstellung von Vor- und Nachteilen der Heimarbeit bei Peter Wedde, (Telearbeit), S. 25ff u. S. 41ff.

[185] Vgl. Wolfgang Schubert, (Heimarbeit), S. 63f; Peter Wedde (Telearbeit), S. 43f.

[186] Siehe dazu Kapitel 2.2.3.1.2.

[187] Peter Wedde, (Telearbeit), S. 245f; Wolfgang Schubert, (Heimarbeit), S. 78.

[188] Vgl. Andreas Hoff, (Arbeitsmarktentlastung), S. 240f; Peter Hampe, (Arbeitszeitverkürzung), S. 8.

[189] Vgl. Peter Wedde, (Telearbeit), S. 45ff.

[190] Philipp Herder-Dorneich, Günter Buttler, Helmut Klages u.a., (Flexibilisierung), S. 34.

[191] Vgl. Peter Hampe, (Arbeitszeitverkürzung), S. 14.

privilegierte Gruppe von Beschäftigten mit arbeitsrechtlich und finanziell gut abgesicherten Arbeitsplätzen, eine Gruppe von Teilzeitbeschäftigten mit arbeitsrechtlich und einkommensmäßig vergleichsweise benachteiligten Arbeitsplätzen und eine Gruppe Arbeitsuchender ohne Beschäftigungschancen.

2.2.3.5. Auswirkungen von technologischen Veränderungen auf Genossenschaften

Technologische Veränderungen beeinflussen insbesondere diejenigen Genossenschaften, die sich im marktwirtschaftlichen Wettbewerb mit anderen Unternehmen befinden und nur durch eine Anpassung an technologische Neuerungen mit diesen Unternehmen auf Dauer konkurrieren können. So gilt insbesondere eine weitgehende Anwendung der Informations- und Kommunikationstechnologien im Bereich der Genossenschaftsbanken, der mittelständischen Warengenossenschaften und der verbliebenen Konsumgenossenschaften als unverzichtbar, um langfristig die wirtschaftliche Existenzfähigkeit dieser Genossenschaften zu erhalten. Interessant erscheint in diesem Zusammenhang auch die Einstellung von Genossenschaften mit alternativ-ökonomischen Zielsetzungen. Diese lehnen zwar Großtechnologien oft generell ab, akzeptieren und nutzen aber gleichzeitig die dezentral anwendbaren Informations- und Kommunikationstechniken in vieler Hinsicht.[192]

Möglichkeiten zu einer differenzierten Position im Hinblick auf die Anwendung einzelner Technologien bestehen demgegenüber für solche Genossenschaften, die — wie beispielsweise Siedlungsgenossenschaften — nicht dem marktwirtschaftlichen Wettbewerb gegenübertreten, sondern überwiegend der Selbstversorgung ihrer Mitglieder dienen. Eine ähnliche Situation ist auch dann gegeben, wenn Genossenschaften zwar ihre Produkte oder Dienstleistungen marktbezogen anbieten, jedoch die Genossenschaftskunden aufgrund ihrer eigenen Präferenzen eine differenzierte Position der Genossenschaft unterstützen und dafür auch bereit sind, im allgemeinen höhere Preise zu akzeptieren. Dieses gilt insbesondere für den gesamten Bereich „biologischer" Nahrungsmittelproduktion, in dem bewußt auf die Anwendung bestimmter technologischer Verfahren sowohl in der Urproduktion als auch bei der Weiterverarbeitung und Konservierung der Nahrungsmittel verzichtet wird.

Technologische Veränderungen sind nicht nur in der Lage, Genossenschaften zu deutlichen Anpassungsprozessen zu zwingen. Sie können zweifellos auch zur Entstehung neuer Genossenschaften beitragen und generell die Wettbewerbsfähigkeit von Kooperativen innerhalb der Marktwirtschaft verbessern. Insbesondere die Anwendung der Mikroelektronik bietet Zukunftschancen für relativ kleine, flexible und dezentral orientierte Unternehmen. Der Fortschritt auf dem Gebiet der Mikroelektronik macht — wie Dieter Otten nachdrücklich bemerkt

---

[192] Vgl. Werner Beuschel, Joachim Bickenbach u. Reinhard Keil (Hrsg.), (Computer/Alternativprojekte), S. 7ff.

— „kleine, kleinste technische Einheiten immer kompetenter, was die Verfügung über Datenwissen betrifft, und immer leistungsfähiger, was die Steuerung und Automation von Produktionsprozessen anbelangt."[193]

Vielfach entstehen erst durch technologische Innovationen neue genossenschaftliche Tätigkeitsfelder. Zu denken ist in diesem Zusammenhang beispielsweise an den förderungsgenossenschaftlichen Zusammenschluß kleiner und mittlerer Unternehmen mit dem Ziel der gemeinsamen Nutzung solcher neuen Technologien, die ein einzelner Betrieb angesichts der hohen Fixkosten dieser Technologien praktisch nicht realisieren könnte. Dies gilt unter anderem für die zahlreichen speziell auf die Anwendung neuer Technologien ausgerichteten Förderungsgenossenschaften in der Landwirtschaft. Dazu zählen auch Kooperativen, die — wie oben erwähnt — dem einzelnen Landwirt biotechnologische Produkte für die Tier- und Pflanzenzucht zur Verfügung stellen.

Das gleiche gilt für die Kooperation von privaten Haushalten oder sogar von ganzen Dorfbevölkerungen, wie es zum Beispiel in Dänemark teilweise der Fall ist. In diesem Lande werden auf regenerativen Energiequellen basierende Technologien gemeinsam weiterentwickelt und zur Energieversorgung im Rahmen von Energiegenossenschaften zu nutzen versucht, wobei es sich sowohl um die Anwendung von Windgeneratoren und Sonnenkollektoren als auch um die Biogasproduktion handeln kann.[194] Außer auf Dänemark sei an dieser Stelle auch auf die Schweiz hingewiesen: Dort wird heutzutage insbesondere der Sonnenenergienutzung erhöhte Aufmerksamkeit geschenkt — unter anderem in Gestalt neuartiger energiegenossenschaftlicher Kooperationsformen.

2.2.4. Gesamtwirtschaftliche Strukturveränderungen[195]

2.2.4.1. Stufen- und sektortheoretische Forschungsansätze

Die Erforschung gesamtwirtschaftlicher Strukturveränderungen im Entwicklungsprozeß von Volkswirtschaften führte zu unterschiedlichen Theorieansätzen in der Wirtschaftswissenschaft. Dabei lassen sich insbesondere neue stufen- und sektortheoretische Forschungsrichtungen voneinander unterscheiden.[196]

---

[193] Dieter Otten, (Technik), S. 21.

[194] Vgl. Karl Ernst Wenke, (Alternativer Lebensstil), S. 191; vgl. z. B. auch Frank Wittchow, (Alternative Energie), S. 24 ff.

[195] Die Gliederungspunkte 2.1. bis 2.2.4.4. stehen in einer engen Verbindung — insbesondere bedingt durch die Wechselwirkungen zwischen den unterschiedlichen gesellschaftlichen Subsystemen. Um unnötige Wiederholungen zu vermeiden, wird deshalb in diesem Kapitel teilweise an oben bereits erfolgte Ausführungen, die auch für dieses Kapitel relevant sind, angeknüpft. Dies gilt z. B. für die deutliche Verbindung zu einzelnen gesamtgesellschaftlichen Aspekten des Kapitels 2.1. — es gilt ebenso hinsichtlich der Relevanz des Kapitels 2.2.3.4. über „strukturelle Arbeitslosigkeit" im Zusammenhang mit den nachfolgend zu erörternden gesamtwirtschaftlichen Strukturveränderungen.

[196] Vgl. Gerhard Voss, (Trend), S. 5 u. S. 10 ff.

2.2. Analyse einzelner gesellschaftlicher Subsysteme

Während die stufen- bzw. stadientheoretischen Forschungsansätze im Anschluß an ältere Arbeiten den volkswirtschaftlichen Entwicklungsprozeß in eine zeitliche Abfolge einzelner Entwicklungsstadien einteilen, basieren die sektortheoretischen Betrachtungen auf Gliederungen der Volkswirtschaften in unterschiedliche Teilbereiche (Sektoren) und auf daran anschließenden Analysen inner- bzw. intersektoraler Veränderungen im Zeitverlauf. Mit stufentheoretischen Forschungen auf dem Gebiet der Volkswirtschaft befaßten sich, sieht man von antiken Vorläufern ab, unter anderem Gustav Schmoller, Karl Bücher, Friedrich List, Karl Marx und in neuerer Zeit Walt W. Rostow.[197] Die Stufentheorien versuchen aus der Analyse historischer Entwicklungsverläufe Entwicklungsmuster für den volkswirtschaftlichen Strukturwandel abzuleiten. Allerdings ist die Ermittlung einer Abfolge von Entwicklungsstufen der Vergangenheit — von zahlreicher anderer Kritik abgesehen[198] — keine geeignete Basis für eine Prognose künftiger Entwicklungsstufen. Diese Forschungsrichtung kann daher im Hinblick auf den künftigen wirtschaftlichen Strukturwandel zumindest in hochentwickelten Industriegesellschaften keine theoretische Grundlage abgeben. Walt W. Rostows Stufenschema endet beispielsweise mit dem Stadium des Massenkonsums.[199] Ohne ein daran anschließendes Entwicklungsstadium zu benennen, erwähnt Rostow einzelne Zukunftsperspektiven, wobei er künftig eine zunehmende Bedeutung von Dienstleistungen erwartet.[200]

Sektortheoretische Theorieansätze werden ebenfalls seit langem entwickelt. Man findet sie in unterschiedlichsten Ausprägungen in den Werken von François Quesnay, David Ricardo oder wiederum auch bei Karl Marx. Im Mittelpunkt heutiger sektortheoretischer Forschungen in marktwirtschaftlich geprägten Industriegesellschaften steht die Drei-Sektoren-Hypothese, wie sie unter anderem von A. G. B. Fisher, Colin Clark, Jean Fourastié und Martin Wolfe entwickelt worden ist, um bestimmte Strukturveränderungen im gesamtwirtschaftlichen Entwicklungsprozeß deutlich zu machen. Der zentrale Begriff des sektoralen Strukturwandels bedeutet, daß sich die Anteile einzelner Wirtschaftsbereiche am Gesamtumfang einer Volkswirtschaft, insbesondere hinsichtlich Beschäftigtenzahl und Produktionsmenge, im Zeitverlauf verändern.[201] Um derartige Strukturveränderungen sichtbar machen zu können, muß zuvor eine Gliederung der Volkswirtschaft in einzelne, logisch und möglichst eindeutig voneinander trennbare, Produktionssektoren erfolgen.

Wie sehr sich diesbezügliche Gliederungskonzepte unterscheiden können, zeigt bereits ein kurzer Blick in die Geschichte. Der französische Arzt François

---

[197] Vgl. Gerhard Voss, (Trend), S. 16.
[198] Vgl. z. B. Heinz Haller, (Typus), S. 59ff.
[199] Vgl. Walt W. Rostow, (Economic Growth), S. 10f u. S. 73ff.
[200] Vgl. Walt W. Rostow, (Economic Growth), S. 11f; vgl. auch Jonathan Gershuny, (Ökonomie), S. 20.
[201] Vgl. Karl-Adam Engelter, (Rationalisierungspotential), S. 12; Dieter Cassel u. Klaus-Peter Kruber, (Strukturwandel), S. 314.

Quesnay, der als Vertreter der physiokratischen Denkrichtung in der Nationalökonomie allein dem Produktionsfaktor Boden produktive Wirkungen zuerkannte, erwähnte drei unterschiedliche Klassen: die „produktive" Klasse der Bodenpächter, die Klasse der Grundeigentümer und die „sterile" Klasse der Handwerker und Kaufleute.[202] Bei englischen Klassikern der Nationalökonomie, wie Adam Smith oder David Ricardo, finden sich Unterscheidungen zwischen der Sachgüterproduktion als produktiver und der Dienstleistungserstellung als unproduktiver Arbeit.[203] In ähnlicher Weise stellte auch Karl Marx die Sachgüterproduktion in den Mittelpunkt seiner theoretischen Betrachtungen, wobei er zwischen der Kapitalgüter- und der Konsumgüterproduktion differenzierte.[204] Als erster vertrat schließlich der französische Nationalökonom Jean Baptiste Say die Ansicht, daß Dienstleistungstätigkeiten produktiv seien. Er nannte Dienstleistungen immaterielle Produkte.[205] A. G. B. Fisher, Colin Clark, Jean Fourastié und Martin Wolfe bezeichneten die Erstellung von Dienstleistungen als einen eigenständigen Wirtschaftssektor. Sie maßen diesem gesamtwirtschaftlichen Teilbereich im Hinblick auf zukünftige Entwicklungen eine überragende Bedeutung in Relation zu den übrigen Wirtschaftssektoren zu.[206]

Heutzutage wird in der Wirtschaftswissenschaft im allgemeinen zwischen einem primären, einem sekundären und einem tertiären Wirtschaftssektor unterschieden. Der primäre Sektor umfaßt jenen Teil der Sachgüterproduktion, welcher auf der direkten Nutzung der natürlichen irdischen Ressourcen basiert, der sekundäre Sektor kennzeichnet die handwerkliche oder industrielle Sachgüterproduktion und der tertiäre Sektor beinhaltet die Erstellung von Dienstleistungen.[207] Es mangelt bis heute jedoch an einer klaren und allgemein anerkannten Begriffsbestimmung der Dienstleistungen,[208] wodurch eine eindeutige Abgrenzung des tertiären Sektors von den übrigen Wirtschaftsbereichen erschwert wird.[209] Aufgrund der Heterogenität der Dienstleistungen lassen sich zwar charakteristische Merkmale für einzelne Dienstleistungsarten — wie zum Beispiel die nicht vorhandene Lagerfähigkeit oder die relativ hohe Arbeitsintensität —, aber kaum generell gültige Merkmale für sämtliche Dienstleistungen ermitteln.[210] Sowohl das von Fisher angewendete nachfrageorientierte Krite-

---

[202] Vgl. Wolfgang Zorn, (Physiokratie), S. 26; Günter Schmölders, (Geschichte), S. 18 ff.
[203] Vgl. Adolf Völker, (Allokation), S. 14 f.
[204] Vgl. Franz Decker, (Dienstleistungsökonomie), S. 75.
[205] Vgl. Adolf Völker, (Allokation), S. 15 ff u. S. 32 ff.
[206] Vgl. Dieter Cassel u. Klaus-Peter Kruber, (Strukturwandel), S. 314 ff.
[207] Vgl. Charlotte Otto-Arnold — unter Mitarbeit von Ulrich Burschat, (Dienstleistungen), S. 10.
[208] Vgl. Franz Decker, (Dienstleistungsökonomie), S. 58; Adolf Völker, (Allokation), S. 31 ff.
[209] Vgl. Alan Gartner u. Frank Riessman, (Konsument), S. 31 f.

2.2. Analyse einzelner gesellschaftlicher Subsysteme

rium als auch die von Fourastié und Wolfe gewählten produktivitätsorientierten Kriterien haben sich in langfristiger Betrachtung als unbrauchbar erwiesen, um den tertiären Sektor eindeutig von den übrigen Wirtschaftssektoren abzugrenzen.[211] Somit wird der tertiäre Sektor gegenwärtig zumeist als eine Art Restgröße betrachtet, welche sämtliche Wirtschaftszweige umfaßt, die sich dem primären und sekundären Sektor nicht zuordnen lassen.

Trotz unterschiedlicher Ausgangspunkte — indem sie entweder veränderten Nachfragebedingungen oder veränderten Angebotsbedingungen ausschlaggebende Bedeutung zuerkannten — kamen die genannten Autoren allerdings zu einem ähnlichen Gesamtergebnis hinsichtlich der sektoralen Strukturveränderungen im volkswirtschaftlichen Entwicklungsprozeß.[212] Sie konstatierten übereinstimmend hinsichtlich des Produktionsumfangs und der Anzahl der Erwerbstätigen in den einzelnen Wirtschaftssektoren einen langfristigen Bedeutungswandel, der ausgehend von der Vergangenheit bis weit in die Zukunft hineinreicht. Demnach besitzt in allen Volkswirtschaften zunächst der primäre Sektor eine überragende Stellung, welche dieser allerdings durch die Industrialisierung an den sekundären Sektor verliert, bevor dann schließlich der tertiäre Sektor in hochentwickelten Volkswirtschaften den sekundären Sektor deutlich überflügelt.

Abgesehen von den bereits erwähnten Abgrenzungsproblemen der einzelnen Sektoren, die den theoretischen Aussagewert der Drei-Sektoren-Hypothese einschränken,[213] gilt als ein wesentlicher Kritikpunkt, daß sie nur einen globalen Entwicklungstrend verdeutlicht. Die wichtigen strukturellen Veränderungen einzelner Wirtschaftsbranchen innerhalb der drei Sektoren werden nicht berücksichtigt. Sowohl innerhalb des sekundären als auch innerhalb des tertiären Sektors existieren expandierende und schrumpfende Wirtschaftsbranchen. Deren Auswirkungen auf die sektorale Produktions- und Beschäftigungsentwicklung können sich bei einer aggregierten Betrachtung, wie wir sie im Rahmen der Drei-Sektoren-Hypothese finden, kompensieren. Dadurch wird der Informationsgehalt der Drei-Sektoren-Hypothese deutlich gemindert.[214]

Erst in einer Weiterentwicklung des Drei-Sektoren-Schemas kann eine Möglichkeit gesehen werden, um den langfristigen Strukturwandel innerhalb von Volkswirtschaften differenzierter mit Hilfe von Einzelaspekten analysieren zu können.[215] Bereits im Jahre 1953 prägte Helmut Schelsky in seinem Aufsatz

---

[210] Vgl. Charlotte Otto-Arnold — unter Mitarbeit von Ulrich Burschat, (Dienstleistungen), S. 12; Franz Decker, (Dienstleistungsökonomie), S. 232.
[211] Vgl. Alfred Schüller, (Dienstleistungsmärkte), S. 22 ff; Adolf Völker, (Allokation), S. 19 ff.
[212] Vgl. Gerhard Voss, (Trend), S. 11 ff.
[213] Vgl. Gerhard Voss, (Trend), S. 26.
[214] Vgl. Dieter Cassel u. Klaus-Peter Kruber, (Strukturwandel), S. 317 f.
[215] Vgl. Sigurd Klatt, (Industrialisierung), S. 23 ff.

„Zukunftsaspekte der industriellen Gesellschaft" den Begriff „quartäre Berufe". Von den im allgemeinen dem tertiären Sektor zugeordneten Berufsgruppen wählte er zu seiner Begriffsbestimmung diejenigen aus, die in der Vergangenheit das größte Wachstum zu verzeichnen hatten und die er im Hinblick auf die Zukunft aufgrund der „technischen Produktionsverfassung zur umfangreichsten sozialen Funktionsgruppe" heranwachsen sah.[216] Hierzu zählte er alle Berufsgruppen aus den Bereichen Bildung und Freizeit.[217]

Im Gegensatz zu Schelsky gliederte Herbert Groß später die Teilbereiche des tertiären Sektors aufgrund ihrer unterschiedlichen Produktivität. Dabei faßte er in einem quartären Sektor alle Wirtschaftszweige mit hoher Produktivität zusammen, also insbesondere auf Denkleistungen beruhende Dienstleistungen — wie Forschung und Unternehmensberatung — die als produktionsbezogene Dienstleistungen in die übrigen Sektoren eingehen und diese rationalisieren.[218] Sowohl Fritz Machlup als auch später Edwin Parker und Marc Porat weisen darüber hinaus auf die Existenz und überragende Bedeutung eines eigenständigen Informationssektors innerhalb einer jeden hochentwickelten Volkswirtschaft hin. Dieser Sektor umfaßt beispielsweise nach einer Klassifikation der internationalen Organisation für wirtschaftliche Zusammenarbeit und Entwicklung (OECD) die Berufe der Informationsproduktion, der Informationsverarbeitung, der Informationsverteilung und die Tätigkeiten im informationstechnischen Infrastrukturbereich.[219]

Da bei den bisher erörterten sektortheoretischen Analysen die Produktion von Sachgütern und die Erstellung von Dienstleistungen nur dann berücksichtigt werden, wenn sie sich im Rahmen der volkswirtschaftlichen Gesamtrechnung statistisch erfassen lassen, sind sie in spezifischer Weise unvollständig. Es existieren aber inzwischen auch sektortheoretische Betrachtungen, welche versuchen, sowohl die Leistungserstellung innerhalb von Haushalten als auch informelle Aktivitäten gemeinsamer Selbsthilfe[220] in die Analyse des volkswirtschaftlichen Strukturwandels einzubeziehen. Derartige sektortheoretische Betrachtungen basieren auf der Erwartung, daß diese Aktivitäten mehr oder weniger schattenwirtschaftlicher Art in der Zukunft eine wachsende Bedeutung erlangen werden[221] und die gesamte Volkswirtschaft die Gestalt einer Dualwirtschaft annehmen wird.[222] Dualwirtschaftstheoretiker bezeichnen demzufolge den informellen Wirtschaftsbereich einer dualen Volkswirtschaft in Erweiterung des traditionellen Drei-Sektoren-Schemas als quartären Wirtschaftssektor.[223]

---

[216] Helmut Schelsky, (Zukunftsaspekte), S. 18.
[217] Vgl. Helmut Schelsky, (Zukunftsaspekte), S. 18.
[218] Vgl. Herbert Gross, (Zeitalter), S. 55 ff.
[219] Vgl. Ingo Schmoranz (Hrsg.), (Informationssektor), S. 141 ff u. S. 157.
[220] Siehe dazu Gliederungspunkt 1.1.3.
[221] Vgl. Johannes Berger — unter Mitarbeit von Lore Voigt, (Dualwirtschaft), S. 97 ff.
[222] Vgl. Joseph Huber, (Arbeit), S. 33 ff.
[223] Vgl. Yona Friedman, (Sektor), S. 66 ff.

William A. Dyson geht in seinem Gliederungskonzept noch über diese Einteilung hinaus, indem er neben den herkömmlichen drei Sektoren und dem quartären „Gemeinschafts-Sektor" einen quintären „Hauswirtschafts-Sektor" anfügt.[224] Die Tatsache allerdings, daß sich informelle Wirtschaftsaktivitäten zumeist einer genauen statistischen Erfassung oder Bewertung entziehen und man in diesem Zusammenhang überwiegend auf Schätzungen angewiesen ist, ergibt praktische Probleme bei der Analyse des tatsächlichen volkswirtschaftlichen Strukturwandels.

2.2.4.2. Die Entwicklung der sektoralen Beschäftigtenstruktur

Im Hinblick auf die Entwicklung der sektoralen Beschäftigtenstruktur lassen sich qualitative und quantitative Veränderungen unterscheiden. Fast alle Berufsbilder haben sich im Laufe der Zeit aufgrund des allgemeinen technologischen Wandels in ihren Tätigkeitsmerkmalen verändert. Einzelne Berufszweige sind dadurch nahezu ausgestorben, während gleichzeitig auch neuartige Tätigkeitsfelder entstehen konnten. Insbesondere die fortschreitende Anwendung der Informations- und Kommunikationstechnologien an den einzelnen Arbeitsplätzen läßt auch für die Zukunft deutliche Veränderungen der Beschäftigtenstruktur in qualitativer Hinsicht erwarten. Hinzuweisen ist in diesem Zusammenhang auf Polarisierungstendenzen, wie sie speziell in hochentwickelten Volkswirtschaften zu beobachten sind.

So zeigt sich beispielsweise in den Vereinigten Staaten von Amerika, wo gegenwärtig bereits ein weitaus größerer Anteil der Erwerbstätigen als in der Bundesrepublik Tätigkeiten im Dienstleistungsbereich ausführt, eine Dichotomie der Dienstleistungsarbeitsplätze.[225] Dort ist bereits seit Jahren im Dienstleistungssektor, der zahlenmäßig einen immer größer werdenden Anteil an der Gesamtzahl der Beschäftigten in den USA repräsentiert, sowohl eine deutliche Zunahme einfacher und gering bezahlter Dienstleistungstätigkeiten als auch eine im Verhältnis dazu wesentlich geringere Steigerung hochqualifizierter Dienstleistungstätigkeiten zu verzeichnen.[226] Betroffen davon sind in der ersten Hinsicht etwa Hilfstätigkeiten im Hotel- und Schnellgaststättenbereich oder Außendienst, in der zweiten Hinsicht hochqualifizierte Tätigkeiten unter anderem im Forschungsbereich sowie im Bildungs- und Gesundheitswesen.

Im Hinblick auf die Drei-Sektoren-Gliederung der Volkswirtschaft ergeben die in marktwirtschaftlich geprägten Industriegesellschaften beobachteten langfristigen Veränderungen der Beschäftigtenstruktur im allgemeinen folgendes Bild: Der immer weiter sinkende Anteil des primären Sektors an der Gesamtzahl der Beschäftigten erweist sich als ein relativ stabiler Trend im

---

[224] Vgl. William A. Dyson, (Arbeitsorientierung), S. 57ff.
[225] Vgl. Thomas M. (Jr.) Stanback, Peter Bearse, Thierry J. Noyelle u.a., (Services), S. 87; vgl. auch André Gorz, (Dualisierung), S. 18f.
[226] Vgl. O. V., (Dokumentation: Studie), S. 12.

Zeitverlauf. Für den sekundären Sektor ergibt sich demgegenüber ein differenzierter Entwicklungstrend, wobei der Beschäftigtenanteil zunächst ansteigt und später im wesentlichen aufgrund der rationalisierungsbedingten Produktivitätssteigerungen sinkt. Der tertiäre Sektor zeigt hingegen insgesamt einen deutlich steigenden Trend.[227]

Diesen generellen Entwicklungsverlauf kann man sowohl mit Hilfe der sog. „institutionellen Methode" als auch mittels der sog. „funktionellen Methode" ermitteln. Während im ersten Fall die Unternehmen mit ihren Beschäftigten insgesamt den einzelnen Sektoren zugeordnet werden, differenziert die zweite Methode die Beschäftigten entsprechend ihren Tätigkeiten.[228] Die „funktionelle Methode" zeigt vergleichsweise deutlicher die wachsende Anzahl von Beschäftigten im tertiären Sektor. Sie ordnet im Unterschied zum institutionellen Vorgehen auch die zahlreichen Beschäftigten, welche in sachgüterproduzierenden Unternehmen Dienstleistungsaufgaben wahrnehmen, dem tertiären Sektor zu. Es handelt sich hierbei um produktionsbezogene Dienstleistungstätigkeiten, auf deren Bedeutung für den volkswirtschaftlichen Entwicklungsstand noch an späterer Stelle hingewiesen wird.

Ein genereller Zusammenhang zwischen der Höhe des Sozialprodukts eines Staates und dem Anteil der Beschäftigten im tertiären Sektor ist weitgehend vorhanden, wie internationale Untersuchungen zeigen. Jedoch sollte — wie Jonathan Gershuny betont — berücksichtigt werden, daß nicht die Höhe des Bruttosozialprodukts automatisch und generell ein bestimmtes Entwicklungsmuster vorgibt.[229]

Wie vorher bereits erwähnt, ist es unerläßlich, von der aggregierten Betrachtung der drei Wirtschaftssektoren zu einer differenzierteren Analyse innersektoraler Entwicklungstendenzen überzugehen. Dabei wird deutlich, daß bestimmte Dienstleistungszweige — wie beispielsweise Freizeit- und Beratungsdienstleistungen — einen Zuwachs an Beschäftigten verzeichnen können, während insbesondere in den Bereichen Handel, Verkehr und Nachrichtenübermittlung aufgrund von rationalisierungsbedingten Personaleinsparungen die Beschäftigtenzahl im allgemeinen zurückgeht.[230] Ein ebenso uneinheitliches Bild hinsichtlich der Beschäftigtenentwicklung besteht innerhalb des sekundären Sektors. Hier stehen beispielsweise den expandierenden Wirtschaftszweigen der Mikroelektronik die schrumpfenden Branchen der Stahl- und Werftindustrie gegenüber.

---

[227] Vgl. Christoph von Rothkirch, Inge Weidig u.a., (Arbeitslandschaft), S. 36ff u. S. 160ff; Jonathan Gershuny, (Ökonomie), S. 82; Jonathan Gershuny, (Social Innovation), S. 186.

[228] Vgl. Thomas Rasmussen, (Entwicklungslinien), S. 21ff u. S. 37ff; Jonathan Gershuny, (Ökonomie), S. 72f.

[229] Vgl. Jonathan Gershuny, (Ökonomie), S. 81f u. S. 181.

[230] Vgl. Ifo-Institut für Wirtschaftsforschung (Hrsg.), (Analyse), S. 176f; Christoph von Rothkirch, Inge Weidig u.a., (Arbeitslandschaft), S. 57ff.

2.2. Analyse einzelner gesellschaftlicher Subsysteme

Wie das Münchner Ifo-Institut für Wirtschaftsforschung betont, „wird damit hinter der globalen Tendenz zur Dienstleistungsgesellschaft ein differenzierter Strukturwandel erkennbar, dessen Verlauf und Ursachen durch relativ einfache Erklärungsmodelle wie die Drei-Sektoren-Hypothese nicht befriedigend abgedeckt werden können."[231] Allerdings lassen sich folgende generelle Entwicklungstrends aufzeigen: Künftig wird voraussichtlich die Anzahl der Erwerbstätigen sowohl bei Produktionstätigkeiten als auch bei Bürotätigkeiten deutlich abnehmen, während gleichzeitig eine zunehmende Anzahl von Erwerbstätigen, welche überwiegend Dienstleistungsfunktionen, dispositive Funktionen und Planungsfunktionen ausüben, zu erwarten ist.[232]

2.2.4.3. Die Entwicklung der sektoralen Produktionsstruktur

Weitgehend analog zur Beschäftigtenstruktur existieren auch hinsichtlich der Produktionsstruktur expandierende und schrumpfende Wirtschaftsbranchen, und zwar sowohl im sekundären als auch im tertiären Sektor. Beispielsweise bedeutet ein steigender volkswirtschaftlicher Produktionsanteil des tertiären Sektors lediglich, daß in diesem Wirtschaftssektor die expandierenden gegenüber den schrumpfenden Teilbereichen überwiegen.[233] Im Hinblick auf die Zukunft läßt sich sowohl für einzelne Dienstleistungszweige — wie Banken, Versicherungen oder die Nachrichtenübermittlung — als auch für einzelne Bereiche der Sachgüterproduktion, bezogen auf den Einsatz von Informations-, Kommunikations-, Bio- und Umweltschutztechnologien, eine deutliche Erhöhung ihrer Beiträge an der Bruttowertschöpfung erwarten.[234]

Im Hinblick auf die Entwicklung der einzelnen Produktionsanteile der drei Sektoren an der volkswirtschaftlichen Bruttowertschöpfung ergeben sich Unterschiede bereits dadurch, in welcher Weise man die Preisentwicklung berücksichtigt. Es ergeben sich also Unterschiede, je nachdem ob man Mengenveränderungen nach der realen oder nominalen Methode bewertet.

Während die reale Bewertungsmethode versucht, Preiseinflüsse auf die Mengenstruktur so weit als möglich auszuschließen, basiert die nominale Bewertungsmethode auf der Ansicht, daß eine sinnvolle Aufteilung der Vergangenheitswerte in Preis- und Mengenbestandteile nicht möglich ist.[235] Ohne an dieser Stelle auf die umfangreiche Diskussion über die Vor- und

---

[231] Ifo-Institut für Wirtschaftsforschung (Hrsg.), (Analyse), S. 177.
[232] Vgl. Christoph von Rothkirch, Inge Weidig u.a., (Arbeitslandschaft), S. 160ff.
[233] Vgl. Karl Breithaupt, Ernst-Jürgen Horn, Henning Klodt u.a., (Strukturelle Entwicklung), S. 17ff.
[234] Vgl. Christoph von Rothkirch, Inge Weidig u.a., (Arbeitslandschaft), S. 32ff.
[235] Vgl. Roland Seeling, (Wachstum), S. 15ff; Charlotte Otto-Arnold — unter Mitarbeit von Ulrich Burschat, (Dienstleistungen), S. 120; Karl Breithaupt, Ernst-Jürgen Horn, Henning Klodt u.a., (Strukturelle Entwicklung), S. 36f; Adolf Völker, (Allokation), S. 26f.

Nachteile der einzelnen Methoden eingehen zu können, erscheint jedoch der Hinweis notwendig zu sein, daß die jeweils angewandte Bewertungsmethode mit den daraus resultierenden Konsequenzen explizite zu berücksichtigen ist. Dies hat den Grund, daß bereits ein Wechsel der Bewertungsmethode ein völlig verändertes Bild über die Entwicklungsrichtung der sektoralen Produktionsanteile vermitteln kann.

Während in der Vergangenheit im tertiären Sektor die Preise im allgemeinen relativ stark angestiegen sind, waren insbesondere aufgrund der günstigeren Produktivitätsentwicklung die Preissteigerungen innerhalb des sekundären Sektors vergleichsweise gering.[236] Wenn der tertiäre Sektor somit in der Vergangenheit seinen Produktionsanteil an der Bruttowertschöpfung ausdehnen konnte, so beruht dieses Ergebnis im wesentlichen auf überdurchschnittlichen Preissteigerungen für Dienstleistungen.[237] Im Hinblick auf die sektoralen Produktionsanteile ergibt sich nur bei Anwendung der nominalen Bewertungsmethode ein eindeutiger Entwicklungstrend, wonach der tertiäre im Vergleich zum sekundären Sektor seinen Anteil langfristig bedeutsam zu erhöhen vermag. Die reale Bewertungsmethode verdeutlicht demgegenüber den im Hinblick auf die Produktionsmenge auch in langfristiger Perspektive relativ hohen Anteil des sekundären Sektors.

Die unterschiedlichen Preisentwicklungen in den beiden Sektoren führen dort, wo ein Ersatz von Dienstleistungen durch Sachgüter möglich ist, häufig zu einer Substitution, die den Produktionsanteil des sekundären Sektors steigert.[238] Die vielfältigen technologischen Innovationen, welche sowohl im Hinblick auf neue Anwendungsmöglichkeiten als auch hinsichtlich einer günstigen Preisgestaltung die Attraktivität vieler Sachgüter begründen, haben in der jüngsten Vergangenheit in wesentlichem Maße zu dieser Entwicklung beigetragen.[239] So ist beispielsweise das Dienstleistungspersonal in privaten Haushalten im Laufe der Zeit weitgehend durch den Einsatz arbeitssparender Haushaltsgeräte ersetzt worden. Oder: Statt der Inanspruchnahme von Handwerkerdienstleistungen wird heutzutage vielfach Heimwerkermaterial angewendet.[240] Ähnliches gilt für Dienstleistungen in Gestalt von Konzert-, Theater- und Kinoveranstaltungen. Sie wurden teilweise durch die Produkte der Unterhaltungselektronik — wie Videorecorder und Stereoanlagen — in den privaten Haushalten substituiert.[241]

---

[236] Vgl. HWWA-Institut für Wirtschaftsforschung in Hamburg (Hrsg.), (Strukturberichterstattung), S. 18.

[237] Vgl. Charlotte Otto-Arnold — unter Mitarbeit von Ulrich Burschat, (Dienstleistungen), S. 89f.

[238] Vgl. Jonathan Gershuny, (Ökonomie), S. 94; Jonathan Gershuny, (Social Innovation), S. 16f.

[239] Vgl. Thomas M. (Jr.) Stanback, Peter J. Bearse, Thierry J. Noyelle u.a., (Services), S. 45f; Adolf Völker, (Allokation), S. 82ff.

[240] Vgl. Thomas M. (Jr.) Stanback, Peter J. Bearse, Thierry J. Noyelle u.a., (Services), S. 46.

[241] Vgl. Ifo-Institut für Wirtschaftsforschung (Hrsg.), (Analyse), S. 69.

2.2. Analyse einzelner gesellschaftlicher Subsysteme

Für die Zukunft darf erwartet werden, daß sich aufgrund von Weiterentwicklungen in den Informations- und Kommunikationstechnologien noch mehr Dienstleistungsarten durch Sachgütereinsatz substituieren lassen. Beispielsweise läßt sich hier an die zunehmende Kundenselbstbedienung im Bankgewerbe denken. Demgegenüber bestehen Grenzen für eine weiterhin voranschreitende Substitution nicht nur im Hinblick auf technologische Realisierungsmöglichkeiten. Sehr wahrscheinlich werden sie auch dort erreicht, wo die Nachfrageseite am Markt selbst für den Fall höherer Preise nur von bestimmten Personen erstellte Dienstleistungen akzeptiert.[242] Ebenso kann erwartet werden, daß sich der für die Vergangenheit gültige Trend unterschiedlicher Preisentwicklungen von Sachgütern und Dienstleistungen künftig zumindest teilweise verändern wird. Entscheidend dürfte hier sein, daß die Informations- und Kommunikationstechnologien in zunehmendem Maße auch innerhalb des tertiären Sektors zu Produktivitätssteigerungen beitragen.[243]

Im Hinblick auf die Entwicklung der sektoralen Produktionsstruktur sind auch Strukturveränderungen innerhalb des tertiären Sektors bedeutsam. Grundsätzlich lassen sich Dienstleistungen entsprechend ihrem unterschiedlichen Verwendungszweck in konsumbezogene Dienstleistungen und in produktionsbezogene Dienstleistungen unterteilen. Die ersteren sind für den Endverbrauch bestimmt, die an zweiter Stelle genannten gehen als Vorleistungen in weitere Produktionsprozesse ein.[244] In diesem Zusammenhang wird auch von konsumorientierten bzw. produktionsorientierten, von einkommensabhängigen bzw. produktionsabhängigen, von direkten bzw. indirekten, von autonomen bzw. induzierten und von haushaltsbezogenen bzw. unternehmensbezogenen Dienstleistungen gesprochen.[245]

Während die vorher erwähnten Substitutionstendenzen im wesentlichen die konsumbezogenen Dienstleistungsarten betreffen, verzeichnen die meisten produktionsbezogenen Dienstleistungsbereiche im Zuge der wirtschaftlichen Entwicklung einer Volkswirtschaft eine wachsende Bedeutung.[246] Diese Tendenz steht in engem Zusammenhang mit den zunehmend komplexer werdenden Technologien und mit dem verschärften Wettbewerb auf nationalen bzw. internationalen Märkten.[247] Die Anwendung technologischer Neuerungen im Produktionsprozeß erfordert im allgemeinen vielfältige Beratungsdienstleistun-

---

[242] Vgl. Philipp Herder-Dorneich u. Werner Kötz, (Dienstleistunsökonomik), S. 22.

[243] Vgl. Thomas M. (Jr.) Stanback, Peter J. Bearse, Thierry J. Noyelle u. a., (Services), S. 46.

[244] Vgl. Karl-Adam Engelter, (Rationalisierungspotential), S. 60f; Franz Decker, (Dienstleistungsökonomie), S. 221 ff.

[245] Vgl. Karl-Adam Engelter, (Rationalisierungspotential), S. 60f; Christoph von Rothkirch, Inge Weidig u. a., (Arbeitslandschaft), S. 58.

[246] Vgl. Thomas Rasmussen, (Entwicklungslinien), S. 80; Karl-Adam Engelter, (Rationalisierungspotential), S. 57f.

[247] Vgl. Thomas M. (Jr.) Stanback, Peter J. Bearse, Thierry J. Noyelle u. a., (Services), S. 48 ff.

gen und ein Angebot an Reparaturmöglichkeiten. Die Präsenz auf internationalen Märkten ist ohne ein weitreichendes Vertriebsnetz und ohne Transportdienstleistungen nicht denkbar. Begrenzte Absatzmöglichkeiten lassen Marktforschungen, Werbemaßnahmen und eine kreative Produktgestaltung sinnvoll erscheinen.

Für diejenigen Unternehmen, welche solche oder ähnliche produktionsbezogenen Dienstleistungen im Rahmen von Marktwirtschaften anbieten, bestehen im allgemeinen günstige Entwicklungsperspektiven. Als langfristig expandierend läßt sich darüber hinaus die Nachfrage nach Computerprogrammen bei Unternehmen und privaten Haushalten prognostizieren.[248] Zukunftsprognosen für Unternehmen, die konsumbezogene Dienstleistungen auf Märkten offerieren, sind hingegen wesentlich schwieriger. Denn die Bedarfsdeckung im Hinblick auf solche Dienstleistungen kann nicht nur durch im Wettbewerb stehende Dienstleistungsunternehmen, sondern auch durch öffentliche Institutionen oder im Rahmen von Selbsthilfeaktivitäten der Konsumenten erfolgen.[249] Erst von den noch weitgehend unvorhersehbaren künftigen Entscheidungen sowohl der Konsumenten als auch der politischen Gremien wird es abhängen, welcher Anteil an der Gesamtversorgung auf kommerzielle Dienstleistungsunternehmen, auf die staatliche Versorgung oder auf die Konsumentenselbsthilfe entfällt.

Die für die Zukunft zu erwartende Verlängerung der Freizeit vieler Menschen könnte zusätzliche Nachfrage nach konsumbezogenen Güter- und Dienstleistungsangeboten bewirken. Denkbar erscheint aber ebenso, daß eine verlängerte, im Rahmen von Selbsthilfe- und Selbstversorgungsaktivitäten genutzte Freizeit sowohl kommerzielle als auch öffentliche Leistungsangebote zu ergänzen oder teilweise sogar zu ersetzen vermag.[250]

2.2.4.4. Mögliche Auswirkungen gesamtwirtschaftlicher Entwicklungstrends auf Genossenschaften

Im Hinblick auf gesamtwirtschaftliche Strukturveränderungen industrialisierter Marktwirtschaften lassen sich in langfristiger Perspektive folgende Wirtschaftsbereiche als voraussichtlich expandierend bezeichnen:

a) Die Sachgüterproduktion im Zusammenhang mit solchen Technologien, welche — wie insbesondere die Bio-, die Umwelt-, die Energie-, die Informations- und die Kommunikationstechnologien — ein großes innovatorisches Potential bieten und für die eine große Nachfrage besteht oder geschaffen werden kann.

---

[248] Vgl. Jonathan Gershuny, (Social Innovation), S. 185.
[249] Vgl. Klaus Gretschmann, (Steuerungsprobleme), S. 201 ff, S. 209 ff u. S. 243 ff.
[250] Vgl. Hans E. Maier, (Selbsthilfe), S. 167 ff.

2.2. Analyse einzelner gesellschaftlicher Subsysteme

b) Die Erstellung produktionsbezogener Dienstleistungen — welche als Vorleistungen in den volkswirtschaftlichen Wertschöpfungsprozeß eingehen und mit zunehmendem Entwicklungsgrad einer Volkswirtschaft an Bedeutung gewinnen — beispielsweise Forschungs-, Beratungs-, Finanzierungs- oder Versicherungsleistungen.

c) Darüber hinaus ist für die Zukunft wahrscheinlich ein steigender Bedarf an konsumbezogenen Dienstleistungen zu erwarten. Für die Versorgung mit derartigen Dienstleistungen bestehen unterschiedliche Möglichkeiten,[251] je nachdem ob marktwirtschaftliche Dienstleistungsunternehmen, öffentliche Institutionen oder Selbsthilfeorganisationen der Bürger herangezogen werden sollen.

Welche möglichen Auswirkungen ergeben sich von hier aus für die Genossenschaften in industrialisierten Marktwirtschaften?

Für die gegenwärtig bestehenden Förderungsgenossenschaften — vor allem die Genossenschaftsbanken, Konsumgenossenschaften, mittelständischen Warengenossenschaften und Wohnungsbaugenossenschaften — besitzen die neu entstehenden Dienstleistungsfunktionen unzweifelhaft große Bedeutung, und sie dürften zumeist deutliche Reaktionen auslösen. Zu erwähnen sind in diesem Zusammenhang sowohl Aufgabenerweiterungen als auch Aufgabenwandlungen. Im ersten Fall übernehmen Genossenschaften aufgrund vorhandener Nachfrage zusätzlich zu den bisherigen Tätigkeitsfeldern neue Aufgabenbereiche. Im Fall des Aufgabenwandels haben demgegenüber bisherige Tätigkeitsfelder ihre Relevanz verloren, so daß eine Neuorientierung für die Genossenschaften notwendig wird.[252] Die künftige Bedeutung der industriezeitlichen Förderungsgenossenschaften wird im wesentlichen Maße davon abhängen, ob es ihnen gelingt, im Verlauf des wirtschaftlichen Strukturwandels rechtzeitig derartige Reaktionen oder Neuorientierungen vorzunehmen.

Ein neu entstehender Dienstleistungsbedarf der Genossenschaftsmitglieder, also für Mitgliederbetriebe hinsichtlich produktionsbezogener Dienstleistungen und für Mitgliederhaushalte im Hinblick auf konsumbezogene Dienstleistungen, kann künftig möglicherweise durch ein erweitertes bzw. neu konzipiertes Leistungsangebot der bestehenden Förderungsgenossenschaften gedeckt werden; er kann aber auch den Ausgangspunkt für die Gründung spezieller Dienstleistungsgenossenschaften bilden.[253] Neben speziellen produktionsbezogenen Förderungsgenossenschaften für kleine und mittlere Unternehmen, wie man sie beispielsweise in der Landwirtschaft in zahlreichen Ausprägungen findet, ist auch an spezielle Förderungsgenossenschaften für private Haushalte zu denken. In einem Teil der Fälle kann es sich ebenso um genossenschaftsähnliche Formen der Kooperation handeln. In diesem breiten Spektrum unterschied-

---

[251] Vgl. Klaus Gretschmann, (Steuerungsprobleme), S. 201 ff, S. 209 ff u. S. 243 ff.
[252] Vgl. Werner W. Engelhardt, (Aufgabenwandel), S. 236 ff.
[253] Vgl. Werner W. Engelhardt, (Funktionswandel), S. 101.

licher genossenschaftlicher bzw. genossenschaftsähnlicher Kooperationsformen äußert sich ein besonders dynamisches Element des heutigen Genossenschaftswesens.

Günstige Tätigkeitsfelder für Produktivgenossenschaften bestehen angesichts des gesamtwirtschaftlichen Strukturwandels insbesondere in den oben erwähnten expandierenden Wirtschaftsbranchen. Dies gilt sowohl für die technologieintensive Sachgüterproduktion als auch für den gesamten Dienstleistungsbereich. Es erscheint an dieser Stelle interessant, auf das Beispiel der israelischen Kibbuzim hinzuweisen, deren langfristige Strukturveränderungen teilweise dem wirtschaftlichen Strukturwandel entsprechen: Ursprünglich handelte es sich bei ihnen fast ausschließlich um landwirtschaftliche Siedlungsgenossenschaften, die später zusätzlich industrielle Produktionstätigkeiten aufnahmen und gegenwärtig teilweise auch als Dienstleistungsanbieter im Tourismus fungieren. Allerdings muß bei diesem Beispiel berücksichtigt werden, daß die Kibbuzim bis in die heutige Zeit stark landwirtschaftlich fundiert sind und daß ihr gesamter Entwicklungsverlauf in starkem Maße durch die besonderen gesellschaftlichen Rahmenbedingungen beeinflußt wurde.

Es gibt aufgrund der bisher erörterten gesellschaftlichen Entwicklungstendenzen Anzeichen, die darauf hindeuten, daß Produktivgenossenschaften vielleicht auch außerhalb Israels künftig zunehmende Bedeutung erlangen. Ein fortschreitender Wertwandel innderhalb der Bevölkerung, bei dem kooperative und demokratische Betriebsstrukturen an Attraktivität gewinnen, könnte bedeutsam für die Zukunft der Produktivgenossenschaften werden.[254] Günstige Auswirkungen sind auch von der Weiterentwicklung der dezentral anwendbaren Informations- und Kommunikationstechnologien zu erwarten, da diese Entwicklung die Wettbewerbsfähigkeit relativ kleiner Betriebe erhöht und diesen Betrieben insbesondere im expandierenden Dienstleistungsbereich neue Tätigkeitsfelder ermöglicht.

---

[254] Vgl. Dieter Otten, (Technik), S. 27.

3. Analyse der künftigen genossenschaftlichen Entwicklungsmöglichkeiten

3.1 Unterschiedliche genossenschaftliche Entwicklungsrichtungen

3.1.1. Entwicklunsperspektiven unterschiedlicher genossenschaftlicher Strukturtypen

3.1.1.1. Vorbemerkungen zu Strukturtypen

Bei der Frage nach dem Unternehmungscharakter von Genossenschaften hat Eberhard Dülfer bereits in den 50er Jahren dieses Jahrhunderts zwischen zwei grundsätzlichen Möglichkeiten unterschieden:[1] Im ersten Fall ist die Genossenschaft Bestandteil des Gesamtkomplexes, der auch sämtliche Mitgliederwirtschaften einschließt. Im zweiten Fall handelt es sich bei der Genossenschaft, auch hinsichtlich der Beziehung zu den Mitgliederwirtschaften, um eine autonome verkehrswirtschaftliche Unternehmung.

Zwischen diesen empirisch nachweisbaren Extremfällen lassen sich unterschiedliche Strukturtypen denken, die in der Praxis ebenfalls bedeutsam sind. Dies konnte Dülfer anhand einer strukturellen Variationsskala aufzeigen, wobei er als Einstufungskriterium den „Intensitätsgrad der betrieblichen Beziehungen zwischen dem Genossenschaftsbetrieb und den Mitgliederbetrieben" wählte.[2] Der Autor bezog in diese Strukturanalyse die Produktivgenossenschaft ausdrücklich mit ein und erwähnte die „reine Produktivgenossenschaft" als Beispiel für den oben genannten ersten Fall.[3] Während zu diesem Flügel der strukturellen Variationsskala auch die meisten der ländlichen Genossenschaften zählten, tendierten umsatzstarke gewerbliche Warengenossenschaften schon damals in die andere Richtung der Skala. Noch deutlicher gilt das letztere für Kreditgenossenschaften, die Dülfer bereits zu jener Zeit dem oben erwähnten zweiten Fall zuordnete.[4]

Einige Jahre später konstruierte der gleiche Autor drei grundsätzlich unterschiedliche und empirisch nachweisbare genossenschaftliche Strukturtypen, die er „Traditionelle Genossenschaft", „Marktgenossenschaft" und „Inte-

---

[1] Vgl. Eberhard Dülfer, (Unternehmungscharakter), S. 270.
[2] Eberhard Dülfer, (Unternehmungscharakter), S. 272.
[3] Vgl. Eberhard Dülfer, (Unternehmungscharakter), S. 273f.
[4] Vgl. Eberhard Dülfer, (Unternehmungscharakter), S. 270f. u. S. 272.

grierte Genossenschaft" nannte.[5] Im folgenden werden diese grundlegenden Strukturtypen näher erläutert sowie in Anlehnung an die neuere Terminologie des Autors als „Organwirtschaftliches Kooperativ", „Marktbeziehungs-Kooperativ" und „Integriertes Kooperativ" bezeichnet.[6] Die Entstehung der Strukturtypen beruht auf der Variation des genossenschaftlichen betriebsfunktionalen Kommunikationssystems, das sowohl die Leistungsbeziehungen zwischen den Mitgliederwirtschaften und dem Genossenschaftsbetrieb als auch die wichtigen innergenossenschaftlichen Steuerungsmechanismen umfaßt.[7]

Die Wahrscheinlichkeit ist groß, daß alle drei Strukturtypen jeweils in ihren speziellen Einsatzfeldern künftig Bedeutung behalten oder verstärkt erlangen können.[8] Dieses Nebeneinander unterschiedlicher Strukturtypen wird voraussichtlich auch weiterhin in wesentlichem Maße zur Vielfalt der Genossenschaften beitragen.

3.1.1.2. Dülfers Strukturtypen der Kooperative

3.1.1.2.1. Das „Organwirtschaftliche Kooperativ"

Beim „Organwirtschaftlichen Kooperativ" wird der Genossenschaftsbetrieb (Organbetrieb) ausschließlich durch die Aktivitäten der Mitgliederwirtschaften und die effektive Nachfrage der Mitglieder nach Förderungsleistungen gesteuert.[9] Dieser genossenschaftliche Strukturtyp hat in der Frühphase industriezeitlicher Genossenschaften große Verbreitung erlangt. In vielen Fällen entwickelten sich ehemalige „Organwirtschaftliche Kooperative" im Laufe der Zeit zu den nachfolgend zu erörternden Strukturtypen „Marktbeziehungs-Kooperativ" und „Integriertes Kooperativ". Als einen wesentlichen Grund für diesen Entwicklungsprozeß nennt Eberhard Dülfer „die Ausweitung der Betriebsgröße zwecks Erlangung von ‚economies of scale'."[10]

Allerdings sind teilweise bis in die heutige Zeit auch in Industriegesellschaften manche traditionellen Genossenschaften, die hinsichtlich ihrer Struktur dem „Organwirtschaftlichen Kooperativ" entsprechen, erhalten geblieben. Zudem hat in der jüngsten Vergangenheit im Rahmen alternativer Genossenschaftsgründungen dieser Strukturtyp eine deutliche Renaissance erlebt. Auch für die Zukunft besitzt dieser genossenschaftliche Strukturtyp sowohl in Entwicklungsländern als auch in marktwirtschaftlich geprägten Industrieländern durchaus Relevanz:

---

[5] Vgl. Eberhard Dülfer, (Strukturprobleme), S. 12ff., S. 17ff. u. S. 21ff.
[6] Vgl. Eberhard Dülfer, (Betriebswirtschaftslehre), S. 91ff.
[7] Vgl. Eberhard Dülfer, (Betriebswirtschaftslehre), S. 63f. u. insb. S. 89ff.
[8] Vgl. Eberhard Dülfer, (Genossenschaften), S. 31.
[9] Vgl. Eberhard Dülfer, (Betriebswirtschaftslehre), S. 91f. u. S. 97.
[10] Eberhard Dülfer, (Betriebswirtschaftslehre), S. 92.

a) Als Eingangsstufe für neugegründete Genossenschaften, die sich mit wachsender Mitgliederzahl und zunehmender Betriebsgröße zu anderen Strukturtypen weiterentwickeln.

b) Als spezialisierte Dienstleistungsgenossenschaften mit besonderen Förderungsangeboten für begrenzte Mitgliederkreise, wie sie beispielsweise vielfältige Dienstleistungsgenossenschaften in der Landwirtschaft aufweisen.

c) Als Wiederbelebung und zugleich Erneuerung traditioneller Genossenschaftsformen, wie sie die „Food-Cooperatives" als alternative Konsumgenossenschaften darstellen. Aufgrund einer zunehmenden Mitgliederzahl oder aufgrund von Transformationserscheinungen ist im übrigen auch bei alternativen Genossenschaften eine Weiterentwicklung zu den nachfolgend erörterten anderen beiden Strukturtypen denkbar.

3.1.1.2.2. Das „Marktbeziehungs-Kooperativ"

Bei starkem Wachstum der Mitgliederzahl und bei Verselbständigungstendenzen des Genossenschaftsbetriebes kann sich das „Organwirtschaftliche Kooperativ" zu einem „Marktbeziehungs-Kooperativ" entwickeln. Charakteristisch für diesen Strukturtyp sind marktähnliche oder gar marktidentische Geschäftsbeziehungen zwischen den Mitgliederwirtschaften und dem Genossenschaftsbetrieb, wobei der Genossenschaftsbetrieb allgemein auch Geschäftsbeziehungen zu Nichtmitgliedern unterhält.[11]

Verständlicherweise tritt bei diesem genossenschaftlichen Strukturtyp die Tendenz einer Angleichung an erwerbswirtschaftliche Unternehmen besonders deutlich in Erscheinung. Angesichts eines relativ eigenständigen Genossenschaftsbetriebes und zugleich einer sowohl zahlenmäßig großen als oft auch heterogenen Mitgliedergruppe vermag die letztere leicht den Charakter einer Aktionärsgruppe anzunehmen.

Für diesen Strukturtyp ist regelmäßig auch eine Dominanz des genossenschaftlichen Managements bei der innergenossenschaftlichen Willensbildung kennzeichnend. Sie wird erleichtert durch hohe Mitgliederzahlen und eine weitverbreitete Mitgliederapathie. „Abgesehen von der Kundeneigenschaft (bzw. Lieferanteneigenschaft) des Mitglieds bestehen hier für das Management" — worauf Rainer Vierheller hinweist — „kaum gravierende Grenzen für eine weitgehend autonome Politik im Kollektivbetrieb."[12]

Einige spektakuläre Fälle des genossenschaftlichen Mismanagements, wie sie in der jüngsten Vergangenheit insbesondere bei einzelnen Genossenschaftsbanken zu verzeichnen waren,[13] verdeutlichen die Problematik, daß sich ein weitgehend unkontrolliert und selbstherrlich agierendes Management völlig von

---

[11] Vgl. Eberhard Dülfer, (Betriebswirtschaftslehre), S. 93 ff.
[12] Rainer Vierheller, (Demokratie), S. 246.
[13] Vgl. O. V., (Artikel: Banken — Tiefes Nachdenken), S. 50 ff.

den Mitgliederinteressen entfremden kann.[14] Obwohl es sich bei solchen drastischen Fällen des Mismanagements zweifellos um Ausnahmeerscheinungen handelt, weisen sie doch auf die Notwendigkeit hin, im Strukturtyp des „Marktbeziehungs-Kooperativs" sowohl den innergenossenschaftlichen Kontrollmöglichkeiten als auch den Fragen einer verstärkten Mitgliederpartizipation und Mitgliederaktivierung künftig erhöhte Aufmerksamkeit zu schenken.[15]

Im Anschluß an Georg Draheim lassen sich bei der Frage der Leistungssteigerung von Primärgenossenschaften grundsätzlich zwei Wege unterscheiden: Beim ersten Weg handelt es sich um die Verbundintensivierung und zunehmende Integration mit Sekundärgenossenschaften, beim zweiten Weg ist an ein Wachstum zu Großgenossenschaften gedacht.[16] Es ist damit zu rechnen, daß auch künftig ein Teil der bislang organwirtschaftlich strukturierten Kooperative aufgrund steigender Mitgliederzahl, angesichts eines zunehmenden Geschäftsumfanges und nicht zuletzt vor dem Hintergrund zusätzlicher Nichtmitgliedergeschäfte zum Strukturtyp des „Marktbeziehungs-Kooperativs" übergehen wird. Begründen läßt sich diese Einschätzung unter anderem durch das Größenwachstum und die Anpassungsreaktionen vieler Genossenschaften an ihre erwerbswirtschaftlichen Konkurrenten angesichts des harten Wettbewerbs auf den Güter- und Dienstleistungsmärkten.

Als eine weitergehende Ökonomisierungsmaßnahme ist der Übergang vom „Marktbeziehungs-Kooperativ" zum „Integrierten Kooperativ" mit gleichzeitiger Umkehrung der Steuerungsrichtung für viele Genossenschaften nicht geeignet. Zum Beispiel werden Konsumenten als Genossenschaftsmitglieder eine solch weitreichende Integration, die auch die Mitgliederwirtschaften einschließt, im allgemeinen ablehnen. Denn für private Haushalte dürfte es nicht sinnvoll sein, sich freiwillig zu Genossenschaften zusammenzuschließen, welche die Konsumentenfreiheiten verringern und die Entscheidungsprozesse innerhalb der privaten Haushalte entscheidend beeinflussen. Dies gilt unter anderem für Konsum- und Wohnungsbaugenossenschaften. Es gilt ebenso für Genossenschaftsbanken, welche sich zu Universalbanken für ein breites Mitglieder- und Kundenspektrum entwickelt haben. Über diese Beispiele hinaus läßt sich generell erwarten, daß das „Marktbeziehungs-Kooperativ" aufgrund der vielfältigen Anwendungsmöglichkeiten voraussichtlich auch in Zukunft weite Verbreitung erlangen wird.

Die relativ große Unabhängigkeit, die beim „Marktbeziehungs-Kooperativ" zwischen dem Genossenschaftsbetrieb und den Mitgliederwirtschaften besteht,[17] kann sich unter bestimmten Umständen als ein Vorteil gegenüber dem „Integrierten Kooperativ" erweisen. Dies gilt in solchen Fällen, in denen die Einbeziehung der Mitgliederwirtschaften und Primärgenossenschaften in inte-

---

[14] Vgl. Eberhard Witte, (Organisation), S. 42ff.
[15] Vgl. Günther Ringle, (Mitgliederaktivierung), S. 5ff.
[16] Vgl. Georg Draheim, (Grundsatzprobleme), S. 156.
[17] Vgl. Eberhard Dülfer, (Betriebswirtschaftslehre), S. 97.

grierte Verbundsysteme dem Unabhängigkeitsstreben der Genossenschafter bzw. Genossenschaften widerspricht. Denkbar erscheint zudem, daß die Ausgestaltung derartiger Verbundsysteme lokale oder regionale Besonderheiten zu wenig berücksichtigt — eine Gefahr, die auch bei der sekundärgenossenschaftlichen Integration besteht.[18]

3.1.1.2.3. Das „Integrierte Kooperativ"

Der Strukturtyp des „Integrierten Kooperativs" unterscheidet sich vom „Marktbeziehungs-Kooperativ" durch einen wiederhergestellten engen Betriebsverbund zwischen dem Genossenschaftsbetrieb und den Mitgliederwirtschaften. Der intensive Betriebsverbund des „Integrierten Kooperativs" weist im Gegensatz zum „Organwirtschaftlichen Kooperativ" die Besonderheit auf, daß der Genossenschaftsbetrieb jedoch auch die Steuerungsfunktion für die mit ihm verbundenen Mitgliederwirtschaften weithin wahrnimmt.[19]

Diese Umkehrung der Steuerungsrichtung und die gleichzeitige Integration des Betriebsverbundes zwischen dem Genossenschaftsbetrieb und den Mitgliederwirtschaften in die Genossenschaft führen dazu, daß bei diesem Strukturtyp die Dominanz der Verbundspitze und damit des genossenschaftlichen Managements besonders stark ausgeprägt ist. Selbst Entscheidungsprozesse innerhalb der Mitgliederwirtschaften werden nunmehr weitgehend durch die Genossenschaften beeinflußt.[20] Rainer Vierheller betont allerdings: „Der hohe Integrationsgrad der integrierten Genossenschaft impliziert zwar eine gewachsene Abhängigkeit der Mitglieder von der Politik des Managements, zugleich führt aber eben dieser hohe Integrationsgrad zu einer wachsenden Erfolgsabhängigkeit der Managementpolitik vom Mitgliederverhalten in den dezentralen Einheiten... Es stellt sich daher hier im Gegensatz zur Konsumgenossenschaft und zur Marktgenossenschaft die zentrale Frage, inwieweit das Management in der Lage ist, widerstrebende Mitglieder in ihrem Individualbetrieb zu einem managementkonformen Verhalten zu bewegen."[21]

Wie bereits oben erwähnt, scheint der Strukturtyp des „Integrierten Kooperativs" angesichts der Einflußnahmemöglichkeiten auf die Mitgliederwirtschaften auch künftig für Konsumentengenossenschaften nicht geeignet zu sein. Eine gänzlich andere Situation ergibt sich für kleine und mittlere Wirtschaftsunternehmen. Angesichts der sich weiter zuspitzenden Wettbewerbssituation[22] auf den Märkten dürften sie in vielen Fällen zu einer derartig weitgehenden Kooperation mit ihrer Genossenschaft bereit sein und dafür mehr oder weniger freiwillig auf einen großen Teil ihrer unternehmerischen Entscheidungsfreiheit

---

[18] Vgl. Georg Draheim, (Grundsatzprobleme), S. 156.
[19] Vgl. Eberhard Dülfer, (Betriebswirtschaftslehre), S. 95 ff.
[20] Vgl. Rainer Vierheller, (Manager-Dominanz), S. 201.
[21] Rainer Vierheller, (Demokratie), S. 247.
[22] Vgl. Georg Draheim, (Grundsatzprobleme), S. 147 ff.

verzichten. Angesichts ungünstiger Zukunftsperspektiven für kleine und mittlere Wirtschaftsunternehmen in einzelnen Wirtschaftsbranchen kann Zusammenarbeit im Rahmen „Integrierter Kooperative" für diese Unternehmen nicht nur ökonomisch vorteilhaft sein, sondern in vielen Fällen sogar existenzerhaltenden Charakter erlangen. Beispielsweise läßt sich dies seit Jahren im Nahrungsmitteleinzelhandel oder in zunehmendem Maße in der Landwirtschaft nachweisen.[23] Für den förderungsgenossenschaftlichen Zusammenschluß kleiner und mittlerer Betriebe dürfte das „Integrierte Kooperativ" den charakteristischen und zukunftsweisenden Strukturtyp darstellen.

3.1.1.3. Strukturelle Besonderheiten der Produktivgenossenschaften

Grundsätzlich bestehen hinsichtlich ihrer Strukturmerkmale zwischen Produktivgenossenschaften und Förderungsgenossenschaften, wie Eberhard Dülfer betont, sowohl Gemeinsamkeiten als auch Unterschiede, weshalb die typologische Betrachtung dieser beiden Genossenschaftsarten in der Fachliteratur bisher nicht einheitlich erfolgt.[24] Dülfer bezeichnet „die produktivgenossenschaftliche Struktur als Grenzfall des Kooperativs", da „sie keine Mitgliederbetriebe (mehr) erkennen läßt, sondern der gemeinschaftlich getragene Betrieb hier als von den Mitgliedern betriebene Unternehmung operiert."[25]

In jüngerer Zeit hat sich u. a. Rogelio Villegas Velásquez damit beschäftigt, speziell bei Produktivgenossenschaften unterschiedliche Strukturtypen aufzuzeigen und zu analysieren.[26] Er differenziert zwischen Kleingruppen-Produktivgenossenschaften (entweder mit Arbeitsvereinigung oder mit Arbeitsteilung), Großgruppen-Produktivgenossenschaften (entweder mit direkter oder mit indirekter Demokratie) und transformierten Produktivgenossenschaften.[27]

Kleingruppen-Produktivgenossenschaften mit Arbeitsvereinigung basieren im wesentlichen auf dem Vorhandensein homogener Arbeitsinhalte und stellen im Hinblick auf Fragen der innerbetrieblichen Willensbildung und der Einkommensverteilung einen relativ unproblematischen Strukturtyp dar.[28] Die praktische Relevanz dieses Strukturtyps wird in Zukunft insbesondere davon abhängen, inwieweit solche homogenen Arbeitsinhalte für die künftigen Tätigkeitsfelder von Produktivgenossenschaften tatsächlich zu erwarten sind.

Kleingruppen-Poduktivgenossenschaften mit Arbeitsteilung erlangen hingegen dort Bedeutung, wo die tätigkeitsbezogene Spezialisierung der Genossen-

---

[23] Vgl. Eberhard Dülfer, (Betriebswirtschaftslehre), S. 96.
[24] Vgl. Eberhard Dülfer, (Betriebswirtschaftslehre), S. 99.
[25] Eberhard Dülfer, (Betriebswirtschaftslehre), S. 98.
[26] Bereits weitaus früher haben sich auch andere Autoren mit dieser Fragestellung beschäftigt — siehe dazu u. a. Beatrice Potter-Webb, (Genossenschaftsbewegung), S. 123 ff.
[27] Vgl. Rogelio Villegas Velásquez, (Funktionsfähigkeit), S. 18 u. S. 52 ff.
[28] Vgl. Rogelio Villegas Velásquez, (Funktionsfähigkeit), S. 12 ff.

3.1. Unterschiedliche genossenschaftliche Entwicklungsrichtungen

schaftsmitglieder Produktivitätssteigerungen ermöglicht und dadurch die wirtschaftliche Leistungs- und Konkurrenzfähigkeit der Genossenschaft im marktwirtschaftlichen Wettbewerb erhöht.[29] Durch Arbeitsteilung ergeben sich jedoch einerseits Verteilungsprobleme bei der Aufteilung der betrieblichen Wertschöpfung auf heterogene Arbeitsbeiträge. Es manifestiert sich zudem oft eine innerbetriebliche hierarchische Rollenverteilung.[30] Andererseits sind Kleingruppen-Produktivgenossenschaften in der Lage, eine direkt-demokratische Willensbildung zu praktizieren und dadurch jedem Genossenschaftsmitglied ein hohes Maß an unternehmensbezogenen Mitsprache- und Partizipationsmöglichkeiten zu bieten. Darüber hinaus lassen sich funktionale und strukturelle Probleme, wie interne Gruppenkonflikte oder Finanzierungsprobleme, — die in der Vergangenheit besonders häufig bei diesem Unternehmenstyp auftraten — bei kleinen und mittleren Unternehmen eher als bei Großunternehmen meistern. Deshalb sind Kleingruppen-Produktivgenossenschaften, sofern eine Nachfrage nach ihren Produkten besteht und sie sowohl über risikobereite als auch kreative Mitglieder verfügen, durchaus auch innerhalb der Marktwirtschaft wettbewerbsfähig.[31]

Je größer die Mitgliederzahl einer Produktivgenossenschaft wird, desto komplizierter erweist sich freilich die Praxis direkt-demokratischer Willensbildung und desto stärker steigen auch die Kosten derartiger Entscheidungsbildungsprozesse.[32] Einschränkend betont allerdings Rainer Vierheller: „Hinsichtlich des Kostenvergleichs zwischen direkter und indirekter Demokratie ist jedoch auf ein Versäumnis der ökonomischen Theorie der Genossenschaftsdemokratie hinzuweisen. Es wird hier nämlich nicht beachtet, daß die Arbeitsteilung zwischen Mitgliedern und Management zu einer informatorischen Auseinanderentwicklung beider Ebenen führt... Es müssen deshalb mehr Friktionen bzw. Koordinationsaufwendungen in Kauf genommen werden, die sich als Koordinations- bzw. Durchsetzungskosten niederschlagen und der indirekten Demokratie anzulasten sind und daher ihren Kostenvorteil gegenüber der direkten Demokratie relativieren. Bei zunehmender Kompetenzverlagerung auf das zentrale Management und wachsender informatorischer Auseinanderentwicklung kann durchaus ein Punkt erreicht werden, an dem die Steigerung der Durchsetzungs- und Koordinationskosten die Senkung der Entscheidungskosten überkompensiert (Grenzen der Entscheidungszentralisierung)."[33]

---

[29] Vgl. Rogelio Villegas Velásquez, (Funktionsfähigkeit), S. 14 ff.

[30] Vgl. Rogelio Villegas Velásquez. (Funktionsfähigkeit), S. 17 ff.

[31] Vgl. Eberhard Dülfer, (Renaissance), Teil 1 S. 450 ff. u. insb. Teil 2 S. 492 f.; Rogelio Villegas Velásquez, (Funktionsfähigkeit), S. 86 ff.; Oswald Hahn, (Ansätze), S. 105 f.

[32] Vgl. Rainer Vierheller, (Demokratie), S. 120 ff.; Klaus Gretschmann, (Alternativökonomie), S. 77 ff.

[33] Rainer Vierheller, (Demokratie), S. 126.

3. Analyse der künftigen genossenschaftlichen Entwicklungsmöglichkeiten

Diese Zusammenhänge erscheinen auch für Großgruppen-Produktivgenossenschaften beachtenswert. Bei der Suche nach organisatorischen Lösungskonzepten kann eine denkbare Zielsetzung darin bestehen, die Entscheidungskosten durch Anwendung der indirekten Demokratie gering zu halten und den gleichzeitigen Anstieg von Koordinationskosten weitgehend zu vermeiden.

Bei vielen Produktivgenossenschaften findet mit wachsender Gruppengröße ein Übergang zu Formen der indirekten Demokratie und die Bildung von Teilgruppen bzw. Arbeitsbereichen statt. Um die Funktionsfähigkeit und innere Stabilität von solchen Produktivgenossenschaften zu gewährleisten, besteht die Notwendigkeit, eine genossenschaftliche Organisationsstruktur zu entwickeln, welche die Entscheidungsbefugnisse und Kontrollrechte innerhalb der Mitgliedergruppe in eindeutiger und allgemein akzeptierter Weise regelt.[34] Insgesamt stehen Großgruppen-Produktivgenossenschaften vor dem doppelten Problem, daß sie ein leistungsfähiges, mit Entscheidungskompetenzen ausgestattetes Management benötigen, gleichzeitig aber eine mögliche Managerdominanz verhindern müssen, beispielsweise durch wirksame Gewaltenteilung im Rahmen der Genossenschaftsorgane und durch intensive Mitgliederpartizipation.[35]

Bei den bisher erörterten Klein- und Großgruppen-Produktivgenossenschaften wurde davon ausgegangen, daß eine Identität zwischen Arbeitnehmern und Kapitaleigentümern vorhanden ist. In der Realität handelt es sich demgegenüber zumeist um mehr oder weniger transformierte Produktivgenossenschaften. Sie beschäftigen entweder Lohnarbeiter, ohne ihnen zugleich die vollen Mitgliedschaftsrechte zu gewähren. Oder sie beteiligen im anderen Falle externe Kapitalgeber am genossenschaftlichen Eigenkapital, ohne diese gleichzeitig im Betrieb zu beschäftigen.[36]

Die Transformation von Produktivgenossenschaften zu erwerbswirtschaftlichen Unternehmen wurde zuerst von Sidney und Beatrice Webb erforscht.[37] Sie bezeichneten die Transformation als einen strukturbedingten Entwicklungsprozeß derjenigen Produktivgenossenschaften, welche die enormen Anfangsschwierigkeiten in der Gründungsphase überwinden können und sich insgesamt wirtschaftlich erfolgreich entwickeln.[38] Die Mitglieder dieser Produktivgenossenschaften versuchen im allgemeinen ihren bisher erreichten ökonomischen Erfolg zu sichern, indem sie keine neuen Mitglieder mehr aufnehmen.[39] Franz Oppenheimer sah darin einen zwangsläufigen Entwicklungsprozeß, der auf den Interessengegensätzen in einer für den Markt produzierenden Verkäufergenos-

---

[34] Vgl. Rogelio Villegas Velásquez, (Funktionsfähigkeit), S. 19f. u. S. 93ff.

[35] Vgl. Robert Oakeshott, (The Case), S. 188.

[36] Vgl. Rogelio Villegas Velásquez, (Funktionsfähigkeit), S. 21f.

[37] Siehe zur Geschichte produktivgenossenschaftlicher Transformationsforschung z. B. Werner W. Engelhardt, (Betriebsstrukturen), S. 99ff.

[38] Vgl. Beatrice Potter-Webb, (Genossenschaftsbewegung), S. 123ff.; Franz Oppenheimer, (Siedlungsgenossenschaft), S. 52ff.; Robert Oakeshott, (The Case), S. 31f.

[39] Vgl. Franz Oppenheimer, (Siedlungsgenossenschaft), S. 117ff.

senschaft beruht. Er empfahl deshalb die Gründung landwirtschaftlicher Produktivgenossenschaften sowie umfassender Siedlungsgenossenschaften, die sich weitgehend als Selbstversorgungswirtschaften konzipieren lassen.[40]

Ein wesentlicher Grund für die häufigen produktivgenossenschaftlichen Transformationserscheinungen besteht also darin, daß es bei wirtschaftlich erfolgreichen Unternehmen für die bisherigen Mitglieder ökonomisch vorteilhaft ist, keine weiteren Mitglieder mehr aufzunehmen, um den Gewinn nicht mit neuen vollberechtigten Mitgliedern teilen zu müssen. Es gibt aber, wenn auch seltener, Mitgliedergruppen von Produktivgenossenschaften, die durch gemeinsame soziale, politische oder religiöse Zielsetzungen geprägt und zusammengehalten werden.

Bei derartigen Zielvorstellungen besteht oft ein großes Interesse an einer Ausweitung der Mitgliedergruppe, und die vorher erwähnten ökonomischen Vorteilhaftigkeitsüberlegungen treten eher in den Hintergrund. In diesem Fall werden seitens der Mitgliedergruppe des öfteren auch Maßnahmen getroffen, um eine Transformation zu verhindern.[41] Deshalb erscheint es nicht gerechtfertigt, von einem zwangsläufigen Transformationsprozeß zu sprechen.

3.1.2. Entwicklungsperspektiven unterschiedlicher genossenschaftlicher Widmungstypen

3.1.2.1. Der Zusammenhang zwischen den genossenschaftlichen Widmungstypen und widmungsbedingten Entwicklungsrichtungen

Im Hinblick auf die unterschiedlichen Möglichkeiten der öffentlichen Bindung oder Selbstbindung von Genossenschaften im rechtlichen und wirtschaftlichen Sinne sowie von genossenschaftsähnlichen Kooperationsformen unterscheidet Werner W. Engelhardt zwischen sechs „Genossenschaftsarten nach Widmungskriterien", die sich auch überschneiden können:
„1. Erwerbswirtschaftliche Genossenschaften",
„2. Förderungswirtschaftliche Genossenschaften",
„3. Gruppenwirtschaftliche Genossenschaften",
„4. Stiftungswirtschaftliche Genossenschaften",
„5. Gemeinwirtschaftliche Genossenschaften (i.e.S.)" und
„6. Verwaltungswirtschaftliche Genossenschaften".[42]

Im Anschluß an dieses grundlegende Gliederungsschema lassen sich im Hinblick auf die Zukunftsperspektiven von Genossenschaften in marktwirtschaftlich geprägten Industriegesellschaften im folgenden unterschiedliche widmungsbezogene genossenschaftliche Entwicklungsrichtungen aufzeigen. Es

---

[40] Vgl. Franz Oppenheimer, (Siedlungsgenossenschaft), S. 126 ff. u. S. 362 ff.
[41] Vgl. Robert Oakeshott, (The Case), S. 31 f.
[42] Werner W. Engelhardt, (Bindung), S. 380 f.

wird dabei differenziert zwischen der erwerbswirtschaftlichen Entwicklungsrichtung, der förderungswirtschaftlichen[43] Entwicklungsrichtung und der im engeren Sinne gemeinwirtschaftlichen Entwicklungsrichtung. Bei der förderungswirtschaftlichen Entwicklungsrichtung kann man im einzelnen einen klassisch[44]-förderungswirtschaftlichen Entwicklungstyp und einen alternativ-förderungswirtschaftlichen Entwicklungstyp unterscheiden.

„Verwaltungswirtschaftliche Genossenschaften" stellen zumindest in den heutigen industrialisierten Marktwirtschaften bei den gegebenen politischen Verhältnissen keine realistische Entwicklungsrichtung für Genossenschaften dar. Jedoch weist Theodor Bergmann darauf hin, „daß im Laufe der Zeit manche staatlichen Aufgaben an Genossenschaften übertragen und von diesen bereitwillig akzeptiert wurden, z.B. Auszahlung von Produktionsprämien, Verteilung rationierter Waren oder Produktionsmittel, Erfassung wichtiger Produkte u.ä. Die Integration der Genossenschaft in den Staat und die Übernahme einiger staatlicher Aufgaben ist demnach keineswegs den kommunistischen Staaten eigentümlich, wird aber dort besonders klar erkennbar."[45] Derartige Tendenzen zeigen sich heutzutage insbesondere bei landwirtschaftlichen Genossenschaften im Rahmen der Agrarpolitik der Europäischen Gemeinschaft.

Der „Erwerbswirtschaftliche Widmungstyp" von Genossenschaften entspricht der erwerbswirtschaftlichen Entwicklungsrichtung, bei der im Zeitverlauf eine weitgehende Angleichung der Genossenschaften an erwerbswirtschaftliche Unternehmen stattfindet. Ebenso entspricht der „Gemeinwirtschaftliche Entwicklungstyp im engeren Sinne" der gemeinwirtschaftlichen Entwicklungsrichtung im engeren Sinne. Hierbei handelt es sich um Genossenschaften, welche die direkte Mitgliederförderung weitgehend oder sogar völlig durch eine Förderung der Gemeinwirtschaft ersetzen. Die Bezeichnung „im engeren Sinne" weist darauf hin, daß bei diesem Widmungstyp überwiegend gemeinwirtschaftliche Ziele verfolgt werden. Demgegenüber zählen nach der Klassifikation von Werner W. Engelhardt zu den „Gemeinwirtschaftlichen Genossenschaften im weiteren Sinne" neben den „Gemeinwirtschaftlichen Genossenschaften im engeren Sinne" auch die „förderungs-, gruppen- und stiftungswirtschaftlichen Genossenschaften", da bei diesen Widmungstypen unter anderem gemeinwirtschaftliche Ziele Bedeutung erlangen können.[46] Die erwerbswirtschaftliche und

---

[43] Um an dieser Stelle möglichen Mißverständnissen hinsichtlich der ähnlich klingenden Termini „Förderungswirtschaftliche Entwicklungsrichtung" und „Förderungsgenossenschaft" vorzubeugen, sei darauf hingewiesen, daß grundsätzlich sowohl „Förderungsgenossenschaften" als auch „Produktivgenossenschaften" der oben genannten Entwicklungsrichtung angehören können.

[44] Im Hinblick auf die Unterscheidung von „alternativen" und „klassischen" Genossenschaften: vgl. Thomas Noelle u. Birgit Noelle, (Chancen), S. 17ff.

[45] Theodor Bergmann, (Funktionen), S. 44; siehe dazu auch Michail Gorbatschow, (Genossenschaften), S. 8ff.

[46] Vgl. Werner W. Engelhardt, (Bindung), S. 381.

3.1. Unterschiedliche genossenschaftliche Entwicklungsrichtungen

die gemeinwirtschaftliche Entwicklungsrichtung im engeren Sinne sind für industrielle Marktwirtschaften beachtenswert, was im folgenden ausführlich erläutert werden soll.

Mehr noch gilt dies für die förderungswirtschaftlichen Entwicklungsrichtungen von Genossenschaften. Gemeint werden damit Versuche der Kooperativen, sich als eine eigenständige Unternehmensform innerhalb der Marktwirtschaft zu behaupten und zugleich die charakteristischen Genossenschaftsprinzipien zu bewahren. Das zentrale Element der förderungswirtschaftlichen Entwicklungsrichtungen bildet die Mitgliederförderung. Bei ihr kann man zwischen einer direkten und einer indirekten Mitgliederförderung unterscheiden. Während die direkte Mitgliederförderung in Gestalt ökonomischer oder außerökonomischer Leistungen den Genossenschaftsmitgliedern unmittelbar zugute kommt, kann es sich bei der indirekten Mitgliederförderung sowohl um Maßnahmen der Genossenschaftsbetriebe zur langfristig ausgerichteten wirtschaftlichen Existenzsicherung[47] der jeweiligen Mitglieder und deren Eigenwirtschaften als auch um die Unterstützung von Zielgruppen handeln, welche ökonomischen, sozialen oder politischen Mitgliederinteressen entsprechen. Sofern die Genossenschaftsmitglieder zusätzlich zur direkten Mitgliederförderung und zu betriebswirtschaftlich sinnvollen Maßnahmen der Genossenschaftsbetriebe im Rahmen einer angestrebten dauerhaften Existenzsicherung auch gruppenwirtschaftliche, stiftungswirtschaftliche oder gemeinwirtschaftliche Widmungen aufgrund ihrer Zielvorstellungen wünschen,[48] so sind solche Selbstbindungen im Prinzip in genossenschaftlichen Formen realisierbar.[49] Vielfach sind sie zugleich geeignet, die Genossenschaftsmitglieder indirekt zu fördern. Falls derartige Selbstbindungen darüber hinaus den politischen Zielsetzungen der jeweiligen Regierung entsprechen, besteht die Möglichkeit, daß der Staat Selbstbindungen durch Spezialgesetze unterstützt.

Den förderungswirtschaftlichen Entwicklungsrichtungen werden vom Verfasser im folgenden zugeordnet: sämtliche Genossenschaften mit ausschließlich förderungs-, gruppen- und stiftungswirtschaftlichen Widmungen und auch die häufig auftretenden Genossenschaften als Mischtypen[50] aus förderungs-, gruppen-, stiftungs- und gemeinwirtschaftlichen Widmungen.

Die Gemeinsamkeit dieser Genossenschaften besteht darin, daß die jeweiligen Genossenschaftsmitglieder ihnen „Förderungsaufträge" erteilen. Jedoch unterscheiden sich diese Aufträge inhaltlich voneinander. Versucht man diese heterogene Gruppe von Genossenschaften im Hinblick auf differenzierte Entwicklungsrichtungen in Untergruppen zu gliedern, läßt sich generell ein klassisch-förderungswirtschaftlicher von einem alternativ-förderungswirt-

---

[47] Vgl. Eduard Mändle, (Neue Wege), S. 63 f.
[48] Vgl. Werner W. Engelhardt, (Gemeinwirtschaftliche Genossenschaften), S. 385 f.
[49] Eine andere Ansicht vertritt Erik Boettcher, der „Gemeinwirtschaft als Gegensatz zur Genossenschaft" betrachtet — vgl. Erik Boettcher, (Standort), S. 40 ff.
[50] Vgl. Werner W. Engelhardt, (Typologisches Problem), S. 181 ff.

108 3. Analyse der künftigen genossenschaftlichen Entwicklungsmöglichkeiten

schaftlichen Entwicklungstyp durch unterschiedliche Ausprägungen der einzelnen Förderungsmerkmale trennen. Die Unterschiede der Merkmale basieren in erster Linie auf den in vieler Hinsicht voneinander abweichenden Zielsetzungen der Genossenschaftsmitglieder dieser beiden differierenden Entwicklungsrichtungen.

3.1.2.2. Widmungsbedingte genossenschaftliche Entwicklungsrichtungen

3.1.2.2.1. Die erwerbswirtschaftliche Entwicklungsrichtung

Innerhalb industrialisierter Marktwirtschaften, in denen die Mehrzahl der Unternehmen erwerbswirtschaftlich orientiert ist, bestehen auch bei vielen Genossenschaften deutliche Tendenzen, die auf eine zunehmende Angleichung dieser Wirtschaftsgebilde an erwerbswirtschaftliche Unternehmen hindeuten. Im Laufe solcher Angleichungsprozesse treten genossenschaftsspezifische Elemente und Prinzipien in den Hintergrund oder werden völlig aufgegeben.[51] So hat zum Beispiel Georg Draheim im Jahre 1972 betont: „Sollte sich die Tendenz, von der Mitgliederbezogenheit als einem tragenden Pfeiler der Idealgenossenschaft aus Wettbewerbsgründen abzurücken und damit auch das bekannte Identitätsprinzip aufzuweichen, weiter durchsetzen, dann könnte sich letzten Endes etwas Neues ergeben: Die mitgliederbezogene Genossenschaft wäre abgelöst durch einen neuen elastischen Unternehmungstyp, dem man wahrscheinlich noch ‚Genossenschaftsähnlichkeit' attestieren könnte. Er würde im grundsätzlichen zwischen erwerbswirtschaftlicher Unternehmung und Genossenschaft alter Prägung anzusiedeln sein."[52]

Weitere Anpassungsprozesse an die Erwerbswirtschaft sind auch künftig sowohl bei Förderungsgenossenschaften im Sinne unserer anfänglichen Begriffsbestimmung[53] als auch bei Produktivgenossenschaften wahrscheinlich. Begünstigt dürften derartige Entwicklungen durch die große Mitgliederzahl vieler Genossenschaften, durch eine besonders am materiellen Erfolg ausgerichtete Erwartungshaltung zahlreicher Genossenschaftsmitglieder und durch die besonders am Betriebsgrößen- und Gewinnwachstum orientierten Zielsetzungen des Genossenschaftsmanagements werden. Anpassungstendenzen an Erwerbswirtschaften sind teilweise auch bei ursprünglich gemeinwirtschaftlichen Genossenschaften zu verzeichnen.[54] Sie können beispielsweise dann eintreten,

---

[51] Vgl. Werner W. Engelhardt, (Funktionswandel), S. 83; Manfred Neumann, (Element), S. 32ff.

[52] Georg Draheim, (Grundsatzprobleme), S. 152.

[53] Vgl. dazu Gliederungspunkt 1.1.2.

[54] Vgl. Theo Thiemeyer, (Ordnungsprinzip), S. 256; Theo Thiemeyer, (Privatwirtschaft), S. 90f.

wenn das Management dieser Genossenschaften gemeinwirtschaftliche Widmungen als unnötige Belastungen empfindet.

3.1.2.2.2. Die im engeren Sinne gemeinwirtschaftliche Entwicklungsrichtung

Bei dieser Entwicklungsrichtung handelt es sich um solche Genossenschaften, die überwiegend gemeinwirtschaftliche Ziele verfolgen. Gemeinwirtschaftliche Unternehmen kann man im Anschluß an Gerhard Weisser verstehen als „Einzelwirtschaften in der Hand von Hoheitsträgern oder freien gesellschaftlichen Kräften, für die folgendes typisch ist: Ihr Ergebnis oder auch der Vollzug des Wirtschaftens oder beides — nicht unbedingt auch das Preisgebaren — sind nach dem von den Trägern oder vom Recht (u. U. auch von Gewohnheitsrecht) gemeinten, vielfach nur unvollkommen institutionell festgelegten Sinn unmittelbar bestimmten, als öffentlich geltenden Aufgaben gewidmet, und sie sind der Absicht nach entsprechend organisiert."[55]

Zur Verwirklichung gemeinwirtschaftlicher Zielsetzungen können Genossenschaften unter anderem aufgrund öffentlicher Bindungen — etwa im Sinne des in der Bundesrepublik bis zum 1. Januar 1990 geltenden Wohnungsgemeinnützigkeitsrechts — oder angesichts einer freiwillig gewählten Selbstbindung der Mitglieder veranlaßt werden. Die Frage der Gemeinwirtschaftlichkeit von Genossenschaften wird in der Literatur kontrovers behandelt.[56] Auch wenn man der Ansicht zustimmt, daß Genossenschaften grundsätzlich gemeinwirtschaftliche Ziele verfolgen können, bleibt im Hinblick auf die empirische Relevanz festzustellen, daß von den heutzutage existierenden Genossenschaften nur ein Teil gemeinwirtschaftliche Ziele und davon ein noch kleinerer Teil überwiegend gemeinwirtschaftliche Ziele verfolgt. Wie Werner W. Engelhardt betont, gibt es allerdings „Anhaltspunkte für die Vermutung, daß die Häufigkeit und Relevanz des gemeinwirtschaflichen Genossenschaftstyps in naher Zukunft eher zu- als abnehmen wird."[57] Begründen läßt sich diese Vermutung insbesondere durch die Beobachtung, daß die gesellschaftliche Orientierungsebene eine wachsende Bedeutung für Unternehmen erlangt und dementsprechend öffentliche Bindungen bzw. Selbstbindungen von Genossenschaften möglicherweise zunehmen werden.[58]

Die meisten Aussagen über gemeinwirtschaftliche Ziele enthalten gesellschaftspolitische Werturteile, und die vor diesem Hintergrund verständliche Vielzahl unterschiedlicher gemeinwirtschaftlicher Zielsetzungen, wie man sie in der Realität findet, hat zum Gestaltenreichtum gemeinwirtschaftlicher Unternehmen in entscheidendem Maße beigetragen.[59] Theo Thiemeyer weist darauf

---

[55] Gerhard Weisser, (Einführung), S. 29.
[56] Vgl. Werner W. Engelhardt, (Genossenschaften), S. 5 ff.; Erik Boettcher, (Standort), S. 40 ff.; Theo Thiemeyer, (Idee), S. 65 ff.; Theo Thiemeyer, (Wirtschaftslehre), S. 33.
[57] Werner W. Engelhardt, (Typologisches Problem), S. 194.
[58] Vgl. Werner W. Engelhardt, (Typologisches Problem), S. 194 ff.

hin, daß es nicht möglich sei, „auf irgendeine philosophische Weise allgemeingültig zu bestimmen, was nun allgemein gültig Gemeinwirtschaftlichkeit ist. Es bedarf der Entscheidung, es bedarf des politischen Bekenntnisses. Die Wissenschaft kann diese politische Entscheidung nicht abnehmen. Sie kann nur Mittel und Wege weisen, die gesetzten Ziele zu erreichen."[60] Damit „Gemeinwirtschaftlichkeit" dennoch nicht zu einer Leerformel wird, ist es sinnvoll und notwendig, den Begriffsinhalt praxisnah zu konkretisieren.[61] Wie Theo Thiemeyer vorschlägt, kann man versuchen, „für ein bestimmtes Unternehmen oder eine Gruppe gleichartiger Unternehmen inhaltlich konkret zu bestimmen, was für dieses Unternehmen unter den gegebenen historischen Umständen als gemeinwirtschaftlich gelten soll."[62] Beispielsweise lassen sich Zielkataloge für gemeinwirtschaftliche Unternehmen aufstellen, die unter anderem sozial-, raum-, wettbewerbs-, konjunktur-, beschäftigungs- und verfassungspolitische Ziele enthalten können.[63] Genossenschaften, die eines oder mehrere dieser Ziele verfolgen, lassen sich als Instrumente zur Erfüllung wirtschafts- bzw. gesellschaftspolitischer Aufgaben bezeichnen (Instrumentalthese).[64]

Bei gemeinwirtschaftlichen Genossenschaften besteht die Tendenz, daß in zunehmendem Maße auf eine direkte und, sofern sich der Genossenschaftsbetrieb und die Mitgliedergruppe gegenseitig entfremden, auch auf eine indirekte Mitgliederförderung zugunsten einer Förderung des Gemeinwohls verzichtet wird. Dies bildet einen deutlichen Unterschied zu den oben erwähnten förderungswirtschaftlichen Entwicklungsrichtungen, bei denen grundsätzlich die Mitgliederförderung im Vordergrund steht und teilweise zusätzlich auch gemeinwirtschaftliche, gruppenwirtschaftliche oder stiftungswirtschaftliche Zielsetzungen Bedeutung erlangen.

Bei der gemeinwirtschaftlichen Entwicklungsrichtung ist die Wahrscheinlichkeit, daß Transformationsprozesse stattfinden, insbesondere dann recht groß, wenn sich die Genossenschaftsbetriebe verselbständigen und die Genossenschaften den Charakter von Personenvereinigungen verlieren.[65] Es kann in diesen Fällen versucht werden und es wurde in der Vergangenheit auch gelegentlich der Versuch unternommen, „befreundete" Organisationen — beispielsweise Gewerkschaftsorganisationen — als Täger dieser gemeinwirtschaftlichen Unternehmen einzusetzen. Ob solche Unternehmen weiterhin gemeinwirtschaftliche Ziele verfolgen oder ob eine endgültige Transformation

---

[59] Vgl. Theo Thiemeyer, (Lehre/Forschung), S. 36.

[60] Theo Thiemeyer, (Grundsätze), S. 39.

[61] Vgl. Theo Thiemeyer, (Ordnungsprinzip), S. 58ff. u. S. 134f.; Theo Thiemeyer, (Grundsätze), S. 35; Theo Thiemeyer, (Wirtschaftslehre), S. 42ff.

[62] Theo Thiemeyer, (Grundsätze), S. 32f.

[63] Vgl. Theo Thiemeyer, (Ordnungsprinzip), S. 213ff.; Theo Thiemeyer, (Grundsätze), S. 33ff.

[64] Vgl. Theo Thiemeyer, (Lehre/Forschung), S. 32ff. u. S. 37; Theo Thiemeyer, (Grundsätze), S. 27.

[65] Vgl. Gerhard Weisser, (Stilwandlungen), S. 5ff.; Theo Thiemeyer, (Idee), S. 62ff.

zu erwerbswirtschaftlichen Unternehmen stattfindet, ist abhängig von den jeweiligen Eigentümern und ihren Zielvorstellungen.[66]

In jedem Fall genügt es nicht, daß gemeinwirtschaftliche Ziele formuliert und propagiert werden, sondern es zählt die praktische Verwirklichung dieser Zielvorstellungen. Dazu ist es notwendig, effiziente Kontrollinstrumente zu schaffen, um eine Transformation zu verhindern. Der Fall des ehemals gemeinwirtschaftlichen Wohnungsbauunternehmens „Neue Heimat" zeigt deutlich, wie wichtig die Kontrolle der Zielverwirklichung bei gemeinwirtschaftlichen Unternehmen ist. Theo Thiemeyer hat im Anschluß an Gerhard Weisser bereits vor etlichen Jahren darauf hingewiesen, daß „die Tendenz der Leiter gemeinwirtschaftlicher Unternehmen, sich an dem Verhalten des privatwirtschaftlichen Managements zu orientieren, als eines der Hauptprobleme gemeinwirtschaftlichen Wirtschaftens"[67] bezeichnet werden kann und daß nur eine dauernde wirksame öffentliche Kontrolle gemeinwirtschaftliches Disponieren zu sichern vermag.[68]

3.1.2.2.3. Förderungswirtschaftliche Entwicklungsrichtungen

3.1.2.2.3.1 Der klassisch-förderungswirtschaftliche Entwicklungstyp

Ähnlich wie bei der erwerbswirtschaftlichen Entwicklungsrichtung von Genossenschaften besitzt beim klassisch-förderungswirtschaftlichen Entwicklungstyp die materielle Mitgliederförderung eine große Bedeutung. Allerdings sind die klassisch-förderungswirtschaftlich geprägten Genossenschaften oft bestrebt — oder sie sollten es sein — Angleichungen an die Erwerbswirtschaften durch geeignete Gegenmaßnahmen zu verhindern. Die Erforschung der individuellen Förderungswünsche von Genossenschaftsmitgliedern kann als Grundlage dienen, um den vielfältigen Mitgliederzielen bei der Ausarbeitung der Förderungsprogramme Rechnung zu tragen und eine wirksame Mitgliederförderung zu ermöglichen. Insbesondere durch die Art und Weise der Mitgliederförderung bestehen ja für die Genossenschaften Möglichkeiten, im Wettbewerb mit anderen Unternehmensformen vorteilhafte Unterscheidungsmerkmale zu setzen und auf die Dauer beizubehalten. Genossenschaften, die ihren Mitgliedern neben ihren ökonomischen Förderungsmaßnahmen nicht nur die Verzinsung einer Kapitalbeteiligung, sondern darüber hinaus auch demokratische Partizipationsmöglichkeiten[69] und die soziale Integration in Mitgliedergruppen mit vielfältigen Gruppen- und Freizeitaktivitäten offerieren können,[70] werden

---

[66] Vgl. Theo Thiemeyer, (Privatwirtschaft), S. 90f. u. S. 92f.
[67] Theo Thiemeyer, (Grundsätze), S. 36f.
[68] Vgl. Theo Thiemeyer, (Grundsätze), S. 39.
[69] Vgl. Robert Hettlage, (Partizipation), S. 188ff.
[70] Vgl. Ernst-Bernd Blümle u. Günther Ringle, (Erneuerung), S. 172ff.; Fritz O. Freitag, (Gruppen), S. 167ff.

künftig möglicherweise im Vergleich zu anderen Unternehmensformen ein nicht zu unterschätzendes Attraktivitätspotential besitzen.

3.1.2.2.3.2. Der alternativ-förderungswirtschaftliche Entwicklungstyp

Diese genossenschaftliche Entwicklungsrichtung ist vor allem geprägt von alternativ-ökonomischen Zielvorstellungen der Genossenschaftsmitglieder. Im Vergleich zum klassisch-förderungswirtschaftlichen Entwicklungstyp erlangt hier die am Bedarfsprinzip orientierte materielle Mitgliederförderung nur Bedeutung im Hinblick auf die ökonomische Grundsicherung der Mitgliedergruppe. Demgegenüber wird die immaterielle Mitgliederförderung im Rahmen alternativ-ökonomischer Zielsetzungen relativ hoch bewertet. Sie tritt insbesondere dann in Erscheinung, wenn durch die Mitgliedschaft in der Genossenschaft sowohl die persönliche Selbstverwirklichung als auch die Befriedigung sozialer Bedürfnisse der Mitglieder durch aktive Partizipation im Rahmen von Arbeits-, Freizeit- und Lebensgemeinschaften gewährleistet werden soll. Eine darüber hinausgehend erstrebte indirekte Mitgliederförderung durch Realisierung beispielsweise umweltpolitisch-ökologischer oder anderer politischer Zielvorstellungen der Genossenschaftsmitglieder wird bei diesem Entwicklungstyp besonders deutlich.

3.1.2.3. Abbildungen zu widmungsbedingten genossenschaftlichen Entwicklungsrichtungen

Grundlegende Arten der Mitgliederförderung bei Genossenschaften   Abb.: (I)

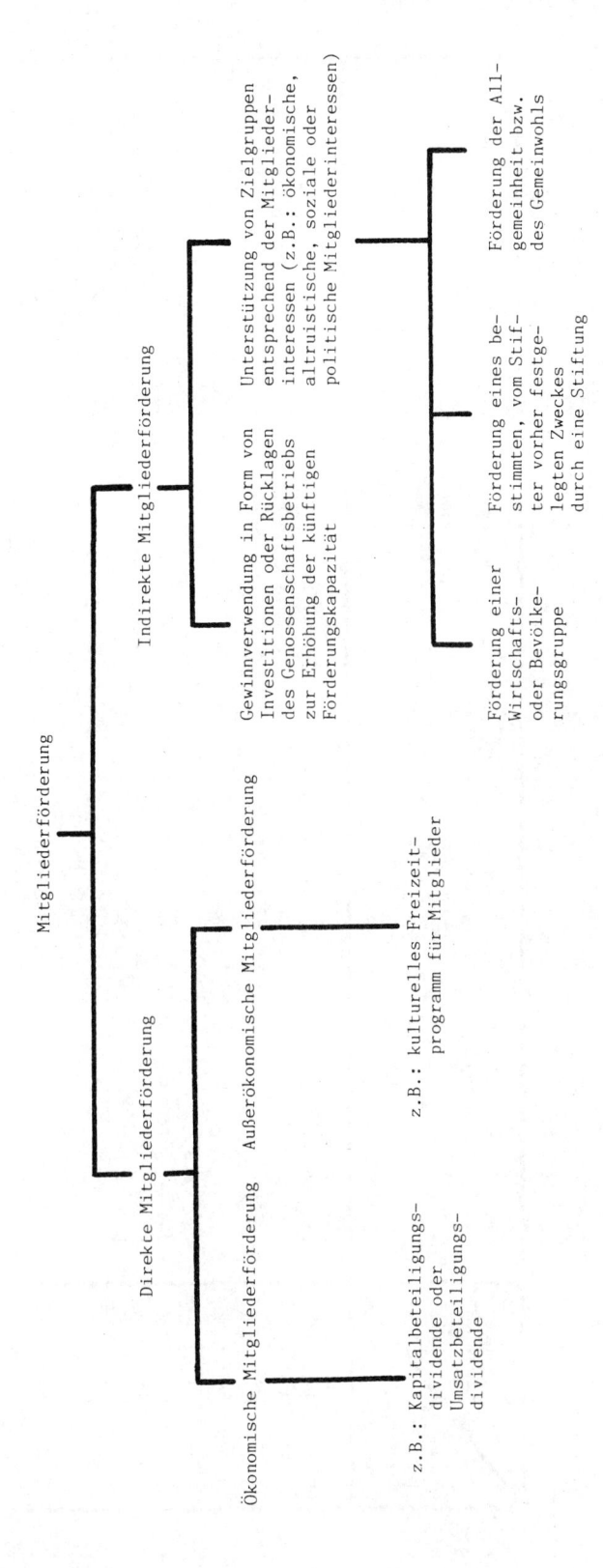

```
                              Mitgliederförderung
                    ┌──────────────────┴──────────────────┐
           Direkte Mitgliederförderung         Indirekte Mitgliederförderung
           ┌───────┴────────┐                  ┌──────────┬──────────┬──────────┐
  Ökonomische      Außerökonomische     Gewinn-      Unterstützung  Förderung   Förderung
  Mitglieder-      Mitglieder-          verwendung   von Ziel-      einer       der All-
  förderung        förderung            in Form von  gruppen        Wirtschafts-gemeinheit
                                        Rücklagen    entsprechend   oder        bzw.
                                        oder Inves-  der Mit-       Bevölke-    des
                                        titionen     glieder-       rungsgruppe Gemeinwohls
                                        des Genos-   interessen
                                        senschafts-  (z.B.: öko-    Förderung
                                        betriebs     nomische,      eines be-
                                        zur Erhöh-   soziale oder   stimmten,
                                        ung der      altruistische  vom Stif-
                                        künftigen    oder politi-   ter vorher
                                        Förderungs-  sche Mit-      festge-
                                        kapazität    glieder-       legten
                                                     interessen)    Zweckes
                                                                    durch eine
                                                                    Stiftung
  z.B.: Kapital-   z.B.: kulturelles
  beteiligungs-    Freizeit-
  dividende oder   programm für
  Umsatzbeteili-   Mitglieder
  gungsdividende
```

8 Häcker

Genossenschaftliche Entwicklungsrichtungen und direkte Mitgliederförderung   Abb.: (II)

Entwicklungs-richtungen: / Förderungs-merkmale:	Erwerbswirtschaft-liche Entwicklungs-richtung	Gemeinwirtschaft-liche Entwicklungs-richtung i.e.S.	Förderungswirtschaftliche Entwicklungsrichtungen	
			Klassisch-förderungs-wirtschaftlicher Entwicklungstyp	Alternativ-förderungs-wirtschaftlicher Entwicklungstyp
ökonomische Mitglieder-förderung	ausschließlich umfangreiche ökonomische Mit-gliederförderung	eventuell geringe ökonomische Mit-gliederförderung	stark ausgeprägte materielle Mitglie-derförderung	begrenzte materielle Mitgliederförderung, am Bedarfsprinzip orientiert
Außerökono-mische Mit-gliederför-derung	----------	zusätzlich zu ge-meinwirtschaftli-chen Förderungs-zielen auch be-grenzter Umfang außerökonomischer Mitgliederförde-rung möglich	künftig möglicherweise verstärkte immaterielle Mitgliederförderung, sofern dieses den Mit-gliederwünschen ent-spricht – in diesem Fall kann die immate-rielle Förderung ein wirksames Unterschei-dungsmerkmal zu anderen Unternehmensformen und ein genossenschaftli-ches Attraktivitätspo-tential darstellen	große Bedeutung der immateriellen Mit-gliederförderung, welche insbesondere dann in Erscheinung tritt, wenn im Rah-men der Genossenschaft durch die aktive Mit-gliederpartizipation an Arbeits-, Lebens- oder Freizeitgemein-schaften ein ausge-prägtes Zusammenge-hörigkeitsgefühl als Gruppe entsteht

Genossenschaftliche Entwicklungsrichtungen und indirekte Mitgliederförderung   Abb.: (III)

Entwicklungs-richtungen: Förderungs-merkmale:	Erwerbswirtschaft-liche Entwicklungs-richtung	Gemeinwirtschaft-liche Entwicklungs-richtung i.e.S.	Förderungswirtschaftliche Entwicklungsrichtungen	
			Klassisch-förderungs-wirtschaftlicher Ent-wicklungstyp	Alternativ-förderungs-wirtschaftlicher Ent-wicklungstyp
Gewinnverwendung in Form von Investitionen oder Rücklagen des Genossen-schaftsbetriebs	– große Bedeutung für alle hier genannten genossenschaftlichen Entwicklungsrichtungen –			
Unterstützung von Ziel-gruppen entsprechend der Mitgliederinteressen – teilweise vorhanden als:				
a) Förderung einer Wirt-schafts- oder Bevöl-kerungsgruppe	————	————	beispielsweise als Mittelstandsförderung	Förderung der alternativ-orientierten Wirtschafts- und Bevölkerungsgruppen
b) Förderung eines be-stimmten, vom Stifter vorher festgelegten Zweckes durch eine Stiftung	————	————	beispielsweise aufgrund tatkräftiger christlich-religiöser Grundeinstel-lung der Mitglieder	beispielsweise im Rah-men der anthroposophi-schen Wirtschaftsweise
c) Förderung der Allge-meinheit bzw. des Gemeinwohls	————	überwiegend gemein-wirtschaftliche För-derungsziele i.e.S.	beispielsweise durch Realisierung wettbe-werbsfördernder Ziele	beispielsweise durch Realisierung ökologischer Ziele

3.2. Genossenschaftliche Entwicklungsperspektiven in unterschiedlichen Wirtschaftsbereichen

3.2.1. Förderungsgenossenschaften in unterschiedlichen Wirtschaftszweigen

3.2.1.1. Genossenschaftsbanken

3.2.1.1.1. Entwicklungsperspektiven im Bankgewerbe

3.2.1.1.1.1. Auswirkungen technologischer Veränderungen auf Genossenschaftsbanken

Die Weiterentwicklungen auf dem Gebiet der Informations- und Kommunikationstechnologien beeinflussen im Bankgewerbe[71] nicht nur den bankinternen Verwaltungsbereich. Sie wirken sich in zunehmendem Maße auch auf die Geschäftsbeziehungen zwischen den Banken und ihren Kunden aus.[72] Ähnlich wie bereits seit geraumer Zeit im Einzelhandel besteht gegenwärtig im Bankgewerbe ein deutlicher Trend zur Verstärkung der technikgestützten Kundenselbstbedienung. Dies gilt insbesondere im Hinblick auf standardisierbare und programmierbare Bankfunktionen, also sowohl für die Abwicklung des Zahlungsverkehrs als auch für allgemeine Informations- und Beratungsdienstleistungen[73] der Banken.

Hinsichtlich der Kundenselbstbedienung im Bankgewerbe lassen sich drei Ebenen unterscheiden: a) Kundenselbstbedienung am Standort der Bank, b) Kundenselbstbedienung an bankfremden Standorten (z. B. im Handel) und c) Kundenselbstbedienung vom Standort des Kunden aus („home banking").[74]

Die älteste und bisher am meisten angewandte Art der Kundenselbstbedienung im Bankgewerbe findet am Standort der Banken statt. Mit Hilfe von Automaten oder Computerterminals können die Bankkunden dort vielfach bereits heute einen großen Teil ihrer Bankgeschäfte, wie beispielsweise den Bargeld- und Überweisungsverkehr, selbständig abwickeln.[75]

Obwohl voraussichtlich auch künftig der Schwerpunkt der Kundenselbstbedienung im Bankgewerbe am Standort der Banken liegen wird, ist dennoch in zunehmendem Maße mit einer Verlagerung bestimmter Zahlungsverkehrsautomaten oder Computerterminals an bankfremde Standorte zu rechnen. Der Grund dafür dürfte sein, den Bankkunden räumlich näher zu kommen. Beispiele

---

[71] Siehe dazu Axel Häcker, (Zukunftsaspekte), S. 283 ff.
[72] Siehe dazu Bernd Meyer, (Bankautomation), S. 118 ff.
[73] Siehe dazu Georg W. Rheinberg, (Beratung), S. 246 ff.
[74] Vgl. Kay Hafner, (Home-Banking), S. 6.
[75] Vgl. Peter Bernhardt u. Wolfgang Dambmann, (Elektronisches Geld), S. 17 ff.

hierfür sind die dezentrale Plazierung von Bargeldautomaten oder die automatisierte Abwicklung der Zahlungsvorgänge im Handel mit Hilfe von Point-of-Sale-Terminals.[76] Darüber hinaus gewinnen Kartensysteme im Rahmen des bargeldlosen Zahlungsverkehrs seit geraumer Zeit zunehmende Bedeutung. Dabei sind zu unterscheiden:[77]

a) Kreditkartensysteme, die es ihren Mitgliedern über Kreditkartenorganisationen ermöglichen, zunächst bargeldlos Leistungen von Vertragsunternehmen der Kreditkartenorganisationen in Anspruch zu nehmen und diese Vorleistungen erst später gegenüber der jeweiligen Kreditkartenorganisation zu begleichen.

b) Scheckkartensysteme, die als ein Mittel zur Erhöhung der Sicherheit im Scheckverkehr dienen.

c) Kartensysteme als Zugangsvoraussetzung zur technikgestützten Kundenselbstbedienung, die dem Bankkunden die Benutzung beispielsweise von Bargeldautomaten ermöglichen oder in Verbindung mit Kassenterminals im Einzelhandel die Grundlage darstellen für eine Direktabbuchung vom Bankkonto des Kunden nach dem Einkauf.

d) Speicherkartensysteme („Memory-card-systems"), die mit einem Mikroprozessor ausgestattet sind und sowohl von der Bank eingegebene Kreditbeträge als auch die vom Kunden vorgenommenen Inanspruchnahmen dieser Beträge registrieren. Dadurch können Speicherkartensysteme die kostenträchtige on-line-Verbindung zwischen Bankcomputer und Kassenterminals im Einzelhandel vermeiden.[78]

Es ist zu erwarten, daß sich langfristig die Kartensysteme mit den größten praktischen Einsatzmöglichkeiten für die Bankkunden am Markt durchsetzen werden. Für den Erfolg dürften auch Aspekte, wie Sicherheit vor Mißbrauch und Störanfälligkeit, eine bedeutsame Rolle spielen. Für den Bankkunden attraktiv sind sowohl universell verwendbare Mehrfunktions-Kartensysteme als auch Gemeinschaftslösungen des Bankengewerbes mit dem Ziel, die Anwendungsmöglichkeiten insgesamt zu erhöhen.[79]

Erst in ihren Anfängen befindet sich gegenwärtig die auf den Standort des Kunden bezogene Selbstbedienung im Bankgewerbe. Eine solche, vom Unternehmens- oder Haushaltsstandort ausgehende Kundenselbstbedienung erfordert eine Kommunikations-Infrastruktur zur Informationsübermittlung. Vorher müßten also beispielsweise Telefon- oder Breitbandnetze, Computersysteme

---

[76] Vgl. Peter Bernhardt u. Wolfgang Dambmann, (Elektronisches Geld), S. 27ff.

[77] Vgl. O. V., (Report: Zahlungsverkehr), S. 56ff.; O. V., (Artikel: Kreditkarten), S. 51ff.; Peter Bernhardt u. Wolfgang Dambmann, (Elektronisches Geld), S. 1ff.

[78] Im Hinblick auf Speicherkarten-Systeme vgl. u. a. Joachim Schiffel, (Warenwirtschaftssysteme), S. 158; Philippe Miermont, (Geldausgabeautomaten), S. 146f.

[79] Vgl. Peter Bernhardt u. Wolfgang Dambmann, (Elektronisches Geld), S. 7ff. u. S. 28f.

mit Datenfernübertragung oder Bildschirmtext-Systeme als Kombination von Telefon und Fernsehen installiert werden.[80]

Als Anwendungsmöglichkeiten des Bildschirmtextes im Bankgewerbe sind denkbar insbesondere das Angebot allgemein zugänglicher Informations- und Werbedienstleistungen an die Bildschirmtextnutzer, die Durchführung standardisierter Bankgeschäfte mit den Bankkunden und die Nutzung des Bildschirmtextes als bankinternes Medium zur Kommunikation:[81] Zu den Informations- und Werbedienstleistungen zählen unter anderem aktuelle Wirtschaftsnachrichten, die Erläuterung des bankwirtschaftlichen Leistungsangebotes, kundengruppenspezifische Dienstleistungsangebote (z. B. für unterschiedliche Berufsgruppen, Hausbesitzer oder Wertpapieranleger) und nicht zuletzt Informationen über Konten- und Wertpapierbestände, die allerdings nur für den jeweils verfügungsberechtigten Kunden bestimmt sind.[82] Bankgeschäfte lassen sich mit Hilfe des Bildschirmtextsystems abwickeln, wenn sie standardisierbar und kaum erklärungsbedürftig sind — dies gilt in hohem Maße für den Zahlungsverkehr und teilweise auch für Kredit- und Wertpapiergeschäfte.[83] Als bankinternes Kommunikationsmedium kann das Bildschirmtextsystem die bereits bestehende innerbetriebliche Kommunikationsinfrastruktur ergänzen, und es läßt sich durch Kombination von mobilen Btx-Terminals mit dem Telefonnetz auch von Außendienstmitarbeitern vorteilhaft nutzen.[84]

Die Beantwortung der Frage, in welchem Maße und in welcher Geschwindigkeit sich die auf den Informations- und Kommunikationstechnologien basierenden Möglichkeiten der Kundenselbstbedienung im Bankgewerbe durchsetzen werden, ist insbesondere abhängig von der Akzeptanz solcher Veränderungen durch die Bankkunden.[85] Das Festhalten an traditionellen Zahlungsgewohnheiten, die Gewöhnung an das „Bedientwerden" am Bankschalter oder die Scheu vor einer unvertrauten und unpersönlichen Technik wirken sich heutzutage noch hemmend aus. Demgegenüber stellt die höhere zeitliche und räumliche Flexibilität bei der Inanspruchnahme von Bankdienstleistungen, welche durch die Kundenselbstbedienung ermöglicht wird, einen deutlichen Vorteil dar. Darüber hinaus sind auch die Bedienungsfreundlichkeit und Unkompliziertheit

---

[80] Vgl. Christoph Warnecke, (Bildschirmtext), S. 14 ff.; Kay Hafner, (Home-Banking), S. 10 u. S. 16 ff.

[81] Vgl. Christoph Warnecke, (Bildschirmtext), S. 44 ff.; Michael Nägle u. Hans-Ascan Wieck, (Banken), S. 28 ff.

[82] Vgl. Christoph Warnecke, (Bildschirmtext), S. 44 ff.; Michael Nägle u. Hans-Ascan Wieck, (Banken), S. 30 ff.

[83] Vgl. Christoph Warnecke, (Bildschirmtext), S. 52 ff.; Michael Nägle u. Hans-Ascan Wieck, (Banken), S. 33 f.

[84] Vgl. Christoph Warnecke, (Bildschirmtext), S. 54; Michael Nägle u. Hans-Ascan Wieck, (Banken), S. 34 ff.

[85] Vgl. Kay Hafner, (Home-Banking), S. 57 ff.; Christoph Warnecke, (Bildschirmtext), S. 75; Wolfgang Starke, (Selbstbedienung), S. 62; Michael Nägle u. Hans-Ascan Wieck, (Banken), S. 65 ff.

3.2. Genossenschaftliche Entwicklungsperspektiven

in der Anwendung der Selbstbedienungstechnik wichtige Faktoren, die die Akzeptanz beim Bankpublikum fördern können. Die Betonung dieses Umstands erscheint deshalb notwendig, weil die hohen Investitionskosten der Banken für die technischen Anlagen zur Kundenselbstbedienung nur dann zu Kostensenkungen und Rationalisierungseffekten für die Banken führen, wenn diese Selbstbedienungsangebote von der Bankkundschaft akzeptiert und in großem Umfang genutzt werden.[86]

Im Bankgewerbe, das in hohem Maße auf das Vertrauen der Bankkunden angewiesen ist, besitzen der Datenschutz und die Sicherheit vor kriminellen Manipulationen eine fundamentale Bedeutung. Nur eine Selbstbedienungstechnik, die hohen Ansprüchen genügt, dürfte sich auf die Dauer durchsetzen können.[87] Um dem Sicherheitsaspekt verstärkt Rechnung zu tragen und somit einen wirksamen Schutz vor Computerkriminalität zu erreichen, werden wahrscheinlich künftig Verfahren der Personenidentifikation bei der Computerbenutzung große Bedeutung erlangen. Zu nennen ist beispielsweise die Methode der automatischen Sprechererkennung.[88]

Die ersten Erfahrungen mit Bildschirmtexten in der Bundesrepublik Deutschland und die Fehlprognosen im Hinblick auf die zunächst erwartete hohe Verbreitungsgeschwindigkeit dieses neuen Mediums weisen darauf hin, daß offensichtlich die Akzeptanzproblematik oftmals unterschätzt wird. Sicher ist es sehr schwierig, in diesem Zusammenhang verläßliche Prognosen über die Ausbreitung neuartiger Technologien zu erstellen.[89] Während die Bildschirmtextkommunikation im bankinternen Bereich bereits gegenwärtig vielfältige Anwendungen findet, ist die Attraktivität dieses neuen Mediums zur Abwicklung von Bankgeschäften für den privaten Haushalt auf absehbare Zeit noch recht begrenzt.[90] Wenn sich dennoch die Akzeptanz bei den privaten Bankkunden künftig deutlich verbessert — beispielsweise aufgrund von relativ günstigen Anschaffungskosten und Benutzungsgebühren des Bildschirmtextsystems — dann ist wahrscheinlich langfristig mit einer zunehmenden Verbreitung dieses neuen Mediums zu rechnen.[91]

Im Hinblick auf die möglichen Auswirkungen der Informations- und Kommunikationstechnologien auf das Bankgewerbe existieren sehr unterschiedliche Zukunftsprognosen. Voneinander abweichende Meinungen ergeben

---

[86] Vgl. Christoph Warnecke, (Bildschirmtext), S. 69 ff.; Kay Hafner, (Home-Banking), S. 64; Bernd Meyer, (Bankautomation), S. 118 ff.

[87] Vgl. Christoph Warnecke, (Bildschirmtext), S. 55 ff.; Michael Nägle u. Hans-Ascan Wieck, (Banken), S. 92.

[88] Vgl. Hartwig E. Rüll u. Edward J. Devinney (Jr.), (Personenidentifikation), S. 127 ff.

[89] Vgl. Kay Hafner, (Home-Banking), S. 60.

[90] Vgl. Christoph Warnecke, (Bildschirmtext), S. 33; Kay Hafner, (Home-Banking), S. 56 u. S. 73.

[91] Vgl. Michael Nägle u. Hans-Ascan Wieck, (Banken), S. 81 ff.

120   3. Analyse der künftigen genossenschaftlichen Entwicklungsmöglichkeiten

sich nicht nur über die Beurteilung der Geschwindigkeit, mit der sich technologische Neuerungen in der Praxis durchsetzen können. Sie bestehen beispielsweise auch hinsichtlich der Grenzen einer Selbstbedienung im Bankgewerbe.[92] Betrachtet man die möglichen Auswirkungen im einzelnen, so ist insbesondere auf denkbare Veränderungen im Hinblick auf das Bankpersonal, die Bankzweigstellen und den Bankaußendienst hinzuweisen.[93]

Für das Bankpersonal bedeuten technologische Veränderungen einen teilweisen Wandel der Arbeitsinhalte und Arbeitsbedingungen. Im Vollzug dieses Wandels entstehen neue Tätigkeitsfelder, und es entfallen bisherige Tätigkeitsbereiche. Im wesentlichen findet eine Verlagerung von Routinetätigkeiten, welche bei der Abwicklung des Zahlungsverkehrs und innerhalb der bankinternen Verwaltung zu finden sind, zu Beratungstätigkeiten im Kundenverkehr und zu spezialisierten Datenverarbeitungstätigkeiten statt.[94] In quantitativer Hinsicht dürfte die Personalentwicklung davon abhängen, inwieweit neue Tätigkeitsfelder aufnahmefähig sind für solche Bankmitarbeiter, deren bisherige Arbeitsgebiete technologisch bedingt entfallen.[95] Trotz verstärkter Anstrengungen der Banken — insbesondere auch der Genossenschaftsbanken — in Zukunft mehr Personal zur Beratung und Betreuung der Kunden einzusetzen, ist bei fortschreitender Anwendung der Kundenselbstbedienung wahrscheinlich langfristig mit einer Verringerung oder zumindest mit einer Stagnation des Gesamtpersonalbestandes im Bankgewerbe zu rechnen.[96] Allerdings weichen einzelne Prognoseergebnisse teilweise deutlich voneinander ab,[97] was sich teilweise aus den Unterschieden zwischen den verschiedenen Banktypen erklären könnte.

Die Anwendung der Informations- und Kommunikationstechnologien zur Rationalisierung der Routinevorgänge im Zahlungsverkehr beeinflußt auch die Zweigstellenstruktur im Bankgewerbe. Der Hauptgrund dafür dürfte sein, daß die Zweigstellen gegenwärtig überwiegend der Abwicklung von Zahlungsvorgängen und Routinegeschäften dienen.[98] Insbesondere eine zunehmende Verbreitung des Home-Banking — mittels dessen der Bankkunde von zu Hause aus

---

[92] Vgl. Oswald Hahn, (Zukunftsperspektiven), S. 485 ff.; Jörg E. Cramer, (Grenzen), S. 28 f.; Ulrich Weiss, (Probleme), S. 54; Erich Priewasser, (Zahlungsverkehr), S. 9; Erich Priewasser, (Banken), S. 158 ff.

[93] Vgl. Hans E. Büschgen, (Personalplanung), S. 15 ff.; Kay Hafner, (Home-Banking), S. 103 ff.; Christoph Warnecke, (Bildschirmtext), S. 78 ff.

[94] Vgl. Hans E. Büschgen, (Personalplanung), S. 21 f.; Peter Bernhardt u. Lothar Böckels, (Fortschritt), S. 43; Georg W. Rheinberg, (Beratung), S. 258 ff.; Erich Priewasser, (Banken), S. 129.

[95] Vgl. Heinz Peter Schröder, (Beschäftigungsprobleme), S. 37 ff.; Erich Priewasser, (Banken), S. 126 ff.

[96] Vgl. Günter Friedrichs, (Mikroelektronik), S. 211; Heinz Peter Schröder, (Beschäftigungsprobleme), S. 43 f.

[97] Vgl. Hans E. Büschgen, (Zukunftsaufgaben), S. 55.

[98] Vgl. Kay Hafner, (Home-Banking), S. 78.

mit dem Bankcomputer kommunizieren kann — wird irgendwann in der Zukunft dazu führen, daß die Aufrechterhaltung kostenintensiver Zweigstellennetze für die Banken nicht mehr lohnenswert erscheint. Zumindest dürfte eine partielle Umstrukturierung des bisherigen Vertriebssystems[99] notwendig werden. Um trotzdem den persönlichen Kontakt zum Bankkunden nicht zu vernachlässigen und ein umfangreiches Beratungsangebot zur Verfügung stellen zu können, stehen die Banken vor der Aufgabe, durch einen Ausbau sowohl der Beratungszentren als auch des Bankaußendienstes den direkten Kontakt zu den Kunden aufrechtzuerhalten und möglichst noch zu verstärken.[100] Ein Bankaußendienst — insbesondere für Behinderte, Kranke und ältere Menschen — könnte eine sinnvolle zusätzliche Dienstleistung darstellen, wobei allerdings dem Außendienst im Mengengeschäft aus Kostengründen Grenzen gesetzt sind.[101]

Generell werden die Banken wahrscheinlich auch künftig am Bankfilialsystem festhalten, allerdings ist mit einer verringerten Anzahl von Zweigstellen zu rechnen.[102] Entsprechend den jeweiligen örtlichen Verhältnissen und ausgerichtet auf die spezifischen Kundenwünsche werden die Banken in Zukunft voraussichtlich ein breites Spektrum von unterschiedlichen Zweigstellen unterhalten. Neben reinen Selbstbedienungsfilialen, ausgestattet mit Mehrfunktionsterminals, dürfte es Beratungszentren mit einem Fullservice-Dienstleistungsangebot geben.[103]

3.2.1.1.1.2. Wettbewerbsbedingungen im bankwirtschaftlichen Dienstleistungssektor

Im Bankgewerbe der Bundesrepublik Deutschland, aber auch anderer westlicher Industrieländer, besteht eine oligopolistische Marktstruktur. Sie impliziert Gruppenwettbewerb zwischen den einzelnen Großbanken, der Sparkassenorganisation und den Genossenschaftsbanken. In zunehmendem Maße greifen auch große Handels- und Versicherungsunternehmen in den Markt für Bankleistungen ein, indem sie beispielsweise Konsumentenkredite, Kreditkarten oder Geldanlageangebote offerieren.[104] Die Weiterentwicklung der Kundenselbstbedienung im Bankgewerbe — insbesondere die Verbreitung der Selbstbedienung an bankfremden Standorten durch Kassenterminals im Einzel-

---

[99] Vgl. Wolfgang Starke, (Selbstbedienung), S. 60; Kay Hafner, (Home-Banking), S. 75.

[100] Vgl. Kay Hafner, (Home-Banking), S. 36; Georg W. Rheinberg, (Beratung), S. 238 ff.

[101] Vgl. Kay Hafner, (Home-Banking), S. 81.

[102] Vgl. Oswald Hahn, (Zukunftsperspektiven), S. 486; Leo Schuster, (Zweigstellen-Politik), S. 157 ff.; Siegfried Platz, (Bankzweigstellen), S. 28 ff., S. 32 ff. u. S. 35.

[103] Vgl. Kay Hafner, (Home-Banking), S. 79; Heribert M. Schneider, (Elektronik), S. 8 f.

[104] Vgl. Georg S. May, (Herausforderungen), S. 358.

handel oder durch Bildschirmtextsysteme[105] — dürfte darüber hinaus die traditionelle Arbeitsteilung zwischen den Banken, den Versicherungen und dem Handel künftig verändern.

Die Genossenschaftsbanken können in diesem Wettbewerbsprozeß nur aufgrund ihrer intensiven Zusammenarbeit im sekundärgenossenschaftlichen Verbund und anderer Besonderheiten des Strukturwettbewerbs mithalten. Dadurch sind die einzelnen Genossenschaftsbanken in die Lage versetzt, ihren Kunden sowohl mit einer kundennahen und damit noch überschaubaren Betriebsgröße entgegenzutreten als auch mit Hilfe des genossenschaftlichen Verbundes eine breitgefächerte Dienstleistungspalette anzubieten. In diesem Sinne wird den Genossenschaftsbanken auch eine laterale Diversifikation ermöglicht, d. h. das Angebot von Dienstleistungen, welche über die allgemeinen Bankgeschäfte hinausgehen. Als Beispiele seien spezielle Dienstleistungen für Firmenkunden sowie vielfältige Immobilien-, Touristik- und Versicherungsangebote genannt.[106] Teilweise kann in einer solchen Diversifikation von Banken eine Analogie zum Vordringen von Nichtbanken in die traditionellen Banktätigkeitsbereiche gesehen werden.

Die Diversifikationsbestrebungen bei Banken werden bislang sehr unterschiedlich beurteilt. Einerseits wird auf die Vorteile derartiger Bestrebungen zum Risikoausgleich und zur Ergänzung der reinen Bankgeschäfte hingewiesen, andererseits aber auch vor den Gefahren einer Diversifikation bei mangelnden Fachkenntnissen gewarnt.[107] Denkbar erscheinen für die Zukunft einander ausschließende unterschiedliche Entwicklungsrichtungen der Banken: Entweder eine weitgehende Konsolidierung der Universalbanken auf den banktypischen Geschäftsbereich[108] oder das Entstehen großer Dienstleistungsunternehmen mit einem sehr breitgefächerten Tätigkeitsfeld.[109] Auf die letztgenannte Entwicklungsrichtung deuten neben den vorher erwähnten Diversifikationsbestrebungen in zunehmendem Maße auch Fusionsbestrebungen zwischen einzelnen Banken, Versicherungen und Handelsunternehmen hin.

3.2.1.1.2. Unterschiedliche Entwicklungsrichtungen bei Genossenschaftsbanken

3.2.1.1.2.1. Die erwerbswirtschaftliche Entwicklungsrichtung

Viele Genossenschaftsbanken können bereits auf einen mehr als hundertjährigen Entwicklungsprozeß zurückblicken. Wer ihre Geschichte im einzelnen betrachtet, stellt dabei fest, daß sich im Laufe der Zeit zahlreiche Genossen-

---

[105] Vgl. Kay Hafner, (Home-Banking), S. 89; Christoph Warnecke, (Bildschirmtext), S. 77f.; Georg S. May, (Herausforderungen), S. 358.
[106] Vgl. Siegmund Strauch, (Diversifikation), S. 10ff.
[107] Vgl. Hans E. Büschgen, (Banken), S. 38f.
[108] Vgl. Oswald Hahn, (Zukunftsperspektiven), S. 485.
[109] Vgl. Oswald Hahn, (Bankwirtschaft, Bd. II/2), S. 146ff.

schaftsbanken ihren erwerbswirtschaftlichen Konkurrenten in vieler Hinsicht angeglichen haben.[110] Oswald Hahn beschreibt diesen Entwicklungsprozeß als „Wegfall des klassischen Förderungsauftrags" der Kreditgenossenschaften, zumindest aber als erhebliche Modifizierung und Einschränkung desselben.[111] Zu dieser Entwicklung hat in wesentlichem Maße die Überwindung der Mangelsituation bei der Kreditversorgung von mittelständischen Unternehmen in der Landwirtschaft, im Handwerk und im Einzelhandel beigetragen. In diesem Zusammenhang ist hinzuweisen sowohl auf die erfolgreiche Tätigkeit der zahlreichen Kreditgenossenschaften bei der Kreditversorgung als auch auf die Bestrebungen der anderen Bankengruppen, die Kreditwünsche der vorher genannten Wirtschaftszweige in stärkerem Maße zu berücksichtigen. Es hat somit zweifellos auch eine gegenseitige Annäherung der einzelnen Bankengruppen stattgefunden.

Für die Zukunft erscheinen weitere Annäherungstendenzen ebenso denkbar wie die Betonung banktypischer Besonderheiten. Man denke im zuletztgenannten Fall zum Beispiel an die in jüngster Zeit verstärkt diskutierte Möglichkeit von Zinsrückvergütungen bei Genossenschaftsbanken.[112] Viele Besonderheiten der frühen Kreditgenossenschaften, wie insbesondere der enge Kontakt zwischen den einzelnen Mitgliedern, sind aufgrund des Wachstums der Mitgliederzahl heute weitgehend verlorengegangen.[113] Ähnlich wie bei erwerbswirtschaftlichen Banken steht im Mittelpunkt der Mitgliederförderung bei Genossenschaftsbanken das Ziel, eine möglichst hohe Verzinsung der Mitgliederkapitalbeteiligungen zu realisieren. Dabei entspricht die an einer hohen Dividende orientierte Erwartungshaltung vieler heutiger Genossenschafter derjenigen von Aktionären.[114]

3.2.1.1.2.2. Die gemeinwirtschaftliche Entwicklungsrichtung

Eine gemeinwirtschaftliche Entwicklungsrichtung bei Genossenschaftsbanken hat es, worauf Achim von Loesch hingewiesen hat, in den zwanziger Jahren vorübergehend beispielsweise in Deutschland und in Nordamerika gegeben.[115] Werden künftig gemeinwirtschaftliche Banken als Genossenschaften nicht nur in Entwicklungsländern Bedeutung erlangen können, sondern möglicherweise auch in Industrieländern eine Renaissance erleben?

---

[110] Vgl. Erik Boettcher, (Standort), S. 47; Jürgen Zerche, (Zukunftsprobleme), S. 195 ff.
[111] Oswald Hahn, (Bankwirtschaft, Bd. I), S. 448.
[112] Vgl. Petra Manewald, (Zinsrückvergütung), S. 43 ff.
[113] Vgl. Oswald Hahn, (Bankwirtschaft, Bd. I), S. 448 ff.
[114] Vgl. Hans E. Büschgen, (Bankunternehmungsführung), S. 116.
[115] Vgl. Achim von Loesch, (Deutsche Arbeitnehmerbanken), S. 7 ff.; Achim von Loesch, (Arbeiterbanken), S. 7 ff.

Diese Frage läßt sich zur Zeit nicht beantworten. Es läßt sich allenfalls nach denkbaren Tätigkeitsfeldern für gemeinwirtschaftlich orientierte Banken suchen. Hierbei kann es sich zum Teil um eine Rückbesinnung auf solche bankwirtschaftlichen Aufgabenbereiche handeln, welche im Laufe der Zeit bei den meisten Banken aufgrund von Rationalisierungsbestrebungen aus dem Leistungsangebot gestrichen wurden, für die aber dennoch eine Nachfrage bei einzelnen Bevölkerungsteilen besteht.[116] Als Beispiele nennt Oswald Hahn unter anderem eine Wiederbelebung der Warenbeleihung (Pfandleihe) und eine Ausdehnung von Warengeschäften[117] für den Fall einer Unterversorgung durch den Einzelhandel in bevölkerungsschwachen Regionen.[118] Die Schließung von derartigen Marktlücken heutiger Universalbanken ist allerdings, wie der Autor betont, relativ dornenvoll.[119] Es bleibt demzufolge eine offene Frage, inwieweit solche oder ähnliche Leistungsangebote tatsächlich von Genossenschaftsbanken künftig aufgegriffen und realisiert werden.

3.2.1.1.2.3. Förderungswirtschaftliche Entwicklungsrichtungen

3.2.1.1.2.3.1. Der klassisch-förderungswirtschaftliche Entwicklungstyp

Es besteht zumindest die Möglichkeit, daß sich die in der Vergangenheit vorherrschende Tendenz einer gegenseitigen Annäherung der großen Universalbank-Gruppen in der Zukunft hinsichtlich einer stärkeren Schwerpunktbildung im Leistungsangebot der einzelnen Gruppen verändern wird.[120] In diesem Sinne betont Hans E. Büschgen, daß künftig nur derjenige Erfolge im Bankgeschäft erreichen kann, „der eigenständige Wege beschreitet und es versteht, langfristig wirksame Unterscheidungsmerkmale zu den Mitbewerbern zu erreichen. Nur so lassen sich dauerhafte Konkurrenzvorsprünge etablieren und vorhandene Marktnischen systematisch ausfüllen."[121]

Diejenigen Genossenschaftsbanken, die sich als „universelle finanzwirtschaftliche Förderungseinrichtungen"[122] ihrer Mitglieder verstehen, werden wahrscheinlich in Zukunft nicht nur ein auf ihr Kundenspektrum ausgerichtetes umfangreiches Leistungsprogramm anbieten. Sie werden vielmehr gleichzeitig auch nach neuen und eigenständigen Wegen suchen, um im Wettbewerb mit den anderen Bankengruppen dauerhaft bestehen zu können. Oswald Hahn spricht in diesem Zusammenhang von einem realisierbaren „modernen" Förderungsauftrag der Genossenschaftsbanken.[123] Dieser Förderungsauftrag besteht:

---

[116] Vgl. Oswald Hahn, (Bankwirtschaft, Bd. I), S. 472.
[117] Siehe dazu Ewald F. Glaser, (Warenverkehr), S. 247ff. u. insb. S. 262.
[118] Vgl. Oswald Hahn, (Bankwirtschaft, Bd. I), S. 472f.
[119] Vgl. Oswald Hahn, (Bankwirtschaft, Bd. I), S. 472.
[120] Vgl. Oswald Hahn, (Zukunftsperspektiven), S. 490.
[121] Hans E. Büschgen, (Banken), S. 36.
[122] Vgl. Oswald Hahn, (Bankwirtschaft, Bd. I), S. 177.
[123] Vgl. Oswald Hahn, (Bankwirtschaft, Bd. I), S. 473.

„a) im Ansprechen der ‚Bankteilhaber', b) in der Betreuung der durch Rationalisierungsbemühungen der Banken und anderer Unternehmen geschaffenen Marktlücken und c) im Verweis auf die gesamtwirtschaftlichen Funktionen der Kreditgenossenschaften als mittelständische Manager-Unternehmen und als Marktgegengewicht."[124]

Eine Besonderheit der Genossenschaftsbanken besteht zweifellos darin, daß sie von Mitgliedergruppen getragen werden, welche sowohl ein relativ dauerhaftes Kundenpotential darstellen als auch durch ein starkes eigenes Interesse am geschäftlichen Erfolg dieser Banken geprägt sind. Allerdings dürfte es für Genossenschaftsbanken riskant sein, die Mitglieder ausschließlich durch hohe Dividendenzahlungen an die Genossenschaft zu binden. In diesen Fällen droht in Zeiten ungünstiger Geschäftslage und sinkender Dividendenzahlungen ein starker Mitgliederschwund.[125] Würden die Genossenschaftsbanken stattdessen eine zusätzliche Mitgliederförderung mit Hilfe relativ günstiger Konditionen im Geschäftsverkehr mit ihnen realisieren — beispielsweise niedrigere Kontoführungsgebühren für Mitglieder — so könnte ein solcher Schritt die Attraktivität der Mitgliedschaft erhöhen. Jedoch engen die dadurch bedingte Benachteiligung der Nichtmitgliedergeschäfte und die unvermeidlichen Reaktionen der Konkurrenten auf den oligopolistisch strukturierten Märkten für Bankleistungen den Handlungsspielraum der Genossenschaftsbanken in Fragen der Preis- und Konditionenpolitik ein. Dies gilt zumindest dann, wenn sie mögliche geschäftspolitische Risiken oder sogar einen ruinösen Wettbewerb vermeiden wollen.[126] Insbesondere die technologischen Neuerungen im Rahmen des Home-Banking können die Markttransparenz künftig beträchtlich erhöhen und dadurch den autonomen preispolitischen Handlungsspielraum der einzelnen Banken begrenzen.[127]

Für die Genossenschaftsbanken bestehen demgegenüber Möglichkeiten, ihren Mitgliedern neben der Förderung durch Kapitalbeteiligungsdividende auch Vorteile durch zusätzliche Dienstleistungen anzubieten. In vielen Fällen sind die Genossenschaftsbanken bereits ausreichend über die Förderungswünsche ihrer Mitglieder orientiert, beispielsweise aufgrund aktiver Teilnahme der Mehrheit der Mitglieder an der innergenossenschaftlichen Willensbildung oder zahlreicher informeller Kontakte innerhalb der Mitgliedergruppe. Sofern dies nicht der Fall ist, besteht die Möglichkeit, durch Umfragen die Förderungswünsche der Mitglieder genauer als bisher zu ermitteln, um das jeweilige Förderungsprogramm darauf auszurichten. Dadurch kann erreicht werden, daß sich die Genossenschaftsmitglieder mehr als bislang mit ihrer Bank identifizieren, ihre Bankgeschäfte ausschließlich bei dieser Bank tätigen und demzufolge auch

---

[124] Oswald Hahn, (Bankwirtschaft, Bd. I), S. 473.
[125] Vgl. Oswald Hahn, (Bankwirtschaft, Bd. I), S. 457.
[126] Vgl. Josef Reiners, (Verbundsysteme), S. 101 ff.
[127] Vgl. Kay Hafner, (Home-Banking), S. 83; Christoph Warnecke, (Bildschirmtext), S. 77 f.

zum geschäftspolitischen Erfolg der Genossenschaftsbanken beitragen. Darüber hinaus lassen sich durch zusätzliche Dienstleistungsangebote gegebenenfalls auch neue Genossenschaftsmitglieder gewinnen und nicht zuletzt Mitgliederkontakte innerhalb der Genossenschaft verstärken. Insbesondere die Reaktivierung von Gruppenaktivitäten innerhalb der Genossenschaften ist sinnvoll, um die Mitgliederpartizipation zu steigern. Sie stellt eine wichtige genossenschaftliche Zukunftsaufgabe dar.[128]

Es seien an dieser Stelle einige Beispiele für mögliche zusätzliche Dienstleistungsangebote der Genossenschaftsbanken näher ausgeführt:

a) Die Veranstaltung von Seminaren, unter anderem zu Fragen der Geldanlage, der Baufinanzierung, der Unternehmensgründung und der Versicherung

b) Die Veranstaltung von Mitgliederreisen und Betriebsbesichtigungen

c) Die Gründung bzw. Betreuung von Interessen-Gemeinschaften, wie beispielsweise Investmentclubs,[129] Computerclubs und Clubs von Münzsammlern, Unternehmensgründern oder Bausparern

Im Wettbewerb mit den übrigen Universalbank-Gruppen wird die künftige Bedeutung der Genossenschaftsbanken generell davon abhängen, inwieweit es ihnen gelingt, erfolgreiche innovatorische Leistungen zu erbringen. Dabei wird es sich um die Entwicklung und Einführung solcher neuartiger Güter bzw. Dienstleistungen handeln müssen,[130] für die eine Nachfrage auf dem Markt besteht. Wie Heinz Lampert in diesem Zusammenhang betont, kann die Förderleistung, welche die Genossenschaften produzieren, „um so größer sein und insbesondere um so länger vorhalten, je weniger die Genossenschaften in der Rolle der Anpasser, der Imitatoren, je mehr sie in der Rolle der Innovatoren sind."[131] Zu solchen innovatorischen Leistungen können die vorher erwähnten speziell auf die Mitglieder ausgerichteten Dienstleistungsangebote zählen. Das gleiche gilt für kundengruppenspezifische Dienstleistungen als Angebote für Mitglieder und Nichtmitglieder. Zu denken ist hierbei beispielsweise, worauf Georg W. Rheinberg hinweist, sowohl an spezielle Beratungsleistungen für mittelständische Unternehmen, freiberuflich Tätige und Haushalte als auch an eine fundierte Existenzgründungs- und Sanierungsberatung.[132] Man kann auch derartige Dienstleistungen so gestalten, daß sie die finanzwirtschaftlichen Bedürfnisse einzelner Berufsgruppen, wie die der Landwirte, Handwerker, Ärzte oder Rechtsanwälte, in besonderem Maße berücksichtigen.[133]

---

[128] Vgl. Ernst-Bernd Blümle, (Genossenschaftspolitik), S. 234; Fritz O. Freitag, (Mitgliedermanagement), S. 296ff.; Holger Bonus, (Genossenschaftsbank), S. 13.
[129] Vgl. Oswald Hahn, (Bankwirtschaft, Bd. II/1), S. 323ff.
[130] Vgl. Manfred Neumann, (Kriterien), S. 6ff.
[131] Heinz Lampert, (Zielfunktion), S. 350.
[132] Vgl. Georg W. Rheinberg, (Beratung), S. 270ff.
[133] Vgl. Josef Reiners, (Verbundsysteme), S. 108f.

Großer Bedarf an neuartigen Bankleistungen besteht bei Kreditgenossenschaften nach wie vor insbesondere auf dem Gebiet der Geldanlagemöglichkeiten, zumal auch künftig mit einem weiter ansteigenden Sparkapital vieler privater Haushalte gerechnet werden kann.[134] Zum Sparbuch als traditioneller Geldanlageform ist bereits heute eine Fülle weiterer Sparformen hinzugetreten, die dem Laien den Überblick erschwert und von seiten der Bank eine fachlich qualifizierte Beratung erforderlich macht. Ein großer Bedarf an innovatorischen Leistungen besteht auch nach wie vor, um die risikoreiche Beteiligung am Produktivvermögen attraktiver zu gestalten oder vielen Menschen überhaupt erst zu ermöglichen. Das letztere gilt für breite Bevölkerungsschichten mit relativ geringem Einkommen, deren Beteiligung am Produktivvermögen gesellschaftspolitisch erwünscht ist und durch politische Maßnahmen des Staates gefördert wird. Für die Genossenschaftsbanken, zu deren Mitgliedern eine große Anzahl mittelständischer Unternehmer zählen, besteht in diesem Zusammenhang die Möglichkeit, „einen funktionsfähigen Markt für kleines Eigenkapital zu installieren".[135] Auf diese Weise könnte der steigende Bedarf an Beteiligungskapital bei mittelständischen Unternehmen[136] mit der Nachfrage vieler Privatkunden nach neuartigen und lukrativen Anlagemöglichkeiten in Einklang gebracht werden.

Die Genossenschaftsbanken können sich nicht der allgemeinen technischen Entwicklung im Bankgewerbe verschließen, also auch nicht der fortschreitenden Automatisierung und Kundenselbstbedienung, sofern sie auch künftig im marktwirtschaftlichen Wettbewerb bestehen wollen. Die Genossenschaften stehen damit vor der Zukunftsaufgabe, die notwendige Anpassung an die weitere technologische Entwicklung zu vollziehen, ohne dadurch den persönlichen Kontakt zur Bankkundschaft zu verlieren.[137] „Die lokal verwurzelte und den Verbund nutzende Genossenschaftsbank hat" — wie Holger Bonus betont — „gute Chancen, auch im 21. Jahrhundert erfolgreich zu arbeiten."[138]

3.2.1.1.2.3.2. Der alternativ-förderungswirtschaftliche Entwicklungstyp

Bankwirtschaftliche Versorgungslücken bestehen gegenwärtig für einzelne Teile der Bevölkerung, die aufgrund ihrer Zielvorstellungen entweder als Sparer den herkömmlichen Banken ablehnend gegenüberstehen oder welche als Kreditnehmer von diesen Banken äußerst skeptisch beurteilt werden. Im ersten Fall handelt es sich um private Haushalte, denen die bankwirtschaftliche Verwendung ihrer Ersparnisse nicht gleichgültig ist. Sie sind sogar weitgehend

---

[134] Vgl. Oswald Hahn, (Zukunftsperspektiven), S. 483; Harald Kühnen, (Strukturveränderungen), S. 7ff.

[135] Klaus Juncker, (Marketing), S. 8.

[136] Vgl. Oswald Hahn, (Bankwirtschaft, Bd. II/1), S. 249.

[137] Vgl. Holger Bonus, (Genossenschaftsbank), S. 13.

[138] Holger Bonus, (Unternehmenskonzept), S. 44; siehe dazu auch Holger Bonus, (Jahr 2000), S. 20ff.

zu einem Zinsverzicht bereit, sofern die Verwendung ihres Sparkapitals durch die Bank ihren speziellen politischen, sozialen, wirtschaftlichen oder ökologischen Zielvorstellungen entspricht. Im zweiten Fall handelt es sich zumeist um alternative Unternehmen oder soziale Projekte, deren Kreditbedürfnisse[139] von den herkömmlichen Banken nur unzureichend erfüllt werden.

Die Finanzierungserfahrungen eines selbstverwalteten Betriebes in der Praxis zusammenfassend kommt Fritz Warthenphul zu dem Ergebnis, „daß die Selbstverwaltung als Arbeitsprinzip bei der Finanzierung durch Banken mit höheren Anforderungen an die Sicherheit der Kredite erkauft werden muß, während bei der Inanspruchnahme öffentlicher Förderungsprogramme finanziell schlechtere Konditionen in Kauf genommen werden müssen."[140] Die Bedenken der Banken gegenüber vielen selbstverwalteten Betrieben beruhen, nach Ansicht von Dieter Böge, insbesondere auf der schlechten Selbstdarstellung dieser Betriebe und ihrer unzureichenden Eigenkapitalgrundlage bzw. fehlenden anderen Sicherheiten für die Kreditgewährung.[141]

Marlene Kück weist auf „Informations- und Kommunikationsprobleme" sowohl bei den selbstverwalteten Betrieben als auch bei den Banken hin:[142] Mangelnde betriebswirtschaftliche Kenntnisse, fehlende Erfahrungen im Umgang mit Banken oder auch Unabhängigkeits- und Autonomiebestrebungen sind einige der möglichen Ursachen bei selbstverwalteten Betrieben. Den Banken fehlt es an Erfahrungen bei der Finanzierung basisdemokratisch strukturierter Betriebe und an wirksamen Prüfungs- und Überwachungsinstrumenten.

In einer ähnlichen Situation befanden sich vor mehr als hundert Jahren Handwerker und Landwirte als Schulze-Delitzsch und Raiffeisen die speziellen Kreditbedürfnisse dieser Bevölkerungsgruppen erkannten und ihre erfolgreichen Genossenschaftskonzeptionen entwickelten.[143]

Die heutigen bankwirtschaftlichen Versorgungslücken erfordern allerdings neuartige Problemlösungskonzepte: In diese Richtung weisen in der Bundesrepublik Deutschland beispielsweise die regionalen Selbsthilfe-Netzwerke oder die Institutionen einer Direktkreditvermittlung im Rahmen der Fremdfinanzierung alternativer Projekte. Ebenso zu erwähnen sind kirchlich oder anthroposophisch geprägte Bankgründungen und auch die Geschäftseröffnung der genossenschaftlichen Ökobank.

Wie bereits diese kurze Aufzählung zeigt, sind in den letzten zwanzig Jahren in der Bundesrepublik aufgrund der Initiative innergesellschaftlicher Gruppen und

---

[139] Siehe dazu Marlene Kück, (Eigenkapitalprobleme), S. 193 ff.
[140] Fritz Warthenphul, (Finanzierungserfahrungen), S. 58.
[141] Vgl. Dieter Böge, (Kooperative Betriebe), S. 67 ff.
[142] Vgl. Marlene Kück, (Finanzierungssituation), S. 34 ff.
[143] Vgl. Oswald Hahn, (Ideen), S. 120; Oswald Hahn, (Ansätze), S. 108; Dieter Reincke, (Selbsthilfe), S. 8.

3.2. Genossenschaftliche Entwicklungsperspektiven

weitgehend ohne Einfluß des Staates neuartige Finanzierungsinstitutionen entstanden. Das Ziel dieser zumeist genossenschaftlichen oder genossenschaftsähnlichen Problemlösungskonzepte besteht darin, die oben erwähnten Versorgungslücken zu schließen. Dies kann beispielsweise auf direktem Wege durch Darlehensgewährung oder indirekt mittels Bürgschaften geschehen. Den zuletztgenannten Weg verfolgt die im November 1985 in Berlin als eingetragene Genossenschaft gegründete Haftungsassoziation.[144] Die finanzielle Grundlage dieser neuen Bürgschaftsbank scheint aufgrund der Unterstützung durch die evangelische Landeskirche und den Berliner Senat langfristig gesichert zu sein.[145] Als Spezialbank ist sie in der Lage, wie Achim von Loesch betont, Förderungsleistungen für den Selbstverwaltungssektor zu erbringen, „indem sie Risiken übernimmt, und überall dort, wo es nötig ist, Bürgschaften an private und institutionelle Geldgeber von selbstverwalteten Betrieben vergibt."[146]

Hingewiesen sei ferner auf zwei Bankgründungen, welche bereits über langjährige praktische Erfahrungen auf dem Gebiet der direkten Kreditvergabe verfügen. Es handelt sich um die seit dem Jahre 1972 bestehende „Integra Spar- und Kreditgenossenschaft" in München und die zwei Jahre später in Bochum entstandene „Gemeinschaftsbank (GLS)".[147] Das zweite Beispiel soll im folgenden etwas näher erläutert werden:[148] Wie Cornelia Mattern betont, „ist es ein Hauptanliegen der Gemeinschaftsbank, die allenthalben übliche Anonymität zwischen Geldgebern und Kreditempfängern durch ein zielgerichtetes Miteinander zu ersetzen."[149] Die genossenschaftlich organisierte und anthroposophisch orientierte Gemeinschaftsbank arbeitet nach dem Kostendeckungsprinzip. Da außerdem viele Sparer völlig oder teilweise auf die Verzinsung ihrer Ersparnisse verzichten, ist die Gemeinschaftsbank in der Lage, gemeinnützigen Projekten zinsgünstige Kredite zur Verfügung zu stellen. Die Sparer erhalten weitgehende Mitbestimmungsmöglichkeiten im Hinblick auf die Verwendung ihrer Sparbeträge und auch die Gelegenheit zum direkten Kontakt mit den Kreditnehmern.

Der unmittelbare Kontakt zwischen Sparern und Kreditnehmern findet auch bei der direkten Kreditvermittlung statt, die von den „Stattwerken Berlin" und anderen alternativen Beratungs- bzw. Finanzierungsinstitutionen seit mehreren Jahren praktiziert wird.[150] Die Organisationen der Direktkreditvermittlung unterscheiden sich von den regionalen Selbsthilfe-Netzwerken. Im Laufe der letzten zehn Jahre sind in allen Regionen der Bundesrepublik Netzwerke zur

---

[144] Vgl. Manfred Berg u. Marlene Kück, (Haftungsassoziation), S. 3 ff.

[145] Vgl. Achim von Loesch, (Spezialbanken), S. 144.

[146] Achim von Loesch, (Spezialbanken), S. 144.

[147] Vgl. Jürgen Zerche, (Selbsthilfebank), S. 147; Oswald Hahn, (Ideen), S. 121.

[148] Vgl. Cornelia Mattern, (Gemeinschaftsbank), S. 310 ff.; Hans W. Colsmann, (Alternative Kreditwirtschaft), S. 118 ff.

[149] Cornelia Mattern, (Gemeinschaftsbank), S. 308.

[150] Vgl. Achim von Loesch, (Spezialbanken), S. 143 f.; Oswald Hahn, (Ideen), S. 123.

finanziellen Förderung selbstverwalteter Betriebe gegründet worden, die sich seit kurzem auch auf Bundesebene zu einer Arbeitsgemeinschaft der Netzwerke zusammengeschlossen haben.[151] Versucht man die Organisationsprinzipien der Netzwerke in wenigen Sätzen zu beschreiben, so ist darauf hinzuweisen, daß die finanziellen Mittel der Netzwerke im wesentlichen auf Spenden und Beiträgen ihrer Mitglieder beruhen.[152] Die Mittelvergabe erfolgt im allgemeinen demokratisch und in enger Abstimmung mit den selbstverwalteten Betrieben, also den potentiellen Kreditnehmern. Im Unterschied zur Direktkreditvermittlung, wo ein Sparer seinen Sparbetrag entsprechend seiner individuellen Interessen einem Kreditnehmer zur Verfügung stellen kann, sind bei der Vergabe der Netzwerk-Darlehen mehrere Personen entscheidungsberechtigt. Zur Funktionsfähigkeit der Netzwerke ist es deshalb erforderlich, mögliche Interessenkonflikte durch demokratisch legitimierte politische Entscheidungsverfahren zu lösen. Die langfristige Bedeutung der Selbsthilfe-Netzwerke wird insbesondere davon abhängen, inwieweit es gelingt, eine genügend große Anzahl von Menschen dauerhaft zu einer Mitgliedschaft bzw. Mitarbeit in diesen Organisationen zu bewegen.

Nach dem glücklichen Ende eines langwierigen Gründungsprozesses[153] eröffnete im Mai 1988 die genossenschaftliche Ökobank in Frankfurt ihren Geschäftsbetrieb. Die Förderungsziele der Ökobank sind in ihrer Satzung festgeschrieben — Paragraph 2 der Satzung besagt: „Zweck der Genossenschaft ist die Förderung und Zusammenarbeit der Mitglieder auf wirtschaftlichem, ökologischem, sozialpolitischem und kulturellem Gebiet. Dem Aufbau und der Förderung alternativer Formen des Wirtschaftens, insbesondere durch die Förderung von Betrieben und Projekten auf dem Gebiet der Selbstverwaltung, des Genossenschaftswesens, der Ökologie und des Friedens, wird zur Erreichung des Gesellschaftszweckes besondere Bedeutung beigemessen."[154] Das letztere wird in Paragraph 3 der Satzung näher erläutert: „Förderungswürdige KreditnehmerInnen sollen besondere Förderleistungen (Förderkredite) erhalten. Dabei kann die Förderung sowohl in einer günstigeren als marktüblichen Konditionsgestaltung, einer speziellen Beratungsleistung als auch in der Hilfe bei der Kreditsicherung bestehen."[155] Zwar ist eine theoretische Konkretisierung dieser grundlegenden Zielsetzungen bereits erfolgt, aber die Ökobank steht nunmehr vor der schwierigen Aufgabe, ihre Ziele praktisch zu realisieren. Erst im Laufe der Zeit wird sich erweisen, ob beispielsweise bei der Frage der Förderungswürdigkeit von Projekten die festgelegten Kriterien eindeutig genug formuliert und praktisch anwendbar sind.

---

[151] Vgl. Franz-Josef Bartsch, (Protokoll), S. 85ff.

[152] Vgl. Achim von Loesch, (Spezialbanken), S. 129f.; Walter Hollstein u. Boris Penth, (Alternativ-Projekte), S. 402ff.

[153] Vgl. Harald Bischoff u. Diethelm Damm, (Arbeitsplätze), S. 56ff.

[154] Oliver Förster, (Unsere Bank), S. 4; Ökobank eG, (Satzung), S. 3.

[155] Oliver Förster, (Unsere Bank), S. 4; Ökobank eG, (Satzung), S. 4.

Da Bankeinlagen der Sparer erst die Voraussetzung für die Kreditvergabe der Banken darstellen, besitzt ein umfangreiches und auf die Wünsche der Sparer ausgerichtetes Einlagengeschäft auch für die künftige Entwicklung der Ökobank eine zentrale Bedeutung. Über das den etablierten Banken vergleichbare Einlagengeschäft hinaus versucht die Ökobank den Wünschen der am Anfang dieses Kapitels genannten Bevölkerungsgruppen dadurch zu entsprechen, daß sie in Gestalt von Sparbriefen gezielte Anlagemöglichkeiten schafft — beispielsweise im Ökologie- bzw. Umweltschutzbereich.[156] In welchem Ausmaß die Ökobank künftig zinsgünstige Förderkredite vergeben kann, dürfte wesentlich davon abhängen, inwieweit bei vielen ihrer Sparer die Bereitschaft besteht, auf einen Teil der marktüblichen Verzinsung zu verzichten.[157] Wie oben erläutert, wird bei der Bochumer Gemeinschaftsbank ein ähnliches Geschäftskonzept im Rahmen einer relativ homogenen, anthroposophisch geprägten Mitgliedergruppe seit Jahren erfolgreich angewendet. Ob allerdings wesentliche Elemente dieses Konzeptes auch bei der angestrebten großen Mitgliederzahl der Ökobank, die bereits zu ihrem Gründungszeitpunkt über einen heterogenen Mitgliederkreis verfügt,[158] auf Dauer praktikabel sind, läßt sich zum gegenwärtigen Zeitpunkt noch längst nicht absehen. Denkbar erscheinen einerseits bankwirtschaftliche Krisenerscheinungen oder andererseits langfristige Transformationstendenzen in Gestalt einer weitgehenden geschäftspolitischen Angleichung an die etablierten Banken.

Es sei auf einige Aspekte hingewiesen, die verdeutlichen, welch eine schwierige Aufgabe sich die Ökobankgründer gestellt haben. Als geschäftspolitische Risiken der Ökobank werden von Jürgen Zerche unter anderem genannt:[159] die mangelnde Diversifikation bei der Kreditvergabe durch einseitige Ausrichtung auf die alternativen Projekte, die fehlenden Möglichkeiten des Risikoausgleichs aufgrund des eng begrenzten Leistungsprogramms und der Wettbewerb mit den etablierten Geschäftsbanken. Achim von Loesch weist anhand von historischen Erfahrungen darauf hin, daß spezialisierte Genossenschaftsbanken es bisher nicht erreicht haben, langfristig zu bestehen.[160] Rolf Schwendter sieht die Ökobank am Anfang einer langen Gratwanderung im Spannungsfeld zwischen bankrechtlichen Vorschriften und basisdemokratischen Ansprüchen.[161] Er betont, wie schwierig es sei, „aus diesem rechtlich-etablierten Tauwerk von Vorstands-, Aufsichtsrats-, Prüfungsverbandsabhängigkeit ein dezentralistisch-basisdemokratisches Gebilde herauszuarbeiten. Und dies, selbstredend, ohne dabei die ökonomischen Grundlagen der Ökobank in Gefahr zu bringen."[162]

---

[156] Siehe zum Geschäftskonzept der Ökobank: Torsten Martin, (Bank), S. 116 ff.; Oliver Förster, (Unsere Bank), S. 4 f.; Oliver Förster, (Universalbank), S. 8.
[157] Vgl. Jürgen Zerche, (Selbsthilfebank), S. 152.
[158] Siehe dazu u. a. Ludger Sauerborn, (Diskussion), S. 9; Jens Reuter, (Zweck), S. 9.
[159] Vgl. Jürgen Zerche, (Selbsthilfebank), S. 151 ff.
[160] Vgl. Achim von Loesch, (Spezialbanken), S. 133 ff. u. insb. S. 140.
[161] Vgl. Rolf Schwendter, (Ökobank), S. 10 f.

Ebenso groß wie die Risiken sind allerdings auch die Entwicklungschancen der Ökobank. Die Tatsache, daß sie den schwierigen und langwierigen Gründungsprozeß überstanden hat, weist auf die Standfestigkeit und den Durchhaltewillen ihrer Gründer hin. Die bereits zum Zeitpunkt der Gründung erreichte Mitgliederzahl von mehr als 12.000 Personen zeigt, daß innerhalb der Bevölkerung deutliches Interesse an einer derartigen Bankgründung besteht. Es wird sich im Laufe der Zeit erweisen, ob sich die Ökobank zu einer wettbewerbswirksamen Alternative gegenüber den etablierten Banken entwickeln und dann vielleicht für die Ausbreitung des gesamten Alternativsektors in der Bundesrepublik eine ähnlich große Bedeutung erlangen kann, wie es schon seit langem bei der Genossenschaftsbank „Caja Laboral Popular" für die Genossenschaften im baskischen Mondragon der Fall ist.[163]

3.2.1.2. Konsumgenossenschaften

3.2.1.2.1 Entwicklungsperspektiven im Warenhandel

3.2.1.2.1.1. Technologische Veränderungen und ihre Auswirkungen auf den Warenhandel

Gegenwärtig bereits eingeführte oder absehbare technologische Veränderungen im Warenhandel äußern sich insbesondere in drei Richtungen: in der Rationalisierung der Warenerfassung und -bewertung durch Anwendung umfassender Warenwirtschaftssysteme,[164] in der Rationalisierung des Zahlungsvorganges durch automatisierte Kassensysteme (Datenkassen/Point-of-Sale-Terminals)[165] und in der rationellen Nutzung neuer Telekommunikationsformen.[166] Während die Einführung computergestützter Warenwirtschaftssysteme bereits heutzutage weit fortgeschritten ist, befindet sich die Anwendung automatisierter Kassensysteme und neuer Telekommunikationstechnologien erst in ihren Anfängen. Eine zunehmende und wettbewerbswirksame Verbreitung werden diese zuletztgenannten Rationalisierungsbestrebungen voraussichtlich im Laufe der neunziger Jahre dieses Jahrhunderts, spätestens aber nach dem Jahr 2000 erreichen können.[167]

Bei den „Warenwirtschaftssystemen" handelt es sich um informationstechnologische Netzwerke. Sie erfassen „alle Versorgungsobjekte, mit Ausnahme der Dienstleistungen, mengen- bzw. gewichts- und wertmäßig vom Wareneingang,

---

[162] Rolf Schwendter, (Ökobank), S. 11.

[163] Vgl. Luise Gubitzer, (Modell), S. 254 ff.

[164] Vgl. Deutsche Angestellten-Gewerkschaft, (Rationalisierung), S. 24 ff.; Joachim Schiffel, (Warenwirtschaftssysteme), S. 3 u. S. 49 ff.

[165] Vgl. Deutsche Angestellten-Gewerkschaft, (Rationalisierung), S. 11 ff.

[166] Vgl. Peter Waldbach, (Bildschirmtext), S. 12 ff.

[167] Vgl. Erich Greipl, (Entwicklungstrends), S. 24; Peter Waldbach, (Bildschirmtext), S. 46.

über die Lagerung bis hin zum Warenausgang".[168] Um dies lückenlos und möglichst rationell zu gewährleisten, ist insbesondere die Verwendung einer maschinenlesbaren Artikelbezeichnung notwendig. Dabei können Lesegeräte, wie Scanner oder Lesestifte, zur Dateneingabe benutzt werden.[169] Zu den möglichen Bestandteilen eines Warenwirtschaftssystems zählen sowohl mobile Datenerfassungsgeräte beim Wareneingang, im Lager und bei transportablen Verkaufsstellen als auch stationäre Datenerfassungssysteme. Zu den letzteren zählen insbesondere Datenkassen im Warenverkauf.[170] Bildschirm-Terminals sind weitere wichtige Elemente eines warenwirtschaftlichen Informationsnetzwerkes. Die Funktionsfähigkeit der Systeme hängt letztendlich vom Zusammenspiel aller dieser Einzelelemente mit den zentralen und dezentralen Computern ab.[171]

Die innovative und dynamische Weiterentwicklung der Informations- und Kommunikationstechnologien erschwert Prognosen über die langfristigen Entwicklungsperspektiven der Warenwirtschaftssysteme. Sehr wahrscheinlich sind jedoch auch künftig Verbesserungen des gegenwärtigen Preis-Leistungs-Verhältnisses solcher Systeme zu erwarten.[172] Die Anwendung der Systeme ermöglicht für Handelsunternehmen deutliche Rationalisierungseffekte und Kosteneinsparungen. Denn aufgrund der maschinenlesbaren Artikelcodierung wird die kostenträchtige Preisauszeichnung der Waren weitgehend überflüssig. Der Registriervorgang an den Kassen gestaltet sich durch maschinenlesbare Artikelerfassung sehr rationell. Preisänderungen können angesichts der maschinenlesbaren Artikelcodierung zentral sowie mit hoher Flexibilität erfolgen. Die Lagerhaltung läßt sich mit Hilfe von Warenwirtschaftssystemen kostengünstig organisieren sowie kontrollieren.[173] Besondere Bedeutung für die meisten Handelsbetriebe dürfte darüber hinaus der Informationszuwachs erlangen, welcher sich durch die Anwendung von Warenwirtschaftssystemen erzielen läßt. Es kann als Grundlage unternehmerischen Handelns zu weiteren Rationalisierungseffekten führen, beispielsweise durch verbesserte Sonderangebotskontrollen, Sortimentsverbundanalysen oder Werbewirkungskontrollen.[174]

Eine neue Stufe des Technologieeinsatzes im Handel bildet die „Automatisierung der Zahlungsvorgänge", also die Einführung neuer Formen des bargeldlosen Zahlungsverkehrs. Für die Betriebe des Groß- und Einzelhandels bieten sich dadurch in längerfristiger Perspektive Möglichkeiten, Einzahlungen per Bargeld oder Euroscheck durch kostengünstigere Verfahren zu ersetzen. Wie bei den

---

[168] Joachim Schiffel, (Warenwirtschaftssysteme), S. 69.
[169] Vgl. Deutsche Angestellten-Gewerkschaft, (Rationalisierung), S. 9; Joachim Schiffel, (Warenwirtschaftssysteme), S. 70 ff.
[170] Vgl. Deutsche Angestellten-Gewerkschaft, (Rationalisierung), S. 18 ff.
[171] Vgl. Deutsche Angestellten-Gewerkschaft, (Rationalisierung), S. 24 ff.
[172] Vgl. Joachim Schiffel, (Warenwirtschaftssysteme), S. 95 f.
[173] Vgl. Joachim Schiffel, (Warenwirtschaftssysteme), S. 182 f.
[174] Vgl. Joachim Schiffel, (Warenwirtschaftssysteme), S. 183 f.

134   3. Analyse der künftigen genossenschaftlichen Entwicklungsmöglichkeiten

technologischen Entwicklungsperspektiven im Bankgewerbe bereits erwähnt wurde, dienen hierzu beispielsweise automatisierte Kassenterminals. Diese stehen durch eine direkte Verbindung mit einem Bankcomputer im Datenaustausch und ermöglichen eine unmittelbare Belastung des Kundenkontos mit dem Rechnungsbetrag.[175]

Die hohen Investitionskosten solcher Systeme amortisieren sich allerdings für die Handelsunternehmen nur bei einer Akzeptanz durch die Kunden. Deshalb herrscht im Handel gegenwärtig noch eine gewisse Skepsis im Hinblick auf diese Automatisierungsmaßnahmen. Zumindest dürfte ein einseitiges Vorpreschen einzelner Unternehmen Wettbewerbsrisiken beinhalten und demzufolge wenig aussichtsreich erscheinen.[176] Unter der Voraussetzung einer breiten Akzeptanz solcher Zahlungsformen lassen sich jedoch langfristig für die Handelsunternehmen durchaus Rationalisierungseffekte erwarten. Sie lassen sich sowohl durch Beschleunigung der Kassiervorgänge als auch durch die Vermeidung von Kosten und Sicherheitsrisiken hoher Bargeldbestände im Einzelhandel erreichen.[177] Dies gilt allerdings nur, sofern die entfallenden Sicherheitsrisiken der Bargeldhaltung nicht ersetzt werden durch vielleicht noch beträchtlich höhere Risiken der Computerkriminalität und Datenmanipulation.

Bei den neuartigen Telekommunikationstechnologien ist zum Beispiel an Bildschirmtext-Systeme oder Kabelfernseh-Systeme mit Rückkanal zu denken. Sie bieten den Konsumenten erweiterte Möglichkeiten, von zu Hause aus mit dem Einzelhandel in Verbindung zu treten, also sowohl Angebote des Handels entgegenzunehmen als auch Bestellungen aufzugeben.[178] Dadurch wird zunächst der Versandhandel begünstigt, da die Versandhandelsunternehmen bereits heutzutage über einen Kundenstamm verfügen, der trotz teilweise höherer Preise den Kauf von zu Hause aus bevorzugt.[179] Naheliegenderweise werden demzufolge Versandhandelsunternehmen höchstwahrscheinlich als erste in der Lage sein, solche neuen Telekommunikationstechnologien in großem Umfang nutzbringend anzuwenden.[180]

Ähnlich wie im Bankgewerbe können auch im Handel solche Nutzungsmöglichkeiten erst im Laufe der Zeit für private Haushalte an Attraktivität gewinnen.[181] Hingegen finden beispielsweise Bildschirmtext-Systeme in der zwischen- oder innerbetrieblichen Kommunikation des Handels bereits gegenwärtig vielfältige Anwendungsmöglichkeiten. Mit zunehmender Akzeptanz bei

---

[175] Vgl. Deutsche Angestellten-Gewerkschaft, (Rationalisierung), S. 16f.; Joachim Schiffel, (Warenwirtschaftssysteme), S. 157f.

[176] Vgl. O. V., (Artikel: Kreditkarten), S. 55.

[177] Vgl. Joachim Schiffel, (Warenwirtschaftssysteme), S. 158.

[178] Vgl. Peter Waldbach, (Bildschirmtext), S. 12ff.

[179] Vgl. Deutsche Angestellten-Gewerkschaft, (Rationalisierung), S. 38.

[180] Vgl. Erich Greipl, (Entwicklungstrends), S. 23; Peter Waldbach, (Bildschirmtext), S. 203f.

[181] Vgl. Erich Greipl, (Entwicklungstrends), S. 24.

privaten Haushalten wird zu rechnen sein, sofern die erkennbaren Vorteile die bisher noch deutlich in Erscheinung tretenden Nachteile künftig irgendwann verdrängen. Zu den Vorzügen sind insbesondere die Bequemlichkeit und zeitliche Flexibilität im Hinblick auf die Nutzungsmöglichkeiten zu zählen. Als Nachteile spielen gegenwärtig unter anderem relativ hohe Benutzungsgebühren, komplizierte und zeitaufwendige Benutzungsmethoden oder der mangelnde Schutz von Kundendaten vor mißbräuchlicher Verwendung eine wesentliche Rolle. In beiden Hinsichten sind neben ökonomischen Faktoren, die durch Kosten-Nutzen-Rechnungen ermittelbar sind, insbesondere sozialpsychologische Faktoren bedeutsam. Beispielsweise seien von den letzteren das Festhalten an vertrauten Einkaufsgewohnheiten, die Orientierung am Verhalten von Freunden bzw. Nachbarn oder bei vielen Menschen die Scheu vor der ungewohnten Technik genannt.[182]

Im Anschluß an eine Analyse vieler Einflußfaktoren gelangt Peter Waldbach im Hinblick auf die mögliche Verbreitung des Bildschirmtext-Systems bei privaten Haushalten zu dem folgenden Fazit: „Mit einer kurz- oder mittelfristigen Annahme von Btx in breiten Bevölkerungsschichten kann nicht gerechnet werden."[183] Zunächst werde die Bildschirmtextnutzung voraussichtlich auf eine kleine, innovationsfreudige und einkommensstarke Bevölkerungsgruppe beschränkt bleiben. Mit einer raschen Weiterverbreitung des neuen Mediums könne wahrscheinlich erst dann gerechnet werden, wenn eine „kritische Marktgröße", das heißt eine attraktivitätssteigernde Mindestanzahl von Bildschirmtext-Benutzern, erreicht sein wird. Außerdem hänge die verbreitete Einführung auch davon ab, ob sich die sozialpsychologischen Barrieren weitgehend abbauen lassen.[184]

Eine in längerfristiger Perspektive zumindest nicht auszuschließende Verbreitung solcher Telekommunikationstechnologien bei privaten Haushalten kann zu Strukturveränderungen in Teilbereichen des Einzelhandels beitragen. Bestimmte Betriebsformen des Handels, wie Filialbetriebe oder Verbrauchermärkte, werden ihre künftige Service-, Sortiments- und Standortpolitik an die veränderten Marktbedingungen anpassen. Dies gilt vermutlich zumindest dann, wenn im Rahmen gewandelten Einkaufsverhaltens bei Grundbedarfsgütern zusätzliche Serviceleistungen, unter anderem die Auslieferung der Waren per Haus, an Bedeutung gewinnen.[185] Denn der Konsument wird möglicherweise nicht mehr bereit sein, für Routineeinkäufe Zeit zu opfern und die Transportleistungen bis zu seiner Wohnung selbst vorzunehmen.[186]

---

[182] Vgl. Peter Waldbach, (Bildschirmtext), S. 44f.
[183] Peter Waldbach, (Bildschirmtext), S. 45.
[184] Vgl. Peter Waldbach, (Bildschirmtext), S. 46f.
[185] Vgl. Erich Greipl, (Entwicklungstrends, S. 24; Peter Waldbach, (Bildschirmtext), S. 83 u. S. 199ff.
[186] Vgl. Peter Waldbach, (Bildschirmtext), S. 234ff.

3. Analyse der künftigen genossenschaftlichen Entwicklungsmöglichkeiten

Besonders nutzbringend könnten sich derartige zusätzliche Handelsdienstleistungen für ältere, kranke und behinderte Menschen auswirken. Für diese Personengruppen hat sich bekanntlich seit dem weitgehenden Rückzug kleiner Einzelhandelsgeschäfte vom Markt und aus vielen kleinen Ortschaften eine nachteilige Versorgungssituation entwickelt. Die zahlreichen Verbrauchermärkte, die überwiegend an die Stelle der kleinen Lebensmittelgeschäfte getreten sind, stellen für die vorher genannten Personengruppen keinen akzeptablen Ersatz dar, weil sie aufgrund ihrer Unternehmenskonzeption und Standortwahl fast ausschließlich auf Autofahrer ausgerichtet sind.

Solche und anders geartete Versorgungsdefizite werden von genossenschaftsartigen Hilfsorganisationen, wie unter anderem den „Grauen Panthern", zum Anlaß genommen für friedliche Protestaktionen und Selbsthilfeaktivitäten der Betroffenen. Dadurch soll die Öffentlichkeit mit diesen Mißständen konfrontiert werden. Zugleich will man Wege aufzeigen, wie die vorher genannten Personengruppen ihre Situation durch selbstorganisiertes Handeln verbessern können — beispielsweise indem ältere Menschen Wohngemeinschaften gründen und das Einkaufen gemeinsam organisieren. Telekommunikationsmittel, die sich von den Benutzern unkompliziert anwenden lassen, und Einzelhandelsunternehmen, die vielleicht künftig in verstärktem Maße Transportdienstleistungen zu den Wohnungen ihrer Kunden erbringen, können solche Selbsthilfebemühungen wirksam unterstützen.

Grenzen wird die zunehmende Anwendung der Telekommunikation im Einzelhandel selbst in langfristiger Perspektive überall dort finden, wo der Vorgang des Einkaufens nicht den Charakter einer lästigen Routinetätigkeit besitzt, sondern zu einer vom Kunden bewußt gewählten Freizeitbeschäftigung wird.[187] Gleichartiges gilt beispielsweise auch dort, wo komplizierte Waren die fachlich kompetente Beratung eines Verkäufers und die Inaugenscheinnahme durch den Kunden erfordern oder wo im Zusammenhang mit dem Einkaufen auch das Ziel sozialer Kontakte zu Verkäufern oder anderen Kunden nach wie vor beabsichtigt wird.[188] Uralte Formen des Handels — insbesondere Wochenmärkte, Tiermärkte oder Trödelmärkte — haben sich ja aus dem zuletzt genannten Grund bis in die heutige Zeit erhalten können. Selbst eine zunehmende Telekommunikation dürfte solche lebendigen Marktformen höchstwahrscheinlich nicht verdrängen können.[189] Es ist deshalb zu erwarten, daß die Telekommunikation allenfalls eine Ergänzung der stationären Einkaufsmöglichkeiten darstellen kann. Sie dürfte im wesentlichen lediglich für bestimmte Warengruppen und Dienstleistungsbereiche sinnvoll sein.[190]

---

[187] Vgl. Rainer Godel, (Rationalisierung), S. 394ff.; siehe dazu auch Bruno Tietz, (Konsument/Bd. I), S. 39ff.

[188] Vgl. Rainer Godel, (Rationalisierung), S. 386ff.

[189] Vgl. Anton E. Rauter u. Robert Schediwy, (Konsumgenossenschaften), S. 443.

[190] Vgl. Peter Waldbach, (Bildschirmtext), S. 241.

3.2. Genossenschaftliche Entwicklungsperspektiven

Fraglich ist zum gegenwärtigen Zeitpunkt auch, ob angesichts der Rationalisierungsbestrebungen im Einzelhandel neben der Telekommunikation solche Selbstbedienungsläden eine zunehmende Verbeitung erreichen können, die ausschließlich standardisierte Waren offerieren. Gemeint sind Verkaufsstellen, die völlig ohne Verkaufspersonal auskommen und mit vollautomatisierten Kassenterminals sowie komplizierten kamerabestückten Sicherheitssystemen ausgerüstet sind.[191] Im Einzelhandel dürfte der Grad der realisierbaren Kundenselbstbedienung sowohl durch die Art der Waren beeinflußt werden als auch davon abhängen, inwieweit die Kunden eine Weiterentwicklung der Selbstbedienung akzeptieren.[192] Zum Beispiel ist eine Selbstbedienung bei Massenwaren eher möglich als bei beratungsbedürftigen Waren.[193]

In industrialisierten Marktwirtschaften mit einem intensiven Wettbewerb im Einzelhandel ist im übrigen damit zu rechnen, daß Einzelhandelsunternehmen zwar in zunehmendem Maße Personal durch Rationalisierung des Kassiervorganges, der Lagerhaltung oder der Preisauszeichnung einsparen, aber gleichzeitig mehr Personal in den Bereichen Werbung, Verkaufsförderung und Kundenberatung einsetzen werden.[194] Für die Beschäftigten im Einzelhandel gewinnen in diesem Zusammenhang neben Kenntnissen der Warenkunde, Qualifikationen in verkaufspsychologischer Hinsicht und Kommunikationsfähigkeiten an Bedeutung.[195] Diese und andere technologische Veränderungen im Handel führen auch dazu, daß sich die Tätigkeitsmerkmale vieler Arbeitsplätze wandeln. Dies gilt beispielsweise für Kassenarbeitsplätze nach Einführung von automatisierten Kassenterminals oder für Lagerarbeitsplätze bei Anwendung eines integrierten Warenwirtschaftssystems.[196]

Der künftige Personalbedarf im Einzelhandel wird nach Ansicht von Erich Greipl hauptsächlich von folgenden Faktoren beeinflußt: „... von der realen Umsatzexpansion, den Möglichkeiten zur Produktivitätssteigerung, dem effektiven Arbeitszeitvolumen der Erwerbstätigen sowie der Länge der Öffnungszeiten."[197] Insgesamt ist künftig wahrscheinlich mit einem leichten Rückgang der Beschäftigten im Einzelhandel zu rechnen. Dabei dürfte die Anzahl der Vollzeitarbeitskräfte abnehmen und die Anzahl der Teilzeitbeschäftigten deutlich ansteigen.[198]

---

[191] Vgl. Rainer Godel, (Rationalisierung), S. 394 ff.
[192] Vgl. Rainer Godel, (Rationalisierung), S. 396.
[193] Vgl. Rainer Godel, (Rationalisierung), S. 386 u. S. 389.
[194] Vgl. Erich Greipl, (Entwicklungstrends), S. 20; Rainer Godel, (Rationalisierung), S. 386 u. S. 399 f.
[195] Vgl. Erich Greipl, (Entwicklungstrends), S. 20.
[196] Vgl. Deutsche Angestellten-Gewerkschaft, (Rationalisierung), S. 20 u. insb. S. 42 ff.
[197] Erich Greipl, (Entwicklungstrends), S. 19.
[198] Vgl. Deutsche Angestellten-Gewerkschaft, (Rationalisierung), S. 44; Erich Greipl, (Entwicklungstrends), S. 19.

3.2.1.2.1.2. Wettbewerbssituation der Konsumgenossenschaften

Neben technischen werden sicherlich auch gesellschaftlich-ökonomische Veränderungen in der Zukunft die Struktur des Einzelhandels wesentlich beeinflussen und die Handelsunternehmen zu Anpassungsreaktionen veranlassen. In diesem Zusammenhang sind insbesondere Nachfrageveränderungen zu nennen, deren Ursachen unter anderem in gewandelten Verbrauchsgewohnheiten, in einem gewandelten Altersaufbau der Bevölkerung und in einer verlängerten Freizeit der Erwerbstätigen zu suchen sind.[199] Im Hinblick auf mögliche Entwicklungstendenzen der gesamtwirtschaftlichen Nachfrage werden künftig weiterhin steigende Konsumausgaben erwartet. Sie betreffen beispielsweise höherwertige Gütergruppen, Aufwendungen zur gesundheitlichen Vorsorge, Weiterbildungsmaßnahmen, Heimwerkerartikel und den Freizeitbedarf.[200]

Bekanntlich besteht bereits seit langer Zeit ein Trend zur Unternehmenskonzentration im Groß- und Einzelhandel. Diese Entwicklung dürfte sich weiter fortsetzen, wenn sich — wie zu erwarten ist — den Großbetriebsformen des Einzelhandels dadurch größere Chancen bieten, die notwendigen Anpassungsprozesse an technologische Veränderungen und die frühzeitige Reaktion auf Nachfrageveränderungen zu bewerkstelligen. Eine Fortsetzung dieser Konzentrationstendenzen kann allerdings dazu führen, daß der heute noch vorherrschende intensive oligopolistische Wettbewerb und die Vielfalt der Betriebsformen im Handel irgendwann gefährdet sein werden. Spätestens dann sollte mit weiteren wettbewerbsfördernden politischen Maßnahmen zum Schutz der Verbraucher gerechnet werden können.

In der Zukunft ist auch mit einer verstärkten lateralen Konzentration und Diversifikation zu rechnen.[201] Darunter ist zu verstehen, daß sich große Handelsunternehmen mit Unternehmen anderer Branchen zusammenschließen oder Tochtergesellschaften in anderen Branchen — wie im Bankenbereich, bei Versicherungen oder Transportunternehmen — gründen.[202] Vielfältig strukturiert sind in dieser Hinsicht bereits heutzutage Handelskonzerne in den Vereinigten Staaten von Amerika. Aber auch bei großen bundesdeutschen Handelsunternehmen weist ein deutlicher Trend in diese Richtung. Für diese Unternehmen bietet die Angliederung einer eigenen Bank dabei nicht nur die Möglichkeit zum Konsumentenkreditgeschäft. Mit der engen Verknüpfung von Handels- und Bankgeschäften im Rahmen des bargeldlosen Zahlungsverkehrs, durch Einführung automatisierter Einzelhandelskassen oder von Bildschirmtext-Telekommunikationssystemen lassen sich auch andere — aus der Sicht des jeweiligen Unternehmens — vorteilhafte Ergebnisse erzielen.[203]

---

[199] Vgl. Joachim Schiffel, (Warenwirtschaftssysteme), S. 1.
[200] Vgl. Hans-Otto Schenk, Hiltrud Tenbrink u. Horst Zündorf, (Konzentration), S. 205; Erich Greipl, (Entwicklungstrends), S. 17.
[201] Vgl. Günter Schmid, (Marketing), S. 376 ff.
[202] Vgl. Peter Waldbach, (Bildschirmtext), S. 239.
[203] Vgl. O. V., (Artikel: Handel — „Eigenes Netz"), S. 67.

Eine ähnliche Entwicklung zeichnet sich auch seit langer Zeit bei großen Konsumgenossenschaften ab und dürfte sich in der oben beschriebenen Weise künftig noch verstärken. Die Angliederung von Produktionsbetrieben hat aufgrund der konsumgenossenschaftlichen Bestrebungen zur Eigenproduktion bereits seit den Anfängen der Konsumgenossenschaftsgeschichte eine wichtige Rolle gespielt und im Laufe der Zeit diversifizierte Unternehmensgebilde entstehen lassen.[204] Zum Beispiel stellen die schwedischen Konsumgenossenschaften und die Unternehmen der schweizerischen Migros-Organisation seit Jahrzehnten solche Unternehmensgebilde dar, die neben dem Warenhandel vielfältige Produktions- und Dienstleistungsbetriebe mit umfassen.[205] Durch weitere Diversifikation ihres Leistungsangebotes können sich Konsumgenossenschaften an die gesamtwirtschaftlichen Nachfrageveränderungen und an die sich erweiternden Konsumbedürfnisse ihrer Kunden verstärkt anpassen. Beispielsweise können sie den Nahrungsmittelbereich sowohl durch Warenangebote des Wohn- und Freizeitbedarfs als auch durch Dienstleistungsangebote im Reise-, Gastronomie- oder Beherbergungsgewerbe noch wesentlich ergänzen.[206]

Bei den großen Handelsunternehmen findet neben der lateralen bzw. branchenmäßigen Diversifikation auch eine solche hinsichtlich der Angebotsstrategien und Angebotstypen statt. Dies hat zur Folge, daß die einzelnen Unternehmensgruppen durch Systembildung in ihrem Erscheinungsbild immer ähnlicher werden.[207] In diesem Zusammenhang betont Erich Greipl im Hinblick auf die künftige Entwicklung als eine nicht unwesentliche Konsequenz: „Die Folge der Angleichung der strategischen Profile und Möglichkeiten der Gruppen wird sein, daß Innovationsvorsprünge, die Unternehmen bei Einführung neuer Konzepte, Systeme und Techniken erzielen können, zunehmend kleiner werden, da praktisch alle großen Gruppen versuchen, sich von ihren Strukturen her so flexibel zu gestalten, daß sie schnell nachziehen und aufholen können."[208] Trotz also möglicherweise geringerer Realisierungschancen von Innovationsvorsprüngen werden aber sicherlich auch weiterhin Innovationen eine große Bedeutung für die Existenzfähigkeit der Handelsunternehmen behalten.[209] Es ist auch nicht auszuschließen, daß eine Fortsetzung des intensiven Wettbewerbs im Einzelhandel die Produktlebenszyklen weiter verkürzen wird.[210]

---

[204] Vgl. Erwin Hasselmann, (Geschichte), S. 320ff.
[205] Vgl. Robert Schediwy, (Perspektive), S. 427f.
[206] Vgl. Erich Greipl, (Entwicklungstrends), S. 23f.; Anton E. Rauter, Günter Strauch u. Robert Schediwy, (Verbraucherpolitik), S. 28; Anton E. Rauter u. Robert Schediwy, (Konsumgenossenschaften), S. 435ff. u. insb. S. 439; Ingo Cornelßen, (Aufschwung), S. 45.
[207] Vgl. Erich Greipl, (Entwicklungstrends), S. 23; Rainer Godel, (Rationalisierung), S. 406ff.
[208] Erich Greipl, (Entwicklungstrends), S. 24.
[209] Vgl. Hans H. Bauer, (Entscheidung), S. 4.
[210] Vgl. Erich Greipl, (Entwicklungstrends), S. 20.

140 3. Analyse der künftigen genossenschaftlichen Entwicklungsmöglichkeiten

Je weiter die Konzentration und Diversifikation großer Handelsunternehmen voranschreitet,[211] um so bedeutsamer wird ferner die internationale Ausrichtung ihrer Tätigkeit. Sie dürfte von Kooperationsabkommen auf internationaler Ebene bis hin zur Entstehung oder dem weiteren Ausbau multinationaler Konzerne reichen. Eine historische Betrachtung der Konsumgenossenschaften zeigt, daß in diesem Genossenschaftsbereich die internationale Orientierung seit langem besonders ausgeprägt vorhanden ist.[212] Die weitere Intensivierung der konsumgenossenschaftlichen Zusammenarbeit auf internationaler Ebene erscheint angesichts der Konzentrationstendenzen ihrer Marktkonkurrenten besonders naheliegend.

3.2.1.2.2. Unterschiedliche Entwicklungsrichtungen bei Konsumgenossenschaften

3.2.1.2.2.1. Die erwerbswirtschaftliche Entwicklungsrichtung

Bei vielen Konsumgenossenschaften hat sich im Laufe ihrer langen Entwicklungsgeschichte eine Angleichung an erwerbswirtschaftliche Handelsunternehmen ergeben. Es handelt sich um einen Entwicklungsprozeß, der sich nicht nur im äußeren Erscheinungsbild zahlreicher Konsumgenossenschaften, sondern auch im Selbstverständnis ihrer Führungsorgane und insbesondere des genossenschaftlichen Managements abzeichnet. Für das Management derartiger Genossenschaften erlangen Unternehmenszielsetzungen — wie beispielsweise Umsatz- und Betriebsgrößenwachstum, Marktmacht und nicht zuletzt die Gewinnmaximierung — hohe Priorität. Demgegenüber ist die Identität von Mitgliedern und Kunden der Konsumgenossenschaft als wichtigem genossenschaftlichem Kennzeichen weitgehend verlorengegangen. Entscheidend dafür sind Betriebsgrößenwachstum, ausgedehnte Nichtmitgliedergeschäfte und teilweise sinkende Mitgliederzahlen, was insbesondere nach Einschränkung von Warenrückvergütungsmöglichkeiten der Fall war.[213]

Betrachtet man den Entwicklungsverlauf der Konsumgenossenschaften in der Bundesrepublik Deutschland, so wird deutlich, daß bereits seit dem Jahre 1974 einige der ehemaligen Konsumgenossenschaften — wie unter anderem die ASKO in Saarbrücken und die AVA in Bielefeld — nach der Umwandlung in Aktiengesellschaften erwerbswirtschaftliche Ziele verfolgen.[214] Der Übergang zur Erwerbswirtschaft läßt sich nunmehr auch bei der Co op AG feststellen. Wie

---

[211] Siehe zur Konzentration bei deutschen Konsumgenossenschaften z. B. Erich Gandenberger, (Konzentration), S. 16ff.

[212] Vgl. Robert Schediwy, (Perspektive), S. 424; Erwin Hasselmann, (Geschichte), S. 25ff.

[213] Vgl. Wolfgang Brambosch, (Co op), S. 103ff.; Werner W. Engelhardt, (Transformationsproblematik), S. 55ff.

[214] Wolfgang Brambosch, (Co op), S. 178ff.; O. V., (Artikel: Handel — ASKO), S. 93ff.

sich bereits in den vergangenen Jahren andeutete, ist bei diesem ehemaligen gemeinwirtschaftlich orientierten Unternehmen ein schrittweiser Annäherungsprozeß an die Erwerbswirtschaft erfolgt.[215] Durch die erwerbswirtschaftlich ausgerichtete Managementpolitik und die Notierung an der Börse im Jahre 1987 wurde dieser Transformationsprozeß besonders deutlich.[216]

3.2.1.2.2.2. Die gemeinwirtschaftliche Entwicklungsrichtung

Bei dieser Entwicklungsrichtung handelt es sich um Konsumgenossenschaften, deren Unternehmenszielsetzungen aufgrund freiwilliger Entscheidung der Genossenschaftsorgane überwiegend auf eine Förderung der Allgemeinheit ausgerichtet sind. Solche Zielsetzungen findet man jeweils in unterschiedlicher Ausprägung beispielsweise bei den schwedischen Konsumgenossenschaften,[217] bei der schweizerischen Migros-Organisation nach der gemeinwirtschaftlichen Konzeption Gottlieb Duttweilers und bei den konsumgenossenschaftlichen Erneuerungsbestrebungen im Rahmen des „Migros-Frühlings".[218] Als gemeinwirtschaftliche Zielsetzungen können insbesondere genannt werden: die aktive Rolle als Marktgegengewicht, die umfangreiche Förderung des Verbrauchers und des Umweltschutzes, Maßnahmen zur Unterstützung der Entwicklungsländer, Initiativen zur Förderung gesunder Ernährung, schließlich kulturelle Aktivitäten.

Aufgrund ihrer aktiven Rolle als Marktgegengewicht[219] konnten viele Konsumgenossenschaften bereits in den dreißiger Jahren den Marktwettbewerb zugunsten der Konsumenten erhöhen.[220] Außer durch ihre Preispolitik gaben sie auch durch die Qualität sowie durch die Konditionen ihres Warenangebotes positive Impulse, an denen sich auch ihre Marktkonkurrenten häufig orientierten.[221] Wie in der Vergangenheit dürfte auch in der Zukunft die Funktion von Konsumgenossenschaften als Marktgegengewicht insbesondere in solchen Fällen bedeutsam sein, in denen ein wirksamer Marktwettbewerb im Handel ohne ihre Aktivitäten nicht vorhanden oder unzureichend wäre.

---

[215] Vgl. Konrad Mrusek, (Mißlungener Coup), S. 11; Wolfgang Brambosch, (Co op), S. 214 ff.; Werner W. Engelhardt, (Transformationsproblematik), S. 59 f.

[216] Vgl. z. B. Ingo Cornelßen, (Aufschwung), S. 38 ff.; O. V., (Artikel: Co op), S. 112 f.

[217] Vgl. Robert Schediwy, (Perspektive), S. 427 f.; Werner W. Engelhardt, (Funktionswandel), S. 102 ff.

[218] Vgl. Hans A. Pestalozzi, (Menschen), S. 14 ff.; Werner W. Engelhardt, (Aufgabenwandel), S. 258; Werner W. Engelhardt, (Gemeinwirtschaftliche Genossenschaften), S. 389; Migros-Genossenschafts-Bund, (Sozialbilanz), S. 31 ff.

[219] Vgl. Walter Hesselbach, (Unternehmen), S. 169 ff.; Achim von Loesch, (Gewerkschaften), S. 354 f.

[220] Vgl. Erwin Hasselmann, (Geschichte), S. 401 ff.

[221] Vgl. Robert Schediwy, (Perspektive), S. 428; Hans A. Pestalozzi, (Menschen), S. 16.

Die Konsumgenossenschaft der Rochdaler Pioniere vertrat in der Mitte des vergangenen Jahrhunderts unter anderem mit der „Förderung des Erziehungswesens"[222] gemeinwirtschaftliche Ziele, die auch heutzutage in veränderter Form, beispielsweise als Weiterbildungsangebote für Verbraucher, nach wie vor Aktualität besitzen. Denkbar sind kostenlose kundenbezogene Informationsangebote zu Fragen des Umweltschutzes oder der gesunden Ernährung.

Ferner lassen sich mit Hilfe einer bewußten Sortimentsgestaltung gemeinwirtschaftliche Zielsetzungen praktisch realisieren, indem Konsumgenossenschaften zum Beispiel auf umweltbelastende Produkte in ihren Sortimenten verzichten. Hinzuweisen ist an dieser Stelle auf Oswald von Nell-Breuning, der bereits im Jahre 1929 in einem Vortrag die Konsumgenossenschaften zu einer aktiven Rolle aufforderte bei der langfristigen Umorientierung „zu einer bedarfsgerichteten Wirtschaft."[223] Folgt man seinem damals geäußerten Vorschlag, so hätten die Konsumgenossenschaften „die Aufgabe, im Interesse des Menschen, dem sie dienen, eine ‚verfeinerte und vergeistigte Auffassung vom Bedarf des Menschen' zu entwickeln."[224]

Einen außergewöhnlichen Weg der Sortimentspolitik wählte später der Begründer der Migros, Gottlieb Duttweiler, als er aus gesundheitspolitischen Gründen Alkohol- und Tabakwaren aus dem Warenangebot der Migros entfernte.[225]

Schließlich sei an dieser Stelle noch auf die Möglichkeiten der Konsumgenossenschaften hingewiesen, gemeinwirtschaftliche Zielsetzungen durch finanzielle Förderung sozialer oder kultureller Projekte zu verwirklichen. Vorreiter der neueren Bestrebungen auf diesem Gebiet ist wiederum die Migros, deren Kulturförderung ein fester Bestandteil ihrer Unternehmenspolitik geworden ist. Jährlich werden Förderungsmittel von etwa einem Prozent des Migros-Umsatzes „für kulturelle, soziale und nichtgeschäftliche Zwecke" — unter anderem für Klubschulen, Künstlerförderung, kulturelle Aktionen, kulturelle und soziale Spenden — ausgegeben.[226]

3.2.1.2.2.3. Förderungswirtschaftliche Entwicklungsrichtungen

3.2.1.2.2.3.1. Der klassisch-förderungswirtschaftliche Entwicklungstyp

Bei dieser Entwicklungsrichtung der Konsumgenossenschaften wird eine weitgehende Identität von Mitgliedern und Kunden der Genossenschaft weiterhin angestrebt. Diese Zielsetzung kann weder durch eine einseitig auf die

---

[222] Erwin Hasselmann, (Geschichte), S. 22.
[223] Erwin Hasselmann, (Geschichte), S. 441.
[224] Erwin Hasselmann, (Geschichte), S. 441.
[225] Vgl. Theo Ginsburg, (Energie), S. 113.
[226] Migros-Genossenschafts-Bund, (Sozialbilanz), S. 42; vgl. auch Hans A. Pestalozzi, (Menschen), S. 16.

3.2. Genossenschaftliche Entwicklungsperspektiven

Kapitalbeteiligung der Mitglieder ausgerichtete Förderung noch allein durch eine überwiegende Förderung der Allgemeinheit erreicht werden. Denn bei der erwerbswirtschaftlich orientierten Konsumgenossenschaft wird von den Kunden nur diejenige Teilgruppe zur Mitgliedschaft bewogen, die über Kapitalmittel verfügt und hauptsächlich an einer Mitgliederförderung über eine hohe Kapitalverzinsung interessiert ist. Bei der gemeinwirtschaftlich orientierten Konsumgenossenschaft werden ebenso einseitig von den Kunden nur diejenigen zur Mitgliedschaft motiviert, die sich mit gemeinwirtschaftlichen Zielsetzungen identifizieren und aus diesem Grunde eine Mitgliedschaft als wichtig erachten.

Bei der klassisch-förderungswirtschaftlichen Entwicklungsrichtung versuchen die Konsumgenossenschaften demgegenüber ein breites Kundenspektrum zugleich auch als Mitglieder zu gewinnen. Dies ist im allgemeinen nur möglich, sofern die Mitgliedschaft durch Zusatzleistungen und Sondervorteile[227] für die Mitglieder attraktiv gestaltet wird.[228] Als Indiz für die Notwendigkeit eines wirksamen Anreizfaktors kann die Tatsache gelten, daß die in der Bundesrepublik Deutschland im Jahre 1954 erfolgte gesetzliche Begrenzung auf eine maximal dreiprozentige Umsatzrückvergütung[229] für Genossenschaftsmitglieder hierzulande in wesentlichem Maße zum Mitgliederschwund bei Konsumgenossenschaften beigetragen hat.[230] Demnach können die steuer- und wettbewerbsrechtlichen Vorschriften in den einzelnen Staaten den Handlungsspielraum der Konsumgenossenschaften ganz erheblich beeinflussen, indem sie für ökonomische Zusatzleistungen gegebenenfalls enge Grenzen ziehen. Dies gilt grundsätzlich nicht nur für Rückvergütungen als materiellen Anreizfaktor, sondern auch für andere finanzielle Sondervorteile, welche die Konsumgenossenschaften beispielsweise im Rahmen von geschäftlichen Sonderaktionen ausschließlich für Mitglieder gewähren.[231]

Robert Schediwy rechnet damit, „daß auf dem Gebiete immaterieller Förderung große Chancen für die Konsumgenossenschaftsbewegung der Zukunft liegen."[232] Diese Ansicht beruht auf der Erwartung, daß sich zumindest bei einem Teil der Bevölkerung in hochentwickelten und zum materiellen Überfluß tendierenden Gesellschaften strukturelle Nachfrageveränderungen ergeben werden. Aufgrund von partiellen Sättigungserscheinungen könnte in der Tat der Konsum materieller Güter langfristig seinen überragenden Stellen-

---

[227] Vgl. Mancur Olson, Jr., (Logik), S. 130 ff.

[228] Vgl. Anton E. Rauter u. Robert Schediwy, (Konsumgenossenschaften), S. 441 f.; Anton E. Rauter, Günter Strauch u. Robert Schediwy, (Verbraucherpolitik), S. 30 u. S. 32.

[229] Vgl. Erwin Hasselmann, (Geschichte), S. 623 ff.

[230] Vgl. Robert Schediwy, (Perspektive), S. 428; Anton E. Rauter u. Robert Schediwy, (Konsumgenossenschaften), S. 441.

[231] Vgl. Anton E. Rauter u. Robert Schediwy, (Konsumgenossenschaften), S.441 u. S. 452.

[232] Anton E. Rauter u. Robert Schediwy, (Konsumgenossenschaften), S. 442.

144 3. Analyse der künftigen genossenschaftlichen Entwicklungsmöglichkeiten

wert verlieren, und es ist denkbar,[233] daß dafür immaterielle Bedürfnisse an Bedeutung gewinnen.[234] Konsumgenossenschaften können auf derartige Entwicklungstendenzen reagieren, indem sie ihr Leistungsprogramm diversifizieren und durch Dienstleistungsangebote für ihre Kunden — wie zum Beispiel Hobbykurse, kulturelle Veranstaltungen oder Weiterbildungsangebote — erweitern.[235] Zusatzleistungen oder Sondervorteile für Mitglieder lassen sich dadurch erreichen, daß derartige Dienstleistungen teilweise exklusiv für Genossenschaftsmitglieder oder zumindest preisgünstig für diesen Personenkreis angeboten werden.

Bedeutsam erscheint dies alles insbesondere vor dem Hintergrund einer weiter fortschreitenden Kundenselbstbedienung im Einzelhandel durch Automatisierung der Kassensysteme und durch die neuen Möglichkeiten der Telekommunikation. Es ist nämlich zu erwarten, daß sich aufgrund dieser Entwicklungen der Verkaufsvorgang künftig im allgemeinen noch anonymer gestalten wird, als er es heutzutage schon ist. Hier kann eine mitgliederorientierte Konsumgenossenschaft im Rahmen außerökonomischer Mitgliederförderung nach Wegen suchen, damit die Mitglieder auch bei einer großen Mitgliederzahl noch in der Lage sind, am genossenschaftlichen Willensbildungsprozeß zu partizipieren.[236] Im Anschluß an Tillmann machte Werner W. Engelhardt bereits im Jahre 1953 auf die Möglichkeit aufmerksam, „die Großgebilde zur Festigung der zwischenmenschlichen Kontakte unter soziologischem Aspekt ‚aufzulockern'"[237] — beispielsweise durch Bildung von „soziologisch relativ verselbständigten Filialen."[238] Die Genossenschaft kann dadurch zugleich das betriebswirtschaftlich sinnvolle Größenwachstum und die aufgrund von gruppensoziologischen Aspekten zweckmäßige Gliederung in Teilgruppen erreichen.[239]

Das Beispiel der Konsumgenossenschaft Dortmund eG verdeutlicht eindrucksvoll, wie eine Konsumgenossenschaft, die Anfang 1985 etwa 400 000 Mitglieder zählte, trotz der großen Mitgliederzahl sowohl ihre demokratische Struktur als auch ihre ökonomische und außerökonomische Mitgliederförderung bewahrt hat.[240] Im Gegensatz zu vielen anderen heutigen Konsumgenossenschaften erfolgt abgesehen von der Kapitalbeteiligungsdividende auch eine jährliche Rückvergütung, die den Mitgliedern im Verhältnis zur Höhe des Wareneinkaufs gewährt wird.

---

[233] Siehe dazu Kapitel 2.2.1.2.

[234] Vgl. Anton E. Rauter u. Robert Schediwy, (Konsumgenossenschaften), S. 433 ff. u. S. 442.

[235] Vgl. Anton E. Rauter u. Robert Schediwy, (Konsumgenossenschaften), S. 440 ff.

[236] Vgl. Anton E. Rauter u. Robert Schediwy, (Konsumgenossenschaften), S. 445 ff.

[237] Werner W. Engelhardt, (Größenproblem), S. 271.

[238] Werner W. Engelhardt, (Größenproblem), S. 272.

[239] Vgl. Holger Bonus, (Genossenschaftsbank), S. 13; Werner W. Engelhardt, (Größenproblem), S. 272.

[240] Vgl. Wolfgang Brambosch, (Co op), S. 260 u. S. 268; Vorstand der SPD (Hrsg.), (Selbstbestimmt arbeiten), S. 20 ff.

3.2. Genossenschaftliche Entwicklungsperspektiven

Mindestens ebenso bedeutsam sind aber die außerökonomischen Förderungsleistungen dieser Genossenschaft für ihre Mitglieder. Ein speziell mit der Aufgabenstellung der Mitgliederbetreuung beauftragtes Mitgliedersekretariat organisiert beispielsweise vielfältige kulturelle und gesellige Veranstaltungen.[241] Neben der Mitglieder- und Vertreterversammlung als beschlußfassenden Organen der Genossenschaft existieren auch Bezirks- und Gebietsvertreterversammlungen, die insbesondere der Mitgliederinformation und Diskussion dienen.[242] Eine solche oder ähnliche Gliederung in unterschiedliche Teilgruppen stellt für Großgenossenschaften eine wichtige Voraussetzung dar, um die Partizipationsmöglichkeiten der Mitglieder an der demokratischen Willensbildung zu erhöhen.

3.2.1.2.2.3.2. Der alternativ-förderungswirtschaftliche Entwicklungstyp

Bei dieser Entwicklungsrichtung von Konsumgenossenschaften handelt es sich um neue, „Food-Cooperatives" genannte Nahrungsmittel-Genossenschaften, die man in der jüngsten Vergangenheit insbesondere in den Vereinigten Staaten von Amerika und in Westeuropa in zunehmender Zahl finden kann.[243] Sie weisen deutliche Ähnlichkeiten zu den frühen Konsumgenossenschaften auf. In beiden Fällen versuchen Personengruppen im Rahmen gemeinsamer Selbsthilfe und in Gestalt des vorher erwähnten „organwirtschaftlichen Kooperativs"[244] qualitativ hochwertige Konsumwaren zu beschaffen und an die Mitgliederhaushalte zu verteilen.[245]

Der wirtschaftliche Erfolg der einzelnen Food-Cooperatives ist sehr unterschiedlich, und auch ihre Zielsetzungen weisen beträchtliche Unterschiede auf.[246] Ein Versuch, ausführlich die Zielsysteme einzelner Food-Cooperatives zu analysieren, stammt von Jutta Jösch. Aufgrund von Befragungen stellte die Autorin fest, daß die Mitglieder von Food-Cooperatives den Weg einer solchen konstruktiven Selbsthilfe wählen, um sowohl ihre eigene Situation durch die geänderte Lebensweise direkt verbessern als auch Lösungsalternativen zu gesellschaftlichen Problemen aufzeigen zu können.[247] Ohne an dieser Stelle ausführlich auf die Zielvorstellungen, wie sie in der Befragung zum Ausdruck gebracht worden sind, eingehen zu können, sei dennoch auf einige grundlegende Aspekte hingewiesen:[248]

---

[241] Vgl. Wolfgang Brambosch, (Co op), S. 267f.

[242] Vgl. Konsumgenossenschaft Dortmund, (Selbstdarstellung), S. 56ff.; Vorstand der SPD (Hrsg.), (Selbstbestimmt arbeiten), S. 21f.

[243] Vgl. David Moberg, (Bewegung), S. 19f.; Daniel Zwerdling, (Lebensmittelgenossenschaften), S. 164ff.; Jutta Jösch, (Food-Cooperatives), S. 32.

[244] Vgl. Eberhard Dülfer, (Betriebswirtschaftslehre), S. 91f.

[245] Vgl. Daniel Zwerdling, (Lebensmittelgenossenschaften), S. 166f.; Jutta Jösch, (Food-Cooperatives), S. 30f.

[246] Vgl. Daniel Zwerdling, (Lebensmittelgenossenschaften), S. 171ff.

[247] Vgl. Jutta Jösch, (Food-Cooperatives), S. 32ff.

Angestrebt wird die Beschaffung weitgehend naturbelassener und schadstoffunbelasteter Nahrungsmittel. Neben ernährungsphysiologischen Gesichtspunkten spielen dabei auch Umweltschutzgesichtspunkte und entwicklungspolitische Aspekte eine wesentliche Rolle. Die Mitgliedschaft in Food-Cooperatives bietet für Konsumenten gegenwärtig ökonomische Vorteile, da herkömmliche Läden derartige Waren bisher nicht oder erst ansatzweise in ihrem Sortiment führen und Bioläden für ihre Produkte noch relativ hohe Preise verlangen. Für viele Mitglieder von Food-Cooperatives besitzt der soziale Aspekt der Mitgliedschaft zusätzliche Bedeutung hinsichtlich der Möglichkeiten zum Informationsaustausch und zum persönlichen Kontakt zu Gleichgesinnten. Zugleich wird durch den Zusammenhalt der Mitgliedergruppe und durch die sozialen Kontakte innerhalb der Gruppe die Funktionsfähigkeit der Food-Cooperatives in wesentlichem Maße mit beeinflußt. Eine solche Genossenschaftsform kann ja nur dann relativ problemlos funktionieren, wenn die einzelnen Mitglieder an den Gruppenaktivitäten teilnehmen und zur aktiven Mitarbeit motiviert sind.[249]

Die weiteren Entwicklungschancen von Food-Cooperatives werden sowohl von den gruppeninternen Prozessen dieser Gebilde bzw. Gefüge als auch von den künftigen gesellschaftlichen Rahmenbedingungen abhängen. Obwohl bei den heutigen Food-Cooperatives — wie bemerkt — in mancher Hinsicht Ähnlichkeiten zu den frühen industriezeitlichen Konsumgenossenschaften bestehen, läßt sich daraus aufgrund der unterschiedlichen gesellschaftlichen Rahmenbedingungen noch nicht die allgemeine Schlußfolgerung ziehen, daß auch die weitere Entwicklung der Food-Cooperatives eine deutliche Parallelität zur Weiterentwicklung der frühen industriezeitlichen Konsumgenossenschaften aufweisen wird.[250] Zwar lassen sich möglicherweise auch einzelne Beispiele von Food-Cooperatives aufzeigen, bei denen aufgrund eines Betriebsgrößenwachstums eine solche Parallelität zu verzeichnen ist oder künftig eintreten könnte. Jedoch handelt es sich im ganzen hierbei nur um eine von mehreren unterschiedlichen Möglichkeiten der Weiterentwicklung von Food-Cooperatives. Denn sofern z. B. Verbrauchermärkte künftig in zunehmendem Maße auch „biologische" Nahrungsmittel zu relativ günstigen Preisen in ihre Sortimente aufnehmen werden, ist es denkbar, daß das Mitgliederinteresse an einer solchen Kooperationsform erlahmt. Auch könnten wirtschaftliche Schwierigkeiten der Gebilde, ausgelöst z. B. durch Beschaffungsschwierigkeiten der Waren, ihre Zukunftsaussichten verschlechtern.[251]

---

[248] Vgl. Daniel Zwerdling, (Lebensmittelgenossenschaften), S. 163 ff.; Jutta Jösch, (Food-Cooperatives), S. 36 ff.

[249] Vgl. dazu das Protokoll einer Food-Cooperative als Anhang bei Jutta Jösch, (Food-Cooperatives), S. 115.

[250] Vgl. Gerhard Scherhorn, (Vorwort), o. S.

[251] Vgl. Daniel Zwerdling, (Lebensmittelgenossenschaften), S. 171 ff.

Entwicklungschancen werden den Food-Cooperatives wohl vor allem für den Fall einzuräumen sein, wenn sie in der Lage sind, soziale Funktionen zu erbringen, also Orte des Informationsaustausches und der Geselligkeit zu sein und sich dadurch von den Großbetriebsformen des Einzelhandels deutlich zu unterscheiden.[252] Eine sehr sinnvolle Perspektive könnte darüber hinaus in einer intensiven Zusammenarbeit mit den Produzenten von Nahrungsmitteln liegen, d. h. wenn sie es ihren Mitgliedern ermöglichen, in einen direkten Kontakt mit den Nahrungsmittelproduzenten zu treten.[253] Eine solche Kooperation kann — wie Beispiele aus der Praxis zeigen — institutionell verankert werden, indem sich Food-Cooperatives zu Erzeuger-Verbraucher-Genossenschaften entwickeln und dann sowohl Konsumenten als auch Produzenten als Mitglieder aufnehmen.[254]

3.2.1.3. Gewerbliche und landwirtschaftliche Warengenossenschaften

3.2.1.3.1. *Entwicklungsperspektiven von mittelständischen Wirtschaftsunternehmen*

3.2.1.3.1.1. Entwicklungsperspektiven im mittelständischen Einzelhandel

Im gesamten Bereich des Handels besteht bekanntlich seit geraumer Zeit ein langfristiger Trend zur Unternehmensselektion und -konzentration.[255] Laut einer Prognose des Münchner Ifo-Instituts für Wirtschaftsforschung aus dem Jahre 1981 kann man erwarten, daß sich diese Entwicklung fortsetzen und der Firmenbestand im Zeitraum von 1980 bis 1990 im Einzelhandel um ca. 10-15%, im Großhandel um ca. 13-17% abnehmen wird.[256] Selbst wenn man der Erklärungskraft quantitativer Prognosen im Hinblick auf die künftige Entwicklung des Einzelhandels wegen Ermangelung ausreichender theoretischer Voraussetzungen grundsätzlich skeptisch gegenübersteht,[257] läßt sich dennoch als wahrscheinlich voraussehen, daß insbesondere der Umsatzanteil und die Anzahl der nichtorganisierten Kleinunternehmen im Facheinzelhandel in den kommenden Jahren weiter abnehmen wird.[258] Der Marktanteil dieser Einzelhandelsunternehmen, gemessen an der Umsatzentwicklung, dürfte von 22% im Jahre 1978

---

[252] Vgl. Jutta Jösch, (Food-Cooperatives), S. 37 ff.

[253] Vgl. David Moberg, (Bewegung), S. 20; Jutta Jösch (Food-Cooperatives), S. 37; Netzwerk Bremen/Nordniedersachsen e. V. (Hrsg.), (Stadt- u. Landbuch), S. 167 f.

[254] Vgl. O. V., (Artikel: Naturland), S. 30; Netzwerk Bremen/Nordniedersachsen e. V. (Hrsg.), (Stadt- u. Landbuch), S. 168.

[255] Vgl. Hans-Otto Schenk, Hiltrud Tenbrink u. Horst Zündorf, (Konzentration), S. 205 ff.; Erich Greipl, (Entwicklungstrends), S. 17 f.; Joachim Schiffel, (Warenwirtschaftssysteme), S. 2; O. V., (Artikel: Handel — „Neuer Laden"), S. 69 ff.

[256] Vgl. Erich Greipl, (Entwicklungstrends), S. 17.

[257] Vgl. Rainer Godel, (Rationalisierung), S. 388.

[258] Vgl. Erich Greipl, (Entwicklungstrends), S. 23.

auf 12% im Jahre 1990 zurückgehen. Im gleichen Zeitraum bleibt der Marktanteil der Einkaufsgenossenschaften und Einkaufsvereinigungen voraussichtlich bei etwa 16% relativ konstant.[259]

Als langfristige Gewinner beim Wettbewerb um Marktanteile im Einzelhandel bezeichnet diese Prognose die Großbetriebsformen.[260] Während erwartet wird, daß Verbrauchermärkte und SB-Warenhäuser langfristig an Grenzen ihrer Expansionsmöglichkeiten stoßen, können die weiteren Entwicklungschancen sowohl von Filialunternehmen und Versandhandelsunternehmen als auch von Kauf- und Warenhausunternehmen im allgemeinen als günstig bezeichnet werden. Zumindest gilt dies für diejenigen Unternehmen, die ihre Sortimente und ihre Warenpräsentation den Nachfrageveränderungen anpassen.[261]

Der Konzentrations- und Selektionsprozeß im Einzelhandel wird verstärkt durch die oben analysierten technologischen Entwicklungstendenzen im Handel. Maßgebend dafür ist, daß die Rationalisierungsmöglichkeiten durch Anwendung der Informations- und Kommunikationstechnologien von den Großbetriebsformen mehr als von den anderen Wettbewerbern genutzt werden können. Diese Erkenntnis gilt in noch weit stärkerem Maße als heute im Hinblick auf langfristige Zukunftsperspektiven von umfassenden Warenwirtschaftssystemen, automatisierten Kassensystemen mit bargeldlosem Zahlungsverkehr und die zunehmende Anwendung der Telekommunikationstechnologien für den Einkauf.[262]

Im einzelnen bestehen sehr unterschiedliche Entwicklungsperspektiven für Einzelhandelsbetriebe, je nachdem welche Nachfragesituation und welche Wettbewerbsbedingungen in den einzelnen Branchen vorliegen. In Wachstumsbranchen dürfte auch künftig die Anzahl neugegründeter Unternehmen die Anzahl der aus dem Markt ausscheidenden Einzelhandelsunternehmen deutlich übersteigen.[263] Wettbewerbschancen gegenüber Großbetriebsformen des Handels haben mittelständische Handelsunternehmen insbesondere dann, wenn sie flexibler als Großbetriebe auf Nachfrageänderungen reagieren. Dies gilt auch dann, wenn sie durch fachliche Spezialisierung Nachfragepräferenzen bei den Kunden schaffen, die den Preisvorteil der Großbetriebe ausgleichen.[264]

Noch nicht abzusehen ist gegenwärtig, wie sich eine in der Zukunft denkbare Änderung der gesetzlichen Ladenöffnungszeiten auf den Wettbewerb im Handel

---

[259] Vgl. Erich Greipl, (Entwicklungstrends), S. 22f.; siehe auch Bruno Tietz, (Konsument/Bd. II), S. 1214ff.

[260] Vgl. Hans-Otto Schenk, Hiltrud Tenbrink u. Horst Zündorf, (Konzentration), S. 207ff.; Erich Greipl, (Entwicklungstrends), S. 18 u. S. 22.

[261] Vgl. Hans-Otto Schenk, Hiltrud Tenbrink u. Horst Zündorf, (Konzentration), S. 208ff.; Erich Greipl, (Entwicklungstrends), S. 21ff.

[262] Vgl. Peter Waldbach, (Bildschirmtext), S. 94ff.

[263] Vgl. Erich Greipl, (Entwicklungstrends), S. 17; Joachim Schiffel, (Warenwirtschaftssysteme), S. 2.

[264] Vgl. Hans Rühle von Lilienstern, (Neue Märkte), S. 34ff., S. 49ff. u. S. 55.

in der Bundesrepublik Deutschland auswirken wird. Je nach Einzelhandelsbranche und Unternehmensstandort kann eine höhere zeitliche Flexibilität bei den Ladenöffnungszeiten für mittelständische Handelsbetriebe sehr unterschiedliche Auswirkungen haben.

3.2.1.3.1.2. Entwicklungsperspektiven im Handwerk

Die Abgrenzung des Handwerks von anderen Gewerbezweigen erfolgt durch gesetzliche Regelungen.[265] Die Handwerksordnung in der Bundesrepublik Deutschland verzichtet dabei „bewußt auf eine ökonomische Begründung bzw. Eingliederung des Handwerks in die Gesamtwirtschaft".[266] Gliederungsversuche des Gesamthandwerks unterscheiden zumeist zwischen dem warenproduzierenden Handwerk und dem Dienstleistungshandwerk. Allerdings bereitet die eindeutige Abgrenzung der beiden Sparten nicht geringe Schwierigkeiten. Während man beim Dienstleistungshandwerk zwischen personenbezogenen und sachbezogenen Handwerkszweigen differenzieren kann, zählen zum warenproduzierenden Handwerk insbesondere die Bereiche Produktionsgüterhandwerk, Konsumgüterhandwerk und Bauhandwerk.[267] Entsprechend der jeweiligen Nachfrageentwicklung und den gegebenen Wettbewerbsbedingungen bestehen für die einzelnen Handwerkszweige gegenwärtig sehr unterschiedliche Entwicklungstendenzen und werden die künftigen Wachstumschancen unterschiedlich beurteilt.[268]

Es lassen sich allerdings einige generelle Entwicklungstrends aufzeigen. Strukturveränderungen innerhalb des Gesamthandwerks weisen insbesondere auf eine zunehmende Bedeutung des Dienstleistungshandwerks hin.[269] Dieser Trend ist u.a. durch die Tatsache begründet, daß die handwerkliche Warenproduktion zwar in vielen Bereichen durch die industrielle Produktion verdrängt worden ist, aber gleichzeitig Handelsfunktionen im Hinblick auf fremderstellte Waren durch das Handwerk übernommen wurden,[270] beispielsweise im Schuhmacherhandwerk. Darüber hinaus sind im Laufe der Zeit weitere sachbezogene Dienstleistungsfunktionen entweder neu entstanden oder zumindest in ihrer Bedeutung deutlich gewachsen. Auf diese Weise haben manche ursprünglich warenproduzierenden Handwerkszweige heute eher den Charakter von Dienstleistungshandwerken angenommen.[271] Zu solchen sachbezogenen Dienstlei-

---

[265] Vgl. Dieter Keutmann u. Margret Dieck, (Konzentrationstendenzen), S. 1ff.

[266] Norbert Marahrens, (Handwerk), S. 11.

[267] Vgl. Norbert Marahrens, (Handwerk), S. 18.

[268] Vgl. Dieter Kleine, (Dienstleistungsgewerbe), S. 307ff. u. insb. S. 313; Norbert Marahrens, (Handwerk), S. 372ff.; Dieter Keutmann u. Margret Dieck, (Konzentrationstendenzen), S. 94ff.

[269] Vgl. Dieter Kleine, (Dienstleistungsgewerbe), S. 60; Dieter Keutmann u. Margret Dieck, (Konzentrationstendenzen), S. 95.

[270] Vgl. Dieter Kleine, (Dienstleistungsgewerbe), S. 21; Dieter Keutmann u. Margret Dieck, (Konzentrationstendenzen), S. 95.

stungsfunktionen zählen insbesondere Installations-, Reparatur- und Montagedienstleistungen, die in engem Zusammenhang mit der Nachfrage nach überwiegend industriell gefertigten Sachgütern stehen.[272]

Die Übernahme von sachbezogenen Dienstleistungsfunktionen bietet wahrscheinlich auch künftig in vielen Wirtschaftszweigen mittelständischen Handwerksbetrieben relativ günstige Entwicklungsmöglichkeiten. Darüber hinaus bestehen vermutlich auch Entwicklungschancen sowie Wachstumsspielräume bei personenbezogenen Handwerksdienstleistungen. Dies gilt insbesondere für den Gesundheits- und Freizeitbereich, sofern gesamtwirtschaftliche Nachfrage- und Einkommenssteigerungen künftig entsprechende Impulse liefern.[273]

Als nachteilig für die Existenzmöglichkeiten vieler mittelständischer Handwerksbetriebe könnte sich jedoch sowohl eine weitere Ausdehnung von Selbsthilfe- und Heimwerkeraktivitäten privater Haushalte als auch ein weiterer Bedeutungszuwachs der Schattenwirtschaft auswirken.[274] Das generell hohe Preisniveau für Handwerksdienstleistungen kann eine solche nachteilige Entwicklung verstärken, wobei die Lohnnebenkosten und die Mehrwertsteuer — also Faktoren, die vom Handwerksbetrieb nicht voll beeinflußbar sind — zu den relativ hohen Preisen beitragen. In Zukunft haben die Handwerksbetriebe zweifellos auch mit einem weiter zunehmenden Wettbewerbsdruck durch großbetriebliche Formen des Einzelhandels zu rechnen.[275] Dies gilt insbesondere für die einzelnen Zweige des mittelständischen Nahrungsmittelhandwerks, wie das Bäcker- und Fleischerhandwerk.[276]

Deutliche weitere Strukturveränderungen sind auch innerhalb des warenproduzierenden Handwerks zu erwarten. Hier hat sich die Anzahl der Betriebe in den zumeist traditionellen Konsumgüter- und Bauhandwerken bereits in der Vergangenheit deutlich verringert.[277] Wie bereits erwähnt, liegen die Ursachen dafür teilweise in einer Verdrängung durch industrielle Produktionsmethoden, im Wettbewerbsdruck durch nichthandwerkliche Betriebsformen und in gesamtwirtschaftlichen Nachfrageveränderungen.[278] Begünstigt durch deutliche Nachfragesteigerungen sind demgegenüber einzelne technisch hochspezialisierte Produktionshandwerke, wie beispielsweise die Handwerke der Augenoptiker, Zahntechniker und Elektromechaniker.[279]

---

[271] Vgl. Dieter Kleine, (Dienstleistungsgewerbe), S. 22 ff.
[272] Vgl. Norbert Marahrens, (Handwerk), S. 4 u. S. 367.
[273] Vgl. Dieter Kleine, (Dienstleistungsgewerbe), S. 316.
[274] Vgl. Dieter Kleine, (Dienstleistungsgewerbe), S. 42.
[275] Vgl. Dieter Kleine, (Dienstleistungsgewerbe), S. 31, S. 297 u. S. 313.
[276] Vgl. Norbert Marahrens, (Handwerk), S. 234 f.
[277] Vgl. Norbert Marahrens, (Handwerk), S. 369.
[278] Vgl. Norbert Marahrens, (Handwerk), S. 373.
[279] Vgl. Norbert Marahrens, (Handwerk), S. 372 ff.

Vielfach entstehen im Zusammenhang mit dem industriellen Weiterentwicklungsprozeß auch heute noch neue Handwerkszweige. Hier handelt es sich um technisch bedingte Folgehandwerke, die sich durch enge Komplementaritätsbeziehungen zur industriellen Produktion charakterisieren lassen.[280] Im Hinblick auf die Strukturveränderungen im warenproduzierenden Handwerk[281] gelangt Norbert Marahrens erneut zu der generellen Aussage, „daß der langfristige Schrumpfungsprozeß im handwerklichen Betriebsbestand nicht einen allgemeinen Rückzug des Handwerks aus der Warenproduktion, sondern vielmehr eine Umstellung und Neuorientierung auf wachstumsintensive Produktionsbereiche bezeichnet."[282]

3.2.1.3.1.3. Entwicklungsperspektiven in der Landwirtschaft

Angesichts der Überproduktion an Nahrungsmitteln in den industrialisierten Marktwirtschaften ergeben sich in diesen Ländern im allgemeinen ungünstige Zukunftsperspektiven für landwirtschaftliche Betriebe. Diese generelle Aussage bedarf freilich einer Präzisierung, da es sich in der Landwirtschaft um ein breites Spektrum unterschiedlicher Betriebsgrößen und Betriebsformen handelt.[283]

Im Vergleich zu landwirtschaftlichen Großbetrieben, die im großen und ganzen ihre Probleme noch meistern können, besteht für Klein- und Mittelbetriebe in der landwirtschaftlichen Nahrungsmittelerzeugung eine relativ ungünstige Situation.

Bei den Klein- und Mittelbetrieben ist sogar in vielen Fällen die wirtschaftliche Existenz gefährdet. Ein Hauptgrund für diese Einschätzung besteht darin, daß die geringe Betriebsgröße weitere Anwendungsmöglichkeiten einer vielfach bereits computergesteuerten Technik in der Landwirtschaft vermindert.[284] Für Klein- und Mittelbetriebe ergeben sich dadurch im Vergleich zu Großbetrieben zumindest weniger Chancen, Rationalisierungsmaßnahmen durchzuführen und die Produktionskosten zu senken. Bedenkt man darüber hinaus, daß die Absatzpreise für landwirtschaftliche Produkte aufgrund des Überangebots auf den Agrarmärkten nach unten tendieren, während — im Sinne der berühmten „Schere" zwischen Kosten und Erlösen — gleichzeitig die Kosten für landwirtschaftliche Maschinen, Düngemittel und andere Betriebsmittel nach wie vor eine steigende Tendenz aufweisen, so wird die Problematik deutlich, mit der die landwirtschaftlichen Klein- und Mittelbetriebe konfrontiert sind.

---

[280] Vgl. Norbert Marahrens, (Handwerk), S. 4.
[281] Siehe dazu u. a. Dieter Keutmann u. Margret Dieck, (Konzentrationstendenzen), S. 94ff.
[282] Norbert Marahrens, (Handwerk), S. 382.
[283] Vgl. Bernd Kulow, (Agrarfabrik), S. ZB 1; Hermann Priebe, (Unvernunft), S. 195ff.
[284] Vgl. Günther Thiede, (Europa), S. 118ff. u. S. 140ff.; Bernd Kulow, (Agrarfabrik), S. ZB 1.

3. Analyse der künftigen genossenschaftlichen Entwicklungsmöglichkeiten

Bei freiem Wettbewerb auf den Agrarmärkten wäre ein drastischer Strukturwandel in der Landwirtschaft unvermeidlich und zwänge viele solcher landwirtschaftlichen Betriebe zum Ausscheiden aus dem Markt. Politische Maßnahmen verfolgen demgegenüber zumeist die Zielsetzung, eine große Anzahl mittelständischer Familienbetriebe in der Landwirtschaft zu erhalten und möglichen Konzentrationstendenzen auf den Agrarmärkten entgegenzuwirken. Wie problematisch jedoch politische Eingriffe in den Agrarmarkt sein können, zeigt die gegenwärtige Situation der Europäischen Gemeinschaft. Die bislang übliche Agrarpreispolitik mit einer Preisfixierung für viele Produkte, die über den Weltmarktpreisen liegt, wirkt als Produktionsanreiz und verursacht eine Perpetuierung der Überschußproduktion. Diese begünstigt zwar durch relativ hohe Agrarpreise, verbunden mit mengenmäßigen Abnahmegarantien, die landwirtschaftlichen Betriebe, belastet jedoch sowohl den Staat als auch die Verbraucher finanziell nicht unerheblich. Eine solche Agrarpreispolitik kommt zweifellos in besonderem Maße landwirtschaftlichen Großbetrieben zugute. Demgegenüber ließe sich eine gezielte Unterstützung von Klein- und Mittelbetrieben eher durch direkte Subventionen erreichen.[285] Hinzuweisen ist in diesem Zusammenhang auch auf gezielte agrarpolitische Maßnahmen, wie Flächenstillegungen oder Mengenkontingentierungen, die dem Abbau der Überschußproduktion dienen können. Freilich würden sich Mengenkontingentierungen für Klein- und Mittelbetriebe unter Umständen nachteilig auswirken, da solche Maßnahmen kaum Chancen zur Aufstockung und Betriebsvergrößerung bieten und zudem die besonderen Bedingungen jedes Einzelfalls zu wenig berücksichtigen.[286]

Abschließend sei auch die Möglichkeit öffentlicher Subventionierung neuer landwirtschaftlicher Produktionszweige auf der Grenze zur industriellen Erzeugung erwähnt.[287] Für landwirtschaftliche Betriebe dürften derartige Produktionsumstellungen vielfach nur bei erheblicher finanzieller Unterstützung durch den Staat rentabel sein, zumindest anfänglich. Dies gilt gegenwärtig beispielsweise im Hinblick auf die Bioäthanolerzeugung.[288] Hierbei handelt es sich um ein Alkoholprodukt auf pflanzlicher Basis, welches als Treibstoff Mineralöl substituieren kann. Insgesamt bleibt zu erwarten, daß die Agrarmärkte auf die Dauer, zumindest aber noch auf lange Zeit durch politische Unterstützungsmaßnahmen geprägt sein werden, um einen drastischen Strukturwandel mit seinen sozialen Folgen für die betroffenen Landwirte und den allgemeinen politischen Auswirkungen für das Gemeinwesen zu verhindern.[289] Dies alles gilt auch angesichts der generellen Situation auf den Arbeitsmärkten, da den aus

---

[285] Vgl. Hermann Priebe, (Unvernunft), S. 247ff.; Hans Christoph Binswanger, Werner Geissberger u. Theo Ginsburg (Hrsg.), (NAWU-Report), S. 294f.
[286] Vgl. Jürgen Neffe, (Agrarpolitik), S. 34ff.
[287] Vgl. Bruno Tietz, (Optionen), S. 421f.
[288] Vgl. O. V., (Artikel: Bioäthanol), S. 16f.
[289] Vgl. Hermann Priebe, (Unvernunft), S. 262ff.

3.2. Genossenschaftliche Entwicklungsperspektiven

dem Markt ausscheidenden Landwirten heutzutage im allgemeinen keine hoffnungsvollen Berufsalternativen geboten werden können.

Trotz des zu erwartenden Ausscheidens vieler landwirtschaftlicher Klein- und Mittelbetriebe aus dem Markt können weiterhin realisierbare Produktivitätssteigerungen in der Landwirtschaft das Angebot auf den Agrarmärkten erhöhen.[290] In diesem Zusammenhang ist insbesondere an den großen Bereich der Biotechnologien zu denken, der neue Züchtungs-, Düngungs- und Pflanzenschutzmethoden ebenso einschließt wie die Erzeugung künstlicher biochemischer Nahrungsstoffe.[291] Betrachtet man demgegenüber die voraussichtliche künftige Nachfragesituation auf den Agrarmärkten, so wird deutlich, daß angesichts der weitgehend stagnierenden Bevölkerungszahlen und des bereits relativ hohen Nahrungsmittelkonsums in den Industriestaaten kaum mit Nachfragesteigerungen zu rechnen ist.

Es gilt auch als unwahrscheinlich, daß in der Zukunft die Entwicklungsländer in verstärktem Maße auf den Agrarmärkten der Industrieländer als Nachfrager in Erscheinung treten werden.[292] Denn abgesehen von notwendigen karitativen Nahrungsmittelhilfen für bedürftige Entwicklungsländer weisen ebenso erforderliche entwicklungspolitische Bestrebungen heutzutage eher in die Richtung einer Stärkung der landwirtschaftlichen Selbsthilfe- und Selbstversorgungsfähigkeit von Entwicklungsländern.[293]

Setzt sich der Trend zur Überproduktion in der Nahrungsmittelversorgung in den industrialisierten Marktwirtschaften dennoch fort, so ist zu erwarten, daß sich im wesentlichen die am rationellsten wirtschaftenden und standortmäßig besonders begünstigten Betriebe auf die Nahrungsmittelproduktion spezialisieren werden.[294] Alle übrigen Betriebe — hierzu zählen insbesondere viele Klein- und Mittelbetriebe — werden wahrscheinlich in verstärktem Maße nach neuen landwirtschaftlichen Tätigkeitsfeldern suchen müssen. Erwähnt seien in diesem Zusammenhang die folgenden Möglichkeiten von Marktlücken:[295]
a) Marktlücken in der Nahrungsmittelproduktion; b) Lücken in der landwirtschaftlichen Sachgüterproduktion außerhalb der Futter- und Nahrungsmittelerzeugung; c) Dienstleistungsangebote bisheriger landwirtschaftlicher Betriebe, z. B. der Bauernhof als Feriendomizil.

Günstige Entwicklungschancen bestehen in Spezialbereichen der Nahrungsmittelproduktion voraussichtlich eher für innovatorisch als für imitatorisch handelnde Betriebe. Die nicht sehr zahlreichen Betriebe, die neue Marktlücken

---

[290] Vgl. Günther Thiede, (Europa), S. 363; Horst Seuster, (Fortschritt), S. 61 ff.
[291] Vgl. Günther Thiede, (Europa), S. 80 ff. u. S. 326 ff.
[292] Vgl. Hermann Priebe, (Unvernunft), S. 101 ff.; Günther Thiede, (Europa), S. 297.
[293] Vgl. Felix Krusen, (Ernährung), S. 62; Franz Nuscheler, (Entwicklungspolitik), S. 187 ff.
[294] Vgl. Günther Thiede, (Europa), S. 378 ff.
[295] Vgl. O. V., (Artikel: Hoffnungen), S. 108 u. S. 111.

entdecken, dürften also am ehesten erfolgreich sein, da auch bei Spezialprodukten, sofern gleichzeitig viele neue Anbieter auf dem Markt erscheinen, ein Überangebot entstehen kann.[296] Im allgemeinen wird es daher vorteilhaft für die Betriebe sein, in einen direkten Kontakt zum Konsumenten zu treten. Durch den Direktabsatz an Verbraucher dürften relativ dauerhafte Absatzmöglichkeiten geschaffen werden können.[297]

Zur landwirtschaftlichen Sachgüterproduktion außerhalb der Futter- und Nahrungsmittelerzeugung zählt der Anbau von speziellen Pflanzenzüchtungen, die als Rohstoffe zur industriellen Weiterverarbeitung dienen. Ein weiteres Betätigungsfeld betrifft die Landwirtschaft als Energieproduzenten.[298] In beiden Fällen handelt es sich allerdings eher um langfristige landwirtschaftliche Entwicklungsperspektiven. Sie deuten sich jedoch heutzutage bereits an, beispielsweise durch den zunehmenden Einsatz von Biogasanlagen, Wärmepumpen, Windgeneratoren und Sonnenkollektoren.

Ein noch weitergehender Aufgabenwandel der Landwirtschaft äußert sich dann, wenn eine teilweise oder sogar vollständige Umstellung einzelner Betriebe zu Dienstleistungsunternehmen erfolgt. Zu denken ist in diesem Zusammenhang beispielsweise an Dienstleistungen durch den landwirtschaftlichen Betrieb im Rahmen des Natur- und Landschaftsschutzes, welche als öffentliche Güter der Bevölkerung zugute kommen.[299] Angesichts der Umweltproblematik und vor dem Hintergrund zunehmender umweltschutzbedingter Nutzungsbeschränkungen der landwirtschaftlichen Produktionsweise gewinnen derartige Dienstleistungen zunehmend an Bedeutung. Sie sind den landwirtschaftlichen Betrieben allerdings wohl nur dann zuzumuten, wenn diese Betriebe in Gestalt öffentlicher Finanzmittel dafür entsprechend honoriert werden.

Während in diesen Fällen die Initiative überwiegend von politischen Entscheidungsträgern sowie öffentlichen Institutionen ausgeht und an die landwirtschaftlichen Betriebe von außen herangetragen wird, basieren demgegenüber privatwirtschaftliche Dienstleistungsangebote landwirtschaftlicher Betriebe im wesentlichen auf eigener Initiative der betroffenen Landwirte. Sie stellen insbesondere kommerzielle Freizeitangebote dar, beispielsweise Urlaubs- oder Reitsportmöglichkeiten auf dem Bauernhof.[300] Eine Umstellung landwirtschaftlicher Betriebe auf freizeitbezogene Dienstleistungen bringt allerdings nicht nur Entwicklungschancen, sondern zugleich auch Risiken. Denn im Hinblick auf die fachliche Qualifikation stellen sich dadurch für die ehemaligen Landwirte oft völlig neue und andersartige Anforderungen. Darüber hinaus

---

[296] Vgl. Günther Thiede, (Europa), S. 240 ff.

[297] Vgl. Thomas Zinke, (Direktabsatz), S. 13 ff. u. S. 90 ff.; Lesebuch für Biogenossenschaftler, (Körner-Kongreß), S. II/31 f.

[298] Vgl. O. V., (Artikel: Bioäthanol), S. 16 f.; Dieter Teufel, (Energie/Landwirtschaft), S. 69 ff.

[299] Vgl. O. V., (Artikel: Landwirte), S. 71 ff.

[300] Vgl. Günther Thiede, (Europa), S. 371 u. S. 421.

fallen für eine solche Umstellung häufig hohe Investitionskosten an. Auch das Nachfragepotential für derartige Dienstleistungen läßt sich im voraus nur unzureichend abschätzen, da die überaus elastische Nachfrage im Freizeitbereich oft kurzfristigen Modetrends unterliegt.

3.2.1.3.2. Unterschiedliche Entwicklungsrichtungen bei gewerblichen und landwirtschaftlichen Warengenossenschaften

3.2.1.3.2.1. Die erwerbswirtschaftliche Entwicklungsrichtung

Die erwerbswirtschaftliche Entwicklungsrichtung bei gewerblichen oder landwirtschaftlichen Warengenossenschaften äußert sich zumeist in einer Verselbständigungstendenz der Genossenschaftsbetriebe in Richtung von Marktbeziehungs- oder Integrierten Kooperativen, wobei in zunehmendem Umfang Nichtmitgliedergeschäfte getätigt werden.[301] Dies gilt beispielsweise für diejenigen Beschaffungsgenossenschaften selbständiger Einzelhändler, welche in Verbundsystemen mit ihren Mitgliedern und deren Eigenwirtschaften zusammenarbeiten, zugleich aber auch durch die Unterhaltung eigener Verkaufsstätten in großem Maße direkt mit Konsumenten in geschäftlichen Kontakt und mit den Mitgliedsunternehmen in Konkurrenz treten.[302]

Derartige Geschäfte können zwar eine mitgliederfördernde Ergänzungsfunktion erfüllen. Eine wachsende Anzahl und ein zunehmender Umsatzanteil von Verkaufsstätten, die vom Genossenschaftsbetrieb in eigener Regie geführt werden, übersteigt jedoch den Ergänzungscharakter und verändert die gesamte Verbundstruktur der Beschaffungsgenossenschaft. Sofern dann die Mitgliederbetriebe im Vergleich zu den geschäftlichen Eigenaktivitäten des Genossenschaftsbetriebes nur noch eine untergeordnete Rolle spielen und eigenständige, von den Mitgliederinteressen losgelöste Wachstumszielsetzungen des genossenschaftlichen Verbundzusammenhanges deutlich in den Vordergrund treten, gleichen sich diese Genossenschaften mehr und mehr erwerbswirtschaftlichen Handelsunternehmen an.[303] Hinsichtlich der Handelsgruppen REWE und EDEKA gelangt Günter Schmid allerdings gegenwärtig noch nicht zu einem solchen Ergebnis, indem er betont: „Obwohl also in den letzten Jahren die über die Regiebetriebe erwirtschafteten Umsätze z.T. erheblich an Bedeutung gewonnen haben, spielen sie noch bei keinem der beiden genossenschaftlichen Verbundsysteme eine dominante Rolle."[304]

---

[301] Vgl. Eberhard Dülfer, (Betriebswirtschaftslehre), S. 329 ff.
[302] Vgl. Günter Schmid, (Marketing), S. 232 ff.
[303] Vgl. Günter Schmid, (Marketing), S. 347 ff.
[304] Günter Schmid, (Marketing), S. 235.

3.2.1.3.2.2. Förderungswirtschaftliche Entwicklungsrichtungen

3.2.1.3.2.2.1. Der klassisch-förderungswirtschaftliche Entwicklungstyp

Charakteristisch für heutige Bezugs- und Absatzgenossenschaften mittelständischer Unternehmen ist, wie vorher erwähnt, der Strukturtyp des „Integrierten Kooperativs". Er ist gekennzeichnet durch vertikalen Verbund, der neben den ursprünglichen Bezugs- oder Absatzfunktionen dem Genossenschaftsbetrieb zusätzlich sowohl Dienstleistungsfunktionen als auch weitreichende Führungs- und Steuerungsaufgaben zuordnet. Die einzelnen Mitgliederbetriebe gelangen auf diese Weise an eine sehr enge Verbindung mit ihrem Genossenschaftsbetrieb.[305]

Das Ziel einer solchen engen Bindung besteht darin, durch die intensive Zusammenarbeit die wirtschaftliche Existenzfähigkeit möglichst vieler Mitgliederbetriebe lanfristig zu sichern. Angesichts der vorher aufgezeigten Zukunftsprobleme von mittelständischen Wirtschaftsunternehmen in unterschiedlichen Wirtschaftsbranchen handelt es sich hierbei um eine Aufgabenstellung, die nicht leicht zu bewältigen sein wird. Da es wahrscheinlich nicht möglich ist, jedem Mitgliederbetrieb ein Überleben im Strukturwandel zu ermöglichen, muß damit gerechnet werden, daß Mitgliederselektionen anhand von qualitativen Kriterien künftig eine verstärkte Bedeutung bei den Bezugs- und Absatzgenossenschaften mittelständischer Unternehmen erhalten. „Als zentrales Kriterium für genossenschaftsadäquate Selektionsmaßnahmen wird" — worauf Günter Schmid hinweist — „in Literatur und Praxis immer wieder die Beachtung der Entwicklungsfähigkeit und -willigkeit der Mitglieder betont."[306]

Integrierte Genossenschaften bieten von ihrer Konzeption her günstige Voraussetzungen, um neugegründeten Mitgliederunternehmen während der oft schwierigen Gründungsphase eine wirksame Hilfestellung zu leisten. Sie können sogar, wie es insbesondere im Nahrungsmitteleinzelhandel praktiziert wird, derartige Mitgliederbetriebe zunächst in eigener Regie gründen, um sie dann später an geeignete neue Mitglieder zu übergeben.[307] Beispielsweise beinhaltet das Modell des „EDEKA-Kooperations-Kaufmanns", daß der Nachwuchs-Kaufmann zunächst als am Kapital beteiligter Geschäftsführer ein Einzelhandelsgeschäft leitet und dieses langfristig von der EDEKA erwerben kann.[308] Derartige Partnerschaftsmodelle, die ihrem Charakter nach die Funktion von Existenzgründungsprogrammen besitzen, werden von Günter Schmid unter der Voraussetzung, daß sie genossenschaftskonform ausgestaltet sind, grundsätzlich positiv beurteilt.[309] Aufgrund seiner Untersuchung gelangt der Autor

---

[305] Vgl. Eberhard Dülfer, (Betriebswirtschaftslehre), S. 95 ff.
[306] Günter Schmid, (Marketing), S. 288 f.
[307] Vgl. Hauk Petersen, (Gründung), S. 104.
[308] Vgl. Eberhard Dülfer, (Betriebswirtschaftslehre), S. 331.
[309] Vgl. Günter Schmid, (Marketing), S. 236.

3.2. Genossenschaftliche Entwicklungsperspektiven

allerdings zu dem Ergebnis: „Als Fazit kann man bei allen vorgestellten genossenschaftlichen Partnerschaftskonzepten maßgebliche Einflußmöglichkeiten der jeweiligen Großhandlung auf die Geschäftspolitik der Partnerschaftsmärkte unterstellen. Zum Teil erstrecken sich diese Einflußmöglichkeiten sogar bis in die laufende Geschäftsführung hinein, wodurch das erklärte Ziel, Kaufleuten zur Selbständigkeit zu verhelfen, ernsthaft gefährdet wird."[310]

Durch die genossenschaftliche Kooperation besteht für die Mitgliederunternehmen generell die Möglichkeit, auch solche technologischen Neuerungen anzuwenden, welche die finanziellen und organisatorischen Rahmenbedingungen eines einzelnen mittelständischen Unternehmens übersteigen. Auf diese Weise werden auch kleine und mittlere Unternehmen in die Lage versetzt, weitgehend mit technologischen Veränderungen Schritt zu halten. Auch gesamtwirtschaftliche Nachfrageveränderungen zwingen Einzelhandels- oder Handwerksbetriebe vielfach zu einer Anpassung ihres jeweiligen Waren- bzw. Dienstleistungsangebots.[311] Hilfestellung der Genossenschaften erwarten sie unter diesem Aspekt vor allem in der Marktforschung, in der systematischen Sortimentsgestaltung und in der Kreation neuer Waren- oder Dienstleistungsangebote.

Die Entwicklungsperspektiven der gewerblichen und landwirtschaftlichen Warengenossenschaften stehen natürlich in einem engen Zusammenhang zur wirtschaftlichen Situation der jeweiligen Wirtschaftsbranche, in der ihre Mitgliederbetriebe tätig sind. Beispielsweise wirken sich deshalb die ungünstigen Zukunftsaussichten für viele landwirtschaftliche Betriebe auch in starkem Maße auf die landwirtschaftlichen Genossenschaften aus.[312] Für den zweifellos als realistisch anzunehmenden Fall, daß auch in Zukunft ein Überangebot auf den Agrarmärkten bestehen wird, ergibt sich somit für die landwirtschaftlichen Warengenossenschaften und deren Mitgliederbetriebe ein erhöhter Anpassungsbedarf, der auch die Hinwendung zu neuen landwirtschaftlichen Produktionszweigen einschließt. Die Genossenschaften können ihre Mitglieder über neue landwirtschaftliche Produktionszweige informieren bzw. beraten und leistungsfähige Beschaffungs- und Vermarktungsmöglichkeiten schaffen. Notwendig werdende Produktionsumstellungen lassen sich durch die Mithilfe von Genossenschaften erleichtern. Dadurch wird zugleich der eigene wirtschaftliche Tätigkeitsbereich der jeweiligen Genossenschaft erweitert. Zusammenfassend läßt sich für die landwirtschaftlichen Warengenossenschaften feststellen, daß ihre künftigen Entwicklungschancen im makrtwirtschaftlichen Wettbewerb von vielen Ungewißheiten abhängen, insbesondere auch von agrarpolitischen Maßnahmen. Entscheidend dürfte es für diese Genossenschaften sein, inwieweit es ihnen gelingt, einen notwendigen Struktur- und Aufgabenwandel zu vollzie-

---

[310] Günter Schmid, (Marketing), S. 248.
[311] Vgl. Heinz Stark, (Marketing), S. 16.
[312] Vgl. O. V., (Artikel: Genossenschaften), S. 27f.

hen, der beispielsweise auch betriebsgrößenbedingte Konzentrations- und Rationalisierungsbestrebungen mit einschließt.[313]

Eine im Vergleich wesentlich günstigere Situation zeichnet sich gegenwärtig für die meisten gewerblichen Warengenossenschaften ab. Derartige Genossenschaften findet man in nahezu allen Handwerks- und Handelsbranchen. Ihre Entwicklungsperspektiven stehen in einem direkten Zusammenhang zur wirtschaftlichen Gesamtsituation der jeweiligen Branche ihrer Mitgliederbetriebe. An dieser Stelle kann aufgrund der Vielfalt gewerblicher Warengenossenschaften nur auf einige generelle Tendenzen hingewiesen werden: Bei vielen dieser Genossenschaften zeigen sich bereits seit langer Zeit deutliche Bestrebungen zur Diversifikation ihrer Leistungspaletten und zur Ausweitung ihrer Tätigkeitsfelder.[314] Beispielsweise konnten sich die Malergenossenschaften allmählich seit den 60er Jahren von ausschließlichen Rohstoffbeschaffungskooperativen zu Beschaffungsgenossenschaften für den gesamten Bereich der Heimtextilien entwickeln.[315] Diversifikationsprozesse sind wahrscheinlich auch künftig noch zu erwarten, wobei die systematische Zusammenfassung von einzelnen Dienstleistungen zu sogenannten Dienstleistungspaketen zunehmende Bedeutung erlangen könnte.[316] Hierzu ist es notwendig, die heterogenen Mitgliedergruppen von Genossenschaften in möglichst homogene Teilgruppen zu untergliedern, um für diese Teilgruppen gezielte Dienstleistungsprogramme zu entwerfen.[317] Einen wesentlichen Bestandteil der Leistungsprogramme gewerblicher Warengenossenschaften für die Mitgliederbetriebe stellen Schulungs- und Beratungsmaßnahmen dar,[318] die in ihrem Umfang und ihrer Intensität künftig eher noch zu- als abnehmen werden.

3.2.1.3.2.2.2. Der alternativ-förderungswirtschaftliche Entwicklungstyp

Alternative Bezugs- und Absatzgenossenschaften entsprechen gegenwärtig meist noch dem Strukturtyp des „organwirtschaftlichen Kooperativs". Bei Erzeugergemeinschaften bzw. Anbauringen landwirtschaftlicher Betriebe, die alternative Landbaumethoden anwenden, spricht hingegen einiges dafür, sie eher dem Strukturtyp des „Integrierten Kooperativs" zuzuordnen.

Angesichts der vielerorts begrenzten Möglichkeiten der Direktvermarktung bietet der genossenschaftliche Zusammenschluß ökologisch orientierter Landwirte in Gestalt von Anbauringen günstige Voraussetzungen für einen gesicher-

---

[313] Vgl. z.B. Antonius Nienhaus, (Molkereigröße), S. 28f.
[314] Vgl. z.B. Karola Graefer u. Wilfried Sitzler, (Malereinkauf), S. 460f.; Günter Schmid (Marketing), S. 376ff.
[315] Vgl. Karola Graefer u. Wilfried Sitzler, (Malereinkauf), S. 460.
[316] Vgl. Georg C. Neumann, (Großhandelsbetriebe), S. 419ff.
[317] Vgl. Georg C. Neumann, (Großhandelsbetriebe), S. 424f.
[318] Vgl. Günter Schmid, (Marketing), S. 357ff.; Karola Graefer u. Wilfried Sitzler, (Malereinkauf), S. 461.

3.2. Genossenschaftliche Entwicklungsperspektiven

ten Absatz landwirtschaftlicher Produkte. Diese Erzeugerringe, wie beispielsweise der anthroposophisch geprägte „Demeter-Bund" oder die „Naturata"-Organisation, beeinflussen durch die Aufstellung von Anbaurichtlinien und mittels Gütekontrollen deutlich den landwirtschaftlichen Produktionsbereich ihrer Mitgliederbetriebe. Dies geschieht, um den Konsumenten ihrer Produkte einheitliche Qualitätsnormen garantieren zu können. Zu den weiteren Funktionen, welche diese Organisationen für ihre Mitgliederbetriebe erfüllen, zählen Beschaffungs-, Absatz- und Betreuungsaufgaben.[319]

Für den Handel mit „biologischen" Nahrungsmitteln existieren, über derartige Erzeugergemeinschaften hinaus, andere Organisationsformen, wobei es sich entweder um Genossenschaften oder um genossenschaftsähnliche Kooperationsformen handelt. Viele Bioläden und Food-Cooperatives haben sich zu unterschiedlichen regionalen Beschaffungsgenossenschaften zusammengeschlossen, in denen teilweise auch Verbraucher und Landwirte mitwirken.[320] Hingewiesen sei an dieser Stelle beispielsweise auf das „Grüne Netz Essen e. G.": Es handelt sich um eine „Erzeuger-Verteiler-Verbrauchergenossenschaft", die — wie Wolfgang Beywl betont — „ca. 90 Bioläden und ca. 15 genossenschaftsähnliche Verbraucherzusammenschlüsse versorgt. Der Aufsichtsrat dieser Genossenschaft besteht aus Vertretern der Verbraucher, der Einzelhändler, der Großhändler und der Anbauer."[321] Solche Kooperationsformen bieten für Bioläden und Food-Cooperatives deutliche Vorteile, da die selbstverwaltet-genossenschaftliche Beschaffung von „biologischen" Produkten weitgehende Unabhängigkeit von erwerbswirtschaftlichen Großhandelsorganisationen des „Bio-Nahrungsmittelsektors" bedeutet. Ähnlich wie bei den oben erwähnten Erzeuger-Verbraucher-Genossenschaften lassen sich durch die Mitwirkung von Landwirten und Verbrauchern sinnvolle Kontakte zwischen den unterschiedlichen Interessengruppen knüpfen. Da in diesem Fall auch die Einzelhändler an der Kooperation beteiligt sind, entsteht hier eine genossenschaftliche Kooperationsform, die als Absatzgenossenschaft für Landwirte und zugleich als Beschaffungsgenossenschaft für Einzelhändler bzw. Food-Cooperatives fungiert.

Bei alternativen Förderungsgenossenschaften im Handwerk handelt es sich zumeist um relativ kleine Gruppen von Mitgliedern. Genannt sei das Beispiel von Kunsthandwerkern, die eigenständig im Produktionsbereich wirtschaften. Gegenstand einer solchen förderungsgenossenschaftlichen Kooperation kann sowohl die gemeinsame Beschaffung von Rohstoffen als auch der gemeinsame Absatz von Produkten sein. Während es einem einzelnen Handwerker, insbesondere aufgrund der hohen Fixkostenbelastung, vielfach nicht möglich ist, einen eigenen Verkaufsladen zu eröffnen, ergeben sich im Rahmen von

---

[319] Vgl. Gerd Billen u. Otmar Schmitz, (Ernährung), S. 109 ff.

[320] Vgl. Lesebuch für Biogenossenschaftler, (Körner-Kongreß), S. II/1 ff.; Gerd Billen u. Otmar Schmitz, (Ernährung), S. 107 ff.

[321] Wolfgang Beywl, (Zusammenschlüsse), S. 23.

Zusammenschlüssen mehrerer Handwerker zu einer Absatzgenossenschaft oft günstigere Voraussetzungen zur Realisierung eines solchen Projektes.[322]

3.2.1.4. Wohnungsbaugenossenschaften

3.2.1.4.1. Entwicklungstendenzen auf den Wohnungsmärkten und Auswirkungen auf die Wohnungsbaugenossenschaften

Um die heutige Situation der Wohnungsbaugenossenschaften verstehen zu können, ist es notwendig, die von anderen Märkten teilweise erheblich abweichenden Bedingungen auf den Wohnungsmärkten näher zu betrachten.[323]

Das Wohnungsangebot ist sowohl in seiner mengenmäßigen Ausdehnung als auch in seiner Anpassungsfähigkeit an plötzliche Nachfrageänderungen eingeschränkt. Als Gründe hierfür sind unter anderem die begrenzte Vermehrbarkeit von Bauland sowie der relativ lange „Time-Lag" zwischen einer Nachfrageänderung und der daraufhin erfolgenden Angebotsreaktion zu nennen.[324] Sogar bei einem tendenziellen Überangebot auf den Wohnungsmärkten kann es zu regional oder sachlich bedingten Ungleichgewichten im Hinblick auf die Wohnungsversorgung der Bevölkerung kommen, wofür es auch in jüngerer Zeit viele Beispiele gibt.

Da Wohnungen zu den lebensnotwendigen Gütern zählen, bergen solche Ungleichgewichte soziale Probleme in sich. Beispielsweise ist auf den Mangel an preisgünstigem Wohnraum für untere Einkommensschichten, für Großfamilien und für Studenten in manchen Universitätsstädten hinzuweisen.[325] Nach Ansicht von H. Arndt kann man demzufolge nicht von einem einheitlichen Wohnungsmarkt sprechen. Es handelt sich statt dessen um „eine Vielzahl sachlich und vor allem räumlich streng geschiedener Wohnungsmärkte."[326]

Klaus Mackscheidt weist angesichts empirischer Untersuchungen in unterschiedlichen Ballungsräumen auf „die geringe Durchlässigkeit zwischen einzelnen Wohnungsteilmärkten"[327] hin. Es existiert ferner eine deutliche Immobilität auch auf der Seite der Wohnungsnachfrage, bedingt sowohl durch Bindungswirkungen sozialer Beziehungen im Wohnungs-Umfeld als auch durch die Transport- und Renovierungskosten von Wohnungswechseln.[328] Die sozialen Komponenten des Wohnens, also die im Zusammenhang mit der Wohnung

---

[322] Vgl. Walter Hollstein u. Boris Penth, (Alternativ-Projekte), S. 125 ff.

[323] Vgl. Helmut W. Jenkis, (Wohnungswirtschaft), S. 231 ff.; Jürgen H. B. Heuer, Lidwina Kühne-Büning, Volker Nordalm u. Marlis Drevermann, (Lehrbuch), S. 50 ff.

[324] Vgl. H. Arndt, (Wohnungsbaugesellschaften), S. 71.

[325] Vgl. Manfred Ziercke, (Entwicklungen), S. 59 ff.

[326] H. Arndt, (Wohnungsbaugesellschaften), S. 82.

[327] Klaus Mackscheidt, (Wohnungswirtschaft), S. 33.

[328] Vgl. Klaus Mackscheidt, (Wohnungswirtschaft), S. 33 f.

3.2. Genossenschaftliche Entwicklungsperspektiven

bestehenden nachbarschaftlichen und lokalen Bindungen, verdeutlichen, „daß die Wohnung mehr als eine Ware ist."[329]

Prognosen über die künftige Entwicklung der Wohnungsnachfrage gestalten sich äußerst komplex und schwierig, da sie auf einer Vielzahl von Teilprognosen der maßgeblichen Einflußfaktoren basieren. Zu diesen Faktoren zählen insbesondere die weitere Entwicklung der Bevölkerungszahl und -struktur, die voraussichtliche Entwicklung der verfügbaren Einkommen privater Haushalte und die künftige Personenzahl pro Haushalt.[330] Oft fungieren als Auftraggeber von Wohnungsmarktprognosen interessenorientierte Organisationen — wie die Bausparkassen, die Betriebe der Bauwirtschaft, die Mieter- und Vermieterverbände. In diesen Fällen können an der Zweckfreiheit derartiger Prognosen gelegentlich Zweifel bestehen.[331]

Während in der Nachkriegszeit in der Bundesrepublik Deutschland ein deutlicher Mangel an Wohnraum herrschte und der Wohnungsneubau demzufolge zu den vordringlichsten Aufgaben auch der Wohnungsbaugenossenschaften zählte, hat sich die generelle Versorgungslage auf den Wohnungsmärkten inzwischen im Vergleich zu damals wesentlich verbessert. Bei den Wohnungsbaugenossenschaften ist nicht zuletzt aus diesem Grund teilweise ein Aufgabenwandel eingetreten, der zu einer Verstärkung von Wohnungsrenovierungs- und Bestandserhaltungsfunktionen und zu einer Einschränkung der Bauaufgaben geführt hat.[332] Vor diesem Hintergrund bleibt allerdings anzumerken, daß im Zeitverlauf auf den Wohnungsmärkten Wellenbewegungen spürbar sind, die zeitweise zu einem Angebotsüberhang führen oder sich in einem Nachfrageüberhang äußern.[333] Im zuerst genannten Fall handelt es sich um Wohnungsleerstände, die insbesondere vor einigen Jahren zu verzeichnen waren, im zweiten Fall besteht ein Wohnungsmangel, der sich gegenwärtig auf einzelnen Wohnungsmärkten abzeichnet.

Wie eingangs dieses Kapitels erwähnt, ist es notwendig, die Wohnungsversorgung differenziert im Hinblick auf unterschiedliche Wohnungsteilmärkte zu betrachten. Eine derartige Analyse zeigt, daß in einzelnen Regionen und bei einzelnen Bevölkerungsgruppen die Nachfrage nach geeignetem Wohnraum einem nur unzureichenden Wohnungsangebot gegenübersteht. Dies gilt insbesondere für den gegenwärtigen Mangel an preiswerten Mietwohnungen in

---

[329] F. Hengsbach, (Wohnung), S. 23; siehe dazu auch Helmut W. Jenkis, (Wohnungswirtschaft), S. 237 ff.

[330] Vgl. Jürgen H. B. Heuer, Lidwina Kühne-Büning, Volker Nordalm u. Marlis Drevermann, (Lehrbuch), S. 136 ff.

[331] Vgl. M. Miegel, (Wohnungsmarktprognosen), S. 153.

[332] Vgl. Helmut W. Jenkis, (Aufgabenwandel), S. 277 ff.; Jürgen H. B. Heuer, Lidwina Kühne-Büning, Volker Nordalm u. Marlis Drevermann, (Lehrbuch), S. 320 ff.; D. Krischausky u. K. Mackscheidt, (Wohnungsgemeinnützigkeit), S. 92 ff.

[333] Vgl. Helmut W. Jenkis, (Mieten), S. 516; Rolf Kornemann, (Zyklische Abfolge), S. 376 ff.

162   3. Analyse der künftigen genossenschaftlichen Entwicklungsmöglichkeiten

großstädtischen Ballungsräumen und hinsichtlich der ungünstigen Versorgungssituation von Problemgruppen. Hierzu zählen unter anderem alleinerziehende Mütter, Arbeitslose, ausländische Mitbürger, Aussiedler, hilfsbedürftige ältere Menschen und Sozialhilfeempfänger.[334] Für diese Bevölkerungsgruppen ergeben sich oft große Schwierigkeiten, geeigneten Wohnraum zu finden.

„Die Lage wird" — wie Bernhard Wanders aus der Sicht der Mieter betont — „durch die Verringerung des preisgünstigen Altbaubestands, durch spekulative Wohnraumvernichtung, durch Zweckentfremdungs- und Umwandlungspraxis auf der Angebotsseite ebenso weiter verschärft wie durch eine wachsende Zahl wohnungssuchender Haushalte auf der Nachfrageseite. Sozialer Mietwohnungsbau findet kaum nocht statt."[335] Nach Ansicht von Helmut W. Jenkis „ist keine Wohnungsnot wie im Jahre 1950 vorhanden, vielmehr liegt eine Verknappung auf einem hohen Versorgungsniveau vor."[336] Zu den Ursachen dieser Situation zählen: die zu geringe Neubaurate in den vergangenen Jahren, die zunehmenden Realeinkommen mit Nachfragesteigerungen auf den Wohnungsmärkten, die steigende Anzahl von Ein- und Zweipersonenhaushalten und der Bevölkerungszustrom aus dem Ausland.[337]

Erst ein Blick in die Zukunft verdeutlicht die gesamte Problematik dieser Situation. Denn voraussichtlich wird der Sozialmietwohnungsbestand durch den Ablauf der sozialen Bindungsfrist vieler heutiger Sozialwohnungen in den kommenden Jahren drastisch sinken.[338] „Die einzelnen durch den Rückgang des Sozialmietwohnungsbestandes verursachten Gefahren, wie Mietsteigerungen, Wohnungs- und Eigentümerwechsel, treten" — wie Wolfgang Pelzl betont — „nicht isoliert, sondern kombiniert auf. Einerseits nimmt durch ihr Zusammenwirken ihr Gefahrenpotential zu, andererseits werden für gefahrenbegrenzende Maßnahmen in Zukunft immer weniger Sozialmietwohnungen als Regulativ zur Verfügung stehen."[339]

Nachdem im Rahmen des 1988 verabschiedeten Steuerreformgesetzes auch das Wohnungsgemeinnützigkeitsgesetz zum 1. 1. 1990 aufgehoben worden ist,[340] bleibt es vorerst eine offene Frage, wie sich die bisher gemeinnützigen Wohnungsunternehmen langfristig auf den Wohnungsmärkten verhalten werden. Der Verband rheinischer Wohnungsunternehmen gab hierzu beispielsweise

---

[334] Vgl. Dagmar Kierner, (Verständnis), S. 597.
[335] Bernhard Wanders, (Mieterorganisation), S. 36.
[336] Helmut W. Jenkis, (Mieten), S. 516.
[337] Vgl. Rolf Kornemann, (Zyklische Abfolge), S. 380; Helmut W. Jenkis, (Mieten), S. 516.
[338] Vgl. Helmut W. Jenkis, (Mieten), S. 513 ff.; Wolfgang Pelzl, (Mietergenossenschaften), S. 12 ff. u. S. 28 ff.; D. Krischausky u. K. Mackscheidt, (Wohnungsgemeinnützigkeit), S. 111 f.
[339] Wolfgang Pelzl, (Mietergenossenschaften), S. 36.
[340] Vgl. Jürgen Steinert, (Gemeinnützige Wohnungswirtschaft), S. 412 ff.; Oskar Schneider, (Diskussion), S. 498 ff.; Helmut W. Jenkis, (Reform), S. 14 ff.; O. V., (Artikel: Massive Kritik), S. 107 ff.

3.2. Genossenschaftliche Entwicklungsperspektiven

folgende Stellungnahme ab: „Die im Rahmen des Steuerreformgesetzes 1990 beschlossene Aufhebung des Wohnungsgemeinnützigkeitsgesetzes wird nicht zu Mietenexplosionen und zu Versorgungsschwierigkeiten bei Problemgruppen führen."[341] Helmut W. Jenkis weist aufgrund einer ausführlichen Untersuchung darauf hin, daß künftig sowohl ein rechtlich als auch marktwirtschaftlich bedingter Mieterhöhungsspielraum zu erwarten sei — unterschiedlich natürlich im Hinblick auf einzelne Wohnungsbauunternehmen und Wohnungsteilmärkte.[342] Nach Ansicht von Jenkis läßt sich die Frage, ob dieser Mieterhöhungsspielraum in Zukunft tatsächlich realisiert wird, angesichts der heterogenen Zielvorstellungen der einzelnen Wohnungsunternehmen nicht generell beantworten — jedoch sollte die Wahrscheinlichkeit von Mieterhöhungen keineswegs unterschätzt werden.[343]

Aufgrund der demographischen Entwicklung kann man möglicherweise nach der Jahrtausendwende eine Entlastung auf den Wohnungsmärkten erwarten.[344] Jedoch ist es angesichts der Bevölkerungsmobilität im geplanten Europäischen Binnenmarkt durchaus denkbar, daß der dann sinkende deutsche Bevölkerungsanteil durch den zunehmenden ausländischen Bevölkerungsanteil weitgehend kompensiert wird. Hinzuweisen ist auch auf die Veränderungen in der Altersstruktur der Bevölkerung. Der zunehmende Anteil älterer Menschen führt in den kommenden Jahren auf den Wohnungsmärkten zu altersspezifischen Nachfrageveränderungen und stellt die Wohnungsbauunternehmen vor neue Anforderungen. Besonders anschaulich schildert dies Hans Pohl, indem er betont: „Die Gestaltung der Wohnungen und des Wohnumfeldes sollte es deshalb den Menschen ermöglichen, länger in ihren angestammten Wohnquartieren bleiben zu können und dabei angemessen versorgt und betreut zu werden. Unsere Devise sollte lauten: Wer bei einer Wohnungsgenossenschaft wohnt, braucht nicht ins Altersheim! Wohngemeinschaften junger Menschen sind heute eine gesellschaftlich anerkannte Wohnform. Was — so sollten wir uns fragen — spricht gegen Wohngemeinschaften älterer Menschen?"[345]

Abschließend zu diesem Kapitel sei die staatliche Wohnungsbaupolitik betrachtet, die als „Objektförderung" oder als „Subjektförderung" in Erscheinung treten kann. Während die „Objektförderung" Neubaumaßnahmen von Sozialwohnungen subventioniert, werden bei der „Subjektförderung" diejenigen Mieter, welche über eine relativ geringe Einkommenshöhe verfügen, direkt durch staatliche Transfers unterstützt.[346] Nicht unberücksichtigt bleiben darf allerdings die Frage nach der Effizienz staatlicher Wohnungsbaupolitik und

---

[341] O. V., (Artikel: Rheinische Wohnungsunternehmen), S. 529.
[342] Vgl. Helmut W. Jenkis, (Mieten), S. 516.
[343] Vgl. Helmut W. Jenkis, (Mieten), S. 516ff. u. S. 580ff.
[344] Vgl. Hans Pohl, (Wohnungsgenossenschaften), S. 592.
[345] Hans Pohl, (Wohnungsgenossenschaften), S. 593.
[346] Zur Frage der Effizienz von „Objekt"- u. „Subjektförderung" vgl. Klaus Mackscheidt u. Werner Deichmann, (Subventionen), S. 84f.

nach der Selbststeuerungsfähigkeit der Wohnungsmärkte. D. Krischausky und K. Mackscheidt betonen in ihrer Untersuchung zur Wohnungsgemeinnützigkeit, daß sowohl eine freie Wohnungsmarktwirtschaft als auch eine öffentliche Wohnungswirtschaft hinsichtlich der zu erwartenden Ergebnisse nicht effektiv und effizient genug seien.[347] Ein liberalisierter Wohnungsmarkt könne zwar zu einer verbesserten Allokationseffizienz führen. „Diese geht jedoch mit Verteilungs- und Versorgungsdefiziten auf einzelnen Wohnungsteilmärkten einher, die weder durch marktendogene Ausgleichsprozesse noch durch eine marktkonforme Subvention der Nachfrage behoben werden können."[348] Nachteilige Auswirkungen bei staatlichen Interventionen bestehen demgegenüber in der mangelnden Allokationseffizienz auf den Wohnungsmärkten sowie in der geringen Treffsicherheit und fehlenden Zielgenauigkeit des wohnungspolitischen Instrumenteneinsatzes.[349] Angesichts einer solchen Situation — sie läßt sich als ein „Marktversagen" und gleichzeitig auch als ein „Staatsversagen" charakterisieren[350] — begründen die daraus resultierenden Versorgungslücken auf den Wohnungsmärkten „einen wohnungspolitischen Bedarf für die Leistungen intermediärer wohnungswirtschaftlicher Akteure",[351] zu denen nicht zuletzt auch Genossenschaften gerechnet werden können.[352]

3.2.1.4.2. Unterschiedliche Entwicklungsrichtungen bei Wohnungsbaugenossenschaften

3.2.1.4.2.1. Die erwerbswirtschaftliche Entwicklungsrichtung

Bei der erwerbswirtschaftlichen Entwicklungsrichtung von Wohnungsbaugenossenschaften kann es sich um einen Übergangsprozeß zu kommerziellen Wohnungsbauunternehmen handeln, wobei aus den ehemaligen Genossenschaftsmitgliedern kapitalbeteiligte Gesellschafter werden, die sich in zunehmendem Maße an Renditegesichtspunkten orientieren. Ein solcher Transformationsprozeß von einer genossenschaftlichen Mitgliedergruppe zu einer Gruppe von wohnungswirtschaftlichen Kapitalgebern setzt voraus, daß bei den bisherigen Genossenschaftsmitgliedern ein Interesse an einer erwerbswirtschaftlich ausgerichteten Weiterentwicklung besteht. Außerdem ist beabsichtigt, daß keine öffentlichen Bindungen im Hinblick auf eine Gemeinnützigkeit mehr existieren

---

[347] Vgl. D. Krischausky u. K. Mackscheidt, (Wohnungsgemeinnützigkeit), S. 5ff.; Jürgen H. B. Heuer, Lidwina Kühne-Büning, Volker Nordalm u. Marlis Drevermann, (Lehrbuch), S. 80ff.

[348] D. Krischausky u. K. Mackscheidt, (Wohnungsgemeinnützigkeit), S. 5.

[349] Vgl. D. Krischausky u. K. Mackscheidt, (Wohnungsgemeinnützigkeit), S. 6f.

[350] Vgl. Klaus Mackscheidt, (Wohnungswirtschaft), S. 25ff.; D. Krischausky u. K. Mackscheidt, (Wohnungsgemeinnützigkeit), S. 24ff. u. S. 56ff.; Hellmut Wollmann, (Wohnungsversorgung), S. 106ff.

[351] Klaus Mackscheidt, (Wohnungswirtschaft), S. 25f.

[352] Vgl. Michael Arndt u. Holger Rogall, (Wohnungsbaugenossenschaften), S. 43ff.

3.2. Genossenschaftliche Entwicklungsperspektiven

oder bejaht werden, die einen derartigen Entwicklungsprozeß verhindern. Es bestehen bereits seit langem auch nichtgemeinnützige Wohnungsbaugenossenschaften in der Bundesrepublik Deutschland mit insgesamt sehr unterschiedlichen Zielsetzungen. Diese Gruppe ist allerdings zahlenmäßig bislang vergleichsweise klein geblieben: Der Anzahl von 1216 als gemeinnützig anerkannten Wohnungsbaugenossenschaften standen im Jahre 1980 nur 54 nichtgemeinnützige Wohnungsbauunternehmen in genossenschaftlicher Rechtsform gegenüber.[353]

Durch die Aufhebung des Wohnungsgemeinnützigkeitsgesetzes entsteht eine völlig neue Situation. „Damit entfällt für die gemeinnützigen Wohnungsbaugesellschaften, aber auch für diejenigen Genossenschaften, die nicht den Weg der ‚Vermietungsgenossenschaft' gehen können oder ihn nach Möglichkeit vermeiden wollen, die Befreiung von der Körperschaft-, Gewerbe- und Vermögensteuer."[354] In Gestalt der „Vermietungsgenossenschaften" hat der Gesetzgeber ein künstliches Gebilde geschaffen: „Es handelt sich um Wohnungsbaugenossenschaften, die sich grundsätzlich auf die Vermietung eigener Wohnungen beschränken wollen und höchstens 10 Prozent ihrer Gesamteinnahmen aus sonstigen Geschäften (z. B. Bauträgergeschäft, Beteiligung an anderen Gesellschaften, Verwaltung fremder Wohnungen) beziehen. Die entsprechende Befreiung von den Steuern ist automatisch Folge der entsprechenden Begrenzung der Geschäftstätigkeit. Sie kann nicht etwa abgewählt werden, sondern nur durch den im Rahmen des § 5 Abs. 1 Nr. 10 KStG übersteigende Geschäftstätigkeit verhindert werden."[355]

Aufgrund der Gesetzesänderungen ist künftig mit einer bedeutsamen Zweiteilung bei den Wohnungsbaugenossenschaften zu rechnen. Es entsteht einerseits die Gruppe der steuerpflichtigen Wohnungsbaugenossenschaften und andererseits die Gruppe der „Vermietungsgenossenschaften".[356] Ob die steuerrechtliche Trennung in langfristiger Perspektive auch zu zwei deutlich getrennten Genossenschaftsgruppen führen oder ob der Unterschied zwischen den Gruppen künftig eher gering bleiben wird, ist vorerst noch eine offene Frage.

Mit der Aufhebung des Wohnungsgemeinnützigkeitsgesetzes werden für die künftig steuerpflichtigen Wohnungsbaugenossenschaften die ehemaligen gesetzlichen Bindungen, wie unter anderem die Gewinnbegrenzung oder die Baupflicht, der Vergangenheit angehören. „Auch für Vermietungsgenossenschaften entfallen die Bindungen des Wohnungsgemeinnützigkeitsgesetzes und seiner Durchführungsverordnung. An seine Stelle treten die neuen Geschäftskreisbegrenzungen."[357] In beiden Genossenschaftsgruppen besteht

---

[353] Vgl. Reinhard Schultz u. Jürgen Zerche, (Genossenschaftslehre), S. 116.
[354] Ludwig Schönefeldt, (Gedanken), S. 658.
[355] O. V., (Artikel: Wohnungsgemeinnützigkeitsgesetz), S. 411; vgl. auch Jürgen Steinert, (Gemeinnützige Wohnungswirtschaft), S. 413f.
[356] Vgl. Ludwig Schönefeldt, (Gedanken), S. 661.
[357] O. V., (Artikel: Wohnungsgemeinnützigkeitsgesetz), S. 411.

durchaus die Möglichkeit, daß eine mehr oder weniger große Anzahl von Genossenschaften die ehemaligen gesetzlichen Bindungen durch freiwillige Selbstbindungen ersetzt.[358] Zu denken ist allerdings nicht etwa an ein starres Beibehalten bisheriger Gesetzesbestimmungen, sondern an die Neuformulierung und Weiterentwicklung derartiger Bindungen — entsprechend den jeweiligen Zielvorstellungen der einzelnen Genossenschaft.

„Die gemeinnützige Wohnungswirtschaft hat" — wie Jürgen Steinert betont — „in ihrem einstimmig verabschiedeten Positionspapier ‚der Lange Weg' ein Bekenntnis zum gemeinnützigen Verhalten abgegeben; ein Verhalten, das bekanntlich älter ist als das jetzt aufgehobene Gesetz und die staatliche Förderung. Dennoch, in diesem Punkt gibt es Probleme und Risiken. Über das gemeinnützige Verhalten entscheiden nicht allein die Geschäftsführer und Vorstände der gemeinnützigen Wohnungsbaugesellschaften und -genossenschaften, sondern auch die Mitglieder und Eigentümer. An sie muß appelliert werden, den Unternehmen und Unternehmern das gemeinnützige Verhalten auch unter den geänderten Bedingungen der Steuerpflicht zu ermöglichen."[359] Wie beispielsweise dieses Zitat zeigt, dürfte es zum gegenwärtigen Zeitpunkt schwierig sein, die langfristigen Entwicklungsperspektiven der gemeinnützigen Wohnungsunternehmen in der Bundesrepublik einzuschätzen. Unterschiedliche Entwicklungsrichtungen sind denkbar, und man sollte nicht unberücksichtigt lassen, daß ohne die bisherigen gesetzlichen Bindungen möglicherweise ein Teil der künftig steuerpflichtigen Wohnungsbaugenossenschaften erwerbswirtschaftliche Ziele verfolgen wird. Nach Ansicht von Helmut W. Jenkis werden einzelne ehemals gemeinnützige Wohnungsunternehmen „ganz systematisch in das marktwirtschaftliche Lager wechseln, wieder andere werden Lippenbekenntnisse abgeben, dennoch aber marktwirtschaftlich handeln."[360]

3.2.1.4.2.2. Die gemeinwirtschaftliche Entwicklungsrichtung

Die gemeinnützige Wohnungswirtschaft besitzt in Deutschland eine sehr lange Tradition, die bis in die Mitte des 19. Jahrhunderts zurückreicht.[361] „Die Idee der Wohnungsgemeinnützigkeit ist" — wie Helmut W. Jenkis ausdrücklich hervorhebt — „nicht vom Staat oder vom Gesetzgeber entwickelt worden, sondern durch Sozialreformen."[362] Es wurden bereits damals Wesensmerkmale gemeinnütziger Wohnungsunternehmen deutlich, die erst sehr viel später zu der rechtlichen Fixierung in Gestalt des Wohnungsgemeinnützigkeitsgesetzes führten.[363] Angesichts der bereits erwähnten Aufhebung dieses Gesetzes zum

---

[358] Vgl. Helmut W. Jenkis, (Mieten), S. 589.
[359] Jürgen Steinert, (Gemeinnützige Wohnungswirtschaft), S. 414.
[360] Helmut W. Jenkis, (Mieten), S. 589.
[361] Vgl. Helmut W. Jenkis, (Wohnungswirtschaft), S. 17 ff.; Helmut W. Jenkis, (Mieten), S. 512 u. S. 584; Friedrich Lütge, (Wohnungswirtschaft), S. 261 ff.
[362] Helmut W. Jenkis, (Mieten), S. 512.

3.2. Genossenschaftliche Entwicklungsperspektiven

1. 1. 1990 bleibt vorerst abzuwarten, in welchem Ausmaß bei Wohnungsunternehmen eine gemeinwirtschaftliche Selbstbindung künftig erfolgen wird.[364]

„Die Aufhebung des Wohnungsgemeinnützigkeitsgesetzes ist" — wie Jürgen Steinert betont — „keinesfalls gleichzusetzen mit der Aufhebung der Idee der Wohnungsgemeinnützigkeit."[365] Zu den charakteristischen Wesensmerkmalen gemeinnütziger Wohnungsunternehmen — unabhängig von ihrer jeweiligen rechtlichen Fixierung — zählt Friedrich Lütge den „Gewinnverzicht", die „Abstellung auf Bedürftige", die „Bauverpflichtung" und die „Zweckbindung der Mittel".[366] Inwieweit diese Merkmale auch heutzutage in wirtschaftlicher und sozialer Hinsicht noch Aktualität besitzen, soll im folgenden untersucht werden. Betrachtet man zunächst das Merkmal „Gewinnverzicht", so ist im Hinblick auf den „Gewinn" insbesondere zwischen dem weitgehend tolerierbaren Zweck der Selbstfinanzierung und dem kaum akzeptablen Zweck hoher Gewinnausschüttung zu unterscheiden. „Grundsätzlich steht" — nach Ansicht von Ludwig Schönefeldt — „die Gewinnerzielungsabsicht nicht im Widerspruch zum selbstgewählten gemeinnützigen Verhalten; zentrales Kriterium gemeinnützigen Verhaltens ist vielmehr die Gewinnverwendung."[367] Allerdings zeigt die Krise der „Neuen Heimat" — wie bereits erwähnt wurde[368] — daß die Zielsetzung der gemeinwirtschaftlichen Gewinnverwendung nicht ausreicht, sondern daß zusätzlich die wirksame Kontrolle der Gewinnverwendung unbedingt erforderlich ist.

Angesichts des Aufgabenwandels von der Neubautätigkeit zur Bestandspflege weist Helmut W. Jenkis darauf hin, „daß die ständige Neubautätigkeit nicht das wichtigste Element der Gemeinnützigkeit sein muß. Dieses gilt insbesondere für Wohnungsbaugenossenschaften, die regional oder soziologisch eine bestimmte Aufgabe hatten und erfüllt haben."[369] Die Baupflicht, wie sie beispielsweise im ehemaligen Wohnungsgemeinnützigkeitsgesetz verankert war, hat in wesentlichem Maße zum Größenwachstum und zur Bürokratisierung vieler Wohnungsbaugenossenschaften beigetragen.[370] Nach Ansicht von Klaus Novy ist es notwendig, die gemeinnützige Wohnungswirtschaft zu reformieren, damit diese Unternehmen künftig die oben genannten Leistungen erbringen können. Er fordert unter anderem die Stärkung von Selbstverwaltungsfunktionen der Mieter in Gestalt von Bewohnerorganen und betont: „Selbsthilfe und Selbstver-

---

[363] Vgl. Friedrich Lütge, (Wohnungswirtschaft), S. 254ff.; Helmut W. Jenkis, (Wohnungswirtschaft), S. 198ff.; Helmut W. Jenkis, (Mieten), S. 512.

[364] Vgl. Helmut W. Jenkis, (Mieten), S. 512ff.

[365] Jürgen Steinert, (Gemeinnützige Wohnungswirtschaft), S. 414.

[366] Vgl. Friedrich Lütge, (Wohnungswirtschaft), S. 249ff.; Helmut W. Jenkis, (Wohnungswirtschaft), S. 198ff. Helmut W. Jenkis, (Mieten), S. 512.

[367] Ludwig Schönefeldt, (Gedanken), S. 662.

[368] Siehe dazu Kapitel: 3.1.2.2.2.

[369] Helmut W. Jenkis, (Wohnungswirtschaft), S. 1032.

[370] Vgl. Klaus Novy, (Wohnreform), S. 23ff. u. S. 165ff.

waltung im Wohnungsbereich ernstgenommen, hieße Expansion nach dem Muster steter Neugründungen, nicht Expansion bestehender Genossenschaften."[371] Zur Finanzierung genossenschaftlicher Neugründungen könnten Solidarfonds und Solidarverpflichtungen der bestehenden Genossenschaften, nach Ansicht von Klaus Novy und anderer Autoren, wirksame Instrumente darstellen.[372]

Angesichts der vorher erwähnten Problematik auf den Wohnungsmärkten mit einem Versorgungsdefizit für Problemgruppen, welches sich auch durch eine freie Wohnungsmarktwirtschaft oder durch direkte staatliche Eingriffe nicht hinreichend beheben läßt, können gemeinwirtschaftlich orientierte Genossenschaften einen wirksamen Beitrag leisten, um derartige Versorgungslücken zu schließen.[373] In gemeinnützigen Wohnungsunternehmen sind „besonders schwierig zu integrieren" — wie Michael Toddenroth betont — „die sogenannten Randgruppen (ehemalige Obdachlose, Alkoholiker, Drogenabhängige, Haftentlassene, psychisch Kranke usw.)."[374] Die daraus resultierenden Probleme erfordern zumeist den Einsatz von Sozialpädagogen und Sozialarbeitern, um eine umfangreiche Mitgliederbetreuung durchführen zu können. Ebenso wichtig für den Erfolg derartiger Integrationsbemühungen ist die Gesamtstruktur der Genossenschaft. Ein ausgeprägtes „Nachbarschaftsgefühl" oder aktive Mitgestaltungsmöglichkeiten der Mieter im Rahmen der Genossenschaft können sicherlich als integrationsfördernd beurteilt werden.[375] Generell bieten kleine und überschaubare Genossenschaften relativ günstige Voraussetzungen, um auch denjenigen Bevölkerungsgruppen, die bisher im Hinblick auf ihre Wohnungsversorgung benachteiligt sind, akzeptablen Wohnraum zu verschaffen und sie gesellschaftlich zu integrieren.[376]

Nicht zu unterschätzen ist allerdings die Gefahr, daß durch eine einseitige Belegungsstruktur die Integrationsfähigkeit gemeinnütziger Wohnungsbaugenossenschaften überfordert wird.[377] D. Krischausky und K. Mackscheidt gelangen in dieser Hinsicht zu dem Ergebnis: „Allein die örtlichen Fühlungsvorteile und die individuellen, den Gegebenheiten der einzelnen Wohnanlagen

---

[371] Klaus Novy, (Wohnreform), S. 165.

[372] Vgl. Klaus Novy, (Wohnreform), S. 124; D. Krischausky u. K. Mackscheidt, (Wohnungsgemeinnützigkeit), S. 99.

[373] Vgl. Klaus Mackscheidt, (Wohnungswirtschaft), S. 39ff. u. S. 58; D. Krischausky u. K. Mackscheidt, (Wohnungsgemeinnützigkeit), S. 70ff.; siehe auch zur grundsätzlichen Bedeutung gemeinwirtschaftlicher Widmungsformen: Werner W. Engelhardt, (Transformationsproblematik), S. 57.

[374] Michael Toddenroth, (Sozialarbeit), S. 568.

[375] Vgl. Dagmar Kierner, (Verständnis), S. 597; Michael Toddenroth, (Sozialarbeit), S. 567ff.

[376] Vgl. Klaus Novy, (Wohnreform), S. 124ff.

[377] Vgl. Manfred Ziercke, (Entwicklungen), S. 72; B. Großfeld, (Wettbewerbsfähigkeit), S. 52f.

angepaßten Erfahrungen der gemeinnützigen Unternehmen liefern die Informationen, welche Belegungsstruktur noch als ausgewogen gelten kann und ab wann ‚kontraproduktive Wirkungen' (z. B. Abwanderungsprozesse, Tendenz zur Gettoisierung) auftreten. Gemeinnützige Wohnungsunternehmen weisen hier gegenüber einer flächendeckenden staatlichen Wohnungsverwaltung ‚Leistungsvorteile dezentraler Informationsbeschaffung und Koordination' auf, die eine autonome Handlungskompetenz bei dem Belegungsverfahren unumgänglich erscheinen lassen."[378]

Es gilt insgesamt sowohl die Handlungsautonomie der Wohnungsunternehmen als auch das Belegungsinteresse der Kommunalpolitiker in Gestalt vertraglich fixierter Belegungsvereinbarungen ausgewogen zu berücksichtigen.[379] Verwirklicht worden ist dies unter anderem beim „Bremer Modell", indem „die gemeinnützigen Wohnungsunternehmen entsprechend ihrem Anteil am Sozialwohnungsbestand eine bestimmte Quote Wohnungsnotfälle übernehmen, die Verteilung auf die einzelnen Bestände aber durch die Unternehmen in eigener Regie erfolgt."[380] Zudem existieren Lösungskonzeptionen, beispielsweise in Gestalt einer umfangreichen Mieterbetreuung, die sowohl die Interessen der Mitglieder als auch den Wohnungsbedarf der oben genannten Problemgruppen berücksichtigen.[381] In diesem Sinne dürfte die soziale Integration gesellschaftlicher Randgruppen zu einer wesentlichen Zukunftsaufgabe für gemeinwirtschaftlich orientierte Wohnungsbaugenossenschaften werden.

3.2.1.4.2.3. Förderungswirtschaftliche Entwicklungsrichtungen

3.2.1.4.2.3.1. Der klassisch-förderungswirtschaftliche Entwicklungstyp

Die bereits angedeutete Problematik des Größenwachstums gilt für viele traditionsreiche Wohnungsbaugenossenschaften, die bereits im 19. Jahrhundert oder in der ersten Hälfte dieses Jahrhunderts entstanden sind. Sie haben sich im Laufe der Zeit häufig zu anonymen und bürokratischen Wohnungsverwaltungen entwickelt. In ihnen erlangte vielfach die wirtschaftliche Mitgliederförderung absolute Priorität, und die sozialen Aspekte des Wohnens traten zunehmend in den Hintergrund. Ähnlich wie für andere Genossenschaftszweige besteht für die Wohnungsbaugenossenschaften eine besondere Problematik darin, daß die optimale Betriebsgröße in wirtschaftlicher Hinsicht und die

---

[378] D. Krischausky u. K. Mackscheidt, (Wohnungsgemeinnützigkeit), S. 104.
[379] Vgl. D. Krischausky u. K. Mackscheidt, (Wohnungsgemeinnützigkeit), S. 97, S. 104 u. S. 121 ff.; Werner W. Engelhardt, (Wohnungspolitik); Helmut W. Jenkis, (Widerspruch), S. 107 ff.; O. Sievert, (Wohnungspolitik), S. 86.
[380] D. Krischausky u. K. Mackscheidt, (Wohnungsgemeinnützigkeit), S. 104; siehe dazu auch Werner W. Engelhardt, (Wohnungspolitik).
[381] Vgl. Michael Toddenroth, (Sozialarbeit), S. 567 ff.; Dagmar Kierner, (Verständnis), S. 597.

optimale Betriebsgröße im Hinblick auf die Mitgliedergruppe voneinander abweichen.[382]

Während es aufgrund wirtschaftlicher Gesichtspunkte, insbesondere aus Gründen einer Kostendegression, zweckmäßig erscheint, eine wachsende Betriebsgröße anzustreben, wird es offenbar mit steigender Mitgliederzahl zunehmend schwieriger, soziale Aspekte der Genossenschaft, wie insbesondere die Überschaubarkeit und die demokratische Willensbildung, zu bewahren.[383] Als Symptom dieser Entwicklung können das Desinteresse vieler Mieter an den Mitgliederversammlungen oder die im allgemeinen geringe Wahlbeteiligung bei den Vertreterwahlen gewertet werden.[384] Wie Klaus Mackscheidt darüber hinaus betont, gibt es auch bereits Beispiele von relativ kleinen Wohnungsbaugenossenschaften, die stagnative Tendenzen und interne Lähmungserscheinungen aufweisen. Für sie ist kennzeichnend, daß eine ausschließlich passive Bestandsverwaltung weitgehend an die Stelle der wirtschaftlichen und kulturellen Mitgliederförderung getreten ist.[385]

Um einer bürokratischen Verselbständigung der Genossenschaftsbetriebe und der damit verbundenen Entfremdung zwischen Mietern und Wohnungsbaugenossenschaften[386] entgegenzuwirken, ist mehr aktive Mitwirkung der Mieter als gegenwärtig üblich erforderlich. Partizipation der Mieter kann sowohl zum innergenossenschaftlichen Konfliktabbau als auch zur innergenossenschaftlichen sozialen Integration beitragen,[387] beispielsweise indem die Bedürfnisse der Mieter hinsichtlich der Gestaltung des Wohnumfeldes berücksichtigt werden.[388] Je größer allerdings die Mitgliederzahl und je unüberschaubarer eine Wohnungsbaugenossenschaft für den einzelnen ist, desto schwieriger gestaltet sich im allgemeinen die Mitwirkung der Mieter an der genossenschaftlichen Willensbildung.[389]

Die Strategie der Genossenschaft kann sowohl in einer Unterstützung spontaner Mieterinitiativen als auch in einer bewußten Aktivierung der passiven Mieter bestehen.[390] „Erfahrungen verschiedener Modellprojekte legen dabei"

---

[382] Vgl. H. W. Hetzler, (Soziale Systeme), S. 18f.; Gerhard Weisser, (Stilwandlungen), S. 35ff.; Werner W. Engelhardt, (Größenproblem), S. 273; Georg Draheim, (Unternehmungstyp), S. 107f.

[383] Vgl. H. W. Hetzler, (Soziale Systeme). S. 19ff.

[384] Vgl. Klaus Mackscheidt, (Wohnungswirtschaft), S. 57; H. W. Hetzler, (Soziale Systeme), S. 21.

[385] Vgl. Klaus Mackscheidt, (Wohnungswirtschaft), S. 57; Klaus Novy, (Wohnreform), S. 164ff.

[386] Vgl. H. W. Hetzler, (Soziale Systeme), S. 33.

[387] Vgl. Klaus Mackscheidt, (Wohnungswirtschaft), S. 55.

[388] Vgl. H.-Chr. Pfohl, (Zieldimension), S. 61f.; Klaus Mackscheidt, (Wohnungswirtschaft), S. 55.

[389] Vgl. H. W. Hetzler, (Soziale Systeme), S. 28.

[390] Vgl. H. W. Hetzler, (Soziale Systeme), S. 21.

3.2. Genossenschaftliche Entwicklungsperspektiven

— wie Klaus Mackscheidt betont — „nahe, Mieterpartizipation als einen Lernprozeß zu begreifen, der nicht auf kurze Sicht und nur unter Einsatz unternehmerischer Ressourcen (Beratung und Hilfestellung) erfolgreich abläuft."[391] Als Beispiel für mitgliederaktivierende Maßnahmen läßt sich die Schaffung ehren- oder nebenamtlicher Tätigkeiten für Mieter nennen. Auch kann an eine Erleichterung der Mieterpartizipation im Rahmen der genossenschaftlichen Willensbildung durch eine entsprechende Ausgestaltung von Satzungen und Wahlordnungen gedacht werden.[392]

Eine weitgehende Zufriedenheit und darauf beruhende Identifikation der Mieter mit „ihrer" Wohnungsbaugenossenschaft ist auch in betriebswirtschaftlicher Hinsicht sinnvoll. Auf diese Weise kann beispielsweise mutwilligen Sachbeschädigungen vorgebeugt und die Abnutzung der Gemeinschaftsanlagen gering gehalten werden.[393] Über die eigentliche Aufgabe der Bereitstellung des Wohnungsangebotes hinaus besteht für Wohnungsbaugenossenschaften auch die Möglichkeit, attraktive Zusatzleistungen zu offerieren. Unter anderem können geeignete Spielmöglichkeiten für Kinder bereitgestellt oder Freizeit- und Gemeinschaftsaktivitäten durchgeführt werden.[394] Durch derartige Maßnahmen sind die Wohnungsbaugenossenschaften in der Lage, sich vorteilhaft von der Anonymität und der Tristesse vieler heutiger Wohnsiedlungen privater Anbieter und auch großer gemeinnütziger Gesellschaften zu unterscheiden. In diesem Sinne sieht Klaus Novy Zukunftschancen insbesondere für kleine und nicht an Wachstumszielen orientierte Wohnungsgenossenschaften.[395]

Hingewiesen sei auch auf die von Wolfgang Pelzl entwickelte Konzeption der Mietergenossenschaften als eine Strategie zur langfristigen Erhaltung von Sozialmietwohnungen.[396] Er typologisiert die Mietergenossenschaft „als traditionelle Genossenschaft mit Hilfsbetrieb".[397] Um die Mietwohnungen von den bisherigen Eigentümern zu erwerben, entsteht ein beträchtlicher genossenschaftlicher Kapitalbedarf. Jedoch sind die Mieter zumeist nicht in der Lage oder nur begrenzt dazu bereit, die notwendigen hohen Kapitalbeiträge der Genossenschaft bereitzustellen. Aufgrund dieser Diskrepanz ergibt sich eine Finanzierungslücke.[398] Nach Ansicht von Pelzl läßt sich diese Finanzierungslücke durch die Nutzung zusätzlicher Finanzierungspotentiale schließen,[399]

---

[391] Klaus Mackscheidt, (Wohnungswirtschaft), S. 55.
[392] Vgl. z. B. B. Großfeld, (Wettbewerbsfähigkeit), S. 54.
[393] Vgl. Klaus Mackscheidt, (Wohnungswirtschaft), S. 56.
[394] Vgl. Gerhard Weisser, (Stilwandlungen), S. 42 ff.; H. W. Hetzler, (Wohnungsbaugenossenschaften), S. 474; Manfred Ziercke, (Entwicklungen), S. 76 ff.
[395] Vgl. Klaus Novy (Wohnreform), S. 124 f.
[396] Vgl. Wolfgang Pelzl, (Mietergenossenschaften), S. 40 ff.
[397] Wolfgang Pelzl, (Mietergenossenschaften), S. 52.
[398] Vgl. Wolfgang Pelzl, (Mietergenossenschaften), S. 89 f. u. S. 225.
[399] Es ist an dieser Stelle nicht möglich die zahlreichen kreativen Finanzierungsvorschläge dieser Konzeption zu erörtern — siehe dazu ausführlich Alice Riebandt-Korfmacher, (Überlegungen), S. 189 ff.

welche insbesondere „von privaten oder staatlichen Trägern aufgebracht und als Kapital oder Kapitalsurrogat der Mietergenossenschaft zur Verfügung gestellt werden" können.[400] Wie Alice Riebandt-Korfmacher betont, hilft diese Konzeption „nicht nur bei der Beratung von Selbsthilfegruppen, die Spreu vom Weizen zu trennen, sondern regt dazu an, wirtschaftlich und rechtlich tragfähige Lösungen für die Gründung leistungsfähiger Genossenschaften zu entwickeln, die die wohnungswirtschaftlichen und gesellschaftspolitischen Anliegen der Befürworter von Mietergenossenschaften verwirklichen."[401]

3.2.1.4.2.3.2. Der alternativ-förderungswirtschaftliche Entwicklungstyp

Der alternativ-förderungswirtschaftliche Entwicklungstyp kennzeichnet Wohnungsbaugenossenschaften, die aufgrund ihrer Zielsetzungen in Gestalt eines gemeinschaftsbezogenen Zusammenwohnens bewährte ältere Lebensformen zu reaktivieren oder neue Formen des menschlichen Zusammenlebens zu realisieren versuchen. Dadurch unterscheiden sie sich zumindest teilweise vom klassisch-förderungswirtschaftlichen Entwicklungstyp, bei dem es sich im allgemeinen um Gruppen von sich separat haltenden Kleinfamilien handelt und bei dem die gemeinschaftlichen Bedürfnisse heutzutage überwiegend in anderem Rahmen befriedigt werden. Demgegenüber erlangen Gemeinschaftsaktivitäten im Rahmen alternativer Wohnformen für den Zusammenhalt und langfristigen Erfolg solcher Wohnungs- bzw. Wohnungsbaugenossenschaften oftmals zentrale Bedeutung. Holger G. Schwenzer und Kamilla Will gelangen in ihrer Untersuchung über Formen alternativer Wohnungsversorgung unter anderem zu dem Ergebnis: „Hauptmotivation der meisten Gruppen, alternative Projekte zu verwirklichen, war die Kritik am herkömmlichen Wohnungsbau, der für sie durch Vereinsamung, Unsicherheit, Isolation und Anonymität gekennzeichnet war."[402]

Es existiert ein breites Spektrum unterschiedlicher Modelle, welches von temporären Wohngemeinschaften bis hin zu integralen Lebensgemeinschaften reicht und auf das im Detail an dieser Stelle nicht eingegangen werden kann.[403] Erwähnt sei allerdings als ein, zumindest für einen Teil alternativer Wohnmodelle seit Jahren kennzeichnendes Charakteristikum, daß sie in zunehmendem Maße versuchen, naturnahe Baumaterialien zu verwenden. Auch geht es oftmals um die Erprobung ökologisch orientierter Siedlungsweisen und darum, alternative Energiequellen so weit wie möglich zu nutzen.[404] Ähnlich sind in vielen

---

[400] Wolfgang Pelzl, (Mietergenossenschaften), S. 225.
[401] Alice Riebandt-Korfmacher, (Überlegungen), S. 196.
[402] Holger G. Schwenzer u. Kamilla Will, (Alternative Wohnungsversorgung), S. 167.
[403] Vgl. Dieter Korczak, (Kleine Netze), S. 5 ff.; Sarah Eno u. Dave Treanor, (Housing Handbook), S. 1 ff.; Walter Hollstein u. Boris Penth, (Alternativ-Projekte), S. 290 ff.; Werner Hugger, (Basisszenarien), S. 155 ff.; Holger G. Schwenzer u. Kamilla Will, (Alternative Wohnungsversorgung), S. 7 ff., S. 122 u. S. 159 ff.; Hans Christoph Binswanger, Werner Geissberger u. Theo Ginsburg (Hrsg.), (NAWU-Report), S. 238.

3.2. Genossenschaftliche Entwicklungsperspektiven

Fällen die Hindernisse, mit denen alternative Wohnmodelle konfrontiert sind — man denke beispielsweise an restriktive baurechtliche Vorschriften.[405]

Besondere Bedeutung erlangt in allen derartigen Wohnprojekten die aktive Mitgestaltung und Mitarbeit der gesamten Gruppe, bereits ausgehend von der Planungsphase bis hin zur praktischen Realisierung. Dadurch gewinnt die bereits alte Idee der genossenschaftlichen Gruppenselbsthilfe beim Wohnungsbau sehr deutlich neue Aktualität.[406] Wie beispielsweise die Selbsthilfemodelle der Berliner Baugenossenschaft eG und der Gebau Süd in Freiburg zeigen, lassen sich aufgrund manueller Eigenleistungen der Mieter sowohl die späteren Mietbelastungen reduzieren als auch individuelle Präferenzen bei der konkreten Ausgestaltung der Wohnungen weitgehend berücksichtigen.[407] Derartige Gesichtspunkte spielen sehr wahrscheinlich eine Rolle, wenn man nach den Gründen für die Renaissance der vielfältigen Selbsthilfegruppen im Wohnungsbereich sucht. Nach Ansicht von Klaus Novy handelt es sich um das erneute Zusammentreffen unterschiedlicher Bedingungen — „ein kultureller Wertwandel bei Teilen der Bevölkerung, ein Versagen bisheriger Wohnungsversorgungsformen sowie die ökonomischen Zwänge einer bevorstehenden Depression — die einen fünften Aufbruch baugenossenschaftlicher Initiativen hervorzubringen scheinen."[408]

3.2.1.5. Spezialisierte Dienstleistungsgenossenschaften in unterschiedlichen Wirtschaftszweigen

3.2.1.5.1. Die wachsende Anzahl und zunehmende Bedeutung solcher Dienstleistungsgenossenschaften

Spezialisierte Dienstleistungsgenossenschaften findet man zumindest seit den Anfängen der industriezeitlichen Genossenschaftsgeschichte in unterschiedlichen Tätigkeitsfeldern. In besonders vielfältiger Weise existieren sie seit langer Zeit im landwirtschaftlichen Bereich, unter anderem in Gestalt von Bewässerungsgenossenschaften. In den letzten Jahrzehnten sind beispielsweise Maschinenringe und Betriebshilfsdienste hinzugekommen. Aufgrund ihrer engen Spezialisierung und angesichts ihrer zumeist kleinen Mitgliederzahl blieb die Bedeutung der Dienstleistungsgenossenschaften für das gesamte Genossen-

---

[404] Vgl. Holger G. Schwenzer u. Kamilla Will, (Alternative Wohnungsversorgung), S. 18f.; Hans Christoph Binswanger, Werner Geissberger u. Theo Ginsburg (Hrsg.), (NAWU-Report), S. 238.

[405] Vgl. Holger G. Schwenzer u. Kamilla Will, (Alternative Wohnungsversorgung), S. 173.

[406] Vgl. Renate Seifert, (Gemeinsam), S. 638; D. Krischausky u. K. Mackscheidt, (Wohnungsgemeinnützigkeit), S. 112ff.

[407] Vgl. Fred-Raimund Winkler, (Selbsthilfe), S. 638ff.; Renate Seifert, (Gemeinsam), S. 638ff.

[408] Klaus Novy, (Wohnreform), S. 171.

schaftswesen relativ gering. Zu diesem Urteil gelangt man, wenn man sie z. B. mit den Kreditgenossenschaften, den Konsumgenossenschaften, den Wohnungsbaugenossenschaften oder auch den landwirtschaftlichen und gewerblichen Warengenossenschaften vergleicht. Vielfach stehen sie auch in enger organisatorischer Verbindung mit diesen großen Genossenschaftszweigen.

Versucht man dennoch zu begründen, warum es notwendig erscheint, spezialisierte Dienstleistungsgenossenschaften in einem besonderen Abschnitt zu erörtern, so ist vor allem darauf zu verweisen, daß es sich bei einem sehr großen Teil der gegenwärtigen genossenschaftlichen oder genossenschaftsartigen Neugründungen um spezialisierte Dienstleistungskooperativen handelt. Sie stellen gegenwärtig zweifellos ein besonders dynamisches Element des Genossenschaftswesens dar, das deshalb im Hinblick auf mögliche Zukunftsperspektiven eine separate Betrachtung erfordert.

Grundsätzlich sind bei spezialisierten Dienstleistungsgenossenschaften sehr differierende Zielsetzungen der einzelnen Genossenschaften vorstellbar und tatsächlich vorhanden. Dies gilt beispielsweise auch hinsichtlich gemeinwirtschaftlicher, förderungswirtschaftlicher oder alternativwirtschaftlicher Ziele. Angesichts der Vielfalt und Dynamik dieser oft noch sehr jungen Kooperationsformen erfordert die Analyse der unterschiedlichen Zielvorstellungen eine umfangreiche Einzelfallbetrachtung, die im Rahmen dieser Arbeit nicht erfolgen kann. Im folgenden wird somit nicht nach widmungsbedingten Entwicklungsrichtungen, sondern nach funktionalen Gesichtspunkten zwischen produktions- und haushaltsbezogenen Dienstleistungsgenossenschaften unterschieden.

Wie oben ausführlich erläutert wurde, zählt zu den charakteristischen Merkmalen bereits industrialisierter, hochentwickelter Volkswirtschaften nicht nur die Herstellung von Hochtechnologie-Produkten, sondern auch die Erstellung sehr spezialisierter Dienstleistungen. Förderungsgenossenschaften stellen grundsätzlich eine der realistischen Möglichkeiten dar, um solche Dienstleistungen für ihre Mitglieder zu erbringen, wobei nicht selten ein fortschreitender Spezialisierungsgrad für viele neugegründete Genossenschaften kennzeichnend ist. Es werden neuartige genossenschaftliche Anwendungsgebiete überall dort erforscht und praktisch erprobt, wo Betriebe oder Haushalte Funktionen wirksamer gemeinsam im Rahmen genossenschaftlicher oder genossenschaftsähnlicher Kooperationsformen als allein wahrnehmen können.[409] Im Hinblick auf die Zukunft stehen den Kooperativen in diesem Zusammenhang vermutlich noch viele neuartige Tätigkeitsfelder offen.[410]

---

[409] Vgl. Werner W. Engelhardt, (Aufgabenwandel), S. 262f.; Werner W. Engelhardt, (Gemeinwirtschaftliche Genossenschaften), S. 393f.
[410] Vgl. Dieter Otten, (Technik), S. 28ff.

3.2.1.5.2. Unterschiedliche Arten spezialisierter Dienstleistungsgenossenschaften

3.2.1.5.2.1. Genossenschaften zur Erstellung produktionsbezogener Dienstleistungen

Angesichts des großen Bedarfs an produktionsbezogenen Dienstleistungen in industrialisierten Marktwirtschaften besteht für mittelständische Unternehmen vielfach die Wahlmöglichkeit, entweder produktionsbezogene Dienstleistungen von erwerbswirtschaftlichen Dienstleistungsunternehmen erbringen zu lassen oder den Weg der gemeinsamen Selbsthilfe zu wählen. Im zuletztgenannten Falle kommt es zur Gründung spezialisierter Dienstleistungsgenossenschaften oder genossenschaftsähnlicher Zusammenschlüsse, soweit sich die betreffenden Personen nicht bereits bestehenden Genossenschaften anschließen.

Denkbar sind solche Dienstleistungsgenossenschaften, um zum Beispiel gemeinsame Marketingstrategien zu entwickeln und durchzuführen. In diesem Zusammenhang weisen Reinhard Schultz und Jürgen Zerche auf das Beispiel einer Genossenschaftsgründung durch etwa dreißig mittelständische Unternehmen des Beherbergungsgewerbes hin. Diese Unternehmen verfolgen die gemeinsame Zielsetzung, durch geeignete Maßnahmen im Rahmen einer spezialisierten Dienstleistungsgenossenschaft die Attraktivität einer Region für den Tourismus und Fremdenverkehr zu erhöhen.[411] Aufgrund einer ähnlichen Zielsetzung sind in unterschiedlichen Orten Griechenlands in den letzten Jahren mehrere „Touristikgenossenschaften" gegründet worden.[412] Es handelt sich insbesondere um den förderungsgenossenschaftlichen Zusammenschluß von Frauen, die in ihren Häusern Fremdenzimmer für Touristen einrichten und ihren Gästen eine Alternative zum Massentourismus bieten.[413]

Eine Zielsetzung, die mittelständische Unternehmen häufig im Rahmen von Dienstleistungsgenossenschaften zu verwirklichen suchen, besteht darin, die Beteiligungsmöglichkeiten an der technologischen Weiterentwicklung auch für Unternehmen mit relativ kleinen Betriebsgrößen grundsätzlich zu verbessern. Das weite Spektrum genossenschaftlicher Tätigkeitsfelder reicht in diesem Zusammenhang von spezialisierten Förderungsgenossenschaften einzelner landwirtschaftlicher Produktionszweige — beispielsweise in der mehr und mehr durch biotechnologische Methoden beeinflußten Tier- und Pflanzenzucht — bis hin zu spezialisierten Förderungsgenossenschaften einzelner freier Berufe.

Erwähnt sei in letzterer Hinsicht das Beispiel der Ärzte und insbesondere der Steuerberater. So gibt es die DATEV-Dienstleistungsgenossenschaft speziell für die Mitglieder steuerberatender Berufe. Sie verfolgen die Zielsetzung, die

---

[411] Vgl. Reinhard Schultz u. Jürgen Zerche, (Genossenschaftslehre), S. 122.
[412] Vgl. Griechische Zentrale für Fremdenverkehr (Hrsg.), (Ferien), o. S.
[413] Vgl. Griechische Zentrale für Fremdenverkehr (Hrsg.), (Touristikgenossenschaft), o. S.

Genossenschaftsmitglieder aus dieser Berufsgruppe mit Hilfe eines weitgespannten Dienstleistungsprogramms möglichst umfassend zu fördern.[414] Zu den angebotenen Dienstleistungen zählen unter anderem die Vertretung bei Finanzgerichten, die Hilfe bei steuerlichen Bearbeitungsproblemen, die steuerrechtlichen Informationen, die Durchführung der Buchführung im Rechenzentrum und die Erstellung von branchenspezifischen Auswertungen.[415]

Was die Ärzte betrifft, so ist z. B. auf die Ärztegenossenschaft „Winora" hinzuweisen, die sich inzwischen von einer Einkaufsgenossenschaft zu einer Full-Service-Genossenschaft für die medizinischen Berufe entwickelt hat.[416] In diesem Berufsstand findet man zudem auch andere Kooperationsformen, die entweder in Gestalt von „Praxisgemeinschaften" förderungsgenossenschaftlichen oder als „Gemeinschaftspraxen" produktivgenossenschaftlichen Charakter besitzen. Während im ersten Fall nur Betriebsmittel und Personal gemeinsam genutzt werden, findet im zweiten Fall zusätzlich auch eine gemeinsame Abrechnung gegenüber den Krankenkassen statt.[417] In Gruppenpraxen kann bereits eine im Vergleich zur Einzelpraxis geringere Anzahl von Patienten pro Arzt ausreichen, um die hohen Fixkosten abzudecken und Gewinne zu erwirtschaften. Aufgrund dieser verhältnismäßig niedrigen Gewinnschwelle dürfte eine mögliche „Ärzteschwemme" sehr wahrscheinlich die Entstehung von Gruppenpraxen begünstigen.[418]

3.2.1.5.2.2. Genossenschaften als Kooperationsform von privaten Haushalten

Ebenso wie sich private Haushalte im Rahmen der gemeinsamen Selbsthilfe durch Gründung einer Konsumgenossenschaft mit Konsumgütern und durch Gründung einer Wohnungsbaugenossenschaft mit geeignetem Wohnraum versorgen können, besteht auch die Möglichkeit, durch Gründung von spezialisierten Dienstleistungsgenossenschaften weitere Versorgungsziele privater Haushalte zu realisieren.[419] Zu derartigen Versorgungszielen kann man beispielsweise die Weiterbildung, den Freizeitsport, den Urlaub, kulturelle Aktivitäten und den Gesundheitsbereich zählen. Als genossenschaftliche oder genossenschaftsähnliche Kooperationsformen sind dementsprechend unter anderem

---

[414] Vgl. DATEV — Datenverarbeitungsorganisation des steuerberatenden Berufes in der Bundesrepublik Deutschland, (Satzung), S. 3ff.; Reinhard Schultz u. Jürgen Zerche, (Genossenschaftslehre), S. 123.

[415] Vgl. Josef Dechant, (Datenverarbeitungsgenossenschaft), Sp. 239ff.

[416] Vgl. Eduard Mändle, (Ärztegenossenschaft), Sp. 1ff.

[417] Vgl. Reinhard Clemens u. Antonius Prasiswa, (Arztpraxis), S. 29ff.; siehe zur Komplexität der Gesundheitssysteme, Philipp Herder-Dorneich, (Gesundheitsökonomik), S. 19ff.

[418] Vgl. Reinhard Clemens u. Antonius Prasiswa, (Arztpraxis), S. 56 u. S. 59.

[419] Vgl. Klaus Gretschmann, (Steuerungsprobleme), S. 243ff.

3.2. Genossenschaftliche Entwicklungsperspektiven

Weiterbildungs-, Gesundheits-, Theater-, Film-, Video- und Reisekooperativen denkbar.

Wie bereits vorher erwähnt, lassen sich konsumbezogene Dienstleistungen zumeist auch durch erwerbswirtschaftliche oder öffentliche Dienstleistungsangebote erreichen. Theoretisch werden private Haushalte dann den Weg der gemeinsamen Selbsthilfe wählen, wenn sie eine von ihnen gewünschte Dienstleistung dadurch preisgünstiger oder qualitativ besser als durch vergleichbare erwerbswirtschaftliche oder öffentliche Dienstleistungsangebote verwirklichen können. In der Realität sind Gründungsvorgänge von vielen Faktoren abhängig, insbesondere auch von subjektiven Determinanten. Solche Bestimmungsgründe können die Kooperationsneigung der Menschen unterschiedlich beeinflussen, so daß zunächst offen ist, ob tatsächlich die Gründung einer Genossenschaft bzw. einer genossenschaftsähnlichen Kooperationsform erfolgt oder nicht.[420] Allerdings hat sich in den letzten Jahren die Bereitschaft zur Selbsthilfe und das Interesse an derartigen Kooperationsformen bei vielen Bürgern deutlich verstärkt. Darauf weisen augenscheinlich z. B. die zahlreichen neugegründeten Selbsthilfegruppen im Gesundheitsbereich hin.[421]

Von den vielfältigen Tätigkeitsfeldern, die der gemeinschaftlichen Selbsthilfe privater Haushalte offenstehen, sollen an dieser Stelle nur zwei unterschiedliche Bereiche ausführlicher skizziert werden, die künftig zunehmende Bedeutung erlangen können. Es handelt sich um den Freizeitkonsum und die Bildung von Produktivvermögen.

Es bestehen, wie oben bereits erwähnt, realistische Zukunftsprognosen, die künftig eine Verlängerung der Freizeit und wahrscheinlich auch eine Steigerung des Freizeitkonsums erwarten lassen. Bereits heutzutage handelt es sich bei Sachgütern und Dienstleistungen für den Freizeitkonsum um expandierende Bereiche des privaten Verbrauchs. Die Selbsthilfe von Konsumenten in diesen Bereichen in Gestalt förderungsgenossenschaftlicher Kooperationsformen kann für die Kooperationsteilnehmer sinnvoll sein, weil dadurch im Vergleich zur Nutzung erwerbswirtschaftlicher Freizeitangebote wesentlich mehr aktive Mitgestaltungsmöglichkeiten und oft auch realisierbare Preisvorteile bestehen. Nicht minder bedeutsam ist die Tatsache, daß derartige Kooperationsformen die Basis für gemeinschaftliche Freizeitaktivitäten darstellen und vielfältige Sozialkontakte innerhalb der Mitgliedergruppe ermöglichen können. Als praktische Beispiele denke man an Urlaubergruppen, die ihre Reise gemeinsam organisieren, und an Gruppen von Videofilmern, die gemeinsam Filme produzieren.

Hinsichtlich der Bildung von Produktivvermögen bzw. -kapital bei privaten Haushalten bestehen ebenfalls Möglichkeiten zu gemeinschaftlicher Selbsthilfe.

---

[420] Vgl. Dieter Louis, (Ökonomische Kooperation), S. 285f.
[421] Vgl. Christoph Badelt, (Selbstorganisation), S. 48ff.; Ilona Kickbusch u. Alf Trojan (Hrsg.), (Selbsthilfegruppen), S. 7ff.

178 3. Analyse der künftigen genossenschaftlichen Entwicklungsmöglichkeiten

Insbesondere in Gestalt der zahlreichen Investmentclubs existieren bereits gegenwärtig Genossenschaften im wirtschaftlichen Sinne bzw. genossenschaftsähnliche Kooperationsformen, die sich primär der Kapitalanlage in Aktien widmen.[422] Während in den Vereinigten Staaten von Nordamerika bereits etwa 25000 Investmentclubs bestehen, schätzt man ihre Zahl in der Bundesrepublik Deutschland auf ungefähr 3000 Clubs mit etwa 80000 Mitgliedern.[423] Allerdings erfreut sich die Idee des Wertpapiersparens im Rahmen von Investmentclubs auch hierzulande zunehmender Beliebtheit, worauf die steigende Anzahl der Gründungen in den vergangenen Jahren hindeutet.[424]

Der Börsenkrach im Herbst 1987 hat erneut verdeutlicht, wie riskant eine Vermögensbildung in Aktien sein kann. Der Aktienerwerb wird unter diesen Voraussetzungen wahrscheinlich auch künftig nur für einen Teil der Bevölkerung Attraktivität besitzen. Deshalb sind auch förderungsgenossenschaftliche Zusammenschlüsse privater Haushalte denkbar, die das Ziel gemeinsamer Vermögensbildung entweder durch eine bewußte breite Streuung der Kapitalanlagemöglichkeiten oder durch eine gezielte Kapitalanlage bei mittelständischen Unternehmen zu realisieren versuchen.[425] Kooperationsformen mit einer derartigen Anlagestrategie sind für diejenigen Kapitalanleger interessant, welche nicht den spekulativen Anreiz der Aktienanlage schätzen, sondern eher den Weg einer relativ risikoarmen Beteiligung am Produktivvermögen bevorzugen. Durch die Zusammenarbeit in der Gruppe bieten sich dem einzelnen Kapitalanleger deutliche Vorteile:[426] Es bestehen Möglichkeiten zum gegenseitigen Erfahrungsaustausch. Die Verhandlungsposition am Kapitalmarkt läßt sich durch die Zusammenfassung von Kleinbeträgen deutlich verbessern. Auf die Zwischenschaltung von Banken oder Anlagevermittlern kann in diesem Fall weitgehend verzichtet werden. Die Aufgaben der Verwaltung und Kontrolle der Kapitalanlage lassen sich im Rahmen einer derartigen Kooperation durch Arbeitsteilung wirksam und kostengünstig erfüllen.

Die bislang erörterten förderungsgenossenschaftlichen Kooperationsformen zur Vermögensbildung dienen der überbetrieblichen Kapitalbeteiligung. Nicht minder bedeutsam im Hinblick auf die Zukunft sind auch innerbetriebliche Beteiligungsmodelle, von denen günstige Auswirkungen auf das Betriebsklima und die Arbeitsmotivation der Mitarbeiter ausgehen können.[427] „Während Belegschaftsaktien, GMBH-, AG- und Genossenschaftsanteile Formen einer direkten Kapitalbeteiligung darstellen, handelt es sich" — wie Heinrich Beyer

---

[422] Vgl. Oswald Hahn, (Bankwirtschaft, Bd. II/1), S. 323 ff.; Otto H. Harbeck, (Investmentclubs), S. 14 ff.; Oswald Hahn, (Problematik), S. 31 ff.

[423] Vgl. O. V., (Artikel: Risikostreuung), S. 35.

[424] Vgl. Otto H. Harbeck, (Investmentclubs), S. 16 ff.; O. V., (Artikel: Risikostreuung), S. 35.

[425] Vgl. Helmut Cox, (Investmentgesellschaft), S. 571 ff.

[426] Vgl. Otto H. Harbeck, (Investmentclubs), S. 16 ff.

[427] Vgl. Heinrich Beyer u. Michael Lezius, (Eigenkapitalaufbringung), S. 187.

und Michael Lezius betonen — „bei betrieblichen Investmentfonds, Arbeitnehmerstiftungen und Mitarbeiterbeteiligungsgesellschaften um Formen der indirekten Kapitalbeteiligung, bei der die Arbeitnehmer am Kapital einer zwischengeschalteten Firma partizipieren, die wiederum bestimmte Anteile am arbeitgebenden Unternehmen hält."[428] Hingewiesen sei auf das Beispiel der „Keramik Manufaktur Kupfermühle" als einer bereits bestehenden Beteiligungsgenossenschaft, die als Kooperationsform der Mitarbeiter die innerbetriebliche Vermögensbeteiligung verwaltet.[429]

3.2.2. Produktivgenossenschaften in unterschiedlichen Wirtschaftsbereichen[430]

3.2.2.1. Die erwerbswirtschaftliche Entwicklungsrichtung

Die Transformation von Produktivgenossenschaften zu erwerbswirtschaftlichen Unternehmen konnte, wie bereits oben erläutert,[431] im Laufe der gesamten Genossenschaftsgeschichte sehr häufig beobachtet werden. Selbst wenn man im Unterschied zu Franz Oppenheimer die Transformation nicht als einen zwangsläufigen und unumgänglichen Entwicklungsprozeß für wirtschaftlich erfolgreiche Produktivgenossenschaften betrachtet, so dürfte man dennoch der Ansicht zustimmen, daß die Wahrscheinlichkeit von Transformationsprozessen bei derartigen Produktivgenossenschaften innerhalb der Marktwirtschaft hoch ist.[432]

Betrachtet man beispielsweise die Liste der, in der Bundesrepublik Deutschland im Jahre 1982 statistisch erfaßten, etwa 20 in der genossenschaftlichen Rechtsform bestehenden Produktivgenossenschaften,[433] so wird deutlich, daß in der Praxis in vielen Fällen die Anzahl der Mitglieder und Mitarbeiter nicht identisch ist. Ob dies allerdings bereits auf Transformationstendenzen hindeutet, läßt sich nur jeweils im konkreten Einzelfall nach intensiver Analyse beantworten. Denn ähnlich wie ergänzende Nichtmitgliedergeschäfte bei Förderungsgenossenschaften nach der allgemein in der Literatur vertretenen Ansicht noch nicht eine Transformation bedeuten, dürfte dies auch für Produktivgenossenschaften gelten, wenn sie zum Ausgleich strukturbedingter Wettbewerbsnachteile oder als Probezeit für eine spätere Mitgliedschaft zusätzlich Nichtmitglieder beschäftigen. Sofern sich jedoch die Mitgliedergruppe in zunehmendem Maße zu einer Gruppe von Unternehmern entwickelt, die dauerhaft Mitarbeiter ohne

---

[428] Heinrich Beyer u. Michael Lezius, (Eigenkapitalaufbringung), S. 186.
[429] Vgl. Olga Nawothnig, (Genossenschaftsbeteiligung), S. 91 ff.
[430] Siehe dazu auch Axel Häcker, (Entwicklungschancen), S. 325 ff.
[431] Siehe zur Transformationsproblematik Kapitel 3.1.1.3.
[432] Vgl. die ausführlichen Erörterungen im Kapitel 3.1.1.3.
[433] Vgl. Wirtschafts- und Sozialausschuß der Europäischen Gemeinschaften / Generalsekretariat (Hrsg.), (Verbände), S. 403.

volle genossenschaftliche Mitgliedschaftsrechte beschäftigt und als neue Mitglieder stattdessen eher Kapitalgeber aufnimmt, erscheint es sicherlich gerechtfertigt, von einer erwerbswirtschaftlichen Transformation zu sprechen.

3.2.2.2. Die gemeinwirtschaftliche Entwicklungsrichtung

Zur gemeinwirtschaftlichen Entwicklungsrichtung zählen solche Produktivgenossenschaften, die insbesondere aufgrund von religiösen oder politischen Zielen ihrer Mitglieder überwiegend gemeinwirtschaftliche Aufgaben erfüllen. Von den unterschiedlichen Genossenschaften dieser Entwicklungsrichtung haben die israelischen Kibbuzim besondere Bedeutung und internationale Aufmerksamkeit erlangt. Deshalb erscheint es sinnvoll, im folgenden diese Entwicklungsrichtung anhand des Beispiels der Kibbuzim zu erläutern. „Neben den wirtschaftlichen spielten und spielen", wie Theodor Bergmann vor etwa zwanzig Jahren betonte, „die staatsbildenden und sozialen Aufgaben eine ganz entscheidende Rolle: Ödlandkultivierung, Bildung einer völlig neuen Schicht von Landbewirtschaftern, Verteidigung der jüdischen Gemeinschaft, später der Grenzen des Staates Israel, Besiedlung unwirtlicher Wüstengebiete, Erziehung und kulturelle Integration der Masseneinwanderung, Aufnahme invalider und alter Einwanderer."[434]

Vergleicht man diese Leistungen der israelischen Siedlungsgenossenschaften mit den Funktionsschwächen der sowjetischen Agrarkollektivierung und sucht nach deren Ursachen, so wird deutlich, daß die überwiegend hohe Motivation bei den Mitgliedern der israelischen Kibbuzim in einem krassen Gegensatz steht zur weitgehenden Entfremdung der Kolchosbauern in der Sowjetunion.[435] Die Ursachen dieser Entfremdung liegen insbesondere darin begründet, daß der Beitritt zu Kolchosen unfreiwillig erfolgte, daß die Agrarplanung bislang überaus bürokratisch praktiziert wird und daß aufgrund der beschleunigten Industrialisierung die Landwirtschaft einen überhöhten Faktorbeitrag zu leisten hatte.[436] Verständlich erscheinen deshalb die gegenwärtigen Reformbestrebungen in der Sowjetunion.[437] Nach Ansicht von Theodor Bergmann sind wirksame Reformen in der sowjetischen Agrarpolitik geeignet, um die Leistungsfähigkeit der Agrarproduktion zu erhöhen und die Kollektivbauern verstärkt zu motivieren.[438] „Identifikation der Genossen mit ihrer Genossenschaft begrün-

---

[434] Theodor Bergmann, (Funktionen), S. 71.

[435] Vgl. Haim Darin-Drabkin, (Kibbuz), S. 57 ff.; Theodor Bergmann, (Leistungen), S. 151 ff.; Theodor Bergmann, (Funktionen), S. 65 ff. u. S. 69 ff.

[436] Vgl. Michail Gorbatschow, (Genossenschaften), S. 9 ff.; Theodor Bergmann, Peter Gey u. Wolfgang Quaisser (Hrsg.), (Einführung), S. 14 f.; Theodor Bergmann, (Leistungen), S. 151 ff.

[437] Vgl. Michail Gorbatschow, (Genossenschaften), S. 12 ff.; Hans-Hermann Höhmann, (Veränderungen), S. 108 ff.

[438] Vgl. Theodor Bergmann, (Leistungen), S. 156 ff.; Theodor Bergmann, Peter Gey u. Wolfgang Quaisser (Hrsg.), (Einführung), S. 15.

3.2. Genossenschaftliche Entwicklungsperspektiven

det", wie der Autor betont, „die wesentlichen sozialökonomischen Vorteile dieser Organisationsform der Arbeit gegenüber anderen. Das gilt besonders für die Agrarproduktion und den landwirtschaftlichen Großbetrieb."[439]

Bei Produktivgenossenschaften, deren Aufgabenstellung vorwiegend gesamtwirtschaftlicher bzw. gesellschaftlicher Art ist, scheidet die ökonomische Mitgliederförderung als Motivationsanreiz weitgehend aus. Um dennoch auch in diesen Produktivgenossenschaften sowohl hohe Mitgliedermotivation als auch Identifikation der Mitglieder mit ihrer Genossenschaft zu erreichen, erlangen außerökonomische Faktoren — wie es deutlich das Beispiel der israelischen Kibbuzim zeigt — grundlegende Bedeutung.[440] Zu solchen außerökonomischen Faktoren zählen zum Beispiel religiöse Überzeugungen, politische Weltanschauungen, die Selbstverwirklichung in der Arbeit, das Zusammengehörigkeitsgefühl in großfamiliären Lebensgemeinschaften, die Freiwilligkeit der Mitgliedschaft und die Mitwirkungsmöglichkeiten in demokratischen Organisationsstrukturen.

Eine Übertragung des israelischen Beispiels auf andere gesellschaftliche Rahmenbedingungen, also die Gründung von kibbuzähnlichen Siedlungsgenossenschaften außerhalb Israels, ist bislang nicht über das Stadium einzelner Experimente hinausgelangt. Auch Theodor Bergmann weist auf wesentliche Gesichtspunkte hin, „die zu größter Zurückhaltung bei der Auswertung der israelischen Erfahrung zwingen. Die Kibuzzim haben von einem gesellschaftlichen Nullpunkt aus begonnen. In einer bestehenden Gesellschaft gibt es das nur nach einer tiefen sozialen Revolution. Die Mitglieder hatten ein hohes kulturelles und soziales Bewußtsein. Eine gewaltige Kraftanstrengung war dennoch erforderlich, zu der eigene Erkenntnis und äußere Notlage zwangen."[441]

Seit der hier beschriebenen Gründungsphase der Kibbuzim haben sich diese Genossenschaften veränderten Umweltbedingungen angepaßt. Zum Beispiel erweiterten sie ihren Tätigkeitsbereich, wie oben erläutert, von der Agrarproduktion bis zum Dienstleistungssektor.[442] Ob von ihnen auch künftig bedeutsame gesellschaftliche Impulse ausgehen werden, bleibt eine offene Frage. Kritisch äußert sich in dieser Hinsicht Helmut Willke, der die Kibbuzim zu jenen Kommunen zählt, „die als fest institutionalisierte Formen alternativen Lebens ihre Nische gefunden und damit aber zugleich ihre potentiellen gesellschaftlichen Wirkungen eingebüßt haben."[443]

---

[439] Theodor Bergmann, (Leistungen), S. 151.
[440] Vgl. Theodor Bergmann, (Funktionen), S. 70ff. u. S. 212.
[441] Theodor Bergmann, (Funktionen), S. 213.
[442] Siehe dazu Kapitel 2.2.4.4.
[443] Helmut Willke, (Kommunebewegung), S. 158.

182 3. Analyse der künftigen genossenschaftlichen Entwicklungsmöglichkeiten

3.2.2.3. Förderungswirtschaftliche Entwicklungsrichtungen

3.2.2.3.1. Der klassisch-förderungswirtschaftliche Entwicklungstyp

3.2.2.3.1.1. In der Landwirtschaft

Innerhalb der bisher üblichen Landwirtschaft, die weitgehend durch bäuerliche Familienbetriebe geprägt wird und teilweise zu industrieähnlichen Großbetrieben — Stichwort „Agrarfabriken" — tendiert, ist die Anzahl produktivgenossenschaftlicher Kooperationsformen in der Bundesrepublik und in vielen anderen hochindustrialisierten Ländern bislang zahlenmäßig gering geblieben.[444]

Eine produktivgenossenschaftliche Kooperation im landwirtschaftlichen Produktionsbereich bietet den beteiligten bäuerlichen Familienbetrieben Vorteile beispielsweise durch die realisierbare höhere Technisierungsstufe, durch rationellere Arbeitsverfahren, durch die bessere Kapazitätsauslastung und die Arbeitsentlastung mithelfender Familienangehöriger.[445] Solche ökonomischen und sozialen Vorteile lassen sich allerdings oft bereits durch andere Kooperationsformen mit einer weniger starken gegenseitigen Bindung erreichen, beispielsweise durch Maschinenringe oder Betriebshilfsdienste. In diesen Fällen überträgt der landwirtschaftliche Betrieb nur einzelne Funktionen auf die Kooperation und bleibt in seiner eigenständigen Grundstruktur erhalten.[446]

Gegen eine produktivgenossenschaftliche Kooperation in der Landwirtschaft sprechen im allgemeinen sowohl das Leitbild des Landwirts als ein selbständig produzierender Unternehmer als auch die Tradition des bäuerlichen Familienbetriebs, der vielfach schon seit Generationen eigenständig im Produktionsbereich bewirtschaftet wird.[447] Alois Nienaber betont, „daß eine der größten Schwierigkeiten für die Gründung von landwirtschaftlichen Mehrfamilienunternehmen darin bestehen dürfte, die Bauern zum Zusammenschluß zu bewegen. Die Gründe hierfür sind psychologischer Natur."[448]

Die vertikale Kooperation sowie zunehmende Integration landwirtschaftlicher Betriebe — entweder mit Bezugs- bzw. Absatzgenossenschaften oder mit erwerbswirtschaftlichen Unternehmen des Futtermittel- bzw. Ernährungsgewerbes — ist hingegen bis heute noch weitgehend mit derartigen traditionell geprägten Zielvorstellungen vereinbar, da zumindest äußerlich die Eigenständigkeit des bäuerlichen Familienbetriebs erhalten bleibt. Wilhelm Jäger bezeich-

---

[444] Vgl. Ulrich Werschnitzky, (Kooperationsformen), S. 117.

[445] Vgl. Alois Nienaber, (Unternehmenstypen), S. 278 ff.; Ulrich Werschnitzky, (Kooperationsformen), S. 117.

[446] Vgl. Günther Steffen, (Viehwirtschaft), S. 134; Ulrich Werschnitzky, (Kooperationsformen), S. 117 f.

[447] Vgl. Günther Steffen, (Viehwirtschaft), S. 134.

[448] Alois Nienaber, (Unternehmenstypen), S. 284.

3.2. Genossenschaftliche Entwicklungsperspektiven

net die aus wirtschaftlichen Gründen notwendige vertikale Integration in der Landwirtschaft als eine „organisatorische Verkettung der verschiedenen Wirtschaftsvorgänge, wie sie von der Erzeugung über die Be- und Verarbeitung bis hin zum Verkauf der landwirtschaftlichen Produkte gegeben sind."[449] Für die Landwirte bedeutet die vertikale Integration allerdings auch, daß der landwirtschaftliche Produktionsbereich in zunehmendem Maße durch vertragliche[450] Bindungen beeinflußt und der selbständige Handlungsspielraum des einzelnen Landwirts eingeschränkt wird.

Vor diesem Hintergrund und angesichts der ungünstigen Zukunftsaussichten für landwirtschaftliche Kleinbetriebe, beispielsweise in den Ländern der Europäischen Gemeinschaft, erscheint es aber nicht ausgeschlossen, daß landwirtschaftliche Klein- und Mittelbetriebe künftig in stärkerem Maße als bisher versuchen werden, auch durch Gründung von produktivgenossenschaftlichen Kooperationsformen ihre Situation zu verbessern. Denn die wirtschaftliche Notlagesituation, in der sich viele dieser Betriebe befinden, kann die oben genannten psychologischen Hemmnisse in den Hintergrund drängen und die Bereitschaft zu Kooperationsformen auch innerhalb des landwirtschaftlichen Produktionsbereichs deutlich erhöhen. Die mit einer solchen Kooperation zwangsläufig einhergehende Einschränkung der individuellen Selbständigkeit ist weniger schmerzlich, wenn als einzig realistische Alternative der Übergang in eine nichtlandwirtschaftliche Erwerbsbeschäftigung in Frage kommt. Sofern also die Kooperationsteilnehmer durch Gründung einer Produktivgenossenschaft ihre gemeinsame landwirtschaftliche Selbständigkeit bewahren können, wird die Einschränkung der individuellen Selbständigkeit der Landwirte dadurch weitgehend kompensiert.[451]

Als weitere Voraussetzungen für eine zunehmende Verbreitung von landwirtschaftlichen Produktivgenossenschaften sind unter anderem zu nennen: Die Information und Beratung der Landwirte, um sie über die Möglichkeiten, Chancen und Risiken einer solchen Kooperation aufzuklären.[452] Auch bei der praktischen Realisierung produktivgenossenschaftlicher Konzeptionen kann eine wirksame Unterstützung, beispielsweise durch Beratung und finanzielle Maßnahmen, die schwierige Gründungsphase wesentlich erleichtern.[453] Ferner darf die Vorbildfunktion erfolgreicher Genossenschaftsgründungen insbesondere im landwirtschaftlichen Bereich nicht unterschätzt werden. Bereits vor mehr als zwanzig Jahren hat Alois Nienaber darauf hingewiesen, daß wirtschaftsorganisatorische Modellversuche sehr bedeutsam sein können, „um den

---

[449] Wilhelm Jäger, (Neue Formen), S. 94.
[450] Vgl. Wilhelm Jäger, (Neue Formen), S. 93ff.
[451] Vgl. Alois Nienaber, (Unternehmenstypen), S. 282; Ulrich Werschnitzky, (Kooperationsformen), S. 117.
[452] Vgl. Alois Nienaber, (Unternehmenstypen), S. 284ff.
[453] Vgl. Ulrich Werschnitzky, (Kooperationsformen), S. 118.

Landwirten und Bauern vor Augen zu führen, daß andere Formen der sozialen und wirtschaftlichen Organisation nicht nur möglich, sondern auch für sie vorteilhafter als bisher überlieferte sind."[454]

3.2.2.3.1.2. In der nichtlandwirtschaftlichen Sachgüterproduktion und im Dienstleistungsbereich

Im Hinblick auf ihre Entstehung kann man bei Produktivgenossenschaften zwischen neugegründeten und bereits bestehenden Unternehmen differenzieren.[455] Bei der zuletztgenannten Gruppe handelt es sich um Betriebe, welche von den Belegschaften übernommen und in eigener Regie weitergeführt werden. Für diese sogenannten „Belegschaftsunternehmen" bestehen im allgemeinen Vorteile darin, daß auf den praktischen Erfahrungen und dem Wissensstand eines ehemaligen Unternehmens aufgebaut werden kann und daß ein in gegenseitiger Zusammenarbeit schon erprobtes Team von Arbeitnehmern vorhanden ist.[456] Probleme bei der Realisierung einer neuen Unternehmenskonzeption können sich allerdings in beiden Fällen bereits frühzeitig ergeben, wenn es nicht gelingt, genügend interne oder externe Finanzierungsmittel zu beschaffen.[457] In dieser Hinsicht betont Heinz Bierbaum: „Die meisten Versuche von Belegschaften, den von der Stillegung bedrohten Betrieb zu übernehmen und in eigener Regie weiterzuführen, scheiterten an der Finanzierungsfrage. Finanzierungsprobleme treten dabei schon im Planungsstadium auf."[458]

Die Wettbewerbsbedingungen im Bereich der industriellen und handwerklichen Sachgüterproduktion sowie teilweise auch im Dienstleistungssektor erfordern von den Unternehmen eine weitgehende Anpassung an den jeweils neuesten Stand der Produktionstechnik. Beispielsweise ist heute zweifellos ein zunehmender Computer- und Robotereinsatz erforderlich, wodurch für das einzelne Unternehmen zumeist ein beträchtlicher Kapitalbedarf entsteht. Die Identität der Produktionsfaktoren Arbeit und Kapital in reinen, nicht transformierten Produktivgenossenschaften kann sich im Wettbewerb mit erwerbswirtschaftlichen Unternehmen als ein wirtschaftlicher Nachteil erweisen, weil dadurch die Anpassungsflexibilität an Schwankungen des Beschäftigungsgrades verringert[459] und der Finanzierungsspielraum im Hinblick auf zusätzliches

---

[454] Alois Nienaber, (Unternehmenstypen), S. 285.

[455] Vgl. Burghard Flieger, (Bedeutung), S. 12ff.; Robert Oakeshott, (The Case), S. 138f.; Burghard Flieger, (Bestandsaufnahme), S. 48ff.; Werner W. Engelhardt u. Georg Rheinberg, (Fallstudie), S. 220; Vorstand der SPD (Hrsg.), (Selbstbestimmt arbeiten), S. 36ff.

[456] Vgl. z. B. Walter Hollstein u. Boris Penth, (Alternativ-Projekte), S. 67ff.

[457] Vgl. Werner W. Engelhardt, (Betriebsstrukturen), S. 103ff.; Achim von Loesch, (Spezialbanken), S. 128f.

[458] Heinz Bierbaum, (Belegschaftsbetriebe), S. 177.

[459] Vgl. Erwin Weissel, (Gründe), S. 92f.; Werner W. Engelhardt, (Betriebsstrukturen), S. 99ff.

3.2. Genossenschaftliche Entwicklungsperspektiven

Eigenkapital begrenzt wird.[460] In Zeiten eines beschleunigten technologischen Wandels, in denen Unternehmen versuchen, ihre Konkurrenzfähigkeit durch arbeitssparende Rationalisierungsinvestitionen zu erhalten, ist es deshalb vorstellbar, daß Produktivgenossenschaften leicht vor zwiespältigen Situationen stehen: Einerseits können sie aufgrund von Rationalisierungsinvestitionen nicht mehr alle Mitglieder als Arbeitnehmer beschäftigen; andererseits benötigen sie aufgrund des investitionsbedingten Kapitalbedarfs neue Mitglieder als Kapitalgeber.

Strukturbedingte Wettbewerbsnachteile dieser Art wirken sich auf die Entwicklungschancen von Produktivgenossenschaften im Bereich der marktbezogenen handwerklichen und insbesondere industriellen Sachgüterproduktion im allgemeinen ungünstig aus. Eine andere Situation könnte sich jedoch ergeben, wenn in der Zukunft deutliche Veränderungen der gesellschaftlichen Rahmenbedingungen erfolgen würden. Auch wären Unterstützungsmaßnahmen durch öffentliche Institutionen bzw. private Förderer vermutlich in der Lage, die marktwirtschaftliche Wettbewerbsposition der Produktivgenossenschaften erheblich zu verbessern. Schließlich sei die Möglichkeit erwähnt, daß es den existierenden Produktivgenossenschaften gelingt, leistungsfähige und wettbewerbsfähige Verbund- bzw. Verbandsorganisationen aufzubauen. Darüber hinaus können sich auch andere Faktoren, insbesondere eine hohe Arbeitsmotivation der Mitglieder oder die wirtschaftlich erfolgreiche Tätigkeit in einer Wachstumsbranche bzw. Marktlücke, günstig für den Bestand und die Wettbewerbsposition der jeweiligen Produktivgenossenschaft auswirken.

In großen Teilen des Dienstleistungsbereichs und insbesondere dort, wo kapitalintensive Unternehmen das Dienstleistungsangebot auf dem Markt prägen und der Einsatz der Informationstechnik zu einer umfangreichen Substitution von Arbeit durch Kapital führt, sind die Entwicklungsperspektiven von Produktivgenossenschaften im allgemeinen ähnlich ungünstig wie im Bereich der marktbezogenen handwerklichen oder industriellen Sachgüterproduktion.

Es zeigt sich unter anderem in Frankreich, daß eine derartige Einschätzung nicht für alle Dienstleistungszweige gilt. Dort sind in den vergangenen Jahren viele Produktivgenossenschaften entstanden, die überwiegend spezielle Dienstleistungsangebote erbringen. Genannt sei hier besonders das Beispiel der Herstellung von Computerprogrammen.[461]

Ähnliches gilt auch für Großbritannien. Dort findet man gegenwärtig zahlreiche Produktivgenossenschaften, welche sich hinsichtlich ihrer Zielvorstellungen und ihrer Tätigkeitsfelder oft beträchtlich unterscheiden. Ein Großteil von ihnen kann aber zum Dienstleistungssektor gezählt werden.[462] In diesem

---

[460] Vgl. Eberhard Dülfer, (Betriebswirtschaftslehre), S. 105; Erwin Weissel, (Gründe), S. 102; Werner W. Engelhardt, (Betriebsstrukturen), S. 103 ff.
[461] Vgl. Jenny Thornley, (Workers Co-operatives), S. 133 ff.

Lande haben in den letzten Jahren insbesondere Beratungs- und Betreuungsaktivitäten dazu beigetragen, die Anzahl von Produktivgenossenschaften deutlich zu erhöhen. Wahrscheinlich stellt eine solche Infrastruktur aus Unterstützungs-Organisationen überhaupt eine günstige Voraussetzung dafür dar, daß sich Produktivgenossenschaften in Marktwirtschaften zahlreich und dauerhaft etablieren können.[463]

Im Vergleich zur Sachgüterproduktion sind Unternehmensgründungen im Dienstleistungssektor häufig mit einem relativ geringen Kapitaleinsatz möglich.[464] Zudem kommt es vielfach weniger auf die Höhe des eingesetzten Sachkapitals als auf die Qualität der Dienstleistungserstellung und damit auf die Person, welche die Dienstleistung erbringt, an. Diese Tatsache entspricht in besonderem Maße dem produktivgenossenschaftlichen Grundkonzept, in dem der Mitarbeiter zugleich auch Teileigentümer des Unternehmens mit weitreichenden Mitspracherechten ist. Wie Dieter Otten ausdrücklich bemerkt, wird die Stabilität von Wirtschaftsbetrieben „in zunehmendem Maße abhängig sein von Motivation, von demokratischer Mitbestimmung, von funktionaler Egalität und arbeitsteiliger Nivellierung — und nicht zuletzt auch vom motivationsstabilisierenden Mitbesitz."[465] Vor diesem Hintergrund könnten Entwicklungschancen[466] der Produktivgenossenschaften darin bestehen, motivierte Personen zur Verfügung zu haben und einzusetzen,[467] welche auf der Suche nach neuen Formen der Demokratie am Arbeitsplatz versuchen,[468] alle Chancen kreativ zu nutzen, die gerade diese Kooperativen ihren Mitgliedern zu bieten vermögen.

3.2.2.3.2. Der alternativ-förderungswirtschaftliche Entwicklungstyp

3.2.2.3.2.1. In der Landwirtschaft

Wenn man die Entwicklungsperspektiven von Produktivgenossenschaften innerhalb der Landwirtschaft betrachtet, so erscheint es sinnvoll, zwischen der herkömmlichen landwirtschaftlichen Produktionsweise und alternativen Formen der Landwirtschaft zu unterscheiden. Zu den alternativen Formen der Landwirtschaft zählen insbesondere die „biologisch-dynamische Wirtschaftsweise", die bereits von Rudolf Steiner begründet worden ist, und die später von

---

[462] Vgl. Gemma Nesbitt u. Andrew Tonks (Hrsg.), (National Directory), S. 1 ff. u. S. 135 ff.

[463] Vgl. Chris Cornforth, (Development Agencies), S. 275.

[464] Vgl. Peter Cockerton, Tim Gilmour-White, John Pearce u. Anna Whyatt, (Handbook), S. 20 u. S. 62.

[465] Dieter Otten, (Technik), S. 27.

[466] Vgl. Robert Hettlage, (Weg), S. 9.

[467] Vgl. Burghard Flieger, (Bedeutung), S. 12 f.

[468] Vgl. Jenny Thornley, (Workers Co-operatives), S. 133; Paul Bernstein, (Worker Participation), S. 51 ff.; Robert Hettlage, (Partizipation), S. 76 ff.

H. Müller sowie H. P. Rusch entwickelte „organisch-biologische Wirtschaftsweise".[469]

Solche landwirtschaftlichen Anbaumethoden unterscheiden sich von der herkömmlichen Landwirtschaft insbesondere in Fragen der Bodendüngung, des Pflanzenschutzes, der Fruchtfolge und des Maschineneinsatzes. Im allgemeinen wird dabei auf die Anwendung chemisch produzierter Substanzen in der alternativen, an ökologischen Kreisläufen orientierten Landwirtschaft weitgehend verzichtet.[470]

Im Verhältnis zur herkömmlichen Landwirtschaft bilden Betriebe, die alternative Landwirtschaftsmethoden anwenden, gegenwärtig nur eine kleine Gruppe, unter denen die Anzahl landwirtschaftlicher Produktivgenossenschaften relativ groß ist. Dies deutet darauf hin, daß Landwirte, die bereit sind alternative Anbaumethoden zu erproben, oft auch bereit sind sich an produktivgenossenschaftlichen Kooperationsformen zu beteiligen. Günstige Entwicklungschancen für Produktivgenossenschaften innerhalb der Landwirtschaft sind künftig wohl dann zu erwarten, wenn die relativ energiesparenden und verhältnismäßig arbeitsintensiven alternativen Formen der Landwirtschaft eine zunehmende Bedeutung und Verbreitung erreichen können.

Die alternativen Landwirtschaftsmethoden lassen sich überwiegend nur dann rentabel anwenden, sofern die Produktpreise über denjenigen vergleichbarer herkömmlicher Agrarprodukte liegen. Eine zunehmende Verbreitung von alternativen Formen der Landwirtschaft erscheint künftig denkbar zumindest für den Fall, daß die Konsumentenpräferenzen hinsichtlich der Nachfrage nach Nahrungsmitteln und das Umweltschutzbewußtsein innerhalb der Bevölkerung eine solche Entwicklung fördern.[471]

3.2.2.3.2.2. In der nichtlandwirtschaftlichen Sachgüterproduktion und im Dienstleistungsbereich

Vergleicht man klassische und alternative Produktivgenossenschaften hinsichtlich ihrer Zukunftsperspektiven,[472] so sind insbesondere zwei Aspekte zu erwähnen, die für alternativ-ökonomische Projekte bedeutsam sind: die Finanzierungs- und die Qualifizierungsproblematik. Auf die Finanzierungsprobleme und mögliche Problemlösungskonzepte ist bereits oben ausführlich hingewiesen

---

[469] Vgl. Hans A. Staub, (Alternative Landwirtschaft), S. 35 ff.

[470] Vgl. z. B. Hartmut Schwenk, (biologisch-dynamisch), S. 40 ff.; Christoph Binswanger, Werner Geissberger u. Theo Ginsburg (Hrsg.), (NAWU-Report), S. 295 ff.

[471] Vgl. z. B. Gerd Vonderach, (Neue Selbständige), S. 159.

[472] Um unnötige Wiederholungen zu vermeiden, sei an dieser Stelle darauf hingewiesen, daß für die Produktivgenossenschaften des alternativen Entwicklungstyps teilweise ähnliche Zukunftsperspektiven gelten, wie sie bereits im Kapitel Nr. 3.2.2.3.1.2. für den klassischen Entwicklungstyp genannt worden sind. Unterschiede bestehen insbesondere hinsichtlich der alternativ-ökonomischen Zielvorstellungen und ihrer Realisierung.

worden.[473] Ebenso beachtenswert sind die Qualifizierungsprobleme. Die Zukunftsperspektiven alternativer Produktivgenossenschaften werden in hohem Maße davon abhängen, ob es diesen Projekten gelingt, in berufsfachlicher Hinsicht gegenüber ihren marktwirtschaftlichen Konkurrenten bestehen zu können. Mindestens ebenso wichtig wie praktische bzw. theoretische Fachkenntnisse sind allerdings kreative Ideen und die Fähigkeit, Marktnischen zu entdecken und diese zu verwerten.

In der Schweiz und in der Bundesrepublik Deutschland verfolgen die meisten im Laufe des letzten Jahrzehntes gegründeten Produktivgenossenschaften alternativ-ökonomische Zielsetzungen.[474] Empirische Untersuchungen, welche die Tätigkeitsfelder und die Branchenzugehörigkeit von alternativen produktivgenossenschaftlichen Projekten in der Bundesrepublik Deutschland analysieren, gelangen zwar zu unterschiedlichen Detailergebnissen. Sie stimmen jedoch darin überein, daß der überwiegende Teil der wirtschaftlich tätigen Alternativprojekte dem Dienstleistungssektor zugeordnet werden kann.[475] Dies gilt zumindest für zahlreiche Bioläden, Buchläden, Restaurants, Tagungshäuser und Verlage,[476] die im einzelnen unterschiedliche alternativ-ökonomische Zielvorstellungen verfolgen.[477] Im Dienstleistungssektor gibt es außerdem eine zunehmende Anzahl von produktivgenossenschaftlichen Kooperationsformen, die nur teilweise alternative Zielsetzungen verfolgen. Als Beispiele können Praxisgemeinschaften von Ärzten,[478] Ingenieurbüros, Beratungsteams von Natur- oder Sozialwissenschaftlern, Fraueninitiativgruppen und Arbeitslosenselbsthilfegruppen genannt werden.[479] Zum Bereich der handwerklichen und gewerblichen Sachgüterproduktion zählen unter anderem alternative Schreinereien, Bäckereien und Druckereien.

---

[473] Siehe dazu Kapitel 3.2.1.1.2.2.2.

[474] Vgl. die zahlreichen Beispiele alternativer Produktivgenossenschaften bei: Toni Holenweger u. Werner Mäder (Hrsg.), (Inseln), S. 195 ff.; Walter Hollstein u. Boris Penth, (Alternativ-Projekte), S. 150 ff.

[475] Vgl. Wolfgang Beywl, Hartmut Brombach u. Matthias Engelbert, (Alternative Betriebe), S. 47 ff.; Joseph Huber, (Alternativbewegung), S. 28 ff.; Henrik Kreutz, (Alternative), S. 70 ff.; Marlene Kück, (Alternativökonomie), S. 44 ff.

[476] Vgl. Walter Hollstein u. Boris Penth, (Alternativ-Projekte), S. 150 ff., S. 176 ff. u. S. 340 ff.; Gerd Vonderach, (Neue Selbständige), S. 159 ff.

[477] Siehe Kapitel 1.1.3. dieser Arbeit.

[478] Vgl. Reinhard Clemens u. Antonius Prasiswa, (Arztpraxis), S. 30, S. 33 f. u. S. 56 ff.

[479] Vgl. z. B. Dietrich Eickmeier, (Revierfrauen), o. S.

3.3. Das Spektrum genossenschaftlicher Zukunftsperspektiven als Ergebnis von Wechselwirkungen zwischen Genossenschaften und ihrer Umwelt

3.3.1. Wirtschaftliche Funktionsunfähigkeit von Genossenschaften im Wettbewerb mit anderen Unternehmensformen?

Die Anpassung an veränderte gesellschaftliche Umweltbedingungen ist für Genossenschaften eine wesentliche Voraussetzung, um ihre Funktionsfähigkeit langfristig zu erhalten.[480] Betrachtet man die Entwicklungsgeschichte vieler Genossenschaften im Verlauf der letzten einhundert Jahre oder denkt man an die unterschiedlichen heutigen Strukturtypen, so wird deutlich, welche Entwicklungsschritte viele Kooperativen gemacht haben, um auf gesellschaftliche Veränderungen zu reagieren. Die zu erwartenden technologischen Neuerungen und die voraussichtlichen Nachfrageverschiebungen werden wahrscheinlich auch künftig eine hohe Anpassungsbereitschaft und Flexibilität von den Genossenschaften erfordern. Im Hinblick darauf und auf die Tatsache, daß sowohl unvorhersehbare unternehmerische Risiken als auch Mißmanagement zu Funktionsunfähigkeit der Kooperativen führen können, unterscheiden sie sich kaum von anderen Unternehmensformen. Der Unterschied besteht in der Zusammenarbeit in Gestalt eines sekundärgenossenschaftlichen Verbundes und der daraus resultierenden Möglichkeit, bei wirtschaftlichen Problemen oder beim Mißmanagement einzelner Primärgenossenschaften geeignete Problemlösungskonzepte im Rahmen der gesamten Verbundorganisation zu entwickeln und anzuwenden. Grundsätzlich gilt dies auch für das genossenschaftliche „Entartungsrisiko" — also „das Abweichen vom institutionellen Sinn der Genossenschaft"[481] — auf das an dieser Stelle ergänzend hingewiesen sei.

Im Vergleich zu den herkömmlichen Genossenschaften bestehen bei alternativen Kooperativen auf absehbare Zeit weitaus größere Gefahren einer wirtschaftlichen Funktionsunfähigkeit. Neben den bereits angesprochenen Finanzierungsproblemen sind vor allem geringere Fachkenntnisse der Teilnehmer solcher Genossenschaftsprojekte oder der Einsatz von Betriebsmitteln, die nicht einem wettbewerbsfähigen technischen Leistungsstand entsprechen, dafür verantwortlich, daß diese Genossenschaften im Marktwettbewerb gegenüber ihren professionellen Konkurrenten häufig nicht bestehen können. Bei diesen Genossenschaften steht der Zusammenschluß zu eigenständigen Interessenverbänden und die wirtschaftliche Verbundbildung erst in ihren Anfängen. Zudem begegnen die etablierten Genossenschaftsverbände bzw. -organisationen den Beitrittswünschen alternativer Kooperativen oft mit deutlicher Skepsis oder sogar mit eindeutiger Ablehnung.

---

[480] Vgl. Theodor Sonnemann, (Neue Mitte), S. 44 u. S. 60.
[481] Joachim Derfuß, (Risiko), S. 29; siehe dazu auch Reiner Selbach, (Risikopolitik), S. 96 ff.

190   3. Analyse der künftigen genossenschaftlichen Entwicklungsmöglichkeiten

Sofern in anderen Fällen alternative Genossenschaften dennoch erfolgreich wirtschaften — indem sie insbesondere Produkte oder Dienstleistungen anbieten, welche neuartig sind oder für die eine große Nachfrage besteht — ist die Wahrscheinlichkeit groß, daß auch erwerbswirtschaftliche Konkurrenten versuchen werden, solche Marktlücken erfolgreich zu verwerten.[482] Darüber hinaus können sich auch ungelöste interne Gruppenkonflikte oder Konflikte zwischen den Mitgliedergruppen und ihrer Außenwelt als die Funktionsfähigkeit alternativer Genossenschaften beeinträchtigend erweisen.[483] Genossenschaften, die von ihrer gesellschaftlichen Umwelt als fremdartige oder bedrohliche Gebilde empfunden werden, unterliegen nicht selten einem bewußten ökonomischen oder politischen Druck von außen, der ihre Entwicklungschancen vermindert.[484]

3.3.2. Trennung der Genossenschaften von der übrigen Gesellschaft im Rahmen genossenschaftlicher Autarkiebestrebungen?

Autarkiebestrebungen einzelner Genossenschaften, welche sich bewußt aus dem gesellschaftlichen Umfeld lösen, um ihre eigenen weltanschaulichen oder spirituellen Zielvorstellungen weitgehend frei von gesellschaftlichen Einwirkungen verwirklichen zu können, sind eine häufige Erscheinung in der gesamten Genossenschaftsgeschichte. In der Vergangenheit haben sich vor allem einzelne religiöse Gemeinschaftsformen als verhältnismäßig stabil erwiesen. Ein Beispiel aus den Vereinigten Staaten von Amerika bilden die Hutterer, die mehrere Jahrhunderte in selbstgewählter Isolation überstanden.[485]

Es handelt sich im allgemeinen um Genossenschaften, die als umfassende Lebensgemeinschaften ihrer Mitglieder konzipiert sind und deshalb eine starke innere Bindung der Mitglieder aufweisen, im wesentlichen Bindungen religiöser, politischer oder familiärer Art.[486] Die wirtschaftliche Grundlage solcher Gemeinschaften bilden Selbstversorgungswirtschaften, ausgehend von einer landwirtschaftlichen Produktivgenossenschaft bis hin zu komplexen siedlungsgenossenschaftlichen oder klösterlichen Strukturen.[487]

Eine zwar zahlenmäßig geringe, jedoch offenkundige Wiederbelebung auch derartiger Gemeinschaftsformen zeichnet sich gegenwärtig im Rahmen der Alternativbewegungen industrialisierter Marktwirtschaften ab.[488] Die Abkehr

---

[482] Vgl. Marlene Kück, (Alternativökonomie), S. 59f.
[483] Vgl. Joseph Huber, (Alternativbewegung), S. 51 ff.; Steven Goldner u. Marianne Kokigei, (Strukturprobleme), S. 132ff., S. 314ff. u. S. 372ff.
[484] Vgl. Joseph Huber, (Alternativbewegung), S. 47.
[485] Vgl. Horst von Gizycki, (Farmkollektive), S. 6ff.
[486] Vgl. Hermann Schempp, (Gemeinschaftssiedlungen), S. 1ff.
[487] Vgl. Franz Oppenheimer, (Siedlungsgenossenschaft), S. 126ff. u. S. 362ff.
[488] Siehe Kapitel 1.1.3. und die dort angegebene Literatur.

3.3. Das Spektrum genossenschaftlicher Zukunftsperspektiven 191

und Entfremdung von den Werten hochindustrialisierter Massengesellschaften sowie die Suche nach einem neuen Lebensstil sind nur einige der möglichen Beweggründe für die Beteiligung an solchen hochintegrierten Gemeinschaftsformen. Allerdings tritt von dem breiten Spektrum unterschiedlicher alternativer Projekte nur ein kleinerer Teil ausdrücklich für Autarkie oder Kooperativen in einer gewandelten dritten oder mittleren Ordnung ein. Generell gilt, daß nicht nur die alternativen Projekte, welche innerhalb der Gesellschaft wirken wollen, sondern letztlich auch diejenigen Gruppen, die sich aus der Gesellschaft zurückzuziehen trachten, von gesellschaftlicher Toleranz abhängig sind.[489] Um sich in weitgehender Autonomie entfalten zu können, bedarf es für derartige Gemeinschaftsformen der Freiräume, die aber in einer sich ständig technologisch und wirtschaftlich weiterentwickelnden Welt zunehmend enger und begrenzter zu werden scheinen.

3.3.3. Umgestaltung von marktwirtschaftlich geprägten Industriegesellschaften durch Genossenschaften?

In marktwirtschaftlichen Wirtschaftssystemen bzw. -ordnungen stellen erwerbswirtschaftliche Unternehmen im allgemeinen die zahlen- und umsatzmäßig überwiegende Unternehmensform dar. Daneben ist es aber zweifellos auch den Förderungsgenossenschaften in vielen Volkswirtschaften gelungen, eine große Verbreitung zu erlangen. Produktivgenossenschaften konnten sich demgegenüber im allgemeinen nur dort langfristig gegenüber erwerbswirtschaftlichen Unternehmen durchsetzen, wo die jeweiligen gesellschaftlichen Rahmenbedingungen ihre Entwicklung in spezieller Weise begünstigten. Dies verdeutlichen die erfolgreichen Beispiele von Produktivgenossenschaften im baskischen Mondragon oder in Gestalt der israelischen Kibbuzim.[490]

Die genossenschaftliche Ideengeschichte berichtet freilich von zahlreichen Konzeptionen, welche eine weitgehende Veränderung der gesamten Volkswirtschaft mit Hilfe von freiwillig gegründeten Genossenschaften erreichen wollten. Dies gilt beispielsweise sowohl für die Idee eines Wirtschaftssystems auf der Basis von Arbeiter-Produktivgenossenschaften — die insbesondere im 19. Jahrhundert angesichts der generellen Notlage von Industriearbeitern vielen Zeitgenossen als eine Lösung der sozialen Problematik vorschwebte — als auch für die weitgesteckten Ziele, wie sie unter anderem Charles Gide vertrat, mit Hilfe eines konsumgenossenschaftlichen Verbundsystems schrittweise das gesamte marktwirtschaftliche System zu vergenossenschaftlichen.[491] Keine dieser

---

[489] Vgl. Christoph Besemer, (Kommunen), S. 64 u. S. 104 ff.

[490] Vgl. Haim Darin-Drabkin, (Kibbuz), S. 57 ff.; Robert Oakeshott, (The Case), S. XV u. S. 168 ff.; Jenny Thornley, (Workers Co-operatives), S. 33 ff.; Peter Cockerton, Tim Gilmour-White, John Pearse u. Anna Whyatt, (Handbook), S. 24.

[491] Vgl. Robert Hettlage, (Partizipation), S. 368 ff.; Helmut Faust, (Genossenschaftsbewegung), S. 60 ff., S. 143 ff., S. 152 ff. u. S. 235 ff.

3. Analyse der künftigen genossenschaftlichen Entwicklungsmöglichkeiten

gesamtgesellschaftlichen Konzeptionen hat sich bisher in größerem Umfange realisieren lassen.

Für die Zukunft läßt sich erwarten, daß selbst die beispielhafte Tätigkeit von Genossenschaften nur dann zu einer demokratischen Umgestaltung von marktwirtschaftlich geprägten Industriegesellschaften beitragen kann, sofern gleichzeitig ein damit korrespondierender Bewußtseinswandel bei weiten Teilen der Bevölkerung einsetzt und auf demokratischem Wege die politischen Institutionen beeinflußt.[492] Ob ein solch weitgehender Bewußtseinswandel eine realistische Entwicklungsperspektive für Industriegesellschaften darstellt, bleibt eine offene Frage.

3.3.4. Weitere erwerbswirtschaftliche Transformation von Genossenschaften?

Im Hinblick auf die unterschiedlichen Genossenschaftsarten läßt sich zusammenfassend feststellen, daß Transformationsprozesse sowohl bei Förderungs- als auch bei Produktivgenossenschaften möglich und teilweise sogar wahrscheinlich sind.[493] Hinsichtlich der Transformationsrichtungen kann man zwischen einer Angleichung an erwerbswirtschaftliche oder an öffentliche Unternehmen differenzieren.

Bei Förderungsgenossenschaften vollziehen sich derartige Transformationsprozesse oft schrittweise und langfristig. Dabei ist nicht selten Anpassungsdruck durch die gesellschaftliche Umwelt ein auslösender Faktor. Wirtschaftlich prosperierende Genossenschaftsbetriebe entwickeln häufig eigenständige Wachstumszielsetzungen, während sich gleichzeitig ein zunehmender Verselbständigungsprozeß zwischen Genossenschaften und Mitgliederwirtschaften abzeichnet.

Bei Produktivgenossenschaften handelt es sich im Hinblick auf Transformationen zumeist um wirtschaftlich erfolgreiche Mitgliedergruppen. Diese nehmen keine neuen Mitglieder, sondern nur noch zusätzliche Arbeitnehmer in die Produktivgenossenschaften auf. Ein Grund für dieses Verhalten ist, daß sie den bisherigen materiellen Erfolg allein für die Mitgliedergruppe zu sichern und den Betrieb künftig quasi als Unternehmergruppe weiterzuführen trachten.

Transformationstendenzen sind natürlich auch bei alternativen Genossenschaften denkbar, wenn in vielen Fällen auch heute noch nicht feststellbar.

---

[492] Vgl. Rolf Schwendter, (Alternative Ökonomie), S. 126; Rudolf Hickel, (Wirtschaftsordnung), S. 116; Christoph Besemer, (Kommunen), S. 104ff. u. S. 121ff.; Joseph Huber, (Alternativbewegung), S. 48 u. S. 64; Henrik Kreutz, (Alternative), S. 154ff.; Robert Hettlage, (Partizipation), S. 400ff. u. S. 410.

[493] Vgl. Franz Oppenheimer, (Siedlungsgenossenschaft), S. 117ff.; Theo Thiemeyer, (Idee), S. 62ff.; Robert Hettlage, (Partizipation), S. 380ff.; Theo Thiemeyer, (Wirtschaftslehre), S. 221ff.

3.3. Das Spektrum genossenschaftlicher Zukunftsperspektiven

Möglicherweise kann dann eine Anpassung an die gesellschaftliche Umwelt dazu führen, daß im Laufe der Zeit strukturelle und kulturelle Besonderheiten alternativer Genossenschaften weitgehend verlorengehen. Die Wahrscheinlichkeit solcher Transformationsprozesse steigt im allgemeinen mit einem wachsenden wirtschaftlichen Erfolg solcher Unternehmungen.[494] Von Transformationstendenzen kann man im übrigen auch dann sprechen, wenn eine intensive Vernetzung und Verbundbildung alternativer Genossenschaften irgendwann zu einer zentral gesteuerten Gesamtorganisation führt.[495]

3.3.5. Ausbau genossenschaftlicher Verbundsysteme als eigenständige und leistungsfähige Unternehmensformen?

Es wird oft zweifellos zu Recht die Zukunfsperspektive geäußert, daß sich Genossenschaften auch künftig in marktwirtschaftlich geprägten Industriegesellschaften als eine von vielen Unternehmensformen werden behaupten können. Die Anpassungsfähigkeit an gesellschaftliche Veränderungen und die Vielfalt sowohl im Hinblick auf ihre unterschiedlichen Erscheinungsformen als auch hinsichtlich der möglichen Tätigkeitsfelder sind wichtige Voraussetzungen dafür, dieser spezifischen Unternehmensform ein Überleben innerhalb der Marktwirtschaft langfristig zu sichern.[496] Doch nur wenn es gelingt, den inneren Zusammenhalt der genossenschaftlichen Mitgliedergruppen und ihren demokratischen Charakter dauerhaft zu gewährleisten, werden die Genossenschaften Transformationsprozesse und eine völlige Angleichung an die Erwerbswirtschaften auf die Dauer verhindern können.

Zu diesem Zweck ist es für die Existenzfähigkeit der Genossenschaften innerhalb der Marktwirtschaft enorm wichtig, wirksame Verbund- und Verbandsysteme zu entwickeln oder weiterzuentwickeln, welche die wirtschaftliche Leistungs- und Wettbewerbsfähigkeit jeder einzelnen Genossenschaft beträchtlich erhöhen.[497] Bereits Schulze-Delitzsch und Raiffeisen haben diese Zusammenhänge frühzeitig erkannt. Durch ihre grundlegenden Verbundkonzeptionen und Verbandssysteme haben sie den Förderungsgenossenschaften eine langfristige erfolgreiche Entwicklung ermöglicht.[498] Mindestens ebenso bedeutsam sind aber auch funktionsfähige Verbund- und Verbandssysteme für Produktivgenossenschaften. Das Fehlen solcher Systeme hat vielfach mit dazu beigetragen, daß sich diese Kooperativen gegenüber ihren erwerbswirtschaftlichen Konkurrenten im Marktwettbewerb nicht dauerhaft behaupten konnten.

---

[494] Vgl. Henrik Kreutz, (Alternative), S. 35.
[495] Vgl. Joseph Huber, (Alternativbewegung), S. 49.
[496] Vgl. A. F. Laidlaw, (Year 2000), S. 45.
[497] Vgl. Georg Draheim, (Grundsatzprobleme), S. 156ff.; Walter Hamm, (Tagungsergebnisse), S. 632; A. F. Laidlaw, (Year 2000), S. 45.
[498] Vgl. Theodor Sonnemann, (Neue Mitte), S. 50ff.

3. Analyse der künftigen genossenschaftlichen Entwicklungsmöglichkeiten

Neben den klassischen förderungsgenossenschaftlichen Verbund- und Verbandssystemen zeichnen sich gegenwärtig erste schrittweise Versuche der alternativen Genossenschaften ab, eigenständige Verbände zu gründen und teilweise auch zwischenbetriebliche verbundähnliche Formen der Kooperation zu realisieren. Vom Erfolg derartiger Bemühungen werden die langfristigen Entwicklungschancen alternativer Genossenschaften innerhalb der Marktwirtschaft entscheidend beeinflußt sein. Solche Verbund- und Verbandsstrukturen für alternative Kooperativen sind grundsätzlich nur denkbar unter den Rahmenbedingungen einer pluralistischen Gesellschaft. In ihr muß es genügend Entfaltungsspielraum für weltanschaulich unterschiedliche Genossenschaftsgruppen geben, die jeweils auf die spezifischen Förderungswünsche ihrer Mitglieder ausgerichtet sind.

Unter diesen Voraussetzungen dürften alternative Genossenschaften in der Lage sein, eventuell einen eigenständigen Sektor innerhalb der Volkswirtschaft zu bilden, der sich mit seiner gesellschaftlichen Umwelt in Wechselwirkung befindet und seine Besonderheiten sowohl in ökonomischer als auch in kultureller Hinsicht weiterentwickelt.[499] Wolfgang Beywl sieht Zukunftschancen „in den vorzeigbaren konkreten Utopien von sinnvoller Arbeit, intensiven zwischenmenschlichen Beziehungen, in der Konfliktfähigkeit und dem Selbstbewußtsein der Mitglieder in ihrer Phantasie und Kreativität."[500] Klaus Novy meint, daß eine nahezu zwangsläufige Transformation wohl für isolierte, vom marktwirtschaftlichen Wettbewerb abhängige Einzelunternehmen gilt, nicht hingegen zwangsläufig für genossenschaftliche Systemgebilde, welche sowohl Produzenten als auch Konsumenten mit einbeziehen und eigenständige Kreisläufe entwickeln.[501]

Offen bleibt jedoch vorerst zumindest die Frage, ob es in diesem Zusammenhang gelingen wird, sowohl funktionsfähige Verbundsysteme zwischen alternativen Produzenten-, Konsumenten- und Sekundärgenossenschaften zu verwirklichen als auch die Entscheidungsfreiheit und Unabhängigkeit der einzelnen Genossenschaften weitgehend zu bewahren.[502]

---

[499] Vgl. Henrik Kreutz, (Alternative), S. 154; Klaus Gretschmann, (Alternativökonomie), S. 90ff.

[500] Wolfgang Beywl, (Modell), S. 93.

[501] Vgl. Klaus Novy, (Vorwärts), S. 124.

[502] Vgl. Joseph Huber, (Alternativbewegung), S. 132f.; Klaus Novy, (Vorwärts), S. 120 u. S. 124ff.; Klaus Gretschmann, (Alternativökonomie), S. 90ff.; Marlene Kück, (Professionalisierung), S. 188f.

4. Mögliche Auswirkungen genossenschaftlicher Tätigkeit auf die gesellschaftliche Umwelt

4.1. Impulse aufgrund innovativer oder anderer vorbildlicher Leistungen

Innovationen und andere vorbildliche Leistungen sind grundsätzlich bei sämtlichen Unternehmensformen möglich. In dieser Hinsicht unterscheiden sich Genossenschaften nicht von anderen Unternehmen. Allerdings sollte man erwähnen, daß es in der Vergangenheit oftmals Genossenschaften waren, die durch das Angebot qualitativ hochwertiger und unverfälschter Waren überaus nützliche Pionierleistungen erbrachten.[1]

Genossenschaften können der gesellschaftlichen Erneuerung und der konstruktiven Gesellschaftskritik dienen, sofern die Genossenschaftsmitglieder neue Arbeits- und Lebensformen praktisch erproben. Derartig weitgehende Zielsetzungen werden freilich wahrscheinlich auch künftig nur für einen relativ kleinen Teil der Genossenschaften kennzeichnend sein. Generell besteht für sie dabei auch unabhängig von bestimmten Widmungsformen die Möglichkeit, durch innovative und andere vorbildliche Leistungen, Impulse an ihre gesellschaftliche Umwelt zu geben. Beispielsweise ist zu denken an die Produktion von qualitativ hochwertigen, langlebigen und umweltfreundlichen Sachgütern oder an die Kundenfreundlichkeit der angebotenen Dienstleistungen. Erinnert sei in diesem Zusammenhang an das vorbildliche Beispiel der Spar- und Kreditbank eG in Düsseldorf-Oberkassel, die vor einigen Jahren einen speziellen Bankservice für Behinderte und Senioren einrichtete.[2]

Angesichts der problematischen Begleiterscheinungen mancher technologischen Veränderungen richtet sich an die Genossenschaften — ebenso freilich auch an andere Unternehmen — die Frage, welchen Beitrag sie zur Bewältigung solcher Probleme leisten können? Dies gilt beispielsweise für die Inangriffnahme wirksamer Umweltschutzmaßnahmen als einer wichtigen Zukunftsaufgabe. Entsprechend der vielfältigen genossenschaftlichen Tätigkeitsfelder ergeben sich für die Genossenschaften unterschiedliche Wege, Umweltschutzmaßnahmen zu realisieren: In diesem Sinne können Genossenschaftsbanken zinsgünstige Kredite für Umweltschutzinvestitionen offerieren, Wohnungsbaugenossenschaften überwiegend umweltfreundliche Baustoffe verwenden und Konsumge-

---

[1] Vgl. Werner W. Engelhardt, (Angleichungsprozeß), S. 74 ff.
[2] Vgl. P. Metzing, (Bankservice), S. 21.

nossenschaften umweltbelastende Verpackungen weitgehend aus ihrem Warensortiment entfernen — um nur einige Beispiele zu nennen.

Zumindest in mittelfristiger Perspektive besitzt auch das Problem der strukturellen Arbeitslosigkeit deutliche Relevanz. Hier bestehen für Genossenschaften Möglichkeiten, neue Arbeitszeitstrukturen praktisch zu erproben. Zu denken ist insbesondere an sozial abgesicherte Teilzeitarbeitsplätze und an Formen der Arbeitszeitflexibilisierung, welche sowohl den Interessen des Betriebes als auch den Wünschen der Arbeitnehmer gerecht werden. Beispielsweise könnten Genossenschaften bei der Einrichtung und Betreibung von Nachbarschaftsbüros für Heimarbeiter mitwirken oder diese in eigener Regie gründen.

Kreative Lösungen auf diesen oder anderen Gebieten führen im günstigen Fall sicherlich nicht nur zu deutlichen Auswirkungen innerhalb der Genossenschaften, beispielsweise zu einem produktivitätssteigernden Betriebsklima. Sie können in der wesentlich durch Massenmedien beeinflußten öffentlichen Meinungsbildung auch eine Imageverbesserung des jeweiligen Unternehmens bzw. der Unternehmensgruppe bewirken.

4.2. Zielgerichtete Unterstützung der gesamtgesellschaftlichen Entwicklung, einzelner gesellschaftlicher Bevölkerungsgruppen und von Einzelpersonen

Eine zielgerichtete Förderung der Gesamtgesellschaft oder ihrer Teilgruppen und Einzelpersonen ist seit altersher ein charakteristisches Merkmal nicht weniger Genossenschaften. Sie gilt, wie vorher erwähnt, für die Genossenschaften mit förderungs-, gruppen-, stiftungs- oder gemeinwirtschaftlichen Widmungsformen. Nachfolgend soll deshalb anhand einiger Beispiele untersucht werden, wie Genossenschaften solche Förderungsleistungen auch in Zukunft erbringen können.

Genossenschaften mit einer mittelstandsorientierten Widmung dienen der Förderung kleiner und mittlerer Unternehmen. Diese Genossenschaften erfüllen sowohl in sozial- bzw. gesellschaftspolitischer als auch in wettbewerbspolitischer Hinsicht durch Verbesserung der Marktposition mittelständischer Unternehmen wichtige Aufgaben im Rahmen marktwirtschaftlicher Industriegesellschaften.[3] Ein leistungsfähiger und zahlenmäßig starker Mittelstand stellt zweifellos nach wie vor eine wesentliche Voraussetzung für ein funktionierendes marktwirtschaftliches Wirtschaftssystem dar. Beim Mittelstand handelt es sich deshalb um eine aus gesellschaftspolitischer Sicht wichtige Gruppe, deren Unterstützung auch künftig als gemeinwirtschaftliche Aufgabe bezeichnet werden kann. Indem Genossenschaften, wie es Achim von Loesch formuliert, „gesellschaftlich benachteiligte Gruppen stützen, üben sie sozialpolitische,

---

[3] Vgl. Klaus Kluthe, (Staat), S. 27ff u. S. 30ff.

4.3. Beteiligung der Bevölkerung am volkswirtschaftlichen Produktivvermögen

indem sie gesellschaftspolitisch wichtige Gruppen stützen, üben sie neben der sozialpolitischen auch gemeinwirtschaftliche Funktionen aus."[4]

Es gibt eine Fülle von gemeinwirtschaftlichen Aufgaben — insbesondere in wettbewerbspolitischer, verbraucherpolitischer, entwicklungspolitischer, umweltpolitischer, arbeitsmarktpolitischer oder wohnungspolitischer Hinsicht — die auch künftig für Genossenschaften mit stiftungs- oder gemeinwirtschaftlichen Widmungen sinnvolle Förderungsziele darstellen können. Beispiele hierfür sind unter anderem solche Wohnungsbaugenossenschaften, die sich in besonderem Maße dem Wohnungsbedarf sozialer Problemgruppen widmen. Zu denken ist aber auch an Produktivgenossenschaften, welche insbesondere versuchen, Personen, die auf dem Arbeitsmarkt schwer vermittelbar sind, neue Beschäftigungsmöglichkeiten zu bieten.[5] Erwähnt seien an dieser Stelle ebenso entwicklungspolitische Bemühungen von Genossenschaften, insbesondere der gemeinnützigen Wohnungswirtschaft, um in Entwicklungsländern Hilfe zur Selbsthilfe zu leisten.[6]

Eine nicht minder wichtige Zukunftsaufgabe in allen hochentwickelten Industriegesellschaften besteht darin, den in allen Ländern zahlenmäßig deutlich ansteigenden ausländischen Bevölkerungsanteil sozial zu integrieren. Dabei kann nicht zuletzt im Rahmen von Genossenschaften nach geeigneten Integrationsmöglichkeiten sozialer und wirtschaftlicher Art gesucht werden. Dieses gilt in besonderem Maße für Genossenschaften, die ausländischen Mitbürgern Arbeitsplätze und Wohnraum[7] zur Verfügung stellen können. Denn „Arbeit" und „Wohnen" sind für jeden Menschen existentiell wichtige Lebensbestandteile. Sowohl der Arbeitsplatz als auch das Wohnumfeld bilden die Grundlage für soziale Kontakte und können unter günstigen Bedingungen der gesellschaftlichen Integration dienen. Insbesondere solche Produktiv- und Wohnungsbaugenossenschaften, die sich als demokratisch strukturiert und als Mitgliedergruppen mit intensiven Sozialkontakten charakterisieren lassen, bieten günstige Voraussetzungen für die Integration des künftig stark ansteigenden ausländischen Bevölkerungsanteils.

4.3. Beteiligung weiter Teile der Bevölkerung am volkswirtschaftlichen Produktivvermögen

Eine zunehmende Beteiligung größerer Bevölkerungsteile am Produktivvermögen wird in vielen marktwirtschaftlich geprägten Industriegesellschaften als zentrale Zukunftsaufgabe angesehen. Dies hängt zweifellos nicht zuletzt damit zusammen, daß angesichts des wachsenden Computer- und Robotereinsatzes

---

[4] Achim von Loesch, (Deutsche Arbeitnehmerbanken), S. 7.
[5] Vgl. Klaus Kluthe, (Staat), S. 30 ff.
[6] Vgl. Hans Pohl, (Menschenrecht), S. 355 ff.
[7] Siehe z. B. Ursula Kanacher, (Phantasie), S. 373 ff.

4. Auswirkungen genossenschaftlicher Tätigkeit auf die Umwelt

der Produktionsfaktor Kapital im Rahmen des volkswirtschaftlichen Wertschöpfungsprozesses eine tendenziell steigende Bedeutung erlangt. Nur eine kapitalmäßige Beteiligung möglichst sämtlicher Bevölkerungsschichten am Produktivvermögen kann langfristig den innergesellschaftlichen Zusammenhalt der einzelnen Bevölkerungsgruppen bewahren und eine neuerliche innergesellschaftliche Kluft bzw. Klassenspaltung zwischen Reichtum und Armut verhindern.

Viele industriezeitliche Genossenschaften haben seit den Anfängen ihrer Geschichte als Gegenkräfte am Markt fungiert. Auf ihre Rolle als Gegengewicht zu marktbeherrschenden Unternehmen ist oft hingewiesen worden. Im Vergleich dazu weniger beachtet wurde bisher die Rolle von Genossenschaften als ein mögliches Gegengewicht zur Vermögenskonzentration. Welchen Beitrag können Genossenschaften leisten, um insbesondere denjenigen Bevölkerungsgruppen eine Beteiligung am Produktivvermögen näherzubringen, die bisher aus den unterschiedlichsten Gründen einer derartigen risikobehafteten Kapitalanlage überwiegend ablehnend oder gleichgültig gegenüberstehen?

In den vergangenen Jahrzehnten sind die Mitgliederzahlen der Genossenschaften im allgemeinen deutlich gestiegen. Im Vergleich zu dem für den Laien geradezu unüberschaubaren Aktienmarkt stellen Kapitalbeteiligungen bei Genossenschaften eine relativ sichere Art der Produktivkapitalbildung für größere Teile der Bevölkerung dar. Denn Genossenschaftsanteile unterliegen nicht den oft spekulativ bedingten Kursschwankungen an der Börse. Genossenschaften garantieren sowohl durch ihre Einbeziehung in zumeist weitreichende Verbundsysteme als auch durch ihre lokale und regionale Verwurzelung ein hohes Maß an innerer wirtschaftlicher Stabilität.

Während die Möglichkeit der Mitgliedschaft bei Genossenschaften in weiten Teilen der Bevölkerung bereits seit langer Zeit bekannt ist, handelt es sich bei spezialisierten Dienstleistungsgenossenschaften zum Zweck der Vermögensbildung um neuartige genossenschaftliche bzw. genossenschaftsähnliche Gründungen. Wie oben bereits erwähnt,[8] zählen dazu beispielsweise die Investmentclubs. Sie verwenden das gemeinsame Sparkapital, indem sie es in Beteiligungswerten an Wirtschaftsunternehmen anlegen. Derartige Kooperationsformen bieten ihren Mitgliedern deutliche Vorteile, denn erst der genossenschaftliche Zusammenschluß von Kleinanlegern vermag ihre Marktstellung auf dem Kapitalmarkt zu verbessern. Er dient ferner dazu, dieser Bevölkerungsgruppe deutliche Kostenvorteile bei der Informationsbeschaffung, Abwicklung und Verwaltung ihrer Beteiligungswerte am volkswirtschaftlichen Produktivkapital zu ermöglichen.

---

[8] Siehe dazu Kapitel 3.2.1.5.2.2.

4.4. Die internationale Perspektive der Genossenschaften

Genossenschaften sind in fast allen Staaten der Welt entstanden. Obgleich sie sich in den einzelnen Ländern oft hinsichtlich ihrer konkreten Ausgestaltung voneinander unterscheiden, verfügen sie dennoch über fundamentale und grenzüberschreitende Gemeinsamkeiten. Die Orientierung an gemeinsamen genossenschaftlichen Prinzipien, der gegenseitige Erfahrungsaustausch und die wirtschaftliche Zusammenarbeit besitzen auf internationaler Ebene zumindest in einzelnen Genossenschaftszweigen seit langer Zeit einen hohen Stellenwert.[9]

Angesichts des geplanten europäischen Binnenmarktes ist es verständlich, daß die Genossenschaften und Genossenschaftsverbände in den Ländern der Europäischen Gemeinschaft gegenwärtig in verstärktem Maße Perspektiven der internationalen Zusammenarbeit entwerfen.[10] „Eine wachsende Bedeutung genossenschaftlicher Vereinigungen auf europäischer Ebene resultiert" — wie Jürgen Zerche betont — „aus zwei verschiedenen Entwicklungen: Zum einen gewinnen internationale Genossenschaftsverbände bei zunehmender Arbeitsteilung und damit verbundener notwendiger Zusammenarbeit über die Grenzen eines Einzelstaates hinaus eine immer größere Bedeutung. Zum anderen erfordert auch der zunehmende Einfluß europäischer Gremien und Institutionen genossenschaftliche Einrichtungen als Ansprechpartner auf der gleichen Ebene."[11]

Zur langfristigen Sicherung der genossenschaftlichen Wettbewerbsfähigkeit ist die internationale Kooperation auf allen genossenschaftlichen Ebenen außerordentlich wichtig. Dies gilt insbesondere vor dem Hintergrund der heutigen Welt, in der bereits viele erwerbswirtschaftliche Unternehmen überwiegend international agieren und in der sich die Menschen der einzelnen Staaten durch steigenden Welthandel, zunehmende Mobilität und verbesserte Möglichkeiten der Telekommunikation künftig immer mehr zu einer Weltgesellschaft entwickeln werden.

Die charakteristische „Doppelnatur" der Genossenschaft als „Wirtschaftsunternehmen" und zugleich „Personengruppe" — auf die bereits hingewiesen worden ist[12] — stellt eine günstige Voraussetzung dar, um wirksame Beiträge zur Völkerverständigung zu leisten. Es sind beispielsweise Patenschaften oder Kontakte zwischen genossenschaftlichen Mitgliedergruppen aus unterschiedlichen Staaten realisierbar, welche unter anderem den Erfahrungs- und Handelsaustausch in Gestalt von Informations- bzw. Verkaufsausstellungen im jeweils anderen Land beinhalten können. Angesichts des zunehmenden Ausländeran-

---

[9] Vgl. Robert Schediwy, (Perspektive), S. 424 ff.
[10] Vgl. Wirtschafts- und Sozialausschuß der Europäischen Gemeinschaften/ Generalsekretariat (Hrsg.), (Verbände), S. 33 ff.
[11] Jürgen Zerche, (Zukunftsprobleme), S. 202.
[12] Siehe dazu Kapitel 1.1.1.

teils und der wachsenden Mobilität der Bevölkerung läßt sich für die Zukunft eine steigende Anzahl von Genossenschaften mit international zusammengesetzten Mitgliedergruppen erwarten. „Schließlich teilt die Genossenschaftsidee das Kennzeichen der Universalität, das heißt auch Übernationalität, mit allen grundsätzlich humanen, fortschrittlichen Ideen..." und ist — wie es Robert Schediwy eindrucksvoll beschreibt — darauf ausgerichtet, „den Menschen als Menschen zu erfassen, ohne vorurteilsvolle Beschränkung auf Nationalität, Rasse, Geschlecht oder Stand."[13]

4.5. Anwendungsmöglichkeiten von Genossenschaften bei Markt- oder Staatsversagen

Der Übergang von der Selbststeuerung des Marktes zu staatlicher Leistungserstellung oder umgekehrt stellt in vielen Fällen keine sinnvolle Lösung dar. Dies gilt in allen Bereichen, wo sowohl die Selbststeuerungsfähigkeit der Marktmechanismen als auch die Effizienz der staatlichen Leistungserstellung versagen und Versorgungsdefizite feststellbar sind. Wie sich im Laufe dieser Arbeit ergab, ist das beispielsweise in Teilbereichen der Wohnungsversorgung oder bei der Erfüllung sozialpolitischer Aufgaben der Fall.[14] Als Lösungsansätze seien im folgenden diejenigen Konzeptionen erwähnt, welche für marktwirtschaftlich geprägte Industrieländer zusätzlich zu marktwirtschaftlicher und staatlicher Leistungserstellung auf „Lösungen dritter Art"[15] hinweisen.

Mit gesellschaftlichen Steuerungssystemen beschäftigt sich — wie bereits erwähnt[16] — die Forschungsrichtung „Neue Politische Ökonomie".[17] Eine umfangreiche wissenschaftliche Analyse stammt von Philipp Herder-Dorneich, der dem traditionellen gesellschaftlichen „Steuerungsdualismus" — bestehend aus „Markt" und „zentraler Bürokratie" — pluralistisch geprägte Steuerungsmodelle gegenüberstellt, bei denen neben dem „Marktmechanismus" unter anderem „Wahlen" und „Gruppenverhandlungen" als Steuerungsmechanismen

---

[13] Robert Schediwy, (Perspektive), S. 423.

[14] Siehe zur Frage der Steuerungseffizienz von Markt und Staat z.B. Philipp Herder-Dorneich, (Ordnungspolitik), S. 43ff; Klaus Gretschmann, (Steuerungsprobleme), S. 193ff; D. Krischausky u. K. Mackscheidt, (Wohnungsgemeinnützigkeit), S. 24ff u. S. 56ff; Horst Hanusch, (Selbsthilfeförderung), S. 58ff; Hellmut Wollmann, (Wohnungsversorgung), S. 106ff.

[15] Vgl. Werner W. Engelhardt, (Aufgabenwandel), S. 256f; Robert Hettlage, (Partizipation), S. 368ff u. S. 410; Klaus Gretschmann, (Steuerungsprobleme), S. 222ff; Peter von Oertzen, (Steuerung), S. 48.

[16] Siehe dazu Kapitel 1.3.4.

[17] Siehe z.B. Peter Bernholz, (Grundlagen — Bd. 1-3), S. 1ff; Erik Boettcher, (Kooperation), S. 1ff; Philipp Herder-Dorneich, (Sozialstaat), S. 17ff; Philipp Herder-Dorneich, (Steuerung), S. 11ff; Philipp Herder-Dorneich, (Systemtheorie), S. 3ff; Philipp Herder-Dorneich, (Wirtschaftssysteme), S. 15ff; Philipp Herder-Dorneich, (Verbandsökonomik), S. 13ff; Manfred Groser, (Tauschtheorie), S. 14ff; siehe auch die Beiträge in Erik Boettcher, Philipp Herder-Dorneich u. Karl-Ernst Schenk (Hrsg.), (Jahrbuch).

4.5. Anwendungsmöglichkeiten von Genossenschaften

große Bedeutung erlangen.[18] „Im sekundären Sektor (Industrie) funktioniert" — wie der Autor betont — „die Marktwirtschaft unbestritten gut."[19] Im Dienstleistungssektor hingegen äußert sich sowohl beim „Markt" als auch bei der „zentralen Bürokratie" eine offenkundige Steuerungsineffizienz, deren Ursachen überwiegend in den Besonderheiten der Dienstleistungserstellung — also unter anderem in der notwendigen Kundenpräsenz und der Inhomogenität der Dienstleistungen — zu suchen sind.[20]

Das Steuerungskonzept von Philipp Herder-Dorneich für den Dienstleistungssektor beinhaltet:[21]

(1) anstatt der „reinen Marktsysteme" — modifizierte Marktsysteme (Quasi-Märkte) mit unterschiedlichen Arten von Scheinen als Steuerungsmittel, beispielsweise Krankenscheine oder Gutscheine

(2) anstatt der großen und unpersönlichen Verwaltungsorganisationen — dezentrale Selbstverwaltungen und freie Verbände mit Wettbewerbsordnungen für alle Systeme

„Bürokratie durch Märkte zu ersetzen, ist" — worauf Philipp Herder-Dorneich hinweist — „nur in relativ wenigen extremen Bereichen möglich. Wenn man den Wettbewerb nur als Marktwettbewerb organisiert erkennt, ist das ordnungspolitische Repertoire rasch erschöpft. Aber Wettbewerb ist eben nicht nur als Marktwettbewerb organisierbar, sondern auch als Verbandswettbewerb, als Wettbewerb unter Selbstverwaltungen und in vielen anderen Formen sonst noch. Alle diese Formen gilt es zu aktivieren, um möglichst viele Entscheidungen aus der Bürokratie heraus in den Wettbewerb zu bringen und die Bürokratie möglichst wieder zu ihrer ausführenden Funktion einer abhängigen Variablen zurückzuführen."[22]

Zu den charakteristischen Elementen pluralistischer Gesellschaften zählt auch der Wettbewerb unterschiedlicher Unternehmenstypen.[23] Genossenschaften und genossenschaftsähnliche Kooperationsformen werden als einer der vielen Unternehmens- bzw. Organisationstypen künftig wahrscheinlich dort Bedeutung erlangen, wo sich die genossenschaftliche Organisationsform im Wettbewerb gegenüber ihren erwerbswirtschaftlichen oder staatswirtschaftlichen Konkurrenten aufgrund ihrer wirtschaftlichen und sozialen Leistungen als überlegen erweist.

---

[18] Vgl. Philipp Herder-Dorneich, (Steuerung), S. 11ff; Philipp Herder-Dorneich, (Wirtschaftssysteme), S. 15ff; Philipp Herder-Dorneich, (Systemtheorie), S. 3ff; Philipp Herder-Dorneich, (Sozialstaat), S. 5ff; Philipp Herder-Dorneich, (Ordnungspolitik), S. 13ff.
[19] Philipp Herder-Dorneich, (Ordnungspolitik), S. 44.
[20] Vgl. Philipp Herder-Dorneich, (Ordnungspolitik), S. 42ff.
[21] Vgl. Philipp Herder-Dorneich, (Ordnungspolitik), S. 44ff u. S. 154f.
[22] Philipp Herder-Dorneich, (Ordnungspolitik), S. 153.
[23] Vgl. Werner W. Engelhardt, (Wettbewerb), S. 45ff.

Unter diesen Voraussetzungen können Genossenschaften eine „Lösung dritter Art" im eingangs genannten Sinne darstellen. Man denke beispielsweise an genossenschaftliche bzw. genossenschaftsähnliche Kooperationsformen, welche insgesamt einen genossenschaftlich geprägten Selbsthilfesektor im Rahmen einer „Dualwirtschaft" bilden.[24] Bereits heutzutage besitzen soziale Selbsthilfegruppen beachtliche gesellschaftspolitische Bedeutung, wie es Fritz Vilmar und Brigitte Runge in ihrer umfangreichen Untersuchung verdeutlichen: „Hunderttausende von Menschen haben sich in den letzten Jahren zu neuen Formen der Eigeninitiative, des sozialen Engagements und der Selbstorganisation zusammengeschlossen: in ihrem Wohnbereich, in der Arbeitswelt, in autonomen Kulturinitiativen oder für Benachteiligte, Diskriminierte und Behinderte."[25]

Bezogen auf die Sozialpolitik in Wohlfahrtsstaaten betont Alfred Dallinger: „Die großen staatlichen Sozialnetze bedürfen der Demokratisierung und der Ergänzung durch kleine autonome Selbsthilfeeinheiten. Derartige ergänzende Einrichtungen sind besonders geeignet, bürokratisch nicht berücksichtigte menschliche Bedürfnisse abzudecken. Nicht die Reprivatisierung der sozialen Dienste ist notwendig, sondern deren kooperative Ergänzung."[26] Wie die Tätigkeit genossenschaftlicher oder genossenschaftsähnlicher Kooperationsformen, beispielsweise im Gesundheitsbereich, heutzutage zeigt, sind diese Gebilde und Gefüge in der Lage, wirksame Beiträge zur Behebung der oben genannten oder anderer Versorgungsdefizite zu leisten.[27] Die langfristige Perspektive, sowohl innergesellschaftliche soziale Gegensätze als auch staatliche Bürokratisierungserscheinungen wirksam verringern zu können, dürfte allerdings nur unter der Voraussetzung zu erwarten sein, daß Genossenschaften sich nicht selbst erwerbswirtschaftlich angleichen oder innerlich bürokratisch erstarren.

In den marktwirtschaftlich geprägten Industriegesellschaften sind gegenwärtig bei aller verbliebenen Vielfalt zwei drastische Entwicklungstendenzen sichtbar: Erstens bewirkt in vielen Volkswirtschaften die freie Entfaltung der Marktkräfte zunehmende innergesellschaftliche soziale Gegensätze. Zweitens erfolgen in fast allen industrialisierten Marktwirtschaften mehr oder minder starke staatliche Eingriffe in das Marktgeschehen, welche sich in Gestalt zunehmender Bürokratisierungstendenzen äußern. Die zuerst genannte Tendenz findet man gegenwärtig insbesondere in England und in den Vereinigten Staaten von Nordamerika, wo hinsichtlich der Einkommens- und Vermögensverteilung eine deutliche innergesellschaftliche Polarisierung stattfindet. Gra-

---

[24] Vgl. Robert Hettlage, (Partizipation), S. 368 ff u. S. 410; Klaus Gretschmann, (Steuerungsprobleme), S. 222 ff; Peter von Oertzen, (Steuerung), S. 48; Peter Gross, (Selbsthilfe), S. 61 ff; Werner W. Engelhardt, (Aufgabenwandel), S. 256 f.

[25] Fritz Vilmar u. Brigitte Runge, (Selbsthilfegesellschaft), S. 1.

[26] Alfred Dallinger, (Wohlfahrtsstaat), S. 279.

[27] Vgl. Fritz Vilmar u. Brigitte Runge, (Selbsthilfegesellschaft), S. 1 ff.

vierende Bürokratisierungserscheinungen kennzeichnen zum Beispiel den Agrarmarkt der Europäischen Gemeinschaft.

Wie sich im Laufe dieser Arbeit ergab, besteht trotz aller vorhandenen Vielfalt bei einem Teil der Genossenschaften und genossenschaftsähnlichen Kooperationsformen die Zukunftsperspektive, innerhalb marktwirtschaftlicher Wirtschaftssysteme einen genossenschaftlichen Sektor zwischen „Markt" und „Staat" zu konstituieren sowie langfristig zu konsolidieren.[28] Die Erfahrungen der Genossenschaftsgeschichte zeigen, daß die intensive Zusammenarbeit und Vernetzung im Rahmen einer Gruppe von gleichgesinnten Genossenschaften, eine wichtige Voraussetzung für die langfristige Existenzfähigkeit dieser Gebilde und Gefüge darstellt. Von einem derartigen Sektor können künftig in Wechselwirkung mit der gesellschaftlichen Umwelt wirksame Impulse ausgehen,[29] sofern den soeben erläuterten drastischen gesellschaftlichen Entwicklungstendenzen konkrete und kreative Alternativen entgegengesetzt werden.

Nicht minder bedeutsam für die Zukunft der marktwirtschaftlich geprägten Industriegesellschaften ist auch die Tätigkeit derjenigen Genossenschaften, die den gesellschaftlichen Mittelstand und andere Bevölkerungsgruppen unterstützen.[30] Dadurch werden diese Genossenschaften zu sozialen Integrationsfaktoren, die den gesamtgesellschaftlichen Zusammenhalt fördern.[31] In dieser Hinsicht betont Friedrich Fürstenberg: „Verhindern die Genossenschaften durch die wirksame Organisation der Mitgliederinteressen ein Absinken in unterprivilegierte soziale Randstellungen, so fördern sie gleichzeitig durch das Prinzip der Selbsthilfe und der Selbstverwaltung eine Entlastung der öffentlichen Hand. Indem sie das Wirtschaftsgebahren ihrer Mitglieder ordnen, geben sie diesen die Chance, durch eigene Kraft bzw. tätige Mitwirkung ihre Sache selbst in die Hand zu nehmen, wodurch die Demokratisierung und auch die Entbürokratisierung des jeweiligen Gesellschaftssektors gefördert werden kann."[32] Geht man davon aus, daß die Gesellschaften mit dem größten inneren Zusammenhalt, also den geringsten sozialen Gegensätzen und Konflikten, sich langfristig vermutlich am überlebensfähigsten erweisen werden, so könnten vor diesem Hintergrund die vielfältigen Genossenschaften in ihren unterschiedlichen Tätigkeitsfeldern als soziale Integrationsfaktoren besondere Bedeutung erlangen.

---

[28] Vgl. Klaus Gretschmann, (Steuerungsprobleme), S. 227 ff, S. 234 u. S. 236 ff; Werner W. Engelhardt, (Gemeinwirtschaftliche Genossenschaften), S. 392 ff; Klaus Kluthe, (Staat), S. 40 ff u. S. 43 ff; Franz Hiss, (Genossenschaftsidee), S. 81 ff.

[29] Vgl. Helmut Willke, (Kommunebewegung), S. 156 ff.

[30] Vgl. Friedrich Fürstenberg, (Integrationsfaktor), S. 243 ff u. insb. S. 252; Theodor Sonnemann, (Neue Mitte), S. 45 u. S. 146 ff.

[31] Vgl. Friedrich Fürstenberg, (Integrationsfaktor), S. 251.

[32] Friedrich Fürstenberg, (Integrationsfaktor), S. 254.

Literaturverzeichnis

Akemeier, Susanne; *Glätzer*, Harald; *Goetz*, Rolf u.a.: *(Utopie)* — Utopie in der Hängematte, (10 Jahre Erfahrung der Landkommunen Twin Oaks und East Wind), Korntal 1981.

Albert, Hans: *(Theoriebildung)* — Probleme der Theoriebildung. Entwicklung, Struktur und Anwendung sozialwissenschaftlicher Theorien, in: Albert, Hans (Hrsg.): Theorie und Realität. Ausgewählte Aufsätze zur Wissenschaftslehre der Sozialwissenschaften, Tübingen 1964, S. 3-70.

Alemann, Ulrich von u. *Schatz*, Heribert: *(Technikgestaltung)* — Mensch und Technik. Grundlagen und Perspektiven einer sozialverträglichen Technikgestaltung, 2. Auflage, Opladen 1987.

Altvater, Elmar; *Hübner*, Kurt u. *Stanger*, Michael: *(Politikstrategien)* — Postkeynesianische Politikstrategien und Gewerkschaften in Westeuropa, in: Kongreß Zukunft der Arbeit — Wege aus Massenarbeitslosigkeit und Umweltzerstörung (Materialien Band), hrsg. vom Kongreßbüro „Zukunft der Arbeit", 3. Aufl. Bielefeld 1983, S. 7-25.

Arndt, H.: *(Wohnungsbaugesellschaften)* — Wohnungsbaugesellschaften zwischen gemeinnützigen Bindungen und Markt, in: Gesamtverband gemeinnütziger Wohnungsunternehmen e. V. (Hrsg.): Wissenschaft für die Praxis, Unternehmensleiterseminare für gemeinnützige Wohnungsbaugenossenschaften und -gesellschaften, Dokumentation der Vorträge 1980, Köln 1980, S. 67-84.

Arndt, Michael u. *Rogall*, Holger: *(Wohnungsbaugenossenschaften)* — Wohnungsbaugenossenschaften. Eine selbstverwaltete Unternehmensform zwischen bewohnerorientierter Tradition und sozialpolitischem Anspruch. Eine Untersuchung am Beispiel von sechs ausgewählten Genossenschaften in Berlin (West), Dissertation Berlin 1986.

Atteslander, Peter: *(Grenzen)* — Die Grenzen des Wohlstands. An der Schwelle zum Zuteilungsstaat, Stuttgart 1981.

Badelt, Christoph: *(Selbstorganisation)* — Sozioökonomie der Selbstorganisation: Beispiele zur Bürgerselbsthilfe und ihre wirtschaftliche Bedeutung, Frankfurt a. M. u. New York 1980.

Badura, Bernhard: *(Theorie)* — Von einer Theorie der Dienstleistungsgesellschaft zur Theorie der Dienstleistung, als Nachwort in: Gartner, Alan und Riessman, Frank: Der aktive Konsument in der Dienstleistungsgesellschaft. Zur politischen Ökonomie des tertiären Sektors, Frankfurt a. M. 1978, S. 325-345.

Bartelt, Michael; *Gripp*, Helga; *Kaiser*, Kurt u.a.: *(Überlegungen)* — Grundsätzliche Überlegungen zu den Motiven, den Zielen und den Möglichkeiten eines Neuen Lebensstils, in: Wenke, Karl E. u. Zilleßen, Horst: Neuer Lebensstil — Verzichten oder verändern?, Auf der Suche nach Alternativen für eine menschlichere Gesellschaft, Opladen 1978, S. 15-72.

Bartelt, Michael: *(Wandel)* — Der Wandel des gesellschaftlichen Wertsystems als Orientierung für einen Neuen Lebensstil, in: Wenke, Karl E. u. Zilleßen, Horst (Hrsg.): Neuer Lebensstil — Verzicht oder verändern?, Auf der Suche nach Alternativen für eine menschlichere Gesellschaft, Opladen 1978, S. 73-121.

Bartsch, Franz-Josef: *(Protokoll)* — Protokoll der 4. Sitzung der BAG — Koordinationsgruppe vom 11.-13. 5. 87 im Westerwald, in: Rundbrief Alternative Ökonomie Nr. 39, Juni 1987, hrsg. von der Arbeitsgemeinschaft sozialpolitischer Arbeitskreise (AG SPAK), S. 85-87.

Bauer, Hans H.: *(Entscheidung)* — Die Entscheidung des Handels über die Aufnahme neuer Produkte. Eine verhaltenstheoretische Analyse, Berlin 1980.

Bell, Daniel: *(Gesellschaft)* — Die nachindustrielle Gesellschaft, Frankfurt a. M. u. New York 1975.

— *(Kultur/Technologie)* — Die Zukunft der westlichen Welt. Kultur und Technologie im Widerstreit, Frankfurt a. M. 1976.

Berg, Manfred u. *Kück*, Marlene: *(Haftungsassoziation)* — Haftungsassoziation eG — Bürgschaftsbank für selbstverwaltete Betriebe, Berlin 1985, (Druckschrift anläßlich der Gründung der Berliner Haftungsassoziation).

Berger, Johannes — unter Mitarbeit von Lore *Voigt*: *(Dualwirtschaft)* — Zur Zukunft der Dualwirtschaft, in: Benseler, Frank; Heinze, Rolf G. und Klönne, Arno (Hrsg.): Zukunft der Arbeit, (Eigenarbeit, Alternativökonomie?), Hamburg 1982, S. 97-117.

Bergmann, Theodor: *(Funktionen)* — Funktionen und Wirkungsgrenzen von Produktivgenossenschaften in Entwicklungsländern, Frankfurt a. M. 1967.

— *(Leistungen)* — Leistungen und Mißerfolge der sowjetischen Agrarpolitik aus kritisch-marxistischer Sicht, in: Bergmann, Theodor; Gey, Peter und Quaisser, Wolfgang (Hrsg.): Sozialistische Agrarpolitik. Vergleichs- und Einzelstudien zur agrarpolitischen Entwicklung in der Sowjetunion, Polen, Ungarn, China und Kuba, Köln 1984, S. 141-162.

Bergmann, Theodor; *Gey*, Peter und *Quaisser*, Wolfgang: *(Einführung)* — Einführung der Herausgeber, in: Bergmann, Theodor; Gey, Peter u. Quaisser, Wolfgang (Hrsg.): Sozialistische Agrarpolitik. Vergleichs- und Einzelstudien zur agrarpolitischen Entwicklung in der Sowjetunion, Polen, Ungarn, China und Kuba, Köln 1984, S. 9-18.

Bericht der Nord-Süd-Kommission (Hrsg.): *(Brandt-Report)* — Das Überleben sichern: Der Brandt-Report, Frankfurt a. M., Berlin u. Wien 1981.

Bernhardt, Peter u. *Böckels*, Lothar: *(Fortschritt)* — Technischer Fortschritt und Produktivität, in: Juncker, Klaus u. Muthesius, Peter (Hrsg.): Rationalisierung im Kreditwesen, Frankfurt a. M. 1979, S. 35-43.

Bernhardt, Peter u. *Dambmann*, Wolfgang: *(Elektronisches Geld)* — Elektronisches Geld. Die neuen Dienstleistungen der Banken, Frankfurt a. M. 1979.

Bernholz, Peter: *(Grundlagen — Bd. 1-3)* — Grundlagen der politischen Ökonomie, Tübingen: Bd. 1 (1972), Bd. 2 (1975) u. Bd. 3 (1979).

Bernstein, Paul: *(Worker Participation)* — Necessary Elements for Effective Worker Participation in Decision-Making, in: Lindenfeld, Frank u. Rothschild-Whitt, Joyce (Hrsg.): Workplace Democracy and Social Change, Boston 1982, S. 51-81.

Besemer, Christoph: *(Kommunen)* — Zurück zur Zukunft?, Utopische Kommunen — Anspruch und Wirklichkeit, Auswertung historischer Erfahrungen, Berlin 1981.

Bestmann, H. J.: *(Pheromone)* — Chemische Botenstoffe (Pheromone) — umweltfreundliche Schädlingsbekämpfungsmittel der Zukunft, in: Der Bundesminister für Forschung und Technologie der Bundesrepublik Deutschland (Hrsg.): Biotechnologie, Frankfurt a.M. 1978, S. 128-134.

Beuschel, Werner; *Bickenbach*, Joachim u. *Keil*, Reinhard (Hrsg.): *(Computer/Alternativprojekte)* — Computer in Alternativprojekten, 2. erweiterte Aufl. Berlin 1983.

Beyer, Heinrich und *Lezius*, Michael: *(Eigenkapitalaufbringung)* — Eigenkapitalaufbringung in Kooperationsbetrieben durch Ausschöpfung neuerer Gesetzesvorschriften zur Vermögensbildung, in: Kück, Marlene u. Loesch, Achim von (Hrsg.): Finanzierungsmodelle selbstverwalteter Betriebe, Frankfurt a.M. u. New York 1987, S. 184-192.

Beywl, Wolfgang: *(Modell)* — Alternative Ökonomie — Modell zur Finanzierung von Selbsthilfeprojekten?, in: Bertels, Lothar u. Nottenbohm, Hans-Gerd: ...außer: man tut es! Beiträge zu wirtschaftlichen und sozialen Alternativen, Bochum 1983, S. 91-101.

Beywl, Wolfgang; *Brombach*, Hartmut; *Engelbert*, Matthias: *(Alternative Betriebe)* — Alternative Betriebe in Nordrhein-Westfalen, (Bestandsaufnahme und Beschreibung von alternativ-ökonomischen Projekten in Nordrhein-Westfalen, hrsg. vom Ministerium für Arbeit, Gesundheit und Soziales des Landes Nordrhein-Westfalen), Düsseldorf 1984.

Beywl, Wolfgang: *(Zusammenschlüsse)* — Genossenschaftliche Zusammenschlüsse im Bereich der Produktion und Konsumtion naturbelassener Lebensmittel, in: Vorstand der SPD (Hrsg.): Materialien zum Genossenschaftswesen und zur Selbstverwaltungswirtschaft — Selbstbestimmt arbeiten, Bonn 1985, S. 23-24.

Bierbaum, Heinz: *(Belegschaftsbetriebe)* — Öffentlich-rechtliche Finanzierungsinstitute für Belegschaftsbetriebe (Betriebsübernahmegesellschaften), in: Kück, Marlene u. Loesch, Achim von (Hrsg.): Finanzierungsmodelle selbstverwalteter Betriebe, Frankfurt a.M. u. New York 1987, S. 177-183.

Billen, Gerd u. *Schmitz*, Otmar: *(Ernährung)* — Alternative Ernährung. Handbuch für eine gesunde Kost und autonome Verbraucher, Frankfurt a.M. 1982.

Binder, N.: *(Biotechnologie)* — Biotechnologie — Aufgaben, Möglichkeiten, Schwerpunkte der Forschung, in: Der Bundesminister für Forschung und Technologie der Bundesrepublik Deutschland (Hrsg.): Biotechnologie, Frankfurt a.M. 1978, S. 9-17.

Binswanger, Christoph; *Geissberger*, Werner u. *Ginsburg*, Theo (Hrsg.): *(NAWU-Report)* — Wege aus der Wohlstandsfalle. Der NAWU-Report: Strategien gegen Arbeitslosigkeit und Umweltkrise, Frankfurt a.M. 1980.

Bischoff, Harald u. *Damm*, Diethelm: *(Arbeitsplätze)* — Arbeitsplätze selber schaffen, finanzieren und behalten, München 1985.

Bloch, Ernst: *(Hoffnung)* — Das Prinzip Hoffnung, In Fünf Teilen, Kapitel 1-37, Frankfurt a.M. 1959.

Blohm, D. u. *Goebel*, W.: *(Gentechnologie)* — Neue Wege der Gentechnologie, in: Der Bundesminister für Forschung und Technologie der Bundesrepublik Deutschland (Hrsg.): Biotechnologie, Frankfurt a.M. 1978, S. 213-231.

Blümle, Ernst-Bernd: *(Genossenschaftspolitik)* — Genossenschaftspolitik und Förderungsbilanz, in: ZfgG, Bd. 31, 1981, S. 234-237.

Blümle, Ernst-Bernd u. *Ringle,* Günther: *(Erneuerung)* — Ansätze zur inneren Erneuerung von Primärgenossenschaften, (Ein Beitrag zur Diskussion über „optimale" Genossenschaften), in: ZfgG, Bd. 36, 1986, S. 172-185.

Böge, Dieter: *(Kooperative Betriebe)* — Kooperative Betriebe: schlechte Selbstdarstellung und Sicherheitslücken, in: Kück, Marlene u. Loesch, Achim von (Hrsg.): Finanzierungsmodelle selbstverwalteter Betriebe, Frankfurt a. M. u. New York 1987, S. 67-69.

Böhret, Carl: *(Alternative Zukunftsperspektiven)* — Wohin steuern wir?, Alternative Zukunftsperspektiven am Ende des 20. Jahrhunderts, (Dokumentation über einen Vortrag vor Vertretern der Industrie und des Handwerks in den Räumen der Speyerer Volksbank am 2. 2. 1981), hrsg. von der Speyerer Volksbank, erschienen als Anlage zu Hugger, Werner: Basisszenarien gesellschaftlicher Entwicklungen, Speyer 1980, Anlage S. 1-35.

— *(Technology Assessment)* — Öffentliche Bindung von Unternehmen auf der Grundlage von Technologiefolgenabschätzungen (Technology Assessment), in: Thiemeyer, Theo zusammen mit Böhret, Carl und Himmelmann, Gerhard (Hrsg.): Öffentliche Bindung von Unternehmen. Beiträge zur Regulierungsdebatte. Gert von Eynern zum 80. Geburtstag, Baden-Baden 1983, S. 79-95.

Boettcher, Erik: *(Kooperation)* — Kooperation und Demokratie in der Wirtschaft, Tübingen 1974.

— *(Marktwirtschaft)* — Die Genossenschaft in der Marktwirtschaft (Einzelwirtschaftliche Theorie der Genossenschaften), Tübingen 1980.

— *(Standort)* — Die Idee des Genossenschaftswesens und dessen ordnungs- und gesellschaftspolitischer Standort, in: Boettcher, Erik (Hrsg.) im Auftrag der Arbeitsgemeinschaft Genossenschaftswissenschaftlicher Institute (AGI): Die Genossenschaften im Wettbewerb der Ideen — eine europäische Herausforderung — Bericht der XI. Internationalen Genossenschaftswissenschaftlichen Tagung 1985 in Münster, Tübingen 1985, S. 27-48.

Boettcher, Erik; *Herder-Dorneich,* Philipp u. *Schenk,* Karl-Ernst (Hrsg.): *(Jahrbuch)* — Jahrbuch für Neue Politische Ökonomie, Tübingen: Bd. 1 (1982), Bd. 2 (1983), Bd. 3 (1984), Bd. 4 (1985), Bd. 5 (1986), Bd. 6 (1987), Bd. 7 (1988).

Bonus, Holger: *(Jahr 2000)* — Genossenschaften im Jahr 2000, Münster 1987.

— *(Unternehmenskonzept)* — Die Genossenschaft als modernes Unternehmenskonzept, Münster 1987.

— *(Genossenschaftsbank)* — Die „Genossenschaftsbank AG" — kein zukunftweisendes Modell. Die Kreditgenossenschaften auf der Suche nach einer neuen Organisation, in: Frankfurter Allgemeine Zeitung, 30. April 1988, Nr. 101, S. 13.

Brambosch, Wolfgang: *(Co op)* — Co op zwischen Genossenschaft und Gemeinwirtschaft, — Eine Untersuchung des Einflusses ökonomischer Faktoren und gesellschaftspolitischer Konzeptionen auf die Entwicklung der deutschen co op Gruppe, Münster 1985.

Breithaupt, Karl; *Horn*, Ernst-Jürgen; *Klodt*, Henning; u. a. — Institut für Weltwirtschaft an der Universität Kiel (Hrsg.): *(Strukturelle Entwicklung)* — Analyse der strukturellen Entwicklung der deutschen Wirtschaft, Kiel 1979.

Brentano, Dorothee von: *(Aspekte)* — Grundsätzliche Aspekte der Entstehung von Genossenschaften, Berlin 1980.

Brown, Lester R.: *(Bevölkerung)* — 1. Bevölkerung: Ursachen der demographischen Falle, in: Worldwatch Institute Report, Zur Lage der Welt — 87/88, Daten für das Überleben unseres Planeten, dt. Fassung hrsg. v. Gerd Michelsen, Frankfurt a. M. 1987, S. 13-44.

Bruckmann, Gerhart: *(Langfristprognostik)* — Aufgaben, Möglichkeiten und Grenzen der Langfristprognostik, in: Bruckmann, Gerhart (Hrsg.): Langfristige Prognosen. Möglichkeiten und Methoden der Langfristprognostik komplexer Systeme, Würzburg u. Wien 1977, S. 9-23.

— *(Trendextrapolation)* — Trendextrapolation, in: Bruckmann, Gerhart (Hrsg.): Langfristige Prognosen. Möglichkeiten und Methoden der Langfristprognostik komplexer Systeme, Würzburg u. Wien 1977, S. 45-71.

Brunowsky, Ralf-Dieter u. *Wicke*, Lutz: *(Öko-Plan)* — Der Öko-Plan. Durch Umweltschutz zum neuen Wirtschaftswunder, 2. Aufl., München u. Zürich 1984.

Büschgen, Hans E.: *(Personalplanung)* — Personalplanung im marktorientierten Bankbetrieb, in: Büschgen, Hans E. (Hrsg.): Mitteilungen und Berichte des Instituts für Bankwirtschaft und Bankrecht an der Universität zu Köln, 11. Jg., 1980, Nr. 31, S. 9-32.

— *(Banken)* — Banken im sich verändernden Umfeld, in: Büschgen, Hans E. (Hrsg.): Mitteilungen und Berichte des Instituts für Bankwirtschaft und Bankrecht an der Universität zu Köln, 12. Jg., 1981, Nr. 33, S. 1-50.

— *(Bankunternehmungsführung)* — Bankunternehmungsführung, Frankfurt a. M. 1981.

— *(Zukunftsaufgaben)* — Zukunftsaufgaben der Banken und Automation, in: Büschgen, Hans E. (Hrsg.): Mitteilungen und Berichte des Instituts für Bankwirtschaft und Bankrecht an der Universität zu Köln, 12. Jg., 1981, Nr. 33, S. 51-80.

Bundesminister für Forschung und Technologie (Hrsg.): *(Handhabungssysteme)* — Handhabungssysteme — Neue Einsatzbereiche und die sozialen Wirkungen. Zwei Untersuchungen: Erno, Raumfahrttechnik GmbH, Bremen — Gesellschaft für Arbeitsschutz- und Humanisierungsforschung mbH, Volkholz u. Partner, Dortmund — Fraunhofer-Institut für Produktionstechnik und Automatisierung (IPA), Stuttgart — u. a., Düsseldorf 1984.

Buttler, Günter u. *Hof*, Bernd: *(Bevölkerung)* — Bevölkerung und Arbeitsmarkt bis zum Jahr 2000, Köln 1977.

Callenbach, Ernest. *(Ökotopia)* — Ökotopia, (Notizen und Reportagen von William Weston aus dem Jahre 1999), Berlin 1978.

Capra, Fritjof: *(Wendezeit)* — Wendezeit — Bausteine für ein neues Weltbild, 5. Aufl. Bern, München u. Wien 1983.

Cassel, Dieter u. *Kruber*, Klaus-Peter: *(Strukturwandel)* — Sektoraler Strukturwandel der Wirtschaft, in: WiSt, 3. Jg., 1974, S. 314-318.

Clemens, Reinhard u. *Prasiswa*, Antonius: *(Arztpraxis)* — Das Wirtschaftsunternehmen Arztpraxis — eine theoretisch-empirische Untersuchung, Bonn 1980.

Cockerton, Peter; *Gilmour-White*, Tim; *Pearce*, John und *Whyatt*, Anna: *(Handbook)* — Workers Co-operatives: a Handbook, Aberdeen 1980.

Colsmann, Hans W.: *(Alternative Kreditwirtschaft)* — Alternative Kreditwirtschaft aus Anlaß einer alternativen Pädagogik, in: Harms, Jens; Leipert, Christian u. Sonntag, Philipp (Hrsg.): Alternative Ökonomie und ökonomische Theorie, Frankfurt a. M. 1980, S. 118-125.

Conrad, Walter: *(Chips)* — Chips, Sensoren, Computer — die Kollegen von morgen, Aachen 1987.

Cornelßen, Ingo: *(Aufschwung)* — Unternehmen/Co op, Aufschwung nach Maß, in: Manager Magazin, 18. Jahrgang, 1987, Heft Nr. 6, S. 38-45.

Cornforth, Chris: *(Development Agencies)* — The Role of local Co-operative Development Agencies in promoting Worker Co-operatives, in: Annalen der Gemeinwirtschaft, 53. Jg., 1984, Nr. 3, S. 253-279.

Cox, Helmut: *(Investmentgesellschaft)* — Morphologie der Investmentgesellschaft. Bemerkungen zur Strukturtheorie und -politik des Kapitalwertsicherungsbetriebs, in: Weisser, Gerhard (Hrsg.) unter Mitarbeit von Engelhardt, Werner W.: Genossenschaften und Genossenschaftsforschung. Strukturelle und ablaufanalytische, historische und systematische Aspekte der Genossenschaften des neunzehnten und zwanzigsten Jahrhunderts. Festschrift für Georg Draheim, 2. unveränderte Aufl. Göttingen 1971, S. 571-595.

Cramer, Jörg E.: *(Grenzen)* — Grenzen der Selbstbedienung, in: Bank und Markt, 11. Jg., 1982, Heft 2, S. 26-30.

Dahrendorf, Ralf: *(Arbeitsgesellschaft)* — Die Arbeitsgesellschaft ist am Ende, (wer immer verspricht, ein Rezept gegen die Arbeitslosigkeit zu haben, sagt die Unwahrheit), in: Die Zeit, 37. Jg., vom 26. 11. 1982, Nr. 48, S. 44.

— *(Alternativen)* — Wenn aus Arbeit sinnvolles Tun wird, (die Alternativen zur Arbeitsgesellschaft), in: Die Zeit, 37. Jg, vom 3. 12. 1982, Nr. 49, S. 44.

Dallinger, Alfred: *(Wohlfahrtsstaat)* — Die Zukunft des Wohlfahrtsstaates, in: Heinze, Rolf G.; Hombach, Bodo u. Scherf, Henning (Hrsg.): Sozialstaat 2000. Auf dem Weg zu neuen Grundlagen der sozialen Sicherung. Ein Diskussionsband, Bonn 1987, S. 275-280.

Darin-Drabkin, Haim: *(Kibbuz)* — Der Kibbuz, Die neue Gesellschaft in Israel, Stuttgart 1967.

DATEV — Datenverarbeitungsorganisation des steuerberatenden Berufes in der Bundesrepublik Deutschland, eingetragene Genossenschaft: *(Satzung)* — Satzung in der Fassung vom 27. Juni 1983, Nürnberg 1983.

Dechant, Josef: *(Datenverarbeitungsgenossenschaft)* — Datenverarbeitungsgenossenschaft des steuerberatenden Berufes, in: Handwörterbuch des Genossenschaftswesens, hrsg. v. Eduard Mändle, Wiesbaden 1980, Sp. 239-251.

Decker, Franz: *(Dienstleistungsökonomie)* — Einführung in die Dienstleistungsökonomie, Paderborn 1975.

Derfuß, Joachim: *(Risiko)* — Risiko und Risikopolitik bei förderungswirtschaftlichen Genossenschaften (dargestellt am Beispiel der regionalen Warenzentralen ländlicher Genossenschaften in der BRD), Göttingen 1970.

Deutsche Angestellten-Gewerkschaft (DAG) (Hrsg.): *(Rationalisierung)* — Rationalisierung—Entlastung oder Entlassung? Warenwirtschaftssysteme, Datenkassen, Scanner ... Jobkiller im Handel?, Hamburg o.J.

Draheim, Georg: *(Unternehmungstyp)* — Die Genossenschaft als Unternehmungstyp, 2. Aufl., Göttingen 1955.

— *(Grundsatzprobleme)* — Aktuelle Grundsatzprobleme des Genossenschaftswesens, in: Draheim, Georg (Hrsg.): Grundfragen des Genossenschaftswesens, Reden und Aufsätze, Frankfurt a.M. 1983, S. 147-161.

Dreyfus, Hubert L.: *(Künstliche Intelligenz)* — Die Grenzen künstlicher Intelligenz. Was Computer nicht können, Königstein/Ts. 1985.

Dubach, Paul: *(Methode)* — Morphologie als kreative Methode in der Langfristplanung, in: Bruckmann, Gerhart (Hrsg.): Langfristige Prognosen. Möglichkeiten und Methoden der Langfristprognostik komplexer Systeme, Würzburg u. Wien 1977, S. 112-125.

Dülfer, Eberhard: *(Unternehmungscharakter)* — Zur Frage des Unternehmungscharakters der Genossenschaft, in: ZfgG, Bd. 6, 1956, S. 265-274.

— *(Strukturprobleme)* — Strukturprobleme der Genossenschaft in der Gegenwart, in: Neuere Tendenzen im Genossenschaftswesen, hrsg. vom Forschungsinstitut für Genossenschaftswesen an der Universität Wien, Göttingen 1966, S. 5-34.

— *(Genossenschaften)* — Die Genossenschaften zwischen Mitgliederpartizipation, Verbundbildung und Bürokratietendenz — eine Einführung, in: Dülfer, Eberhard u. Hamm, Walter (Hrsg.) im Auftrag der Arbeitsgemeinschaft Genossenschaftswissenschaftlicher Institute (AGI): Die Genossenschaften zwischen Mitgliederpartizipation, Verbundbildung und Bürokratietendenz — Arbeitsergebnisse der X. Internationalen Genossenschaftswissenschaftlichen Tagung 1981 in Marburg, Göttingen 1983, S. 22-42.

— *(Betriebswirtschaftslehre)* — Betriebswirtschaftslehre der Kooperative (Kommunikation und Entscheidungsbildung in Genossenschaften und vergleichbaren Organisationen), Göttingen 1984.

— *(Renaissance)* — Gibt es eine Renaissance der Produktivgenossenschaft?, in: Genossenschafts-Forum, Jahrgang 1985, 1. Teil S. 450-455 u. 2. Teil S. 490-493.

Dyson, William A.: *(Arbeitsorientierung)* — Für eine andere Arbeits- und Einkommensorientierung, in: Huber, Joseph (Hrsg.): Anders arbeiten — anders wirtschaften, (Dualwirtschaft: Nicht jede Arbeit muß ein Job sein), Frankfurt a.M. 1979, S. 57-65.

Eickmeier, Dietrich: *(Revierfrauen)* — Ohne Kapital, aber mit Mut und Ideen — Firmen ohne Chefs. Renaissance der Genossenschaften/Das Beispiel der Revierfrauen, in: Neue Westfälische Zeitung, 176. Jg., 1986, Nr. 17 vom 21.1.86, (Rubrik: Zwischen Weser und Rhein — ohne Seitenangabe).

Elsässer, Markus: *(Robert Owen)* — Soziale Intentionen und Reformen des Robert Owen in der Frühzeit der Industrialisierung. Analyse seines Wirkens als Unternehmer, Sozialreformer, Genossenschafter, Frühsozialist, Erzieher und Wissenschaftler, Berlin 1984.

Engelhardt, Albert: (Bundesrepublik) — Bundesrepublik 2000, (Umbruch — Alternativen — Zukunft), Köln 1986.

Engelhardt, Werner W.: (Größenproblem) — Das Größenproblem bei den deutschen Genossenschaften, in: Gemeinnütziges Wohnungswesen, 6. Jg., 1953, S. 269-273.

— *(Stabilisierungsfaktor)* — Genossenschaften als konjunktureller Stabilisierungsfaktor, in: Der Volkswirt, 1960, Beilage zu Heft Nr. 27 vom 2. 7. 1960 — Titel der Beilage: Genossenschaften in der Bewährung, S. 23-24.

— *(Angleichungsprozeß)* — Die Stellung der Genossenschaften im Angleichungsprozeß gesellschaftlicher und einzelwirtschaftlicher Strukturen, in: Archiv für öffentliche und freigemeinwirtschaftliche Unternehmen, Bd. 8, 1966/67, S. 70-80.

— *(Funktionswandel)* — Der Funktionswandel der Genossenschaften in industrialisierten Marktwirtschaften, (Begriffliche Grundlagen, Arbeitshypothesen, Stadien des Wachstumsprozesses), Berlin 1971.

— *(Ideologien)* — Utopien im Verhältnis zu Ideologien und politischen Konzeptionen, in: Die Mitarbeit, 22. Jg., 1973, S. 108-125.

— *(Sozialpolitische Konzeptionen)* — Die Bedeutung von Utopien und Leitbildern für sozialpolitische Konzeptionen und soziale Reformen, in: Sozialer Fortschritt, 24. Jg., 1975, S. 169-173.

— *(Kooperationsanalyse)* — Geschichte und Grundlagen mittelständischer Genossenschaften als Ansatzpunkte theoretischer Kooperationsanalyse, in: ZfgG, Bd. 26, 1976, S. 285-301.

— *(Ökonomisierung)* — Grundsätzliche Bemerkungen zur Ökonomisierung und zum Ökonomismus, Teil 1 u. Teil 2, in: WISU, 5. Jg., 1976, S. 13-17 (Teil 1) u. S. 61-65 (Teil 2).

— *(Politische Ökonomie)* — Politische Ökonomie und Utopie, in: Lührs, Georg u.a. (Hrsg.): Kritischer Rationalismus und Sozialdemokratie II (Diskussion und Kritik), Berlin u. Bonn-Bad Godesberg 1976, S. 201-233.

— *(Genossenschaften)* — Sind Genossenschaften gemeinwirtschaftliche Unternehmen?, Köln u. Frankfurt a.M. 1978.

— *(Utopien/Konzeptionen)* — Das Verhältnis von sozialen Utopien und politischen Konzeptionen, in: Sozialer Fortschritt, 29. Jg., 1980, S. 1-6 (Teil 1), S. 41-45 (Teil 2) und S. 66-68 (Teil 3).

— *(Auswirkungen)* — Die Frage der Auswirkungen von Ökonomisierungs- und Ökonomismustendenzen auf die Sozialisation und zu den Voraussetzungen der Gegensteuerung mittels Sozialpolitik, Sozialpädagogik und Kooperation, in: Sozialer Fortschritt, 30. Jg., 1981, Teil 1: S. 10-18 und Teil 2: S. 41-44.

— *(Wettbewerb)* — Die Genossenschaften im Wettbewerb der Unternehmenstypen, in: Zerche, Jürgen (Hrsg.): Aspekte genossenschaftlicher Forschung und Praxis, (erschienen in der Reihe „Kölner Genossenschaftswissenschaft", hrsg. von Jürgen Zerche), Düsseldorf 1981, S. 45-62.

— *(Aufgabenwandel)* — Aufgabenwandel bei gemeinwirtschaftlichen und anderen Genossenschaften, in: Eichhorn, Peter u. Münch, Paul (Hrsg.): Aufgaben öffentlicher und gemeinwirtschaftlicher Unternehmen im Wandel, Baden-Baden 1983, S. 231-264.

— *(Bindung)* — Zum Verhältnis von öffentlicher Bindung durch den Staat und ständischer Selbstbindung von Unternehmen, speziell von Genossenschaften, in: Thiemeyer, Theo zusammen mit Böhret, Carl und Himmelmann, Gerhard (Hrsg.): Öffentliche Bindung von Unternehmen. Beiträge zur Regulierungsdebatte. Gert von Eynern zum 80. Geburtstag, Baden-Baden 1983, S. 361-397.

— *(Produktivgenossenschaften)* — Prinzipielle und aktuelle Aspekte der Produktivgenossenschaften, in: Flieger, Burghard (Hrsg.) unter Mitarbeit von Henry Kotek: Produktivgenossenschaften oder der Hindernislauf zur Selbstverwaltung. Theorie, Erfahrungen und Gründungshilfen zu einer demokratischen Unternehmensform, München 1984, S. 32-50.

— *(Typologisches Problem)* — Gemeinwirtschaftliche Genossenschaften als typologisches wirtschafts-, sozial- und rechtswissenschaftliches Problem, in: ZfgG, Bd. 34, 1984, S. 179-196.

— *(Ideengeschichte)* — Grundzüge einer allgemeinen Ideengeschichte des Genossenschaftswesens (Einführung in die Genossenschafts- und Kooperationslehre auf geschichtlicher Basis), Darmstadt 1985.

— *(Gemeinwirtschaftliche Genossenschaften)* — Gemeinwirtschaftliche Genossenschaften im Wandel, in: ZögU, Bd. 9, 1986, Heft 4, S. 375-394.

— *(Stellung)* — Zur Stellung der Genossenschaftslehre im System der Wissenschaften. Einige grundsätzliche Überlegungen anhand älterer und neuerer Beiträge zur Kooperationswissenschaft, in: Laurinkari, Juhani (Hrsg.): Die Prinzipien des Genossenschaftswesens in der Gegenwart. Festschrift für Vesa Laakkonen, Nürnberg 1986, S. 54-82.

— *(Betriebsstrukturen)* — Produktivgenossenschaftliche Betriebsstrukturen als Ursache von Finanzierungsproblemen. Der Erklärungsansatz der Genossenschaftstheorie, in: Kück, Marlene u. Loesch, Achim von (Hrsg.): Finanzierungsmodelle selbstverwalteter Betriebe, Frankfurt a. M. u. New York 1987, S. 97-109.

— *(Transformationsproblematik)* — Zur Transformationsproblematik konsumgenossenschaftlicher und gemeinwirtschaftlicher Unternehmen, in: ZfgG, Bd. 37, 1987, S. 55-60.

— *(Typologie)* — Typologie der Genossenschaften und anderer Kooperationen, in: WISU, 16. Jg., 1987, Heft 1, S. 29-34.

— *(Unternehmungstypen)* — Stichwort: Unternehmungstypen, in: Gabler Wirtschaftslexikon, 11. Auflage, Sp. 1778-1781 — (12. Aufl. Wiesbaden 1987, Stichwort: Unternehmungstypen, Betriebstypen, Einzelwirtschaftstypen).

— *(Wohnungspolitik)* — Öffentliche Bindung, Selbstbindung und Deregulierung in der Staatlichen Wohnungspolitik und Gemeinnützigen Wohnungswirtschaft, in: Thiemeyer, Theo (Hrsg.): Deregulierung in der Sozialpolitik, erscheint voraussichtlich 1988 oder 1989 in Berlin.

Engelhardt, Werner W. u. *Rheinberg,* Georg: *(Fallstudie)* — Die Fallstudie aus der Betriebswirtschaftslehre. Betriebswirtschaftliche und rechtliche Aspekte der Gründung einer eingetragenen Genossenschaft (Produktivgenossenschaft), in: WISU, 17. Jg., 1988, Heft 4, S. 220 (1. Teil) und Heft 5, S. 280-283 (2. Teil).

Engelter, Karl-Adam: *(Rationalisierungspotential)* — Das Rationalisierungspotential im Dienstleistungsbereich: Zu den Möglichkeiten der Substitution persönlicher Leistungsträger durch realtechnische Systeme im Bereich der Produktion immaterieller Güter, Frankfurt a. M., Bern u. Las Vegas 1979.

Eno, Sarah u. *Treanor*, Dave: *(Housing Handbook)* — The Collective Housing Handbook, Castle Douglas/Scotland 1982.

Eschenburg, Rolf: *(Ökonomische Theorie)* — Ökonomische Theorie der genossenschaftlichen Zusammenarbeit, Tübingen 1971.

Europäisches Gewerkschaftsinstitut: *(Mikroelektronik)* — Die Auswirkungen der Mikroelektronik auf die Beschäftigung in Westeuropa während der achtziger Jahre, Brüssel 1979.

Eynern, Gert von: *(Unternehmen)* — Das öffentlich gebundene Unternehmen, in: Archiv für öffentliche und freigemeinwirtschaftliche Unternehmen, Bd. 4, 1958, S. 1-59.

Faust, Helmut: *Genossenschaftsbewegung* — Geschichte der Genossenschaftsbewegung. Ursprung und Aufbruch der Genossenschaftsbewegung in England, Frankreich und Deutschland sowie ihre weitere Entwicklung im deutschen Sprachraum, 3. überarbeitete und stark erweiterte Auflage, Frankfurt a. M. 1977.

Finis, Beate: *(Beweggründe)* — Wirtschaftliche und außerwirtschaftliche Beweggründe mittelständischer Genossenschaftspioniere des landwirtschaftlichen Bereichs am Beispiel von F. W. Raiffeisen und W. Haas. Zur Integration der Beweggründe in eine empirische Genossenschaftstheorie und in Theorien der Sozial- und Wirtschaftspolitik, Berlin 1980.

Flechtheim, Ossip K.: *(Zukunft)* — Der Kampf um die Zukunft. Grundlagen der Futurologie, (Neuauflage der Originalausgabe: Futurologie — Der Kampf um die Zukunft, Köln 1970), Bonn u. Berlin 1980.

— *(Warum Futurologie?)* — Warum Futurologie?, in: Flechtheim, Ossip K. (Hrsg.): Futurum, München 1980, S. 1-20.

Flieger, Burghard: *(Bedeutung)* — Die soziale und politische Bedeutung produktivgenossenschaftlicher Betriebe, in: Flieger, Burghard (Hrsg.) unter Mitarbeit von Henry Kotek: Produktivgenossenschaften oder der Hindernislauf zur Selbstverwaltung. Theorie, Erfahrungen und Gründungshilfen zu einer demokratischen Unternehmensform, München 1984, S. 12-29.

— *(Plädoyer)* — Kritisches Plädoyer für die genossenschaftliche Rechtsform, in: Flieger, Burghard (Hrsg.) unter Mitarbeit von Henry Kotek: Produktivgenossenschaften oder der Hindernislauf zur Selbstverwaltung. Theorie, Erfahrungen und Gründungshilfen zu einer demokratischen Unternehmensform, München 1984, S. 254-277.

— *(Bestandsaufnahme)* — Bestandsaufnahme produktivgenossenschaftlicher Unternehmen in der Bundesrepublik, in: Rundbrief Alternative Ökonomie Nr. 31, (Hrsg.): Arbeitsgemeinschaft Sozialpolitischer Arbeitskreise (AG SPAK), Juni 1985, S. 48-60.

Förster, Oliver: *(Unsere Bank)* — Unsere Bank muß wachsen, in: Ökokorrespondenz, Nr. 2, Dezember 1987, hrsg. v. der Ökobank Genossenschaft i. G., S. 4-5.

— *(Universalbank)* — Überregional tätige Universalbank oder regional träge Spezialbank?, in: Contraste (Zeitung für Selbstverwaltung), 5. Jg., Nr. 41, Februar 1988, S. 8.

Franke, Heinrich: *(Interview)* — Spiegel Gespräch mit Heinrich Franke, Präsident der Bundesanstalt für Arbeit, über Wege zu mehr Beschäftigung, in: Der Spiegel, 42. Jg., Nr. 11 vom 14. 3. 1988, S. 120-124.

Freeman, Christopher: *(Computer Malthusianismus)* — Computer Malthusianismus, in: Cole, H. S. D.,; Freeman, Christopher; Jahoda, Marie u. a. — Science Policy Research Unit der Universität Sussex (Hrsg.): Die Zukunft aus dem Computer? Eine Antwort auf die Grenzen des Wachstums, Neuwied u. Berlin 1973, S. 3-16.

— *(Innovation)* — The Economics of Industrial Innovation, 2. Aufl., Cambridge/Mass. 1982.

Freitag, Fritz O.: *(Mitgliedermanagement)* — Zum Mitgliedermanagement in Genossenschaften, in: ZfgG, Bd. 31, 1981, S. 296-307.

— *(Gruppen)* — Kooperative Gruppen und genossenschaftliche Wirtschaftskooperation, in: ZfgG, Bd. 35, 1985, S. 167-175.

Friedman, Yona: *(Sektor)* — Der vierte Sektor — eine praktische Utopie, in: Huber, Joseph (Hrsg.): Anders arbeiten — anders wirtschaften, (Dualwirtschaft: Nicht jede Arbeit muß ein Job sein), Frankfurt a. M. 1979, S. 66-77.

Friedrich, Jürgen; *Wicke*, Friedrich; *Wicke*, Walter u. a.: *(Computereinsatz)* — Computereinsatz: Auswirkungen auf die Arbeit, Reinbek bei Hamburg 1982.

Friedrichs, Günter: *(Mikroelektronik)* — Mikroelektronik und Makroökonomik, in: Friedrichs, Günter u. Schaff, Adam (Hrsg.): Auf Gedeih und Verderb, Mikroelektronik und Gesellschaft, (Bericht an den Club of Rome), Wien 1982, S. 201-223.

Fromm, Erich: *(Haben/Sein)* — Haben oder Sein. Die seelischen Grundlagen einer neuen Gesellschaft, Stuttgart 1979.

Fürstenberg, Friedrich: *(Integrationsfaktor)* — Die Genossenschaft als sozialer Integrationsfaktor, in: Jürgensen, Harald; Predöhl, Andreas; Schelsky, Helmut u. Voigt, Fritz (Hrsg.): Jahrbuch für Sozialwissenschaft, Band 15, Göttingen 1964, S. 243-255.

Galler, Heinz P. und *Wagner*, Gert: *(Arbeitsangebot)* — Arbeitszeitverkürzung und Arbeitsangebot, in: Wirtschaftsdienst, 63. Jg., 1983, Heft 7, S. 329-336.

Gandenberger, Erich: *(Konzentration)* — Die Konzentration im Bereich der deutschen Konsumgenossenschaften nach dem zweiten Weltkrieg. Prozesse der Unternehmens-, Betriebs- und Verfügungsmachtkonzentration, Berlin 1971.

Gartner, Alan u. *Riessman*, Frank: *(Konsument)* — Der aktive Konsument in der Dienstleistungsgesellschaft. Zur politischen Ökonomie des tertiären Sektors, Frankfurt a. M. 1978.

Gehmacher, Ernst: *(Prognostik)* — Methoden der Prognostik. Eine Einführung in die Probleme der Zukunftsforschung und Langfristplanung, Freiburg i. Br. 1971.

Gershuny, Jonathan: *(Ökonomie)* — Die Ökonomie der nachindustriellen Gesellschaft. Produktion und Verbrauch von Dienstleistungen, Frankfurt a. M. u. New York 1981.

— *(Social Innovation)* — Social Innovation and the Division of Labour, Oxford 1983.

Gerwin, Robert: *(Energieperspektive)* — Die Welt-Energieperspektive (Analyse bis zum Jahr 2030 nach dem IIASA Forschungsbericht „Energy in a Finite World"), Stuttgart 1980.

Geschka, Horst: *(Delphi)* — Delphi, in: Bruckmann, Gerhart (Hrsg.): Langfristige Prognosen. Möglichkeiten und Methoden der Langfristprognostik komplexer Systeme, Würzburg u. Wien 1977, S. 27-44.

Giersch, Herbert: *(Weltwirtschaft)* — Über die Zukunft der Weltwirtschaft, in: Brauchlin, Emil; Leuenberger, Theodor u. Niederer, Erich (Hrsg.): Die Zukunft der westlichen Gesellschaft, Bern u. Stuttgart 1980, S. 27-42.

Ginsburg, Theo: *(Energie)* — Energie und Umwelt, in: Pestalozzi, Hans A. (Hrsg.): M - Frühling. Vom Migrosaurier zum menschlichen Maß, Bern 1980, S. 105-120.

Girkens, Hubert: *(Ursachen)* — Ursachen, Entwicklung, Struktur und Auswirkungen der Arbeitslosigkeit bei ausländischen Arbeitern in der Bundesrepublik Deutschland, Diplomarbeit im Fach Sozialpolitik an der Universität zu Köln 1980.

Gizycki, Horst von: *(Farmkollektive)* — Farmkollektive der deutschstämmigen Hutterer in Süd-Dakota, in: Dirks, Walter u. Kogon, Eugen (Hrsg.): Frankfurter Hefte — extra I, Alternative Lebensformen, Frankfurt April 1978, S. 6-16.

— *(Gemeinschaftsexperiment)* — Das Gemeinschaftsexperiment von Twin Oaks in Virginia, in: Dirks, Walter u. Kogon, Eugen (Hrsg.): Frankfurter Hefte — extra I, Alternative Lebensformen, Frankfurt April 1978, S. 17-26.

Glaser, Ewald Franz: *(Warenverkehr)* — Kreditgenossenschaften mit Warenverkehr — ihre gegenwärtige und zukünftige Bedeutung im Verbandsgebiet Württemberg, Diss. Hohenheim 1985.

Global 2000: *(Bericht)* — Der Bericht an den Präsidenten, (Deutsche Übersetzung der Originalausgabe „The Global 2000 Report to the President", Washington 1980), Hrsg. der dt. Ausgabe: Reinhard Kaiser, 33. Auflage, Frankfurt a.M. 1981.

Godel, Rainer: *(Rationalisierung)* — Rationalisierung im Einzelhandel. Die Veränderungen der Arbeitssituation im Warenverkauf durch die technisch-organisatorische Umstellungsmaßnahme Selbstbedienung, Frankfurt a.M. u. New York 1978.

Godet, Michel u. *Ruyssen,* Olivier: *(Europa)* — Europa im Wandel, Brüssel 1980.

Gööck, Roland: *(Erfindungen)* — Die großen Erfindungen: Schrift, Druck, Musik; Künzelsau, Stäfa und Salzburg 1984.

Görres, Peter A.: *(Unterschied)* — Zum Unterschied zwischen individueller und gesellschaftlicher Arbeitszeitverkürzung, in: Akademie für politische Bildung — Tutzing am Starnberger See, (Materialien und Berichte Nr. 58), bearbeitet von Peter Hampe (Hrsg.): Arbeitszeitverkürzung als Instrument der Beschäftigungspolitik?, Tutzing 1984, S. 83-93.

Goldner, Steven u. *Kokigei,* Marianne: *(Strukturprobleme)* — Stolpernd unterwegs. Alltags- und Strukturprobleme in Alternativprojekten, Berlin 1982.

Gorbatschow, Michail: *(Genossenschaften)* — Das Potential der Genossenschaften für die Perestroika. Ansprache des Generalsekretärs des ZK der KPdSU auf dem IV. Unionskongreß der Kolchosbauern (23. März 1988), Moskau 1988.

Gorz, André: *(Dualisierung)* — Dualisierung der Arbeit am Beispiel der USA, in: links (Sozialistische Zeitung), 16. Jg., Nr. 174, September 1984, S. 18-19.

Graefer, Karola u. *Sitzler,* Wilfried: *(Malereinkauf)* — Malereinkauf: Von der „Rohstoff-Genossenschaft" zum „Berufsfeld Farbe/Heimtex", in: Genossenschafts-Forum, Jahrgang 1985, Nr. 10, S. 460-461.

Graham, Neill: *(Denken)* — Künstliche Intelligenz. Wie Sie Ihren Computer zum Denken bringen, Sprendlingen 1983.

Greipl, Erich: *(Entwicklungstrends)* — Entwicklungstrends im Einzelhandel, in: Ifo-Schnelldienst, 34. Jg., 1981, Nr. 8-9 vom 27. 3. 81, S. 17-24.

Gretschmann, Klaus: *(Steuerungsprobleme)* — Steuerungsprobleme der Staatswirtschaft, Berlin u. München 1981.

— *(Alternativökonomie)* — Wirtschaft im Schatten von Markt und Staat. Grenzen und Möglichkeiten einer Alternativ-Ökonomie, Frankfurt a. M. 1983.

Griechische Zentrale für Fremdenverkehr (Hrsg.): *(Touristikgenossenschaft)* — Griechenland Ferien auf dem Bauernhof in Petra Lesvos (Mitilini). Die erste Touristikgenossenschaft der Frauen, Athen 1985, o. S.

Griechische Zentrale für Fremdenverkehr (Hrsg.): *(Ferien)* — „Ferien auf dem Bauernhof". Das neue Urlaubsangebot in Griechenland, Athen 1987, o. S.

Groser, Manfred: *(Tauschtheorie)* — Grundlagen der Tauschtheorie des Verbandes, Berlin 1979.

Gross, Herbert: *(Zeitalter)* — Das quartäre Zeitalter. Systemdenken in Wirtschaft, Gesellschaft und Politik, Düsseldorf u. Wien 1973.

Gross, Peter: *(Selbsthilfe)* — Steuerungsformen und Verfahren für Problemlösung und Zukunftsgestaltung — Steuerung durch Selbsthilfe, in: Calließ, Jörg (Hrsg.): Verwaltete Zukunft. Zu Möglichkeiten und Grenzen der Zukunftsgestaltung im bürokratisierten Staat, (Tagung vom 25.-27. 9. 1981 — Loccumer Protokolle 24/1981), Rehburg-Loccum 1983, S. 61-80.

Großfeld, B.: *(Wettbewerbsfähigkeit)* — Wettbewerbsfähigkeit der Wohnungsbaugenossenschaft?, in: Gesamtverband Gemeinnütziger Wohnungsunternehmen (GGW) — (Hrsg.): Wissenschaft für die Praxis (2), Unternehmensleiterseminare für gemeinnützige Wohnungsbaugenossenschaften und -gesellschaften, Dokumentation der Vorträge 1981/82, Köln 1982, S. 35-57.

Gubitzer, Luise: *(Modell)* — Das spanische Modell: die Caja Laboral Popular (CLP). Die Genossenschaftsbank der Genossenschaften von Mondragon, in: Kück, Marlene u. Loesch, Achim von (Hrsg.): Finanzierungsmodelle selbstverwalteter Betriebe, Frankfurt a. M. u. New York, 1987, S. 254-268.

Häcker, Axel: *(Zukunftsaspekte)* — Zukunftsaspekte der Kreditgenossenschaften in der Dienstleistungsgesellschaft, in: Zerche, Jürgen u. Engelhardt, Werner W. (Hrsg.): Kreditgenossenschaften, (erschienen als Sonderband in der Reihe „Kölner Genossenschaftswissenschaft", hrsg. v. Jürgen Zerche), Gelsenkirchen 1983, S. 283-311.

— *(Entwicklungschancen)* — Entwicklungschancen alternativer Produktivgenossenschaften, in: ZögU, Bd. 9, 1986, Heft 3, S. 325-332.

Haefner, Klaus: *(Computer)* — Mensch und Computer im Jahre 2000. Ökonomie und Politik für eine human computerisierte Gesellschaft, Basel, Boston u. Stuttgart 1984.

Häusler, Joachim: *(Planung)* — Planung als Zukunftsgestaltung. Voraussetzungen, Methodik und Formen der Planung in sozio-technischen Systemen, Wiesbaden 1969.

Hafner, Kay: *(Home-Banking)* — Die Möglichkeiten des „Home-Banking" und sein Einfluß auf die Geschäftspolitik der Kreditinstitute, Frankfurt a. M. 1984.

Hahn, Oswald: *(Problematik)* — Die Problematik von Förderungseinrichtungen im finanzwirtschaftlichen Bereich, in: Forschungsinstitut für Genossenschaftswesen an der Universität Wien (Hrsg.): Betriebswirtschaftliche Probleme der genossenschaftlichen Praxis (erster Teil), Wien 1973, S. 25-38.

— *(Bankwirtschaft, Bd. I)* — Struktur der Bankwirtschaft, Bd. 1: Banktypologie und Universalbanken, Berlin 1981.

— *(Zukunftsperspektiven)* — Zukunftsperspektiven der deutschen Bankwirtschaft bis zur Jahrhundertwende, in: Die Bank (Zeitschrift für Bankpolitik und Bankpraxis), 1981, Heft 10, S. 481-492.

— *(Bankwirtschaft, Bd. II/1)* — Struktur der Bankwirtschaft, Bd. 2: Spezialbanken und Internationale Banken, (1. Teilband), Berlin 1984.

— *(Bankwirtschaft, Bd. II/2)* — Struktur der Bankwirtschaft, Bd. 2: Spezialbanken und Internationale Banken, (2. Teilband), Berlin 1985.

— *(Ansätze)* — Ansätze zu einer neuen Genossenschaftsbewegung, in: Laurinkari, Juhani (Hrsg.): Die Prinzipien des Genossenschaftswesens in der Gegenwart. Festschrift für Vesa Laakkonen, Nürnberg 1986, S. 97-116.

— *(Ideen)* — Ideen, Wünsche und Versuche einer neuen Genossenschaftsbewegung, in: ZfgG, Bd. 36, 1986, S. 112-124.

Haller, Heinz: *(Typus)* — Typus und Gesetz in der Nationalökonomie, Versuch zur Klärung einiger Methodenfragen der Wirtschaftswissenschaften, Stuttgart u. Köln 1950.

Hamm, Walter: *(Tagungsergebnisse)* — Genossenschaften in einer sich wandelnden Umwelt (Zusammenfassung der Tagungsergebnisse), in: Dülfer, Eberhard und Hamm, Walter (Hrsg.) im Auftrag der Arbeitsgemeinschaft Genossenschaftswissenschaftlicher Institute (AGI): Die Genossenschaften zwischen Mitgliederpartizipation, Verbundbildung und Bürokratietendenz — Arbeitsergebnisse der X. Internationalen Genossenschaftswissenschaftlichen Tagung 1981 in Marburg, Göttingen 1983, S. 626-637.

Hampe, Peter: *(Arbeitszeitverkürzung)* — Arbeitszeitverkürzung als Instrument der Beschäftigungspolitik: Ein einleitendes Resümee, in: Akademie für politische Bildung — Tutzing am Starnberger See, (Materialien und Berichte Nr. 58), bearbeitet von Peter Hampe (Hrsg.): Arbeitszeitverkürzung als Instrument der Beschäftigungspolitik?, Tutzing 1984, S. 1-15.

Hanusch, Horst: *(Selbsthilfeförderung)* — Markt- und Bürokratieversagen als Problem der Selbsthilfeförderung, in: Dülfer, Eberhard u. Hamm, Walter (Hrsg.) im Auftrag der Arbeitsgemeinschaft Genossenschaftswissenschaftlicher Institute (AGI): Die Genossenschaften zwischen Mitgliederpartizipation, Verbundbildung und Bürokratietendenz, Arbeitsergebnisse der X. Internationalen Genossenschaftswissenschaftlichen Tagung 1981 in Marburg, Göttingen 1983, S. 57-72.

Harbeck, Otto H.: *(Investmentclubs)* — Wertpapier und Investmentclubs, Wegweiser zum erfolgreichen Wertpapiersparen, Frankfurt a. M. 1974.

Hasselmann, Erwin: *(Geschichte)* — Geschichte der deutschen Konsumgenossenschaften, Frankfurt a. M. 1971.

Heimann, Eduard: *(Soziale Ideologien)* — Soziale Ideologien und soziale Reform, in: Hamburger Jahrbuch für Wirtschaft und Gesellschaft, 16. Jg., 1971, S. 334-342.

Hengsbach, F.: *(Wohnung)* — Die Wohnung ist mehr als nur eine Ware — sozialtheoretische Überlegungen zur aktuellen Wohnungsmarktsituation, in: Gesamtverband Gemeinnütziger Wohnungsunternehmen (GGW) — (Hrsg.): Wissenschaft für die Praxis (3), Unternehmensleiterseminar für gemeinnützige Wohnungsbaugenossenschaften und -gesellschaften, Dokumentation der Vorträge 1983, Köln 1983, S. 7-24.

Henzler, Reinhold: *(Betriebswirtschaft)* — Die Genossenschaft eine fördernde Betriebswirtschaft, Essen 1957.

Herder-Dorneich, Philipp u. *Kötz*, Werner: *(Dienstleistungsökonomik)* — Zur Dienstleistungsökonomik, (Systemanalyse und Systempolitik der Krankenhaus-Pflegedienste), Berlin 1972.

Herder-Dorneich, Philipp (mit Beiträgen von *Külp*, Bernhard; *Groser*, Manfred u. *Niggemann*, Jürgen): *(Verbandsökonomik)* — Zur Verbandsökonomik. Ansätze zu einer ökonomischen Theorie der Verbände, Berlin 1973.

Herder-Dorneich, Philipp: *(Wirtschaftssysteme)* — Wirtschaftssysteme. Systemtheorie einer allgemeinen Mikroökonomik, 2. Auflage, Opladen 1973.

— *(Ordnungspolitik)* — Soziale Ordnungspolitik. Mit neuen Strategien gegen Steuerungsdefizite, Stuttgart 1979.

— *(Gesundheitsökonomik)* — Gesundheitsökonomik. Systemsteuerung und Ordnungspolitik im Gesundheitswesen, Stuttgart 1980.

— *(Kooperationsbegriffe)* — Genossenschaftliche Kooperationsbegriffe in der ökonomischen Systemtheorie, in: ZfgG, Bd. 31, 1981, S. 141-154.

— *(Sozialstaat)* — Ordnungstheorie des Sozialstaats, (erweiterte Fassung eines Vortrags, gehalten auf Einladung des Walter-Eucken-Instituts am 22. Juni 1982 in Freiburg im Breisgau), Tübingen 1983.

Herder-Dorneich, Philipp; *Buttler*, Günter; *Klages*, Helmut u.a.: *(Flexibilisierung)* — Arbeitszeitverkürzung — pauschal oder individuell? Wege zur Flexibilisierung der Arbeitszeit, Stuttgart 1984.

Herder-Dorneich, Philipp: *(Systemtheorie)* — Ökonomische Systemtheorie als Herausforderung an Neue Politische Ökonomie, in: Boettcher, Erik; Herder-Dorneich, Philipp u. Schenk, Karl-Ernst (Hrsg.): Jahrbuch für Neue Politische Ökonomie, Bd. 5, Tübingen 1986, S. 3-23.

— *(Steuerung)* — Theorie der sozialen Steuerung — Die Theorie der Scheine, Baden-Baden 1986.

Hesselbach, Walter: *(Unternehmen)* — Die gemeinwirtschaftlichen Unternehmen. Instrumente gewerkschaftlicher und genossenschaftlicher Struktur- und Wettbewerbspolitik, völlig überarbeitete Fassung, Frankfurt a.M. 1971.

Hettlage, Robert: *(Partizipation)* — Genossenschaftstheorie und Partizipationsdiskussion, 2., überarbeitete u. erweiterte Auflage, Göttingen 1987.

— *(Weg)* — Auf dem Weg zur ganz normalen Firma. Vermeidbare oder unvermeidbare Gefährdungen produktivgenossenschaftlicher Betriebe, in: Contraste (Zeitung für Selbstverwaltung), 5. Jg., Nr. 42, März 1988, S. 9.

Hetzler, H. W.: *(Soziale Systeme)* — Wohnungsbaugenossenschaften als soziale Systeme, in: Gesamtverband Gemeinnütziger Wohnungsunternehmen (GGW) — (Hrsg.): Wissenschaft für die Praxis (2), Unternehmensleiterseminare für gemeinnützige Wohnungsbaugenossenschaften und -gesellschaften, Dokumentation der Vorträge 1981/82, Köln 1982, S. 9-34.

— *(Wohnungsbaugenossenschaften)* — Wohnungsbaugenossenschaften, in: Dülfer, Eberhard und Hamm, Walter (Hrsg.) im Auftrag der Arbeitsgemeinschaft Genossenschaftswissenschaftlicher Institute (AGI): Die Genossenschaften zwischen Mitgliederpartizipation, Verbundbildung und Bürokratietendenz — Arbeitsergebnise der X. Internationalen Genossenschaftswissenschaftlichen Tagung 1981 in Marburg, Göttingen 1983, S. 468-476.

Heuer, Jürgen H. B.,; *Kühne-Büning*, Lidwina; *Nordalm*, Volker u. *Drevermann*, Marlis: *(Lehrbuch)* — Lehrbuch der Wohnungswirtschaft, 2. neubearbeitete Aufl., Frankfurt a. M. 1985.

Heumann, W. u. *Pühler*, A.: *(Stickstoffixierung)* — Biologische Stickstoffixierung, in: Der Bundesminister für Forschung und Technologie der Bundesrepublik Deutschland (Hrsg.): Biotechnologie, Frankfurt a. M. 1978, S. 232-241.

Hickel, Rudolf: *(Wirtschaftsordnung)* — Plädoyer für eine alternative Wirtschaftsordnung — Ausgangspunkte, Grundlagen, Perspektiven, in: Rauscher, Anton (Hrsg.): Alternative Ökonomie?, Köln 1982, S. 60-122.

Hiss, Franz: *(Genossenschaftsidee)* — Die Zukunft der Genossenschaftsidee in der Bundesrepublik Deutschland — im Spannungsfeld von etabliertem Genossenschaftswesen, grün-alternativer Bewegung, Sozialpolitik und Armut. Von Portugal lernen?, in: Rundbrief Alternative Ökonomie Nr. 32, (Hrsg.): Arbeitsgemeinschaft Sozialpolitischer Arbeitskreise (AG SPAK), September 1985, S. 73-95.

Höhmann, Hans-Hermann: *(Veränderungen)* — Veränderungen der sowjetischen Wirtschaft: System, Struktur, Leistung, in: Simon, Gerhard (Hrsg.): Weltmacht Sowjetunion: Umbrüche — Kontinuitäten — Perspektiven, Köln 1987, S. 103-116.

Hoff, Andreas: *(Arbeitsmarktentlastung)* — Arbeitsmarktentlastung durch Ermöglichung freiwilliger Teilzeitarbeit, in: Kutsch, Thomas u. Vilmar, Fritz (Hrsg.): Arbeitszeitverkürzung — Ein Weg zur Vollbeschäftigung?, Opladen 1983, S. 221-242.

Hofstätter, Peter R.: *(Gruppendynamik)* — Gruppendynamik. Kritik der Massenpsychologie, durchgesehene u. erw. Neuauflage, Hamburg 1957.

Holenweger, Toni u. *Mäder*, Werner (Hrsg.): *(Inseln)* — Inseln der Zukunft?, Selbstverwaltung in der Schweiz, Zürich 1979.

Hollstein, Walter: *(Gegengesellschaft)* — Die Gegengesellschaft, (Alternative Lebensformen), Bonn 1979.

Hollstein, Walter u. *Penth*, Boris: *(Alternativ-Projekte)* — Alternativ-Projekte, (Beispiele gegen die Resignation), Reinbek bei Hamburg 1980.

Huber, Joseph: *(Anders arbeiten)* — Anders arbeiten — anders wirtschaften. Die Zukunft zwischen Dienst- und Dualwirtschaft, in: Huber, Joseph (Hrsg.): Anders arbeiten — anders wirtschaften, (Dualwirtschaft: Nicht jede Arbeit muß ein Job sein), Frankfurt a. M. 1979, S. 17-35.

— *(Selbstorganisierte Projekte)* — Bunt wie der Regenbogen, (Selbstorganisierte Projekte und alternative Ökonomie in Deutschland), in: Huber, Joseph (Hrsg.): Anders arbeiten — anders wirtschaften, (Dualwirtschaft: Nicht jede Arbeit muß ein Job sein), Frankfurt a. M. 1979, S. 111-121.

— *(Alternativbewegung)* — Wer soll das alles ändern. Die Alternativen der Alternativbewegung, Berlin 1980.

— *(Ökologie)* — Die verlorene Unschuld der Ökologie. Neue Technologien und superindustrielle Entwicklung, Frankfurt a. M. 1982.

— *(Arbeit)* — Die zwei Gesichter der Arbeit. Ungenutzte Möglichkeiten der Dualwirtschaft, Frankfurt a. M. 1984.

Hugger, Werner: *(Basisszenarien)* — Basisszenarien gesellschaftlicher Entwicklung. (Anlagenband zum Forschungsprojekt „Unna 2000" — Entwicklungsmöglichkeiten zu Kreisen neuen Typs in der Ballungsrandzone — Projektleitung: Carl Böhret u. Otto Krabs), Speyer 1980.

Huxley, Aldous: *(Welt)* — Schöne neue Welt, (die Originalausgabe erschien 1932 unter dem Titel: Brave New World), Frankfurt a. M. 1977.

HWWA-Institut für Wirtschaftsforschung in Hamburg (Hrsg.): *(Strukturberichterstattung)* — Analyse der strukturellen Entwicklung der deutschen Wirtschaft (Strukturberichterstattung), Hamburg 1979.

Ifo-Institut für Wirtschaftsforschung (Hrsg.): *(Analyse)* — Analyse der strukturellen Entwicklung der deutschen Wirtschaft, Strukturberichterstattung 1980, Berlin 1981.

Illich, Ivan: *(Expertenherrschaft)* — Entmündigende Expertenherrschaft, in: Illich, Ivan u. a. (Hrsg.): Entmündigung durch Experten. Zur Kritik der Dienstleistungsberufe, Reinbek bei Hamburg 1979, S. 7-35.

Inglehart, Ronald: *(Wertwandel)* — Wertwandel in den westlichen Gesellschaften: Politische Konsequenzen von materialistischen und postmaterialistischen Prioritäten, in: Klages, Helmut u. Kmieciak, Peter (Hrsg.): Wertwandel und gesellschaftlicher Wandel, Frankfurt a. M. u. New York 1979, S. 279-316.

Jäger, Wilhelm: *(Neue Formen)* — Neue Formen genossenschaftlicher Selbsthilfe in der Landwirtschaft, in: Aktuelle Probleme und zukünftige Aspekte Genossenschaftswissenschaftlicher Forschung, Quellen und Studien des Instituts für Genossenschaftswesen an der Universität Münster (Band XIV), hrsg. von Hans-Jürgen Seraphim, Karlsruhe 1962, S. 93-114.

Jantsch, Erich: *(Forecasting)* — Technological Forecasting in Perspective, Paris 1967.

Jenkis, Helmut W.: *(Aufgabenwandel)* — Aufgabenwandel in der gemeinnützigen Wohnungswirtschaft, in: Eichhorn, Peter u. Münch, Paul (Hrsg.): Aufgaben öffentlicher und gemeinwirtschaftlicher Unternehmen im Wandel, Baden-Baden 1983, S. 265-292.

— *(Wohnungswirtschaft)* — Die gemeinnützige Wohnungswirtschaft zwischen Markt und Sozialbindung. Aufsätze und Abhandlungen, Berlin 1985, 1. Teilband: S. 17-644 und 2. Teilband: S. 645-1039.

— *(Reform)* — Reform oder Abschaffung des Wohnungsgemeinnützigkeitsgesetzes?, in: ZögU, Band 9, 1986, Heft 1, S. 14-23 (1. Teil) und Heft 2, S. 155-168 (2. Teil).

— *(Widerspruch)* — Genossenschaftlicher Förderungsauftrag und Wohnungsgemeinnützigkeit — ein Widerspruch?, (Eine Prämissenkritik), Hamburg 1986.

— *(Mieten)* — Steigen die Mieten? Plausibilitätsüberlegungen zur Abschaffung der Wohnungsgemeinnützigkeit, in: Gemeinnütziges Wohnungswesen, 41. Jg., 1988, Heft 9, S. 512-520 (1. Teil) u. Heft 10, S. 580-589 (2. Teil).

Jösch, Jutta: *(Food-Cooperatives)* — Konsumgenossenschaften und Food-Cooperatives. Ein Vergleich der Entstehungsbedingungen von Verbraucherselbstorganisationen, Berlin 1983.

Jouvenel, Bertrand de: *(Vorausschau)* — Die Kunst der Vorausschau, Neuwied u. Berlin 1967.

Juncker, Klaus: *(Marketing)* — Marketing im Firmenkundengeschäft — Trends und Thesen, in: Bank und Markt, 11. Jg., 1982, Heft 1, S. 5-8.

Jungk, Robert: *(Wissenschaft)* — Anfänge und Zukunft einer neuen Wissenschaft: Futurologie 1985, in: Jungk, Robert u. Mundt, Josef (Hrsg.): Modelle für eine neue Welt. Unsere Welt 1985, München, Wien u. Basel 1965, S. 13-16.

— *(Zukunftsforschung)* — Zukunftsforschung und Imagination, in: Flechtheim, Ossip K. (Hrsg.): Futurum, München 1980, S. 291-301.

Jungk, Robert u. *Müllert,* Norbert R.: *(Zukunftswerkstätten)* — Zukunftswerkstätten, Hamburg 1981.

Kahn, Herman u. *Wiener,* Anthony J.: *(Voraussagen)* — Ihr werdet es erleben. Voraussagen der Wissenschaft bis zum Jahre 2000, Reinbek bei Hamburg 1971.

Kahn, Herman u. *Redepenning,* Michael: *(Zukunft Deutschlands)* — Die Zukunft Deutschlands. Niedergang oder neuer Aufstieg der Bundesrepublik, Stuttgart 1982.

Kanacher, Ursula: *(Phantasie)* — Mit Phantasie und Engagement. Die Wohnungsversorgung ausländischer Mitbürger durch gemeinnützige Wohnungsunternehmen, in: Gemeinnütziges Wohnungswesen, 41. Jg., 1988, Heft 7, S. 373-375.

Karamanolis, Stratis: *(Mikroelektronik)* — Mikroelektronik. Heute — Morgen — Übermorgen, Neubiberg bei München 1984.

Kern, Lucian: *(Einleitung)* — Einleitung, in: Kern, Lucian (Hrsg.): Probleme der postindustriellen Gesellschaft, Köln 1976, S. 9-76.

Keutmann, Dieter und *Dieck,* Margret: *(Konzentrationstendenzen)* — Auswirkungen der Konzentrationstendenzen auf das Handwerk, Göttingen 1971.

Kickbusch, Ilona u. *Trojan,* Alf (Hrsg.): *(Selbsthilfegruppen)* — Gemeinsam sind wir stärker. Selbsthilfegruppen und Gesundheit (Selbstdarstellungen — Analysen — Forschungsergebnisse), Frankfurt a. M. 1981.

Kierner, Dagmar: *(Verständnis)* — Was sind wir? Verständnis der Gemeinnützigkeit im sozialen Sinne, in: Gemeinnütziges Wohnungswesen, 40. Jg., 1987, Heft 11, S. 597.

Kitagawa, Toshio: *(Information Systems)* — The Role of Computerized Information Systems in Knowledge Societies, in: Pfab, Reinhard; Stachelsky, Friedrich v. und Tonnemacher, Jan (Hrsg.): Technische Kommunikation und gesellschaftlicher Wandel, (Tendenzen in Japan und in der Bundesrepublik Deutschland. Beiträge einer interkulturellen Tagung vom 22. bis 24. Oktober 1979 in Berlin), Berlin 1980, S. 24-73.

Klages, Helmut und *Kmieciak*, Peter: *(Einführung)* — Einführung, in: Klages, Helmut u. Kmieciak, Peter (Hrsg.): Wertwandel und gesellschaftlicher Wandel, Frankfurt a. M. u. New York 1979, S. 11-19.

Klatt, Sigurd: *(Industrialisierung)* — Zur Theorie der Industrialisierung, (Hypothesen über die Bedingungen, Wirkungen und Grenzen eines vorwiegend durch technischen Fortschritt bestimmten wirtschaftlichen Wachstums), Köln und Opladen 1959.

Kleine, Dieter: *(Dienstleistungsgewerbe)* — Wachstumsdifferenzierungen im Dienstleistungsgewerbe — Bestimmungsgründe, Marktposition und Zukunftsperspektiven, Göttingen 1976.

Kluthe, Klaus: *(Staat)* — Genossenschaften und Staat in Deutschland. Systematische und historische Analysen deutscher Genossenschaftspolitik bezogen auf den Zeitraum 1914 bis zur Gegenwart, Berlin 1985.

Kolb, Ulrike u. *Stössinger*, Jutta: *(Salto vitale)* — Salto vitale, Frauen in Alternativprojekten, Frankfurt a. M. 1981.

Kommission „Zukunftsperspektiven gesellschaftlicher Entwicklungen": *(Bericht)* — Bericht im Auftrag der Landesregierung von Baden-Württemberg unter dem Titel: Zukunftsperspektiven gesellschaftlicher Entwicklungen, Stuttgart 1983.

Konsumgenossenschaft Dortmund: *(Selbstdarstellung)* — Selbstdarstellung vom 22. 5. 1985, in: Rundbrief Alternative Ökonomie Nr. 33, September 1985, hrsg. v. Arbeitsgemeinschaft Sozialpolitischer Arbeitskreise (AG SPAK), München 1985, S. 56-63.

Korczak, Dieter: *(Kleine Netze)* — Rückkehr in die Gemeinschaft. Kleine Netze: Berichte über Wohnsiedlungen, Frankfurt a. M. 1981.

Kornemann, Rolf: *(Zyklische Abfolge)* — Droht eine neue Wohnungsnot? Wohnungsnot — Wohnungshalde — Wohnungsnot: Eine zyklische Abfolge von Schlagworten, in: Gemeinnütziges Wohnungswesen, 41. Jg., 1988, Heft 7, S. 376-381.

Kosta, Jiri: *(Wirtschaftssysteme)* — Wirtschaftssysteme des realen Sozialismus. Probleme und Alternativen, Köln 1984.

Kreutz, Henrik (unter Mitarbeit von Gerhard *Fröhlich* und Heinz Dieter *Maly)*: *(Alternative)* — Eine Alternative zur Industriegesellschaft? Alternative Projekte in der Bewährungsprobe des Alltags, (eine repräsentative empirische Untersuchung in zwei großstädtischen Regionen), Nürnberg 1985.

Krischausky, D. u. *Mackscheidt*, K.: *(Wohnungsgemeinnützigkeit)* — Wohnungsgemeinnützigkeit: Zwischen bedarfswirtschaftlicher Tradition und wohnungspolitischer Neuorientierung, Köln, Berlin, Bonn u. München 1984.

Krusen, Felix: *(Ernährung)* — Ernährung 2000. (Sechs Milliarden Menschen könnten satt werden), München 1986.

Krysmanski, Hans Jürgen: *(Utopische Methode)* — Die utopische Methode. Eine literatur- und wissenssoziologische Untersuchung deutscher utopischer Romane des 20. Jahrhunderts, Köln u. Opladen 1963.

Kübler, W. u. *Schulz*, E.: *(Bewertung)* — Ernährungsphysiologische und toxikologische Bewertung neuartiger Lebens- und Futtermittel, in: Der Bundesminister für Forschung und Technologie der Bundesrepublik Deutschland (Hrsg.): Biotechnologie, Frankfurt a. M. 1978, S. 36-50.

Kück, Marlene: *(Alternativökonomie)* — Entwicklung, Stand und Probleme der Alternativökonomie, in: Harms, Jens; Kiesel, Doron; Loesch, Achim v. — u. a. (Hrsg.): Alternativökonomie und Gemeinwirtschaft, Frankfurt a. M. 1984, S. 35-61.

— *(Professionalisierung)* — Zur Professionalisierung alternativer Projekte, in: Brun, Rudolf (Hrsg.): Erwerb und Eigenarbeit, Dualwirtschaft in der Diskussion, Frankfurt a. M. 1985, S. 180-190.

— *(Eigenkapitalprobleme)* — Eigenkapitalprobleme und Eigenkapitalfinanzierung in kooperativen Unternehmen. Bestandsaufnahme, neue Modelle und Perspektiven, in: Kück, Marlene u. Loesch, Achim von (Hrsg.): Finanzierungsmodelle selbstverwalteter Betriebe, Frankfurt a. M. u. New York 1987, S. 193-208.

— *(Finanzierungssituation)* — Die Finanzierungssituation von kooperativen Betrieben, in: Kück, Marlene u. Loesch, Achim von (Hrsg.): Finanzierungsmodelle selbstverwalteter Betriebe, Frankfurt a. M. u. New York 1987, S. 32-40.

Kühnen, Harald: *(Strukturveränderungen)* — Strukturveränderungen in der Kreditwirtschaft, in: Büschgen, Hans E. (Hrsg.): Mitteilungen und Berichte des Instituts für Bankwirtschaft und Bankrecht an der Universität zu Köln, 11. Jg., 1980, Nr. 32, S. 1-18.

Kulow, Bernd: *(Agrarfabrik)* — Vom traditionellen Hof zur technisierten Agrarfabrik. Für viele Bauern in der Bundesrepublik bietet die Landwirtschaft keine gesicherte Zukunftsperspektive mehr, in: Frankfurter Rundschau, 43. Jg., 1987, Nr. 32/6 vom 7. 2. 87, Seite ZB 1 (Wochenendbeilage „Zeit u. Bild").

Laidlaw, A. F.: *(Year 2000)* — Co-operatives in the Year 2000, (A paper prepared for the 27th Congress of the International Co-operative Alliance, Moscow — October 1980), London 1980.

Lampert, Heinz: *(Zielfunktion)* — Zur Zielfunktion von Genossenschaften in der wachsenden Wirtschaft, in: ZfgG, Bd. 22, 1972, S. 341-355.

La Porte, Toad R. und *Abrams,* Claire: *(Kalifornien)* — Kalifornien als „postindustrielle Gesellschaft", in: Kern, Lucian (Hrsg.): Probleme der postindustriellen Gesellschaft, Köln 1976, S. 97-125.

Lauber, Wolfgang: *(Technologien)* — Neue Technologien — neue Arbeitsbedingungen, in: Institut für Gesellschaftpolitik in Wien (Hrsg.): Wirtschaft und Technik, Wien 1983, S. 19-52.

Lehner, Franz: *(Realität)* — Die „stille Revolution": Zur Theorie und Realität des Wertwandels in hochindustrialisierten Gesellschaften, in: Klages, Helmut u. Kmieciak, Peter (Hrsg.): Wertwandel und gesellschaftlicher Wandel, Frankfurt a. M. u. New York 1979, S. 317-327.

Leinemann, Jürgen: *(Serie: Amerika)* — Serie — Amerika vor der Wahl, Teil IV: Die junge Generation, in: Der Spiegel, 38. Jg., 1984, Nr. 45 vom 5. 11. 84, S. 186-214.

Leipert, Christian: *(Erfolgsmessung)* — Erfolgsmessung im Spannungsfeld zwischen etablierter und alternativer Ökonomie, in: Harms, Jens; Leipert, Christian u. Sonntag, Philipp (Hrsg.): Alternative Ökonomie und ökonomische Theorie, Frankfurt a. M. 1980, S. 52-58.

Lesebuch für Biogenossenschaftler: *(Körner-Kongreß)* — hrsg. vom Frankfurter Körner Kongreß Müsli 83, Frankfurt a. M. 1983.

Loesch, Achim von: *(Arbeiterbanken)* — Die nordamerikanischen Arbeiterbanken in den zwanziger Jahren. Eine gewerkschafts- und bankpolitische Studie, Frankfurt a. M. 1972.

— *(Deutsche Arbeitnehmerbanken)* — Die deutschen Arbeitnehmerbanken in den zwanziger Jahren, Frankfurt a. M. u. Köln 1974.

— *(Gewerkschaften)* — Die gemeinwirtschaftlichen Unternehmen der deutschen Gewerkschaften. Entstehung — Funktionen — Probleme, Köln 1979.

— *(Spezialbanken)* — Grundsätzliche Probleme von Spezialbanken für die Betriebe von Selbsthilfegruppen, in: Kück, Marlene u. Loesch, Achim von (Hrsg.): Finanzierungsmodelle selbstverwalteter Betriebe, Frankfurt a. M. u. New York 1987, S. 128-146.

Louis, Dieter: *(Ökonomische Kooperation)* — Zu einer allgemeinen Theorie der ökonomischen Kooperation, (Verhaltenstheoretische Grundlegung der wirtschaftlichen Zusammenarbeit), Göttingen 1979.

Louven, Erhard: *(Reform)* — Reform und Modernisierung der chinesischen Wirtschaft seit 1976, in: Ostkolleg der Bundeszentrale für politische Bildung (Hrsg.): VR China im Wandel, 2., überarbeitete und erweiterte Auflage, Bonn 1988, S. 100-117.

Lovins, Amory B.: *(Sanfte Energie)* — Sanfte Energie — (Das Programm für die energie- und industriepolitische Umrüstung unserer Gesellschaft), Reinbek bei Hamburg 1978.

Lütge, Friedrich: *(Wohnungswirtschaft)* — Wohnungswirtschaft. Eine systematische Darstellung unter besonderer Berücksichtigung der deutschen Wohnungswirtschaft, 2., völlig überarbeitete und stark erweiterte Auflage, Stuttgart 1949.

Mackscheidt, Klaus u. *Deichmann*, Werner: *(Subventionen)* — Zur Leistungsfähigkeit von Subventionen in der Wohnungswirtschaft — Effizienzanalyse allokativer und distributiver Effekte staatlicher Transfers für die Wohnungswirtschaft, (Gutachten im Auftrage des Bundesverbandes privater Wohnungsunternehmen e. V.), Frankfurt a. M. 1982.

Mackscheidt, Klaus: *(Wohnungswirtschaft)* — Die gemeinnützige Wohnungswirtschaft als Instrument für eine bedarfsgerechte Wohnungsversorgung der breiten Schichten der Bevölkerung, in: Gesamtverband Gemeinnütziger Wohnungsunternehmen (GGW) — (Hrsg.): Wissenschaft für die Praxis (3), Unternehmensleiterseminar für gemeinnützige Wohnungsbaugenossenschaften und -gesellschaften, Dokumentation der Vorträge 1983, Köln 1983, S. 25-58.

Mändle, Eduard: *(Ärztegenossenschaft)* — Ärztegenossenschaft, in: Handwörterbuch des Genossenschaftswesens, hrsg. v. Eduard Mändle, Wiesbaden 1980, Sp. 1-4.

— *(Neue Wege)* — Neue Wege der Genossenschaften in Selbsthilfe und Selbstverwaltung, in: Genossenschafts-Forum, Jg. 1985, S. 62-67.

Maier, Hans E.: *(Selbsthilfe)* — Selbsthilfe zwischen Markt und Staat, in: Brun, Rudolf (Hrsg., in Zusammenarbeit mit Joseph Huber): Erwerb und Eigenarbeit, Dualwirtschaft in der Diskussion, Frankfurt a. M. 1985, S. 167-179.

Manewald, Petra: *(Zinsrückvergütung)* — Die Bedeutung des Ausschüttungsrückholprinzips für die Eigenfinanzierung der Kreditgenossenschaften, in: ZögU, Band 11, 1988, Heft 1, S. 43-57.

Mann Borgese, Elisabeth: *(Weltmeere)* — Die Zukunft der Weltmeere, (ein Bericht an den Club of Rome), Wien, München u. Zürich 1985.

Mannheim, Karl: *(Ideologie/Utopie)* — Ideologie und Utopie, 5. Aufl., Frankfurt a. M. 1969.

Marahrens, Norbert: *(Handwerk)* — Strukturwandel und Wachstumsdifferenzierungen im Produzierenden Handwerk — Entwicklung, Einflußfaktoren und Zukunftsaussichten, Göttingen 1978.

Martin, Torsten: *(Bank)* — Warum ausgerechnet (k)eine Bank?, in: Kück, Marlene u. Loesch, Achim von (Hrsg.): Finanzierungsmodelle selbstverwalteter Betriebe, Frankfurt a. M. u. New York 1987, S. 113-127.

Maslow, Abraham H.: *(Motivation)* — Motivation and Personality, New York, Evanston und London 1954.

— *(Theory)* — A Theory of Human Motivation: The Goals of Work, in: Best, Fred (Hrsg.): The Future of Work, Englewood Cliffs/New Jersey 1973, S. 17-31.

Mattern, Cornelia: *(Gemeinschaftsbank)* — Solidarität im Wirtschaftsbereich — Die Gemeinschaftsbank in Bochum, in: ZfgG, Bd. 34, 1984, S. 307-312.

May, Georg S.: *(Herausforderungen)* — Herausforderungen und Möglichkeiten in der Evolution kanadischer Genossenschaftsstrukturen, in: Dülfer, Eberhard u. Hamm, Walter (Hrsg.): Die Genossenschaften zwischen Mitgliederpartizipation, Verbundbildung und Bürokratietendenz, Arbeitsergebnisse der X. Internationalen Genossenschaftswissenschaftlichen Tagung 1981 in Marburg, Göttingen 1983, S. 348-370.

Mc Knight, John: *(Professionelle Dienstleistung)* — Professionelle Dienstleistung und entmündigende Hilfe, in: Illich, Ivan u. a. (Hrsg.): Entmündigung durch Experten. Zur Kritik der Dienstleistungsberufe, Reinbek bei Hamburg 1979, S. 37-56.

Meadows, Dennis; *Meadows*, Donella; *Zahn*, Erich u. *Milling*, Peter: *(Wachstumsgrenzen)* — Die Grenzen des Wachstums. Bericht des Club of Rome zur Lage der Menschheit, Stuttgart 1972.

Merklein, Renate: *(Sozialstaat)* — Griff in die eigene Tasche. Hintergeht der Bonner Sozialstaat seine Bürger?, Reinbek bei Hamburg 1980.

Mertens, Dieter: *(Befragungen)* — Befragungen von Arbeitnehmern über Formen der Arbeitszeitverkürzung, in: Kutsch, Thomas u. Vilmar, Fritz (Hrsg.): Arbeitszeitverkürzung — Ein Weg zur Vollbeschäftigung?, Opladen 1983, S. 207-220.

Mertens, Dieter u. *Kühl*, Jürgen: *(Arbeitsmarktentwicklung)* — Arbeitsmarktentwicklung und arbeitspolitische Abhilfen, in: Akademie für politische Bildung, Tutzing am Starnberger See, Materialien und Berichte Nr. 58, bearbeitet von Peter Hampe (Hrsg.): Arbeitszeitverkürzung als Instrument der Beschäftigungspolitik?, Tutzing 1984, S. 16-36.

Mesarovic, Mihailo u. *Pestel*, Eduard: *(Menschheit)* — Menschheit am Wendepunkt, (2. Bericht an den Club of Rome zur Weltlage), Reinbek bei Hamburg 1977.

Mettler, Peter H.: *(Zukunftsforschung)* — Kritische Versuche zur Zukunftsforschung, Band 1: Retrognose, Frankfurt a. M. 1979.

Metzing, P.: *(Bankservice)* — Bankservice für Behinderte, in: Bank und Markt, 11. Jg., Heft 1, 1982, S. 21.

Meyer, Bernd: *(Bankautomation)* — Die externe Bankautomation als Entscheidungsproblem der Kreditgenossenschaften, Diss. Köln, (ersch. i. d. Reihe Kölner Genossenschaftswissenschaft, Band 5, hrsg. v. Jürgen Zerche), Gelsenkirchen 1983.

Meyer-Abich, Klaus M. und *Steger,* Ulrich (Hrsg.): *(Mikroelektronik)* — Mikroelektronik und Dezentralisierung, Berlin 1982.

Meyer-Abich, Klaus M.: *(Energieeinsparung)* — Ein neues Ziel der Energiepolitik, in: Meyer-Abich, Klaus M.; Meixner, Horst; Luhmann, Hans-Jochen u. a. (Hrsg.): Energie-Sparen: Die neue Energiequelle. Wirtschaftspolitische Möglichkeiten und alternative Technologien, aktualisierte u. neu überarbeitete Ausgabe, Frankfurt a. M. 1983, S. 15-66.

Miegel, M.: *(Wohnungsmarktprognosen)* — Wohnungsmarktprognosen — vor einem Preisverfall im Wohnungsbau?, in: Gesamtverband Gemeinnütziger Wohnungsunternehmen (GGW) — (Hrsg.): Wissenschaft für die Praxis (2), Unternehmensleiterseminare für gemeinnützige Wohnungsbaugenossenschaften und -gesellschaften, Dokumentation der Vorträge 1981/82, Köln 1982, S. 153-172.

Miermont, Philippe: *(Geldausgabeautomaten)* — Vom Geldausgabeautomaten zum Point Argent, in: Muthesius, Peter u. Schneider, Heribert M. (Hrsg.): Terminals für Banken und Bankkunden. Der Wandel im Vertrieb von Bankdienstleistungen, Frankfurt a. M. 1982, S. 141-147.

Migros-Genossenschafts-Bund: *(Sozialbilanz)* — Sozialbilanz 1986. Eine Darstellung der gesellschaftsbezogenen Ziele und Tätigkeiten der Migros Gemeinschaft, Zürich 1986.

Moberg, David: *(Bewegung)* — Bewegung und Gegenkultur: die Revolution leben, in: Case, John u. Taylor, Rosemary C. R. (Hrsg.): Soziale Experimente in der Bewährung. Sanfte Veränderung in einer harten Wirklichkeit. Berichte aus den USA, Frankfurt a. M. 1981, S. 13-47.

Mrusek, Konrad: *(Mißlungener Coup)* — Der mißlungene Coup der Co op, (Die DG Bank trat von ihrem Übernahmeangebot zurück / — Von der Hauptversammlung berichtet Konrad Mrusek), in: Frankfurter Allgemeine Zeitung vom 30. 12. 1985, Nr. 301, S. 11.

Müller, Julius Otto: *(Voraussetzungen)* — Voraussetzungen und Verfahrensweisen bei der Errichtung von Genossenschaften in Europa vor 1900, Göttingen 1976.

Münkner, Hans-H.: *(Rechtsverfassung)* — Selbstverständnis und Rechtsverfassung von Genossenschaftsorganisationen in EG-Partnerstaaten, in: Boettcher, Erik (Hrsg.) i. A. der Arbeitsgemeinschaft Genossenschaftswissenschaftlicher Institute (AGI): Die Genossenschaften im Wettbewerb der Ideen — eine europäische Herausforderung — Bericht der XI. Internationalen Genossenschaftswissenschaftlichen Tagung 1985 in Münster, Tübingen 1985, S. 88-116.

Nägle, Michael und *Wieck,* Hans-Ascan: *(Banken)* — Bildschirmtext bei Banken. Anwendung und Akzeptanz im Privatkundengeschäft, München 1986.

Nawothnig, Olga: *(Genossenschaftsbeteiligung)* — Unser Weg zur Genossenschaftsbeteiligung der Mitarbeiter, in: Lezius, Michael (Hrsg.): Eigenkapitalbildung durch Mitarbeiterbeteiligung: Schlüssel zum Wirtschaftswachstum, Weg in eine neue Lohnpolitik, Spardorf 1982, S. 91-97.

Neffe, Jürgen: *(Agrarpolitik)* — Agrarpolitik — Wie sich die neue EG-Milchregelung auf große und kleine Bauern auswirkt, „Die Kleinen läßt man hängen", in: natur (Das Umweltmagazin), 1985, Nr. 1 (Januar 85), S. 34-41.

Nesbitt, Gemma u. *Tonks*, Andrew — Co-operative Development Agency (Hrsg.): *(National Directory)* — The National Directory of new Co-operatives and Community Businesses, 4. Aufl., London 1986.

Netzwerk Bremen/Nordniedersachsen e. V. (Hrsg.): *(Stadt- und Landbuch)* — Netzwerks großes Stadt- und Landbuch Bremen/Nordniedersachsen. Adressen, Texte, Informationen nicht nur zur Alternativszene — gesammelt u. herausgegeben vom Netzwerk, Bremen 1984.

Neumann, Georg C.: *(Großhandelsbetriebe)* — Die genossenschaftlichen Großhandelsbetriebe zwischen Mitgliederpartizipation, Verbundbildung und Bürokratietendenz, in: Dülfer, Eberhard u. Hamm, Walter (Hrsg.) im Auftrag der Arbeitsgemeinschaft Genossenschaftswissenschaftlicher Institute (AGI): Die Genossenschaften zwischen Mitgliederpartizipation, Verbundbildung und Bürokratietendenz — Arbeitsergebnisse der X. Internationalen Genossenschaftswissenschaftlichen Tagung 1981 in Marburg, Göttingen 1983, S. 419-427.

Neumann, Lothar F.: *(Stabilitätsziel)* — Das Stabilitätsziel innerhalb gesellschaftlicher Zielsysteme, in: Schneider, Hans Karl u.a. (Hrsg.): Stabilisierungspolitik in der Marktwirtschaft, Berlin 1975, S. 95-119.

Neumann, Manfred: *(Kriterien)* — Kriterien für den Erfolg von Genossenschaften, in: ZfgG, Bd. 22, 1972, S. 1-14.

— *(Element)* — Das kapitalistische Element in der modernen Genossenschaft, in: ZfgG, Bd. 25, 1975, S. 32-40.

Nienaber, Alois: *(Unternehmenstypen)* — Neue landwirtschaftliche Unternehmenstypen in der Bundesrepublik? Ein Vorschlag zur Lösung agrarpolitischer Probleme in Marktwirtschaften, Berlin 1965.

Nienhaus, Antonius: *(Molkereigröße)* — Molkereigröße bringt es nicht allein, aber..., in: Landwirtschaftliches Wochenblatt Westfalen-Lippe, 143. Jg., 1986, Nr. 31 vom 31. 7. 86 (Ausg. A), S. 28-29.

Noelle, Thomas u. *Noelle*, Birgit: *(Chancen)* — Chancen und Grenzen genossenschaftlicher Selbsthilfe, in: ZfgG, Bd. 36, 1986, S. 14-22.

Novy, Klaus: *(Vorwärts)* — Vorwärts oder rückwärts?, in: Benseler, Frank; Heinze, Rolf G. und Klönne, Arno (Hrsg.): Zukunft der Arbeit, (Eigenarbeit, Alternativökonomie?), Hamburg 1982, S. 119-129.

— *(Wohnreform)* — Genossenschafts-Bewegung. Zur Geschichte und Zukunft der Wohnreform, Berlin 1983.

Nuscheler, Franz: *(Entwicklungspolitik)* — Lern- und Arbeitsbuch Entwicklungspolitik, völlig überarbeitete u. aktualisierte Aufl., Bonn 1987.

Oakeshott, Robert: *(The Case)* — The Case for Workers Co-ops, London 1978.

Ökobank eG: *(Satzung)* — Satzung der Ökobank eG (Ausgabe vom 26. März 1988), in: Ökobank eG (Hrsg.): Die Konzeption der Ökobank eG, 6. Aufl., Frankfurt a.M. 1988, S. 2ff.

Oertzen, Peter von: *(Steuerung)* — Steuerungsformen und Verfahren für Problemlösung und Zukunftsgestaltung — Steuerung durch Staat, in: Calließ, Jörg (Hrsg.): Verwaltete Zukunft. Zu Möglichkeiten und Grenzen der Zukunftsgestaltung im bürokratisierten Staat, (Tagung vom 25.-27. 9. 1981 — Loccumer Protokolle 24/1981), Rehburg-Loccum 1983, S. 40-48.

Olson, Mancur Jr.: *(Logik)* — Die Logik des kollektiven Handelns. Kollektivgüter und die Theorie der Gruppen, Tübingen 1968.

Oppenheimer, Franz: *(Siedlungsgenossenschaft)* — Die Siedlungsgenossenschaft, 2. Aufl., Jena 1913.

Organisation for Economic Co-operation and Development — O.E.C.D. (Hrsg.): *(Industrial Robots)* — Industrial Robots. Their Role in Manufactoring Industry, Paris 1983.

— *(Information)* — Information Technology and Economic Prospects, Paris 1987.

Orwell, George: *(1984)* — Nineteen Eighty-Four, London 1949.

Otten, Dieter: *(Technik)* Es gibt nichts Gutes, außer man tut es ... Technik — und wirtschaftssoziologische Anmerkungen zur Zukunft kooperativer/selbstverwalteter Betriebe, in: Kück, Marlene u. Loesch, Achim von (Hrsg.): Finanzierungsmodelle selbstverwalteter Betriebe, Frankfurt a. M. u. New York 1987, S. 13-31.

Otto-Arnold, Charlotte — unter Mitarbeit von *Burschat,* Ulrich: *(Dienstleistungen)* — Dienstleistungen in der Gesamtwirtschaft, Berlin 1978.

O. V.: *(Artikel: Banken — Tiefes Nachdenken)* — Der Ruf der Volks- und der Raiffeisenbanken hat gelitten, in: Der Spiegel, 38. Jg., Nr. 43 vom 22. 10. 1984, S. 50-57.

— *(Artikel: Bioäthanol)* — „Bioäthanol — ein neuer Produktionszweig? (Gute Chancen für den Agraralkohol als Kraftstoffzusatz/In vier bis fünf Jahren konkurrenzfähig)", in: Landwirtschaftliches Wochenblatt Westfalen-Lippe, 141. Jg., 1984, Nr. 30 vom 26. 7. 84 (Ausg. A), S. 16-17.

— *(Artikel: Co op)* — Co op. „Unter dem Tisch", in: Der Spiegel, 42. Jg., Nr. 48 vom 28. 11. 1988, S. 112-113.

— *(Artikel: Genossenschaften)* — „Genossenschaften vor starkem Strukturwandel — Pressekonferenz des Westfälischen Genossenschaftsverbandes/Banken haben Sanierungswelle überschritten/Warengenossenschaften richten sich auf schrumpfende Umsätze ein", in: Landwirtschaftliches Wochenblatt Westfalen-Lippe, 144. Jg., 1987, Nr. 15 vom 9. 4. 87 (Ausg. A), S. 27-28.

— *(Artikel: Gentechnik)* — „Gentechnik, (Gemischte Gefühle) — Gezielte Erbmanipulation an Nutzpflanzen", in: Der Spiegel, 39. Jg., 1985, Nr. 48 vom 25. 11. 1985, S. 270-274.

— *(Artikel: Handel — Asko)* — „Asko wächst und wächst", in: Der Spiegel, 42. Jg., Nr. 7 vom 15. 2. 1988, S. 93-98.

— *(Artikel: Handel — „Eigenes Netz")* — „Handel — Eigenes Netz", in: Der Spiegel, 38. Jg., 1984, Nr. 10, S. 67.

— *(Artikel: Handel mit Embryonen)* — „Ein einfacher Schnitt: Wie man aus einem Tier zwei macht", in: Landwirtschaftliches Wochenblatt Westfalen-Lippe, 145. Jg., Nr. 5 (Ausgabe A) vom 4. 2. 1988, S. 50.

— *(Artikel: Handel* — *„Neuer Laden")* — „Handel — Jeden Tag ein neuer Laden", in: Der Spiegel, 38. Jg., 1984, Nr. 42 vom 15. 10. 84, S. 69-73.

— *(Artikel: Hoffnungen)* — „Hoffnungen für die bäuerliche Landwirtschaft — Tagung in Loccum suchte nach Überlebenschancen für den Familienbetrieb", in: Landwirtschaftliches Wochenblatt Westfalen-Lippe, 144. Jg., 1987, Nr. 8 vom 19. 2. 87 (Ausg. A), S. 108 u. S. 111.

— *(Artikel: Hollands Genossenschaften)* — „Hollands Genossenschaften wollen wachsen", in: Landwirtschaftliches Wochenblatt Westfalen-Lippe, 145. Jg., Nr. 5 (Ausgabe A), vom 4. 2. 1988, S. 21.

— *(Artikel: Kreditkarten)* — „Kreditkarten (Die S-Card kommt)", in: Der Spiegel, 40. Jg., 1986, Nr. 1 vom 30. 12. 85, S. 51-55.

— *(Artikel: Landwirte)* — „Landwirte — Geld für die Pflege der Natur — Kräuter und Tümpel", in: Der Spiegel, 41. Jg., 1987, Nr. 11 vom 9. 3. 87, S. 71-76.

— *(Artikel: Luxus)* — „Die Lust auf den Luxus" und „Änderung der Einkommensstruktur", in: Der Spiegel, 40. Jg., 1986, Nr. 48 vom 24. 11. 86, S. 230-241.

— *(Artikel: Massive Kritik)* — Steuerreformgesetz 1990 für Gemeinnützige nicht akzeptabel, in: Gemeinnütziges Wohnungswesen, 41. Jg., Heft 3/März 1988, S. 107-109.

— *(Artikel: Naturland)* — „Naturland = Gesundheit + Umweltschutz". Wie in der Naturland-Marktgemeinschaft e. G. in Gräfelfing Erzeuger, Verarbeiter und Verbraucher unter einen Hut gebracht sind, in: Landwirtschaftliches Wochenblatt Westfalen-Lippe, 145. Jg., Nr. 10 (Ausgabe A) vom 10. 3. 1988, S. 30 u. S. 32.

— *(Artikel: Rheinische Wohnungsunternehmen)* — Verband rheinischer Wohnungsunternehmen warnt vor Panikmache. Aufhebung des Wohnungsgemeinnützigkeitsgesetzes führt nicht zur Mietenexplosion, in: Gemeinnütziges Wohnungswesen, 41. Jg., 1988, Heft 9, S. 529-530.

— *(Artikel: Risikostreuung)*, Risikostreuung ist oberstes Gebot. Private Investmentclubs werden in der Bundesrepublik immer beliebter, in: Die Zeit, 42. Jg., 1987, Nr. 44, vom 23. 10. 1987, S. 35.

— *(Artikel: Schuldner-Rebellion)* — „Schuldner-Rebellion in Lateinamerika", in: Der Spiegel, 38. Jg., 1984, Nr. 26 vom 25. 6. 84, S. 93-97.

— *(Artikel: Wohnungsgemeinnützigkeitsgesetz)* — Das „Aus" — Wohnungsgemeinnützigkeitsgesetz aufgehoben, in: Gemeinnütziges Wohnungswesen, 41. Jg., 1988, Heft 8, S. 410-411.

— *(Dokumentation: Dritte Welt)* — „Noch immer droht der Dritten Welt der Schuldenkollaps", (aus einem Bericht der Bundesbank über Stand und Entwicklung der Verschuldung der Entwicklungsländer/Teil 1), in: Frankfurter Rundschau, 43. Jg., Nr. 32/6 vom 7. 2. 1987, S. 10.

— *(Dokumentation: Studie)* — „Neue Jobs gibt es nur am unteren Ende der Lohnskala. Hinter der Fassade des ‚Beschäftigungswunders' in den USA steckt ein tiefer Strukturwandel — eine Untersuchung für den Kongreß", Auszüge aus der Studie: The Great American Job Machine: The Proliferation of Low-Wage Employment in the U.S. Economy, in: Frankfurter Rundschau, 43. Jg., Nr. 47/9 vom 25. 2. 1987, Seite 12.

— *(Report: Zahlungsverkehr)* — „Zahlungsverkehr, (Plastik, Plastik über alles)", in: Wirtschaftswoche, 36. Jg., 1982, Nr. 15 vom 9. 4. 82, S. 56-65.

Patera, Mario — unter Mitwirkung von Wilhelm *Weber: (Prinzipien)* — Genossenschaftliche Prinzipien in der heutigen Praxis, in: Rauter, Anton E. (Hrsg.): Verbraucherpolitik und Wirtschaftsentwicklung, Wien 1976, S. 35-74.

Pelzl, Wolfgang: *(Mietergenossenschaften)* — Die Gründung von Mietergenossenschaften zur Erhaltung von sozialem Wohnraum, Nürnberg 1987.

Pestalozzi, Hans A.: *(Menschen)* — Einleitung — Menschen und Manager, in: Pestalozzi, Hans A. (Hrsg.): M - Frühling. Vom Migrosaurier zum menschlichen Maß, Bern 1980, S. 9-25.

Pestel, Eduard; *Bauerschmidt,* Rolf; *Gottwaldt,* Michael u. a.: *(Deutschland-Modell)* — Das Deutschland-Modell. Herausforderungen auf dem Weg ins 21. Jahrhundert, Frankfurt a. M. 1980.

Petersen, Hauk: *(Gründung)* — Die Gründung von Einzelhandelsbetrieben durch Einkaufsgemeinschaften des Lebensmitteleinzelhandels, (dargestellt am Beispiel der Bundesrepublik Deutschland, Dänemarks, Finnlands, Norwegens und Schwedens), Göttingen 1975.

Pfohl, H.-Chr.: *(Zieldimension)* — Die soziale Zieldimension als Ausdruck einer gesellschaftsbezogenen Unternehmenspolitik (Kurzfassung), in: Gesamtverband Gemeinnütziger Wohnungsunternehmen (GGW) — (Hrsg.): Wissenschaft für die Praxis (2), Unternehmensleiterseminare für gemeinnützige Wohnungsbaugenossenschaften und -gesellschaften, Dokumentation der Vorträge 1981/82, Köln 1982, S. 59-67.

Picht, Georg. *(Bedingungen)* — Die Bedingungen des Überlebens — Die Grenzen der Meadows-Studie, in: Nussbaum, Henrich v. (Hrsg.): Die Zukunft des Wachstums. Kritische Antworten zum Bericht des Club of Rome, Düsseldorf 1973, S. 45-58.

Platz, Siegfried: *(Bankzweigstellen)* — Erfolgsrechnerische Bewertung von Bankzweigstellen, Göttingen 1978.

Pohl, Hans: *(Menschenrecht)* — Wohnen ist ein Menschenrecht. Die Entwicklungshilfe der gemeinnützigen Wohnungswirtschaft, in: Gemeinnütziges Wohnungswesen, 40. Jg., 1987, Heft 7, S. 355-360.

— *(Wohnungsgenossenschaften)* — „Wie geht es weiter? Wohnungsgenossenschaften im Wandel der Zeit", in: Gemeinnütziges Wohnungswesen, 41. Jg., 1988, Heft 10, S. 590-599.

Popper, Karl R.: *(Historizismus)* — Das Elend des Historizismus, Tübingen 1965.

Potter-Webb, Beatrice: *(Genossenschaftsbewegung)* — Die britische Genossenschaftsbewegung, hrsg. von Lujo Brentano, Leipzig 1893.

Präve, P.; *Sittig,* W. u. *Faust,* U.: *(Biotechnische Gewinnung)* — Biotechnische Gewinnung neuartiger Nahrungs- und Futtermittel, in: Der Bundesminister für Forschung und Technologie der Bundesrepublik Deutschland (Hrsg.): Biotechnologie, Frankfurt a. M. 1978, S. 18-35.

Priebe, Hermann: *(Unvernunft)* — Die subventionierte Unvernunft. Landwirtschaft und Naturhaushalt, Berlin 1985.

Priewasser, Erich: *(Zahlungsverkehr)* — Der Zahlungsverkehr in den 80er Jahren, Kosten-Struktur-Bankmarketing, in : Der Bankkaufmann, Jahrgang 1982, Heft 1, S. 7-12.

— *(Banken)* — Die Banken im Jahre 2000. Eine Analyse und Prognose der Umweltbedingungen, der Bankpolitik und des Bankenwachstums in den 80er und 90er Jahren, 2. unveränderte Auflage, Frankfurt a. M. 1986.

Pütz, Theodor: *(Konzeption)* — Die wirtschaftspolitische Konzeption, in: Seraphim, Hans-Jürgen (Hrsg.): Zur Grundlegung wirtschaftspolitischer Konzeptionen, Berlin 1960, S. 9-21.

Rasmussen, Thomas: *(Entwicklungslinien)* — Entwicklungslinien des Dienstleistungssektors: internationaler Strukturvergleich und Perspektiven für die Bundesrepublik Deutschland, Göttingen 1977.

Rau, Johannes: *(Nordrhein-Westfalen)* — Zusätzlichen technologischen Schub für Nordrhein-Westfalen, in: Nordrhein-Westfalen Initiative Zukunftstechnologien — (Dokumentation der Veranstaltung der Landesregierung Nordrhein-Westfalen vom 3. Oktober 1984 in Oberhausen), hrsg. vom Presse u. Informationsamt der Landesregierung Nordrhein-Westfalen, Düsseldorf 1984, S. 23-28.

Rauter, Anton E.; *Strauch*, Günter u. *Schediwy*, Robert: *(Verbraucherpolitik)* — Verbraucherpolitik und Gesellschaft, in: Rauter, Anton E. (Hrsg.): Verbraucherpolitik und Wirtschaftsentwicklung, Wien 1976, S. 17-34.

Rauter, Anton E. u. *Schediwy*, Robert: *(Konsumgenossenschaften)* — Die Konsumgenossenschaften auf dem Weg zur postindustriellen Gesellschaft, in: Rauter, Anton E. (Hrsg.): Verbraucherpolitik und Wirtschaftsentwicklung, Wien 1976, S. 433-452.

Reichardt, Robert: *(Wertstrukturen)* — Wertstrukturen im Gesellschaftssystem — Möglichkeiten makrosoziologischer Analysen und Vergleiche, in: Klages, Helmut u. Kmieciak, Peter (Hrsg.): Wertwandel und gesellschaftlicher Wandel, Frankfurt a. M. und New York 1979, S. 23-40.

Reiners, Josef: *(Verbundsysteme)* — Bankwirtschaftliche Verbundsysteme umd ihre Stabilität, Wiesbaden 1977.

Reincke, Dieter: *(Selbsthilfe)* — Selbsthilfe — Selbstverwaltung — Selbstverantwortung. Die Ökobank in der Tradition des genossenschaftlichen Denkens, in: Ökokorrespondenz, Nr. 3, April 1988, hrsg. v. der Ökobank i. Gr., S. 8.

Renn, Ortwin: *(Alternative Bewegung)* — Die alternative Bewegung: Ursprünge, Quellen und Ziele, in: Rauscher, Anton (Hrsg.): Alternative Ökonomie?, Köln 1982, S. 11-59.

Reuter, Jens: *(Zweck)* — Zweck oder Selbstzweck, in: Contraste (Zeitung für Selbstverwaltung), 5. Jg., Nr. 41, Februar 1988, S. 9.

Rheinberg, Georg W.: *(Beratung)* — Grundsätzliche und aktuelle Fragen der Beratung im Bereich der Kreditgenossenschaften, Diss. Köln 1986, Berlin 1987.

Riebandt-Korfmacher, Alice: *(Überlegungen)* — Mietergenossenschaften. Überlegungen zu Theorie und Praxis, in: ZfgG, Bd. 38, 1988, S. 189-196.

Ringle, Günther: *(Mitgliederaktivierung)* — Mitgliederaktivierung und Partizipation in modernen Primärgenossenschaften, (mit einer Stellungnahme von Dietrich Hill: Mitgliederaktivierung notwendig und möglich), Göttingen 1983.

Ropohl, Günter: *(Grundlagen — Teil 1)* — Grundlagen und Anwendungsmöglichkeiten der morphologischen Methode in Forschung und Entwicklung (Teil 1), in: WiSt, 1. Jg., 1972, S. 495-499.

— *(Grundlagen — Teil 2)* — Grundlagen und Anwendungsmöglichkeiten der morphologischen Methode in Forschung und Entwicklung (Teil 2), in: WiSt, 1. Jg., 1972, S. 541-546.

Rostow, Walt W.: *(Economic Growth)* — The Stages of Economic Growth. A Non-Communist Manifesto, 2. Aufl., Cambridge 1971.

— *(from here to there)* — Getting From here to there, London 1979.

Rothkirch, Christoph von; *Weidig*, Inge u.a. (Prognos AG): *(Arbeitslandschaft)* — Die Zukunft der Arbeitslandschaft. Zum Arbeitskräftebedarf nach Umfang und Tätigkeiten bis zum Jahr 2000, Textband (Beitr AB 94.1), i. A. des Instituts für Arbeitsmarkt- und Berufsforschung der Bundesanstalt für Arbeit, Nürnberg 1985.

Rühle von Lilienstern, Hans: *(Neue Märkte)* — Mittel- und Kleinbetriebe auf der Suche nach neuen Märkten, (Möglichkeiten, Empfehlungen, Beispiele), Berlin 1976.

Rüll, Hartwig E. u. *Devinney*, Edward J. (Jr.): *Personenidentifikation)* — Personenidentifikation für Computer-Benutzer, in: Muthesius, Peter u. Schneider, Heribert M. (Hrsg.): Terminals für Banken und Bankkunden. Der Wandel im Vertrieb von Bankdienstleistungen, Frankfurt a. M. 1982, S. 127-140.

Rumpf, Hans; *Rempp*, Helmut u. *Wiesinger*, Manfred: *(Technologische Entwicklung)* — Technologische Entwicklung, Bd. 1: Allgemeine Entwicklungslinien, Göttingen 1976.

Sahm, H.: *(Mikrobielle Umsetzung)* — Mikrobielle Umsetzung pflanzlicher Rückstände in organische Rohstoffe, in: Der Bundesminister für Forschung und Technologie der Bundesrepublik Deutschland (Hrsg.): Biotechnologie, Frankfurt a. M. 1978, S. 195-212.

Sauerborn, Ludger: *(Diskussion)* — Zur weiteren Diskussion zum Thema: Ulf Fink. Ausgrenzung aufgrund von Parteizugehörigkeit oder Öffnung für alle, die an begrenzten gemeinsamen Zielen mitarbeiten wollen?, in: Contraste (Zeitung für Selbstverwaltung), 5. Jg., Nr. 40, Januar 1988, S. 9.

Sauzay, Brigitte: *(Die Deutschen)* — Die rätselhaften Deutschen. Die Bundesrepublik von außen gesehen, Stuttgart 1986.

Schediwy, Robert: *(Perspektive)* — Die internationale Perspektive der österreichischen Konsumgenossenschaftsbewegung, in: Rauter, Anton E. (Hrsg.): Verbraucherpolitik und Wirtschaftsentwicklung, Wien 1976, S. 423-432.

Schelsky, Helmut: *(Zukunftsaspekte)* — Zukunftsaspekte der industriellen Gesellschaft, (aus dem Jahre 1953), in: Schelsky, Helmut (Hrsg.): Die sozialen Folgen der Automatisierung, Düsseldorf u. Köln 1957, S. 7-22.

Schempp, Hermann: *(Gemeinschaftssiedlungen)* — Gemeinschaftssiedlungen auf religiöser und weltanschaulicher Grundlage, Tübingen 1969.

Schenk, Hans-Otto; *Tenbrink*, Hiltrud u. *Zündorf*, Horst: *(Konzentration)* — Die Konzentration im Handel: Ursachen, Messung, Stand, Entwicklung und Auswirkungen der Konzentration im Handel und konzentrationspolitische Konsequenzen, Berlin 1984.

Scherhorn, Gerhard: *(Verbraucherinteresse)* — Verbraucherinteresse und Verbraucherpolitik, Göttingen 1975.

— *(Vorwort)* — Vorwort, in: Jösch, Jutta: Konsumgenossenschaften und Food-Cooperatives. Ein Vergleich der Entstehungsbedingungen von Verbraucherselbstorganisationen, Berlin 1983, o. S.

Schiffel, Joachim: *(Warenwirtschaftssysteme)* — Warenwirtschaftssysteme im Einzelhandel, Möglichkeiten und Grenzen, Augsburg 1984.

Schmid, Günter: *(Marketing)* — Marketing als Unternehmensführungskonzeption von Handelsgenossenschaften. Potentielle Ökonomisierungswirkungen und mögliche Kommerzialisierungsgefahren, dargestellt am Beispiel genossenschaftlicher Verbundsysteme des Lebensmittelhandels, Diss. Köln 1987.

Schmölders, Günter: *(Geschichte)* — Geschichte der Volkswirtschaftslehre, Reinbek bei Hamburg 1962.

Schmoranz, Ingo (Hrsg.) — unter Mitarbeit von *Clemenz-Mantoura*, Claude; *Clemenz*, Gerhard u.a.: *(Informationssektor)* — Makroökonomische Analyse des Informationssektors, Wien u. München 1980.

Schneider, Heribert M.: *(Elektronik)* — Vorwort: Elektronik macht frei, in: Muthesius, Peter u. Schneider, Heribert M. (Hrsg.): Terminals für Banken und Bankkunden. Der Wandel im Vertrieb von Bankdienstleistungen, Frankfurt a.M. 1982, S. 7-10.

Schneider, Oskar: *(Diskussion)* — Selbstverantwortete Wohnungsgemeinnützigkeit. Ende der Diskussion, in: Gemeinnütziges Wohnungswesen, 41. Jg., 1988, Heft 9, S. 498-509.

Schönefeldt, Ludwig: *(Gedanken)* — Die Wohnungsgemeinnützigkeit — wohin geht sie? Gedanken zur Diskussion über die Zukunft der Wohnungsgemeinnützigkeit, in: Gemeinnütziges Wohnungswesen, 41. Jg., 1988, Heft 11, S. 658-676.

Schröder, Heinz Peter: *(Beschäftigungsprobleme)* — Beschäftigungsprobleme bei Kreditgenossenschaften. Betrachtet unter besonderer Berücksichtigung einer verstärkten Fortführung der Bankautomation, Diplomarbeit im Fach Genossenschaftswesen an der Universität zu Köln 1986.

Schubert, Wolfgang: *(Heimarbeit)* — Die Frage der neuen Heimarbeit und deren Auswirkungen für die Betroffenen, Diplomarbeit im Fach Sozialpolitik an der Universität zu Köln 1984.

Schüller, Alfred: *(Dienstleistungsmärkte)* — Dienstleistungsmärkte in der Bundesrepublik Deutschland, (sichere Domänen selbständiger mittelständischer Unternehmen?), Köln u. Opladen 1967.

Schürmann, Pius: *(Finanzierungsprobleme)* — Finanzierungsprobleme selbstverwalteter Unternehmungen, in: Holenweger, Toni und Mäder, Werner (Hrsg.): Inseln der Zukunft?, Selbstverwaltung in der Schweiz, Zürich 1979, S. 60-75.

Schultz, Reinhard u. *Zerche*, Jürgen: *(Genossenschaftslehre)* — Genossenschaftslehre, 2. Aufl., Berlin/New York 1983.

Schulze-Delitzsch, Hermann: *(Gesetzgebung)* — Die Gesetzgebung über die privatrechtliche Stellung der Erwerbs- und Wirtschaftsgenossenschaften, Berlin 1869.

Schumacher, Ernst Friedrich: *(small is beautiful)* — Die Rückkehr zum menschlichen Maß (Alternativen für Wirtschaft und Technik — „Small is Beautiful"), Reinbek bei Hamburg 1980.

Schuster, Leo: *(Zweigstellen-Politik)* — Optimale Zweigstellen-Politik: Redimensionierung oder Automatisierung, in: Muthesius, Peter u. Schneider, Heribert M. (Hrsg.): Terminals für Banken und Bankkunden. Der Wandel im Vertrieb von Bankdienstleistungen, Frankfurt a. M. 1982, S. 155-160.

Schwarz, Peter: *(Morphologie)* — Morphologie von Kooperationen und Verbänden, Tübingen 1979.

Schwendter, Rolf: *(Alternative Ökonomie)* — Ja Schnecke, besteige nur den Fudschi... Zur Zukunft der alternativen Ökonomie, in: Huber, Joseph (Hrsg.): Anders wirtschaften — anders arbeiten. (Dualwirtschaft: Nicht jede Arbeit muß ein Job sein), Frankfurt a. M. 1979, S. 122-130.

— *(Geschichte — Band 1)* — Zur Geschichte der Zukunft. Zukunftsforschung und Sozialismus, Band 1, Frankfurt a. M. 1982.

— *(Zeitgeschichte — Band 2)* — Zur Zeitgeschichte der Zukunft. Zur Geschichte der Zukunft. Zukunftsforschung und Sozialismus, Band 2, Frankfurt a. M. 1984.

— *(Ökobank)* — Die Ökobank: „Wirtschaftsunternehmen oder Glaubensgemeinschaft?", in: Contraste (Zeitung für Selbstverwaltung), 5. Jg., Nr. 42, März 1988, S. 10-11.

Schwenk, Hartmut: *(biologisch-dynamisch)* — Landwirtschaft, was ist das: biologisch-dynamisch?, in: natur (Das Umweltmagazin), Nr. 6, 1986, S. 40-48.

Schwenzer, Holger G. u. *Will*, Kamilla: *(Alternative Wohnungsversorgung)* — Alternative Wohnungsversorgung. Für eine ökologische, sebstbestimmte und kostenbewußte Wohnungsplanung, Darmstadt 1982.

Seeling, Roland: *(Wachstum)* — Das relative Wachstum des Dienstleistungssektors — Ein Beitrag zur Bewertungsfrage im Rahmen langfristiger Strukturuntersuchungen, in: RWI - Mitteilungen, 25. Jg., 1974, Heft 1, S. 15-26.

Seicht, Gerhard: *(Arbeitszeitverkürzung)* — Betriebswirtschaftliche Aspekte der Arbeitszeitverkürzung, in: Seicht, Gerhard; Clement, Werner u. Heinrich, Gerhard (Hrsg.): Arbeitszeitverkürzung (Auswirkungen und Probleme aus betriebswirtschaftlicher, volkswirtschaftlicher und rechtlicher Sicht), Wien 1981, S. 15-148.

Seifert, Renate: *(Gemeinsam)* — Gemeinsam geht's besser. Das „Bau Mit"-Programm der Gebau Süd findet großes Interesse, in: Gemeinnütziges Wohnungswesen, 41. Jg., 1988, Heft 10, S. 638-640.

Selbach, Reiner: *(Risikopolitik)* — Risiko und Risikopolitik bei Kreditgenossenschaften, Berlin 1987.

Seuster, Horst: *(Fortschritt)* — Über den organisatorisch-technischen Fortschritt in der Landwirtschaft, in: ZfgG, Bd. 34, 1984, S. 61-67.

Sievert, O.: *(Wohnungspolitik)* — Wohnungspolitik auf dem Prüfstand, in: Gesamtverband Gemeinnütziger Wohnungsunternehmen (GGW) — (Hrsg.): Wissenschaft für die Praxis (3), Unternehmensleiterseminar für gemeinnützige Wohnungsbaugenossenschaften und -gesellschaften, Dokumentation der Vorträge 1983, Köln 1983, S. 59-87.

Skinner, B. F.: *(Futurum Zwei)* — Futurum Zwei. Walden Two. Die Vision einer aggressionsfreien Gesellschaft, Reinbek bei Hamburg 1972.

Sonnemann, Theodor: *(Neue Mitte)* — Die Neue Mitte und die Genossenschaften, Göttingen 1977.

Stanback, Thomas M. (Jr.); *Bearse*, Peter; *Noyelle*, Thierry J. und *Karasek*, Robert A.: *(Services)* — Services. The New Economy, Tatowa/New Jersey (USA) 1981.

Stark, Heinz: *(Marketing)* — Marketing im Handwerk, Grundlagen aktiven Absatzverhaltens für Handwerksbetriebe, Stuttgart, Berlin, Köln u. Mainz 1979.

Starke, Wolfgang: *(Selbstbedienung)* — Selbstbedienung als strategische Komponente der Geschäftspolitik, in: Muthesius, Peter u. Schneider, Heribert M. (Hrsg.): Terminals für Banken und Bankkunden. Der Wandel im Vertrieb von Bankdienstleistungen, Frankfurt a. M. 1982, S. 55-62.

Staub, Hans A.: *(Alternative Landwirtschaft)* — Alternative Landwirtschaft, Der ökologische Weg aus der Sackgasse, Frankfurt a. M. 1980.

Steenbergen, Bart van: *(Futurologie)* — Kritische und Establishment-Futurologie, in: Flechtheim, Ossip K. (Hrsg.): Futurum, München 1980, S. 225-247.

Steffen, Günther: *(Viehwirtschaft)* — Stand und Tendenzen der überbetrieblichen Zusammenarbeit auf dem Gebiete der Viehwirtschaft, in: ZfgG, Band 29, 1979, S. 125-134.

Steimle, Fritz: *(Zukunft)* — In gemeinsamer Zukunft verbunden, in: Nordrhein-Westfalen Initiative Zukunftstechnologien, Dokumentation der Veranstaltung der Landesregierung Nordrhein-Westfalen vom 3. Oktober 1984, in Oberhausen, hrsg. vom Presse- und Informationsamt der Landesregierung Nordrhein-Westfalen, Düsseldorf 1984, S. 38-43.

Steinert, Jürgen: *(Gemeinnützige Wohnungswirtschaft)* — Die gemeinnützige Wohnungswirtschaft lebt weiter, in: Gemeinnütziges Wohnungswesen, 41. Jg., 1988, Heft 8, S. 412-423.

Strasser, Johano u. *Traube*, Klaus: *(Fortschritt)* — Die Zukunft des Fortschritts. Der Sozialismus und die Krise des Industrialismus, Bonn 1981.

Strauch, Siegmund: *(Diversifikation)* — Die laterale Diversifikation als leistungsprogrammpolitischer Aktionsparameter bei Banken unter besonderer Berücksichtigung der Ideengenerierung und der Bewertung potentieller lateraler Leistungsarten, Diss. Köln 1984.

Straussman, Jeffrey D.: *(Beratung)* — Wissenschaftliche Beratung und politische Steuerung, in: Kern, Lucian (Hrsg.): Probleme der postindustriellen Gesellschaft, Köln 1976, S. 175-215.

Teriet, Bernhard: *(Arbeitszeitverteilung)* — Neue Strukturen der Arbeitszeitverteilung — Möglichkeiten, Voraussetzungen und Konsequenzen, Göttingen 1976.

— *(Teilzeitarbeit)* — Teilzeitarbeit, in: Akademie für politische Bildung — Tutzing am Starnberger See, (Materialien und Berichte Nr. 58), bearbeitet von Peter Hampe (Hrsg.): Arbeitszeitverkürzung als Instrument der Beschäftigungspolitik, Tutzing 1984, S. 62-69.

Teufel, Dieter: *(Energie/Landwirtschaft)* — Möglichkeiten der Einsparung und Erzeugung von Energie in der Landwirtschaft, in: Bossel, Hartmut; Bossel, Ulf; Denton, Richard V. u. a. (Hrsg.): Energie richtig genutzt, Karlsruhe 1976, S. 69-87.

The Teachers (Hrsg.): *(World Directory)* — The World Directory of Alternative Communities (excluding the British Isles), Bangor, Gwynedd/North Wales 1981.

Thiede, Günther: *(Europa)* — Europas grüne Zukunft. Die Veränderung der ländlichen Welt, Düsseldorf u. Wien 1975.

Thiemeyer, Theo: *(Ordnungsprinzip)* — Gemeinwirtschaftlichkeit als Ordnungsprinzip. Gundlegung einer Theorie gemeinnütziger Unternehmen, Berlin 1970.

— *(Grundsätze)* — Grundsätze einer Theorie der Gemeinwirtschaft, Frankfurt a. M. 1973.

— *(Lehre/Forschung)* — Gemeinwirtschaft in Lehre und Forschung, Frankfurt a. M. u. Köln 1974

— *(Wirtschaftslehre)* — Wirtschaftslehre öffentlicher Betriebe, Reinbek bei Hamburg 1975.

— *(Privatwirtschaft)* — Privatwirtschaft und Gemeinwirtschaft, in: Harms, Jens; Leipert, Christian u. Sonntag, Philipp (Hrsg.): Alternative Ökonomie und ökonomische Theorie, Frankfurt a. M. 1980, S. 82-96.

— *(Idee)* — Die Idee der Gemeinwirtschaft und deren ordnungs- und gesellschaftspolitischer Standort, in: Boettcher, Erik (Hrsg.) im Auftrag der Arbeitsgemeinschaft Genossenschaftswissenschaftlicher Institute (AGI): Die Genossenschaften im Wettbewerb der Ideen — eine europäische Herausforderung — Bericht der XI. Internationalen Genossenschaftswissenschaftlichen Tagung 1985 in Münster, Tübingen 1985, S. 49-71.

Thompson, Susan: *(Biotechnology)* — Biotechnology — Shape of things to come or false promise?, in: Futures (The Journal of Forecasting and Planning), 18. Jg., August 1986, Nr. 4, S. 514-525.

Thornley, Jenny: *(Workers Co-operatives)* — Workers Co-operatives, Jobs and Dreams, London 1981.

Tietz, Bruno: *(Konsument/Bd. I)* — Konsument und Einzelhandel. Strukturwandlungen in der Bundesrepublik Deutschland von 1960 bis 1985, 2. neubearbeitete und erweiterte Auflage, Band I, Frankfurt a. M. 1973.

— *(Konsument/Bd. II)* — Konsument und Einzelhandel. Strukturwandlungen in der Bundesrepublik Deutschland von 1960 bis 1985, 2. neubearbeitete und erweiterte Auflage, Band II, Frankfurt a. M. 1973.

— *(Optionen)* — Optionen bis 2030. Szenarien und Handlungsalternativen für Wirtschaft und Gesellschaft in der Bundesrepublik Deutschland. Ein Handbuch für Entscheidungsträger, Stuttgart 1986.

Toddenroth, Michael: *(Sozialarbeit)* — Interessen-„Puffer" oder Mieteranwalt? Sozialarbeit als begleitendes Element im Marketing eines gemeinnützigen Wohnungsunternehmens, in: Gemeinnütziges Wohnungswesen, 40. Jg., 1987, Heft 10, S. 567-569.

Vente, Rolf E.: *(Planung wozu?)* — Planung wozu? Versuch einer Beantwortung von Fragen nach einem zweckmäßigen Begriff, möglichen Verwendungen und inhärenten Problemen der volkswirtschaftlichen Planung anhand einer Überprüfung der Einsatzmöglichkeiten und Leistungsgrenzen von Planungstechniken, Baden-Baden 1969.

Vester, Frederic: *(Neuland)* — Neuland des Denkens. Vom technokratischen zum kybernetischen Zeitalter, Stuttgart 1980.

Vierheller, Rainer: *(Manager-Dominanz)* — Manager-Dominanz und Mitglieder-Motivation in der Genossenschaft, in: ZfgG, Bd. 27, 1977, S. 199-222.

— *(Demokratie)* — Demokratie und Management. Grundlagen einer Managementtheorie genossenschaftlich-demokratisch verfaßter Unternehmen, Göttingen 1983.

Villegas Velásquez, Rogelio: *(Funktionsfähigkeit)* — Die Funktionsfähigkeit von Produktivgenossenschaften, Tübingen 1975.

Vilmar, Fritz u. *Runge*, Brigitte: *(Selbsthilfegesellschaft)* — Auf dem Weg zur Selbsthilfegesellschaft? 40000 Selbsthilfegruppen: Gesamtüberblick, politische Theorie und Handlungsvorschläge, Essen 1986.

Völker, Adolf: *(Allokation)* — Allokation von Dienstleistungen. Ein Beitrag zur begrifflichen Kärung und theoretischen Fundierung, Frankfurt a. M. u. New York 1984.

Vogt, Peter: *(Genossenschaften)* — Wettbewerbspolitische Aufgaben und Fuktionen der Genossenschaften, Diss. Mannheim 1973.

Volk, Hartmut: *(Technik)* — Angst vor der Technik. Die Angst vor dem Neuen, dem Unbekannten, der Zukunft, in: Genossenschafts-Forum, 1985, S. 36-37.

Vonderach, Gerd: *(Neue Selbständige)* — Die „neuen Selbständigen" (10 Thesen zur Soziologie eines unvermuteten Phänomens), in: Mitteilungen aus der Arbeitsmarkt- und Berufsforschung, 13. Jg., 1980, Heft 2, S. 153-169.

Vorstand der SPD (Hrsg.): *(Selbstbestimmt arbeiten)* — Materialien zum Genossenschaftswesen und zur Selbstverwaltungswirtschaft unter dem Titel: Selbstbestimmt arbeiten, Bonn 1985.

Voss, Gerhard: *(Trend)* — Trend zur Dienstleistungsgesellschaft?, Köln 1976.

Waldbach, Peter: *(Bildschirmtext)* — Bildschirmtext im Einzelhandel (Chancen, Risiken und künftige Handlungsspielräume für das Marketing), München 1984.

Wanders, Bernhard: *(Mieterorganisation)* — Zwischen Dienstleistungsunternehmen und politischer Basisbewegung. Mieterorganisation in der Bundesrepublik Deutschland. Empirische Untersuchung zur politischen Organisation wohnungsbezogener Verbraucherinteressen in Mietervereinen und Deutschem Mieterbund sowie in Mieterinitiativen, München 1984.

Warnecke, Christoph: *(Bildschirmtext)* — Bildschirmtext und dessen Einsatz bei Kreditinstituten, Gröbenzell bei München 1983.

Warthenphul, Fritz: *(Finanzierungserfahrungen)* — Die Finanzierungserfahrungen eines selbstverwalteten Betriebes. Die Fahrradmanufaktur, in: Kück, Marlene u. Loesch, Achim von (Hrsg.): Finanzierungsmodelle selbstverwalteter Betriebe, Frankfurt a. M. u. New York 1987, S. 54-58.

Wedde, Peter: *(Telearbeit)* — Telearbeit und Arbeitsrecht. Schutz der Beschäftigten und Handlungsmöglichkeiten des Betriebsrates, Köln 1986.

Weiss, Ulrich: *(Probleme)* — Probleme und Grenzen der Technik, in: ZfgKr, 35. Jg., 1982, S. 54-56.

Weissel, Erwin: *(Gründe)* — Gründe für das Scheitern der Produktivgenossenschaften, in: Flieger, Burghard (Hrsg.) unter Mitarbeit von Henry Kotek: Produktivgenossenschaften oder der Hindernislauf zur Selbstverwaltung (Theorie, Erfahrungen und Gründungshilfen zu einer demokratischen Unternehmensform), München 1984, S. 92-103.

Weisser, Gerhard: *(Stilwandlungen)* — Stilwandlungen der Wohnungsgenossenschaften. Angebliche und tatsächliche Entartungserscheinungen, Göttingen 1953.

— *(Ökonomismus)* — Die Überwindung des Ökonomismus in der Wirtschaftswissenschaft, in: Kosiol, Erich u. Paulsen, A. (Hrsg.): Grundsatzfragen der Wirtschaftsordnung, Berlin 1954, S. 9-40.

— *(Reformdiskussion)* — Sind die Genossenschaften reformbedürftig?, in: ZfgG, Bd. 5, 1955, S. 200-217.

— *(Einführung)* — Einführung in die Lehre von den gemeinwirtschaftlichen Unternehmen. Ihr Verhältnis zu anderen Wissenschaften von der menschlichen Gesellschaft und ihr Aufbau, Frankfurt a. M. u. Köln 1976.

Weizenbaum, Joseph: *(Angst)* — Angst vor der heutigen Wissenschaft, in: Müllert, Norbert (Hrsg.): Schöne elektronische Welt, (Computer-Technik der totalen Kontrolle), Reinbek bei Hamburg 1982, S. 28-41.

Wenke, Karl Ernst: *(Alternativer Lebensstil)* — Alternativer Lebensstil — alternative Ökonomie? Überlegungen zur wirtschaftlichen Entwicklung und zum Konsumverhalten, in: Wenke, Karl Ernst u. Zilleßen, Horst (Hrsg.): Neuer Lebensstil — Verzichten oder verändern?, Auf der Suche nach Alternativen für eine menschlichere Gesellschaft, Opladen 1978, S. 167-219.

Werschnitzky, Ulrich: *(Kooperationsformen)* — Entwicklung neuer Kooperationsformen im Strukturwandel der Landwirtschaft, in: ZfgG, Bd. 29, 1979, S. 101-118.

Weuster, Arnulf: *(Theorie)* — Theorie der Konsumgenossenschaftsentwicklung. Die deutschen Konsumgenossenschaften bis zum Ende der Weimarer Zeit, Berlin 1980.

Widmaier, Hans Peter: *(Sozialpolitik)* — Sozialpolitik im Wohlfahrtsstaat, Reinbek bei Hamburg 1976.

Willke, Helmut: *(Kommunebewegung)* — Gesellschaftliche Wirkungen der Kommunebewegung, in: Neidhardt, Friedhelm (Hrsg.): Gruppensoziologie. Perspektiven und Materialien, Sonderheft Nr. 25/1983, Kölner Zeitschrift für Soziologie und Sozialpsychologie, Opladen 1983, S. 156-171.

Winkler, Fred-Raimund: *(Selbsthilfe)* — Selbsthilfe im genossenschaftlichen Mietwohnungsbau. Die „Schnecke" als Exempel für eine realisierte Utopie, in: Gemeinnütziges Wohnungswesen, 40. Jg., 1987, Heft 12, S. 638-640.

Wirtschafts- und Sozialausschuß der Europäischen Gemeinschaften/Generalsekretariat (Hrsg.): *(Verbände)* — Die Genossenschaften Europas und ihre Verbände. Rolle, Struktur und wirtschaftliche Tätigkeit der Verbände der Genossenschaften, Vereinigungen auf Gegenseitigkeit, gemeinnützigen Vereine und anderer Selbsthilfeeinrichtungen in der Europäischen Gemeinschaft und den Beitrittsländern, Luxemburg u. Baden-Baden 1986.

Wittchow, Frank: *(Alternative Energie)* — Alternative Energie II — „Im Windschatten der anderen", in: natur (Das Umweltmagazin), 1985, Nr. 1 (Januar 85), S. 24-27.

Witte, Eberhard: *(Organisation)* — Die Genossenschaft als Organisation, in: Boettcher, Erik u. Westermann, Harry (Hrsg.): Genossenschaften — Demokratie und Wettbewerb (Verhandlungsberichte und Diskussionsergebnisse der 7. Internationalen Genossenschaftswissenschaftlichen Tagung in Münster 1972 — hrsg. i. A. der Arbeitsgemeinschaft Genossenschaftswissenschaftlicher Institute), Tübingen 1972, S. 29-55.

Wollmann, Hellmut: *(Wohnungsversorgung)* — Wohnungsversorgung zwischen Markt- und Staatsintervention: Tertium datur?, Eine wohnungspolitikgeschichtliche Skizze, in: Calließ, Jörg (Hrsg.): Verwaltete Zukunft. Zu Möglichkeiten und Grenzen der Zukunftsgestaltung im bürokratisierten Staat, (Tagung vom 25.-27. 9. 1981 — Loccumer Protokolle 24/1981), Rehburg-Loccum 1983, S. 106-129.

Zerche, Jürgen: *(Genossenschaftsforschung)* — Entscheidungsorientierte Genossenschaftsforschung, in: Zerche, Jürgen (Hrsg.): Aspekte genossenschaftlicher Forschung und Praxis, (erschienen in der Reihe „Kölner Genossenschaftswissenschaft", hrsg. von Jürgen Zerche), Düsseldorf 1981, S. 117-125.

— *(Entscheidungs- und Systemtheorie)* — Entscheidungs- und systemtheoretisch orientierte Genossenschaftslehre, in: ZfgG, Bd. 34, 1984, S. 74-80.

— *(Selbsthilfebank)* — Chancen einer alternativen Selbsthilfebank, in: Kück, Marlene u. Loesch, Achim von (Hrsg.): Finanzierungsmodelle selbstverwalteter Betriebe, Frankfurt a. M. u. New York 1987, S. 147-158.

— *(Zukunftsprobleme)* — Zukunftsprobleme der Genossenschaften, in: ZfgG, Bd. 37, 1987, S. 194-203.

Ziegler, Armin: *(Annahmen)* — Annahmen über zukünftige Entwicklungen, Entscheidungsgrundlagen für morgen, Schönaich 1987.

Ziercke, Manfred: *(Entwicklungen)* — Entwicklungen auf den Wohnungsmärkten in der Bundesrepublik Deutschland, Hamburg 1982.

Zinke, Thomas: *(Direktabsatz)* — Möglichkeiten der künftigen Gestaltung des Direktabsatzes von Agrarprodukten in Nordrhein-Westfalen — Marketing für den Direktabsatz, Münster-Hiltrup 1976.

Zorn, Wolfgang: *(Physiokratie)* — Die Physiokratie und die Idee der individualistischen Gesellschaft, in: Montaner, Antonio (Hrsg.): Geschichte der Volkswirtschaftslehre, Köln u. Berlin 1967, S. 25-33.

Zukunftswerkstatt Saar e. V.: *(Selbstdarstellung)* — in: Rundbrief Alternative Ökonomie, Nr. 30 vom März 1985, (Hrsg.): Arbeitsgemeinschaft Sozialpolitischer Arbeitskreise (AG SPAK), München 1985, S. 68-78.

Zwerdling, Daniel: *(Lebensmittelgenossenschaften)* — Die ungewisse Wiedererweckung der Lebensmittelgenossenschaften, in: Case, John u. Taylor, Rosemary C. R. (Hrsg.): Soziale Experimente in der Bewährung. Sanfte Veränderung in einer harten Wirklichkeit. Berichte aus den USA, Frankfurt a. M. 1981, S. 163-182.

7. Nov. 1990

2 8. Mai 1993
1 2. Okt. 1993